Kurt Erlemann



# Alte Kirche

Entwicklungen – Kontexte – Vermittlung

Narr Francke Attempto Verlag · Tübingen

Umschlagabbildung: Kloster Qalʿat Simʿan / Nordsyrien (Kloster des Symeon Stylites). Foto: Kurt Erlemann

Bibliografische Information der Deutschen Nationalbibliothek
Die Deutsche Nationalbibliothek verzeichnet diese Publikation in der Deutschen Nationalbibliografie; detaillierte bibliografische Daten sind im Internet über http://dnb.dnb.de abrufbar.

DOI: https://doi.org/10.36198/9783838561943


Dischingerweg 5 · D-72070 Tübingen



Internet: www.narr.de
eMail: info@narr.de

Einbandgestaltung: siegel konzeption | gestaltung
CPI books GmbH, Leck

utb-Nr. 6194
ISBN 978-3-8252-6194-8 (Print)
ISBN 978-3-8385-6194-3 (ePDF)
ISBN 978-3-8463-6194-8 (ePub)

MIX
Papier aus verantwortungsvollen Quellen
FSC www.fsc.org FSC® C083411

# Inhalt

# Vorwort

Die ersten fünf Jahrhunderte Christentumsgeschichte waren für die weitere Entwicklung der Kirche entscheidend. So sind die Bekenntnisse der ersten vier ökumenischen Konzilien die gemeinsame Glaubensgrundlage aller Konfessionen bis heute. Die heutige Struktur, Lehre und Praxis der Kirche(n) sind das Ergebnis zahlreicher Konflikte und Diskurse mit der nichtchristlichen Umwelt, mit konkurrierenden Religionen und abweichenden Lehrmeinungen. Die zahlreichen Wechselwirkungen zwischen äußeren Impulsen und Reaktionen der Alten Kirche stehen im Fokus des Buches. Dementsprechend ist der Stoff nicht nach Themen, sondern nach Jahrhunderten geordnet. Der Band bietet ein breites Spektrum an Einzelaspekten – von der äußeren politischen Entwicklung des Römischen Reiches und seiner Nachbarn über konkurrierende Weltanschauungen, innerkirchliche Strukturen, theologische Debatten und Literaturbildung bis hin zu Einzelporträts wichtiger Personen jener Zeit.

Das Buch ist aus langjähriger Beschäftigung mit dem Thema in Forschung und Lehre entstanden. Es vereinigt Impulse aus Alter Geschichte, Patristik, Theologie und biblischer Zeitgeschichte. Damit bietet es ein lebendiges Porträt jener Zeit mit all ihren Verflechtungen und Wechselwirkungen. Das Buch ist Fach- und Lehrbuch zugleich: *Erstens*, es bietet einen leichten Einstieg in Phänomene und Begriffe. *Zweitens*, kurze Überblicke, Zeittafeln und Karten erleichtern den Einstieg in Epochen und komplexe Themen. Schaubilder visualisieren historische und theologische Zusammenhänge. Wichtige Quellentexte sind als Zitat eingebunden, altsprachliche Begriffe werden übersetzt. *Drittens*, das Buch enthält einen ausgiebigen Serviceteil inkl. Glossar, Abkürzungsverzeichnis, Textstellen-, Schlagwort und Namensregister sowie Literaturangaben. *Viertens*, das Buch unterstützt durch digital verfügbare Fragen die Prüfungsvorbereitung (E-Learning).

Mein Dank gilt dem Engagement vieler hilfsbereiter Menschen: Clarissa Stelzmann und Dalina Plümer leisteten akribische Korrekturarbeit. Kristina Dronsch und Stefan Selbmann begleiteten das Projekt von Verlagsseite mit konstruktiven Ideen und sachlichen Hinweisen. Herrn Kollegen Udo Schnelle und dem Brill-Verlag sei herzlich für die großzügige Erlaubnis zur Nutzung des Kartenmaterials gedankt! Meine Frau Steffi Springer leistete wie immer großartige Geduldsarbeit und unterstützte mich in ihrer einzigartig liebevollen Weise. Dem langjährigen Kollegen Martin Ohst danke ich für wichtige Hinweise, zahlreiche Fachgespräche und für seine stets verlässliche kollegiale Haltung während 25 Jahren Tür an Tür an der Bergischen Universität Wuppertal. Dem frischgebackenen Pensionär ist das Buch gewidmet.

Kurt Erlemann, Neviges, Oktober 2023

## Hinweise zum Buch

**Zu diesem Buch gibt es einen ergänzenden eLearning-Kurs**

Mithilfe des Kurses können Sie online überprüfen, inwieweit Sie die Themen des Buches verinnerlicht haben. Gleichzeitig festigt die Wiederholung in Quiz-Form den Lernstoff.

Der eLearning-Kurs kann Ihnen dabei helfen, sich gezielt auf Prüfungssituationen vorzubereiten.

Der eLearning-Kurs ist eng mit vorliegendem Buch verknüpft. Sie finden im Folgenden zu den wichtigen Kapiteln QR-Codes, die Sie direkt zum dazu gehörigen Fragenkomplex bringen. Andersherum erhalten Sie innerhalb des eLearning-Kurses am Ende eines Fragendurchlaufs neben der Auswertung der Lernstandskontrolle auch konkrete Hinweise, wo Sie das Thema bei Bedarf genauer nachlesen bzw. vertiefen können. Diese enge Verzahnung von Buch und eLearning-Kurs soll Ihnen dabei helfen, unkompliziert zwischen den Medien zu wechseln, und unterstützt so einen gezielten Lernfortschritt.

# Kapitel 1: Einführung

Ein Lehr- und Arbeitsbuch zur Geschichte der Alten Kirche über fünf Jahrhunderte bedarf einer sorgfältigen Disposition: Es soll wesentliche Aspekte jener Epoche beinhalten, zugleich aber übersichtlich sein, Entwicklungen im Kontext bieten und ein effizientes Lernergebnis ermöglichen. Das erfordert Kompromisse und eine Reduktion der dargestellten Forschungsdiskurse. Vor der eigentlichen Darstellung sind einige Vorfragen in den Blick zu nehmen: Zuerst einmal sind der Titel des Buches und der zeitliche Rahmen der Darstellung zu klären (1.2). Grundsätzliche Beobachtungen zur Quellenlage gehören zum wissenschaftlichen Standard (1.3). Erste Fragen und Antworten dienen der Einstimmung (1.4). Die Disposition des Buches ist darzulegen (1.5) und grundlegende Begrifflichkeiten sind zu klären (1.6).

## 1.1 Erste Beobachtungen

*Überblick*: Es gibt keine umfassende, „objektive" Rekonstruktion vergangener Geschehnisse und Entwicklungen. Jede Geschichtsschreibung ist *per se* Deutung durch die subjektive Brille des Geschichtsschreibers.[1] Fakten lassen sich daher nicht von Fiktionen trennen. Der vorliegende Band strebt eine integrative Sicht auf die Geschichte der Alten Kirche an, welche die vielfältigen Wechselwirkungen zwischen Kirchengeschichte und profaner Geschichte in den Blick nimmt.

### 1.1.1 Die Fiktion objektiver Erkenntnis

Die Kirchengeschichtsschreibung teilt das Grundproblem von Historiographie überhaupt: Ereignisse, Entwicklungen und so genannte Fakten unterliegen seit jeher der Deutung; historiographische Berichte und Notizen sind

1 Das Buch verwendet durchgehend das generische Maskulinum. Alternativ wäre von „Personen christlichen / jüdischen… Glaubens" (PCG, PNG u.Ä.) zu sprechen. Derlei Formulierungen erscheinen dem Autor entweder zu lang oder in Abkürzung zu steril.

nicht frei von Wertung.[2] Es geht immer um Deutungshoheit, wie sich an der unterschiedlichen Darstellung des „Apostelkonvents" in Gal 2,1–10 und in Apg 15,1–35 zeigen lässt. Dazu kommt, dass „harte Fakten" ohne Einbettung in den historischen und literarischen Kontext wenig aussagekräftig sind. Dass etwa Jesus von Nazareth unter Pontius Pilatus ca. 33 n. Chr. gekreuzigt wurde, darf als „hartes Faktum" gelten. Das allein sagt aber noch nichts über die Wertigkeit und Bedeutung dieses Ereignisses in der frühchristlichen Gemeinschaft, im frühen Judentum oder in der Perspektive des römischen Imperiums aus. *Kurzum*: Eine moderne Darstellung der Alten Kirche muss sich dessen bewusst sein, dass ihre Quellen und Grundlagen alles andere als „objektiv" erfassbar sind. Schon die Evangelien sind keine Biographien im strengen Sinne einer Darbietung des Lebens Jesu, sondern Deutungen der Geschehnisse durch die Brille des nachösterlichen Christusglaubens. So sind die Evangelien Glaubenszeugnisse, aber keine „objektive", (be-)deutungsfreie Geschichtsschreibung.

### 1.1.2 Die Fiktion neutraler Quellen

Auch die altkirchlichen Quellen beschreiben die Geschehnisse und Entwicklungen ihrer Zeit nicht neutral-distanziert bzw. „objektiv", sondern durchaus tendenziös und parteilich. Einigermaßen sicheren Boden über die tatsächlichen Vorgänge haben wir nur, wenn ein und dasselbe Geschehnis aus mehreren Blickwinkeln überliefert ist, etwa im Sinne von Darstellung und Gegendarstellung. Welche Perspektive zutreffender ist, lässt sich aus der historischen Distanz kaum beurteilen. Hier gilt: Auf jedes Geschehnis gibt es prinzipiell mehrere Sichtweisen, die einander im besten Falle ergänzen. „Die" Wahrheit gibt es nicht, lediglich unterschiedliche Deutungen desselben Geschehens, die mehr oder weniger plausibel sind.[3]

Die höchste Plausibilität herauszufiltern, ist eine Kernaufgabe der Geschichtsschreibung. Plausibilität ergibt sich aus dem Abgleich erkenntnisleitender Interessen (wer hat aus welchem Anlass heraus wie geschrieben?), aus Textvergleichen (wer hat außerdem vom selben Ereignis berichtet, wie und aus welchen Motiven heraus?) und gegebenenfalls aus außertextlicher

2 Zum Folgenden Öhler 2018, 19f., sowie Schnelle 2019, 17f. – Schnelle formuliert: „Erst durch unsere Zuschreibung werden die Dinge zu dem, was sie für uns sind. Geschichte wird nicht rekonstruiert, sondern notwendigerweise konstruiert." (a. a. O., 18).

3 „Fakten und Fiktion fließen stets ineinander" (Schnelle 2019, 18).

Recherche (gibt es archäologische, epigraphische oder andere Manifestationen des Geschehens?).

### 1.1.3 Divergente Geschichtsbilder

Zur Frage der historischen Plausibilität kommt die Frage einer integrativen Deutung der altkirchlichen Geschichte. Hier geht es um erkenntnisleitende Interessen des modernen Geschichtsschreibers, um sein Geschichtsverständnis, um seine Deutung des Gesamtgeschehens: Ist die Geschichte der Alten Kirche im Sinne einer Geistes- bzw. Ideengeschichte zu fassen oder eher als Geschichte von Wechselwirkungen zwischen politisch-sozialen Entwicklungen einerseits und theologisch-organisatorischen Entscheidungen andererseits? Gibt es ein einheitliches „Vorzeichen vor der Klammer" der altkirchlichen Geschichte, ist alles auf eine bestimmte Zielrichtung hin ausgerichtet (teleologische Deutung), müssen mehrere Deutungsschlüssel ineinandergreifen, um das komplexe Geschehen zu erfassen, oder ist es schlicht und einfach das Produkt unzähliger historischer Zufälle?

### 1.1.4 Zahlreiche Wechselwirkungen zwischen Kirche und Umwelt

Der vorliegende Band setzt die Prämisse, dass die altkirchliche Geschichte weder von vornherein auf ein alternativloses Ergebnis hin angelegt war noch dass sich die Ergebnisse (Plural!) einer Summe von Zufällen verdanken. Er geht vielmehr von einer intensiven Wechselwirkung zwischen Kirchen-, Theologie- und Religionsgeschichte sowie politisch-sozialen Entwicklungen aus. Eine Grundtendenz ist die allmähliche Ausbildung einer christlichen (Glaubens-)Identität bzw. einer kirchlichen Organisationsstruktur in Dialog und Auseinandersetzung mit außerchristlichen Religionen, innerchristlichen Häresien, antiken Philosophien, staatlicher Macht- und Religionspolitik im Rahmen von Akzeptanz bzw. Ablehnung des Christentums durch die Gesellschaft. Dieser Prämisse folgt die Disposition des Buches (→ 1.5).

## 1.2 Epochenbezeichnungen

Der Titel des Buches spricht von „Alter Kirche". Dieser Begriff und in der Forschung gängige Alternativbegriffe wie „Urchristentum", „frühes

Christentum" und „Frühkatholizismus" sind Gegenstand der folgenden Betrachtung.

### 1.2.1 „Alte Kirche"

„Alte Kirche" umfasst nach gängiger Begrifflichkeit die Zeit der ersten fünf Jahrhunderte Christentumsgeschichte, also von der Jesusbewegung bis zur Völkerwanderung und zum Ende des Weströmischen Reiches (476). In dieser Epoche bilden sich wesentliche kirchliche Strukturen heraus, münden grundlegende theologische Diskussionen in ökumenisch verbindliche Konzilsbeschlüsse (bis 451) und entwickelt sich das Christentum von einer verfolgten Minderheitenreligion zur alleinigen Reichskirche im römischen Imperium (380).

Einschränkend ist zu sagen, dass von einer „(Amts-)Kirche" im heutigen Sinne frühestens ab der Konstantinischen Wende (313) zu sprechen ist. Für die Zeit davor ist korrekter von pluriformen christlichen Gruppierungen sowie von einer stets wachsenden Zahl von Ortsgemeinden mit heterogenen Organisationsstrukturen zu sprechen. Trotzdem taugt der Begriff zur Bezeichnung jener Epoche: Kirche (gr. *ekklesía,* lat. *ecclesia),* meint wörtlich die Schar der Herausgerufenen, laut NT die endzeitliche, von Jesus initiierte Heilsgemeinschaft. In der Alten Kirche wird aus einer spontan-charismatischen *ecclesia* eine vom römischen Staat anerkannte Körperschaft mit festen Organisationsstrukturen.

### 1.2.2 Weitere Epochenbegriffe

#### a) „Urchristentum"

Der im 18. Jh. aufgekommene Begriff des „Urchristentums" ist deutlich enger als „Alte Kirche" und verweist auf die Geschichte der ersten christlichen Generation(en).[4] Jedoch ist eine zeitliche Abgrenzung schwierig. Auch suggeriert der Begriff einen idealen Ursprungszustand in der Jerusalemer „Urgemeinde". Apg 2–4 vermittelt die Fiktion einer ursprünglichen Einheit und Reinheit der Kirche. Dagegen betonen François Vouga und andere die

4 Zum Folgenden Alkier 1993, 261 ff.; Schnelle 2019, 25–28; Öhler 2018, 15–17.

Vielfalt teilweise konkurrierender christlicher Gruppierungen schon von Anfang an (→ 2.4.4).[5]

### b) „Zeit der Augenzeugen"

Neutraler und den ntl. Texten angemessener ist es, von der „Zeit der Augenzeugen" bzw. der „ersten Generation" zu sprechen. Allerdings besteht auch hier die Schwierigkeit der genauen Abgrenzung bzw. der Berechnung einer Generation zu jener Zeit: Beträgt sie 30 Jahre oder endet sie mit dem Tod der Augenzeugen spätestens gegen Ende des 1. Jh.? Wie dem auch sei: Zur Bezeichnung für fünf Jahrhunderte Christentumsgeschichte scheidet der Begriff aus.

### c) „(Nach-)Apostolisches Zeitalter"

Der Begriff „Apostolisches Zeitalter" bezeichnet die Zeit zwischen Ostern und dem Tod der Apostel, also bis Mitte der 60er Jahre des 1. Jh., der Begriff des „Nachapostolischen Zeitalters" die Zeit danach. Beide Begriffe sind wertend: Das „Apostolische Zeitalter" erscheint gleichsam als Insel, auf der das Christentum in „Reinkultur" zu entdecken sei – frei von jüdischem, „frühkatholischem" oder gnostischem Gedankengut. Der Begriff des „Nachapostolischen Zeitalters" ist zudem zeitlich schlecht abzugrenzen und wird daher ebenfalls nicht verwendet.

### d) „Neutestamentliches Zeitalter"

Dieser Begriff fokussiert die Zeitspanne von Jesus bis zum Zweiten Petrusbrief, der nach allgemeiner Auffassung als späteste Schrift des NT um 130 zu datieren ist.[6] Der Übergang von ntl. Literatur zu frühchristlicher Literatur ist fließend; manche außerkanonischen Schriften wie etwa die „Apostolischen Väter" sind älter als die Spätschriften des NT (→ 3.6.2a). Das macht eine zeitliche Abgrenzung schwierig. Für das vorliegende Buch ist der Begriff ungeeignet.

---

5 Vouga 1994 passim; Leppin 2021, 18.
6 Vouga 1994,11f.; anders datiert Berger 2021, 738, 2 Petr ins Jahr 75 n. Chr.

### e) „Frühes Christentum"

Der Begriff „frühes Christentum" lässt sich durchaus mit mehreren Jahrhunderten Christentumsgeschichte verbinden.[7] Jedoch ist auch er wertend: Er suggeriert eine qualitativ einzigartige Epoche eines in sich homogenen Christentums. Diese Fiktion wurzelt im degenerativen Geschichtsbild der Romantik.[8] Wo er trotzdem im Buch Verwendung findet, wird er als Sammelbegriff für pluriforme christliche Gruppierungen der altkirchlichen Zeit benutzt.[9]

### f) „Frühkatholizismus"

Dieser Begriff lässt sich ebenfalls mit der hier zu behandelnden Epoche assoziieren.[10] Doch auch er ist wertend, denn er betrachtet die altkirchliche Geschichte als lineare Verfallsentwicklung von einem idealen „Urchristentum" hin zu „katholischen" Kirchenstrukturen. Markiert werde der Verfall durch das Ende der Naherwartung und der charismatischen Gemeindestruktur sowie durch den Übergang zu einer Kirche, die das Seelenheil an eine monepiskopal verfasste Institution bindet. Dem entspricht die in der protestantischen Exegese des 20. Jh. vorgenommene Unterscheidung zwischen ursprünglichem, paulinischem Christentum und „frühkatholischen" Elementen schon im NT selbst; dabei werden Letztere der theologischen Sachkritik unterzogen. Außerdem ist der Begriff „katholisch" konfessionell geprägt und stellt, so verstanden, für die fragliche Zeit einen Anachronismus dar.

## 1.2.3 Fazit

Betrachtet man die Entstehungszeit des Christentums bis zur Konsolidierung und Formalisierung der Strukturen und Inhalte, erscheint der Begriff „Alte Kirche" am angemessensten. Andere Begriffe sind unpräzise, zeitlich zu sehr begrenzt und / oder ideologisch vorbelastet. Die Zeit der Alten

---

7 Schnelle 2019, 26, und Öhler 2018, 17, grenzen den Terminus auf ca. 50–135 n. Chr. ein. Vouga 1994, 3–5, setzt die Zäsur mit den „Apostolischen Vätern" Ende des 1. Jh. (hier würden die Apostel als Autoritäten zitiert).

8 Zum Folgenden die Dekadenztheorie bei Overbeck 1963, 8, sowie Leppin 2021, 9.

9 Mit Vouga 1994. Vouga favorisiert die Rede von „Christentümern".

10 Zum Folgenden Alkier 2010.

Kirche beschreibt den Weg der pluriformen apostolischen Gemeinden hin zur staatstragenden Institution „Kirche".

## 1.3 Zur Quellenlage

Die Quellenlage zur altkirchlichen Geschichte ist uneinheitlich und problembehaftet. Die Quellen ermöglichen kein lückenloses Gesamtbild und sind oftmals tendenziöse Glaubenszeugnisse oder polemische Kampfschriften gegen Häretiker. Das heißt, die Quellen sind tendenzkritisch zu lesen. Zu unterscheiden sind historiographische Werke christlicher und nichtchristlicher Autoren, christlich-theologische Schriften mit normierender Wirkung, Texte christlicher Gruppen, die sich nicht durchsetzen konnten, und außerchristliche Quellen. Der kurze Überblick dieses Abschnitts wird im Unterpunkt 6 eines jeden Kapitels vertieft.

### 1.3.1 Historiographische Werke

Gesamtüberblicke bis zur Konstantinischen Wende bieten Epiphanios von Salamis und Euseb von Cäsarea. Ihnen verdanken wir viele Informationen über innerkirchliche Entwicklungen und Verflechtungen mit der nichtchristlichen Umwelt. Am reichhaltigsten ist Eusebs „Kirchengeschichte" (lat. *Historia ecclesiae*; 4. Jh.). Die Texte sind tendenziös, Vergleiche mit anderen Quellen unabdingbar (→ 5.6.1). – Ein wichtiger Zeuge für die Geschehnisse um die Konstantinische Wende ist Laktanz, für die Folgezeit sind der Fürstenspiegel des Synesios von Kyrene (399) und die *Historia adversus Paganos* des Orosius (417/418) zu erwähnen.

Prominente römische Geschichtsschreiber des 1. und beginnenden 2. Jh. sind Tacitus und Sueton. Sie erwähnen Übergriffe der Kaiser Claudius und Nero gegen Juden und Christen. Darüber hinaus finden sich nur spärliche Andeutungen, etwa über „Chrestus" als religiösen Unruhestifter und über das gesellschaftliche Ansehen der Christen in nichtjüdischer Umgebung. Gerade diese Hinweise können manch einseitige Darstellung der Geschehnisse in ein anderes Licht rücken. – Für die spätere Zeit sind stellvertretend die *Res Gestae* des Ammianus Marcellinus (378) und die Byzantinische Geschichte des Priskos von Panion (ca. 450) zu nennen.

Die Werke des jüdischen Geschichtsschreibers Flavius Josephus (* ca. 37–100) sind für die Geschichte des Judentums im 1. Jh. die Hauptquelle. Jedoch sind sie, wie die späteren rabbinischen Schriften, recht unergiebig für unser Thema. Ihr Schweigen ist auffällig; es spricht dafür, dass das Christentum erst allmählich als ernstzunehmender Faktor akzeptiert wurde. Eine theologisch-theoretische Auseinandersetzung mit frühchristlicher Lehre findet kaum statt.

### 1.3.2 Theologische Hauptschriften

Neben dem NT gehören zu dieser Gruppe die „Apostolischen Väter", eine dem NT nahestehende Schriftengruppe (→ 3.6.2a). Zeitlich schließen sich Texte der Apologeten des 2. Jh. an (Aristides, Justin, Tatian, Athenagoras, Minucius Felix u. a.). Von ihnen erfahren wir viel über das Verhältnis von Kirche, Judentum und Staat sowie über kirchenpolitische Positionen während des 2. Jh. (→ 3.6.2b).

Schriften der Kirchenväter[11] sind die wichtigsten theologischen Dokumente der altkirchlichen Zeit. Sie geben Einblick in die theologischen Diskussionen ab dem 2. Jh. und enthalten wichtige Informationen über historische Entwicklungen und häretische Gruppen des Christentums. Wichtige Kirchenväter sind Irenäos von Lyon, Klemens von Alexandria und Tertullian (2. Jh.), Hippolyt von Rom, Origenes und Cyprian von Karthago (3. Jh.), Euseb von Cäsarea, Athanasios von Alexandria, Apollinaris von Laodikea, die drei „großen Kappadokier" und Ambrosius von Mailand (4. Jh.) sowie Theodor von Mopsuestia, Johannes Chrysostomos, Papst Leo I. d.Gr., Ambrosius und Augustin von Hippo (5. Jh.).

Ab dem 3. Jh. finden sich bischöfliche Lehrschreiben, Synodalakten, Kanonverzeichnisse und liturgische Texte. Wirkungsgeschichtlich prägend sind das Muratorische Fragment (Canon Muratori, vor 200?)[12], die syrische Didaskalie (syrDid, Anfang 3. Jh.), die Apostolischen Konstitutionen (Const. Ap., um 380) sowie die Beschlüsse der ökumenischen Konzilien mit ihren Symbolen.

---

11 Der Begriff entsteht aus dem altkirchlichen Bedürfnis, die Wahrheit der kirchlichen Überlieferung abzusichern (Gottlieb 1991, 40).

12 Mit Löhr 2003, 23. – Zur Diskussion um die Datierung vgl. Greschat 2006, 59; Rothschild/Thompson 2023 sowie Verheyden 2023.

### 1.3.3 Texte marginalisierter Gruppen

Die frühchristlichen Apokryphen (nichtkanonische Evangelien, Apokalypsen, Apostelgeschichten, Märtyrerakten etc.; → 2.6.3; 3.6.3) lassen marginalisierte Positionen erkennen und bezeugen die Vielfalt des frühen Christentums. Zum Begriff Apokryphen und Marginalität → 1.6.6. Ihr historischer Wert schwankt allerdings sehr. Neben den Apokryphen selbst geben die Kirchenväter aus ihrer Sicht Einblick in das Denken und die Geschichte der marginalisierten Gruppen.

Christlich-gnostische Schriften entwickeln frühchristliche Traditionen eigenständig weiter (z. B. zu Maria Magdalena [→ 3.2.3a; 3.6.3]) und beinhalten zum Teil sehr alte Vorstellungen. Viele Denkweisen finden sich polemisch verzerrt bei den Kirchenvätern. Die Funde von Nag Hammadi (NHC, 1945–1948) förderten zahlreiche Originaldokumente des Gnostizismus zutage.

### 1.3.4 Außerchristliche Quellen

Neben historiographischen Schriften ermöglichen zahlreiche politische und philosophische Texte einen Blick auf die altkirchliche Geschichte. So erwähnt der bithynische Statthalter Plinius d. J. in einem Brief an Kaiser Trajan (um 112) christliche Gottesdienste (Ep. X 96,2f.). Der syrische Stoiker Mara bar Serapion schreibt im 1./2. Jh. in einem privaten Brief über das Unrecht an großen Menschen wie Sokrates, Pythagoras und wohl auch Jesus:

> „[...] was hatten die Athener für einen Nutzen davon, daß sie Sokrates töteten, was ihnen mit Hungersnot und Pest vergolten wurde? oder die Samier von der Verbrennung des Pythagoras, da ihr ganzes Land in einem Augenblick vom Sand verschüttet wurde? oder die Juden von der Hinrichtung ihres weisen Königs, da ihnen von jener Zeit an das Reich weggenommen war? Denn gerechtermaßen nahm Gott Rache für jene drei Weisen: die Athener starben Hungers, die Samier wurden vom Meere bedeckt, die Juden umgebracht und aus ihrem Reiche vertrieben, leben allenthalben in der Zerstreuung. Sokrates ist nicht tot: wegen Platon, noch Pythagoras: wegen der Herastatue, noch der weise König: wegen der neuen Gesetze, die er gegeben hat.“[13]

---

13 Abdruck bei Theißen/Merz (2001), 84, im Kontext ausführlicher Informationen (84–86).

Philosophische Texte von Kelsos, Porphyrios und Fronto bezeugen die antichristliche Stimmung im 2. und 3. Jh. Ergänzt wird der Textbefund durch zahlreiche Inschriften, wie etwa die Gallio-Inschrift und im Titusbogen in Rom. Erstere wurde zu Beginn des 20. Jh. in Delphi entdeckt und enthält Notizen zu Gallio, Statthalter der Provinz Achaja von 51–53. Sie ermöglicht die chronologische Einordnung der Paulus-Vita und seiner Briefe. Letzterer, 81 von Kaiser Domitan auf dem Forum Romanum errichtet, dokumentiert die Zerstörung Jerusalems durch Kaiser Titus im Jahre 70.

## 1.4 Erste Fragen und Antworten

Fragen im Vorfeld der Betrachtung betreffen das Verhältnis Jesu von Nazareth zur späteren Kirche und das „katholische" Element der Alten Kirche.

### 1.4.1 Hat Jesus die Kirche gegründet?

Die Frage, ob sich Jesus als Religionsstifter verstand, der nicht nur einen Jüngerkreis um sich scharte, sondern auch mit der Einsetzung des Petrus als „Fels der Kirche" und mit der Stiftung des Abendmahls die Kirche gründete, ist in dieser pointierten Form zu verneinen. Jesus hatte, dem Zeugnis der Evangelien zufolge, eine apokalyptische Naherwartung (→ 2.5.4). Er sah die Gottesherrschaft in seiner Zeit und mit seinem Wirken anbrechen (Mt 12,28; Mk 9,1; 13,30; Lk 17,20f.). Eine Kirche mit langfristig tragfähigen Strukturen passt nicht in dieses Denken. Wohl aber begründete Jesus mit seinen Jüngern eine innerjüdische Reformbewegung, eine eschatologische Heilsgemeinschaft, welche die Menschen auf die nahe Gottesherrschaft vorbereiten und sie zur Umkehr bewegen sollte. In dieser Gemeinschaft bekam Petrus eine führende Rolle zuerkannt (Mt 16,18f.). Das Abendmahl sollte die Jünger an Jesu Heilstod und seine baldige Wiederkunft (Parusie) erinnern. Ein sakramentales Verständnis ist in den Texten nicht zu erkennen.

### 1.4.2 Ist die Kirche die Folge eines Irrtums?

Vom französischen Theologen und Modernisten Alfred Loisy (1857–1940) stammt das Statement:

> „Jesus hatte das Reich angekündigt, und dafür ist die Kirche gekommen. Sie kam und erweiterte die Form des Evangeliums, die unmöglich erhalten werden konnte, wie sie war, seitdem Jesu Aufgabe mit dem Leiden abgeschlossen war."[14]

Damit bringt Loisy das Dilemma der eschatologischen Naherwartung Jesu auf den Punkt. Die Kirche ist demnach eine minderwertige Verlegenheitslösung und Ergebnis eines Überlebenskampfes der frühen Christen – wenn auch ein insgesamt akzeptables Ergebnis, wie Loisy betont.

Richtig ist an dieser Sichtweise, dass sich bei eingelöster Parusieerwartung keine Kirche hätte entwickeln können und müssen. Die lk. Apostelgeschichte platziert die Entstehung der Kirche in die Wartezeit zwischen Himmelfahrt und Parusie, die sich aus bei Gott liegenden Gründen (scheinbar) in die Länge zieht.[15] Das Ausbleiben der Parusie und das durch das Ende der Augenzeugen Jesu entstandene Vakuum einerseits und das enorme Wachstum der christlichen Gemeinschaft andererseits fordern und fördern eine Entwicklung, die letztlich zur Institution „Kirche" führt. Dieser eigendynamische Prozess wird im NT auf den Missionsauftrag Jesu (Mt 28,18–20) und auf das Wirken des Heiligen Geistes (Apg 2 u. a.) zurückgeführt und ist, gegen Loisy, ohne Bewertung zur Kenntnis zu nehmen.

### 1.4.3 Ab wann gibt es die „katholische Kirche"?

Der Begriff „katholisch" (von gr. *kat' hólon*, allumfassend) ist heutzutage konfessionell geprägt und wird in der protestantischen Theologie zum Teil als Kampfbegriff verwendet (→ 1.2.2f). Von „römisch-katholischer" Kirche ist erst ab der Reformation bzw. ab dem Tridentinum (1545–1563) zu sprechen. Im wörtlichen Sinne kann jedoch schon da von „katholisch" gesprochen werden, wo sich eine „rechtgläubige" kirchliche Gemeinschaft mit diesem Etikett von häretischen Gruppierungen abzugrenzen versucht. Das ist erstmals bei Ignatios von Antiochia (um 117) der Fall. In Abwehr doketischer Christologie formuliert IgnSm 8,2:

> „Wo immer der Bischof sich zeigt, da sei auch das Volk, so wie da, wo Jesus Christus ist, auch die katholische Kirche ist."

14 Loisy 1904, 155 bzw. deutsch 112f.
15 Ausführlich dazu Erlemann 1995, 172-174.

Das Etikett wird ab da von namhaften Apologeten und Kirchenvätern aufgegriffen und präzisiert. Kyrill von Jerusalem bietet eine umfassende Definition (4. Jh.):

> „[Die Kirche] wird also katholisch genannt, weil sie in der ganzen Ökumene vom (einen) Ende bis ans (andere) Ende der Erde ist und weil sie umfassend und lückenlos alle Dogmen lehrt, die zur Kenntnis der Menschen gelangen müssen."[16]

Die Bezeichnungen „katholisch" und „orthodox" (rechtgläubig) sind hier Synonyme, jedenfalls bis zum Großen Abendländischen Schisma 1054, als sich östlich-orthodoxe und westlich-katholische Kirche voneinander trennen.

Die dogmatische Verwendung von „katholisch" impliziert das Axiom der Unteilbarkeit und Einzigkeit der „*einen* katholischen Kirche" (Apostolikum, 3. Artikel), denn nur die umfassende, ungeteilte Kirche könne die Wahrheit der christlichen Lehre repräsentieren. Neben der katholischen Kirche kann es demnach *per definitionem* keine anderen Kirchen geben, allenfalls auf die katholische Kirche hin zugeordnete kirchliche Gemeinschaften.[17] Ziel ökumenischer Bemühungen von römisch-katholischer Seite ist folgerichtig die Überwindung der Spaltungen bzw. die Wiederherstellung der einen, allumfassenden „katholischen" Kirche unter Leitung Roms.

## 1.5 Disposition und Lektürehinweise

Den unter → 1.1 dargestellten Beobachtungen folgend, betrachten die Kapitel 2–6 jeweils ein komplettes Jahrhundert, um die genannten Wechselbeziehungen in den Blick zu bekommen. Das bedeutet eine teilsynchrone Darstellung statt einer diachronen, den gesamten Zeitraum umspannenden Darstellung von Einzelthemen. Eine diachrone Lektüre, um bestimmte Themenfelder durchgängig verfolgen zu können, ist trotzdem möglich und wird durch die weitgehend einheitliche Nummerierung der Einzelabschnitte erleichtert. Die Darstellung fokussiert sieben Punkte: Entwicklungen, Kontexte, Verflechtungen, Ordnungen, Themen, Texte und Personen.

---

16 Kyr Jer Catech. 23. – Weitere wichtige Zeugen: Clem Strom. VII 17,107; *Canon Muratori* sowie, als Selbstbezeichnung, bei Cypr Unit. 251 u.a.

17 Kongregation für die Glaubenslehre 2000, Nr. 17 (unterzeichnet von Josef Kardinal Ratzinger und Tarcisio Kardinal Bertone).

Die Punkte entsprechen den jeweiligen Unterkapiteln 1–7. Punkt 8 bietet ein Fazit. Im Einzelnen gestaltet sich der Aufbau wie folgt:

Informationen über die politisch-gesellschaftlichen Rahmenbedingungen und damit Herausforderungen der Alten Kirche bietet das jeweilige Unterkapitel 1 (*Entwicklungen*). Weitere Herausforderungen ergeben sich aus dem religionsgeschichtlichen Kontext, der in Unterkapitel 2 thematisiert wird (*Kontexte*). Die *Verflechtungen* mit der nichtchristlichen Umwelt sind Teil des Unterkapitels 3, bevor die innerkirchliche Entwicklung (*Ordnungen*), die theologischen *Themen* einer Epoche und die christliche Literaturbildung (*Texte*) betrachtet werden (Unterkapitel 4–6). Nach exkursiven Porträts wichtiger kirchlicher *Personen* („Steckbriefe", Unterkapitel 7) folgt ein *Fazit* über die Antwort der Alten Kirche auf die Herausforderungen des jeweiligen Jahrhunderts (Unterkapitel 8). Die genannten Aspekte sind zu unterscheiden, aber nicht zu trennen. Einzelne Redundanzen, die sich daraus ergeben, bitte ich zu entschuldigen.

Als Kirchengeschichtler greife ich, neben einschlägiger Fachliteratur, auf profanhistorische Darstellungen wie Gottlieb 1991, Bellen 2010/2016 und Leppin 2021 zurück. Im Sinne eines übersichtlichen Lehr- und Arbeitsbuches wird auf einen enzyklopädischen Einbezug von Sekundärliteratur verzichtet und stattdessen auf wesentlich erscheinende Meinungen und Aspekte verwiesen. Literaturangaben in den Fußnoten verstehen sich als Hinweise auf ergänzende Lektüre.

Abkürzungen patristischer Quellen orientieren sich an der Liste der Abkürzungen antiker Autoren und Werktitel.[18] Eigennamen werden, der Mutter- bzw. Werksprache eines Autors gemäß, in griechischer oder lateinischer Schreibweise wiedergegeben.

## 1.6 Begriffsklärungen

Fachbegriffe werden umfassend im Glossar erklärt. Einige Begriffe, die im Buch regelmäßig auftauchen, werden vorab ausführlicher erläutert.

18 https://de.wikipedia.org/wiki/Liste_der_Abk%C3%BCrzungen_antiker_Autoren_und_Werktitel/C (zuletzt aufgerufen 12.5.2023).

### 1.6.1 Hellenismus

‚Hellenismus' als Epochenbegriff ist eine Prägung des Historikers Johann Gustav Droysen (1808–1884). Der Begriff kennzeichnet die Durchdringung des Orients und des Römischen Reiches durch die griechische Kultur sowie die Einwirkung orientalischen Kulturgutes auf Griechen und Römer (vergleichbar der Amerikanisierung der europäischen Kultur nach dem 2. Weltkrieg). Kennzeichnend sind die gegenseitige Beeinflussung ursprünglich selbständiger Kulturräume, deren Angleichung, aber auch ihr Fortbestand in einer pluralen Kulturwelt vom Indus bis Spanien, vom Schwarzen Meer bis Nordafrika (Synkretismus; → 1.6.2).

Die zeitliche Abgrenzung des Hellenismus ist mit den Eroberungszügen Alexanders d.Gr. (356–323 v. Chr.) bis nach Indien und dem Aufstieg der Araber im 7. Jh. n. Chr. gegeben.[19] Kennzeichen des Hellenismus sind:

- Die griechische Sprache als einheitliche Geschäftssprache (*lingua franca)* der Diadochenreiche und des römischen Imperiums für mehrere Jahrhunderte.
- Die hellenistische Stadt (gr. *pólis*) mit ihrer typischen Architektur, ihrer offenen Lebensform und ihren technischen und sozialen Vorzügen.[20]
- Der dynastische Verwaltungsstaat (König, Verwaltung, insbesondere Finanzverwaltung durch Beamte, direkte Steuern, staatlich gelenkter Außenhandel, stehendes Söldnerheer sowie Diplomatie über dynastische Verflechtungen der Staaten untereinander).
- Die besitzende Oberschicht als Kulturträgerin. Die Unterschichtist vom Kulturleben ausgeschlossen und damit wenig hellenisiert. Ab 220 v. Chr. nimmt der Einfluss der indigenen Schichten zu; es kommt zu einer allmählichen Vermischung von Oberschicht und indigener Bevölkerung.
- Philosophische Schulen: 1) mittlere Stoa (Ersetzung der Religion durch einen Pantheismus, Hauptvertreter Panaitios, gestorben 110 v. Chr.); 2) Kyniker und Epikureer als aufklärerische, religionskritische Strömungen. 3) Skepsis (neue Akademie, Karneades, Kleitomachos, Philo).

---

19 Zur Diskussion um die zeitliche Abgrenzung vgl. Schnelle 2019, 31, Anm. 3. Für das vorliegende Buch wird eine weite Definition zugrunde gelegt, da der Hellenismus bis weit in die Spätantike prägend bleibt.

20 Mit Schnelle 2019, 29–31.

- Religiöse Strömungen: 1) Isis- und Adoniskult; 2) griechisch-römisches Götterpantheon mit den dazugehörigen Tempelkulten; 3) allgemein anerkannter Herrscherkult (Könige als Wohltäter des Volkes; → 2.2.1b).
- Synkretismus (→ 1.6.2).

### 1.6.2 Synkretismus

Der Begriff meint das Zusammenwachsen mehrerer Weltanschauungen. Die Eroberungszüge Alexanders d.Gr. (356–323 v. Chr.) und die nachfolgende Hellenisierung des Mittelmeerraums und der östlich angrenzenden Territorien wirken förderlich für synkretistische Entwicklungen in Philosophie, Kultur und Religion. Ein klassisches Beispiel ist der Gnostizismus (→ 3.2.3). In ihm sind Elemente aus Juden- und Christentum, Platonismus, persischen Religionen sowie aus Esoterik, Volks- und Zauberglauben enthalten. Das Christentum trägt jüdische und philosophische Elemente und solche aus griechisch-römischen Kulten in sich und kann, so betrachtet, ebenfalls als synkretistisch bezeichnet werden. Beispiel für einen modernen Synkretismus ist das Verschmelzen christlicher mit nichtchristlichen Bräuchen und Traditionen wie Christkind, Nikolaus, Weihnachtsmann und Santa Claus oder wie St. Martinstag, Allerheiligen und Halloween. Positiv gewendet, werden in synkretistischen Strömungen als wertvoll erachtete Traditionen zu einer fruchtbaren Synthese vereinigt.

### 1.6.3 Imperium Romanum

#### a) Ausdehnung und Organisation

Das Römische Reich (lat. *Imperium Romanum*) ist der politische, ökonomische und kulturelle Bereich, in welchem die Alte Kirche zu einer Weltreligion heranwächst. Es umspannt, von historischen Schwankungen abgesehen, den gesamten Mittelmeerraum. Seine natürlichen Grenzen sind im Norden die Alpen, im Nordwesten der Rhein und der Ärmelkanal, im Nordosten die Donau und das Schwarze Meer, im Osten Euphrat und Tigris, im Süden die nordafrikanische Wüste und im Westen die iberische Atlantikküste. Zeitweise erstreckt sich das Reich über die natürlichen Grenzen hinaus bis nach Britannien, Germanien und Dakien sowie im Osten bis zum Persischen Golf. Diese Gebiete

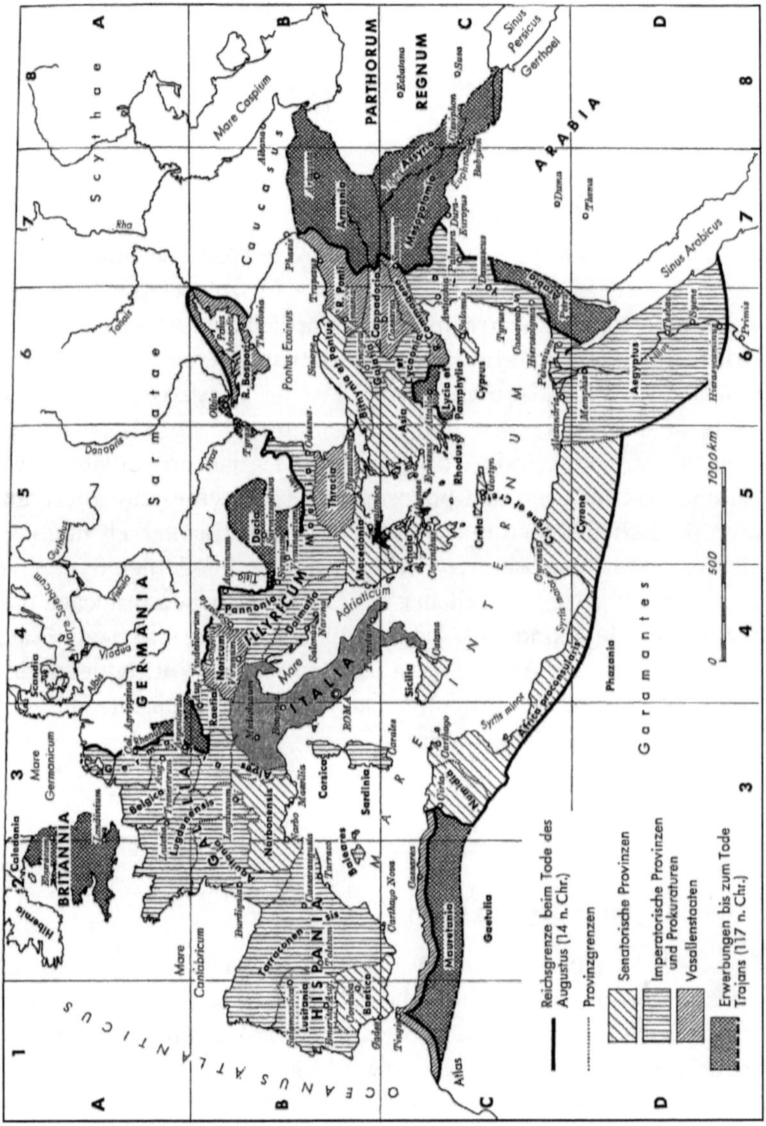


*Das römische Reich in ntl. Zeit*

werden großenteils durch künstliche Grenzbefestigungen (Limes) gesichert. Die größte Ausdehnung erreicht das Reich unter Kaiser Trajan (98–117 n. Chr.).

Das Römische Reich gliedert sich zeitweise in die Verwaltungseinheiten Rom und Italien sowie in angegliederte Provinzen mit regionalen Einheiten, die zum Teil eine Selbstverwaltung haben, zum Teil von kaiserlichen Beamten verwaltet werden.[21] Die Zahl der Provinzen schwankt ständig. Zur Aufrechterhaltung des Friedens setzen die Römer in den Provinzen Statthalter (lat. *propraetores*) ein. Daneben gibt es *procuratores* als Verwalter des kaiserlichen Vermögens und weitere Funktionsträger wie Prokonsuln, Präfekte und Legate. In den Provinzen werden ständig neue Kolonien für römische Kriegsveteranen gegründet.

Die Epoche vom 1. bis 5. Jh. n. Chr. ist die Zeit des römischen Prinzipats und der Spätantike[22], das heißt der Herrschaft eines Kaisers (lat. *imperator*, Ehrentitel *Caesar* bzw. *Augustus*). Das römische Kaisertum wird vorrangig dynastisch gedacht; wo das dynastische Prinzip nicht greift, wird die Legitimationsfrage durch Adoption, göttliche Würde oder herausragende militärische Leistungen geklärt. Zeitweise wird das römische Imperium aus organisatorischen Gründen in mehrere Herrschaftsgebiete, die einem Gespann aus zwei oder mehreren Kaisern (z. B. die Tetrarchie zu Beginn des 4. Jh.) unterstellt sind, aufgeteilt. Usurpationen des Kaiserthrons und militärische Auseinandersetzungen mit illegitimen Gegenkaisern sind an der Tagesordnung und tragen je länger, desto mehr zur Schwächung des Prinzipats bei.

### b) Soziale Schichten

Neben dem Kaiser und seiner Familie gehören konsularische Senatoren und leitende (meist senatorische) Priesterfamilien Roms zur Führungsschicht des Imperiums.[23] Sie sind das Bindeglied zwischen der alten *res publica* und dem Prinzipat. Ihre Rolle wird von den Kaisern im Verlauf der Jahrhunderte unterschiedlich wertgeschätzt. Daneben sind die militärischen Befehlshaber, die sich zumindest in der Anfangszeit aus dem römischen Adel rekrutieren,

---

21 Zum Folgenden die Übersicht bei Öhler 2018, 25f.; 36–41.

22 Die Zäsur ist mit der Suspendierung des Senats in seiner den Kaiser legitimierenden Funktion unter Diokletian zu ziehen. Von da an ist der Kaiser nicht mehr *princeps* (Erster unter Mehreren), sondern *dominus* (vom Senat unabhängiger Herrscher)

23 Zum Folgenden a. a. O., 32–34, und Schnelle 2019, 87–90.

Teil der gesellschaftlichen Elite. Ritterstand und Senatoren mit Konsulat sowie regionale Fürsten bilden die Oberschicht; aus ihren Reihen stammen die Provinzstatthalter.

Die römische Mittelschicht besteht aus Menschen mit römischem Bürgerrecht und ausreichendem Einkommen bzw. Vermögen (Großgrundbesitzer, Händler, Handwerker, Staatsbeamte, Offiziere u. a.). Sie genießen besondere Privilegien. Der Apostel Paulus kann sich in Jerusalem auf sein römisches Bürgerrecht berufen und wird daraufhin nach Rom überstellt. Zahlenmäßig dominant ist im kaiserlichen Rom die Unterschicht (lat. *plebs*). Vor allem Menschen ohne genügendes Einkommen, unselbständige Arbeiter sowie Sklavinnen und Sklaven sind hier zu nennen.[24] Auch Lehrer gehören zur Unterschicht, ebenso wie Kleinbauern, Pächter, Tagelöhner, Bettler, Witwen und Waisen.

### c) Wirtschaft

Das Römische Reich reiht sich in die antiken Agrargesellschaften ein, die in der Hauptsache von Landwirtschaft (Getreide, Weinbau, Oliven, Schafzucht u. a.) leben.[25] Ca. 90 % der Gesamtbevölkerung leben in ländlichen Regionen und von der Landwirtschaft. Handwerk und Handel ergänzen das ökonomische Spektrum. Ägypten und Nordafrika sind die Kornkammer Roms; den freien Handelswegen aus diesen Regionen nach Italien kommt eine entscheidende Bedeutung zu. Missernten sowie Blockaden der Handelswege haben regelmäßig eine fatale Auswirkung auf die Versorgung der Stadt Rom (vgl. Tac Ann. XII 43).

Der Grundbesitz ist großenteils in der Hand städtischer Eliten; der Landbesitz in eroberten Regionen geht an den Kaiser oder an römische Investoren über; ursprünglich selbständige Kleinbauern werden zu Pächtern auf der eigenen Scholle (vgl. Mk 12,1–12parr. u. a.; weiter → 2.1.2e). Sklavinnen und Sklaven sind billige Arbeitskräfte im Ackerbau und anderen arbeitsintensiven Bereichen.

Handwerker, Händler und Dienstleister leben vornehmlich in den Städten und sind in Kleinbetrieben organisiert. Ziegel, Glaswaren u.Ä. sind Massen-

---

24 Vgl. Herrmann-Otto 2005. – Schnelle 2019, 90, spricht von einem Sklavenanteil in der römischen Gesellschaft um 100 von ca. 15–20%, d. h. ca. 50 Millionen Menschen! – Vgl. auch Leppin 2021, 293–303.

25 Zum Folgenden die Übersicht bei Schnelle 2019, 91–93.

produkte und gängige Exportartikel. In- und Export verlaufen mithilfe von Zugtieren oder menschlichen Lastenträgern über Land sowie per Schiff über die Flüsse, das Mittelmeer und das Schwarze Meer. Dienstleister wie Geldverleiher, Lehrkräfte, Ärzte und Juristen vervollständigen das ökonomische Portfolio.

### d) Kult

Das Römische Reich, kulturell Erbe der hellenistischen Königreiche, sorgt in seinem Einflussbereich für eine einheitliche Kultur und einen einheitlichen Wirtschaftsraum.[26] Das ist eine wesentliche Voraussetzung für die rasche Verbreitung des Christentums und anderer, ursprünglich regionaler Kulte über das gesamte Reichsgebiet. Die Kaiser verfolgen eine grundsätzlich tolerante Religionspolitik, solange die Staatsräson (lat. *salus publica*) dies als vernünftig erscheinen lässt und die Kulte im Reichsgebiet die Verehrung der Staatsgötter und des Kaisers mittragen. Insbesondere das Judentum und die christliche Kirche geraten mit ihrer kultischen Verweigerungshaltung immer wieder ins Visier staatlicher Religionspolitik und erleidet regelmäßig Repressalien bis hin zu physischer Verfolgung.

Krise des Reiches → Staatsräson → allg. Opferpflicht ↘ Verfolgung
exklusivist. Monotheismus → Verweigerung d. Opfers ↗ Verfolgung

Griechisch und Latein sind die vorherrschenden Sprachen im römischen Reichsgebiet; das bestimmt wesentlich die Entwicklung der altkirchlichen Theologie in eine östliche (orthodoxe) und westliche (katholische) Richtung.

### e) Politische Krisen

Während der Zeit der Alten Kirche wird das römische Imperium ständig durch Völker bedroht, die insbesondere im Zuge der Völkerwanderung auf römisches Reichsgebiet vordringen. Die wichtigsten Völker sind die Parther und Perser im Osten, die Goten, Sarmaten, Hunnen und Vandalen im Nordosten, die Germanen, Alamannen, Britannier und Pikten im Nordwesten und

26 Vgl. Öhler 2018, 28-31.

nordafrikanische Nomadenstämme im Süden. Eine Sonderrolle spielt das jüdische Volk, das sich gegen die römische Religionspolitik, insbesondere gegen den Kaiserkult, zur Wehr setzt und mehrfach Waffengänge provoziert. – Das Weströmische Reich endet mit dem Einmarsch germanischer Truppen in Rom (476), das Oströmische Reich mit der Eroberung Konstantinopels durch die türkischen Osmanen (1453).

### 1.6.4 Gemeinde

„Gemeinde" ist zum einen Oberbegriff für die Gesamtheit christlicher Gemeinschaften, zum anderen Bezeichnung einer Ortsgemeinde. Etymologisch bezeichnet *ekklesía* die Schar der Herausgerufenen, Erwählten, aber noch keine abgrenzbare (Orts-)Gemeinde im späteren Sinn.[27] Der Jüngerkreis um Jesus symbolisiert das Urbild von Gemeinde. Der eschatologische Grundzug wird in Umschreibungen wie „Reich des Menschensohns" (Mt 13,41) deutlich. Für Paulus repräsentiert die Gemeinde als „Leib" den erhöhten Christus in der Welt (1 Kor 12,12–31). Zusammengehalten wird die paulinische Gemeinde durch ihr Christusbekenntnis und ihre Gemeinschaft (gr. *koinonía*; 2 Kor 13,13; Phil 2,1). Alternativ spricht das NT von „Volk Gottes" zur Umschreibung christlicher Gemeinschaft.

### 1.6.5 Judenchristen, Heidenchristen

Die in der Forschung gängige Unterscheidung ist problematisch und findet daher in diesem Band keine Verwendung.[28] „Judenchristen" meint Christen, die ursprünglich zur jüdischen Community gehörten und auch nach der Taufe Toravorschriften einhalten[29], „Heidenchristen" solche, die aus einem nichtjüdischen Religionskontext („aus den Völkern") stammen. Der Ausdruck „Heiden" suggeriert entweder die Religionslosigkeit eines Menschen und ist daher abwertend. Oder er suggeriert, dass es jenseits des jüdisch-christlichen Kulturkreises eine homogene religiöse „Masse" gab. Beide Lesarten treffen historisch nicht zu; die Menschen hatten eine große

27 Mt 16,18; 18,17; 1 Kor 1,2; 15,9; Gal 1,13; Phil 3,6; 1 Clem 46,2 u.a.

28 Mit Schnelle 2019, 93f.375. – Zur Diskussion vgl. Öhler 2018, 265f.; Leppin 2021, 66.

29 Umschreibungen im NT: „die aus der Beschneidung" (Apg 10,45; 11,2; Gal 2,12), „die nach jüdischer Sitte leben" (Gal 2,14; vgl. IgnMagn 8,1; 9,1; 10,3); „gläubig gewordene Pharisäer" (Apg 15,5); „Gruppe der Nazarener" (Apg 24,5); „jesusgläubige Juden" (Joh 8,31) u.a.

Auswahl an Kultgemeinschaften, denen sie sich zugehörig fühlen konnten (→ 2.2). Aus diesen Gründen wird der Begriff „Heiden“ und damit auch „Heidenchristen“ als unsachgemäß und wertend vermieden.

Der Begriff „Judenchristen“ suggeriert ein homogenes Judentum zur Zeit des NT. Davon kann jedoch nicht die Rede sein (→ 2.2.4). Zumindest ist zwischen palästinischen (aramäisch sprechenden) und hellenistischen (griechisch sprechenden) Juden zu unterscheiden. Anstelle des etablierten Begriffspaars „Judenchristen“ und „Heidenchristen“ verwendet das vorliegende Buch präzisere Formulierungen wie ehemalige Juden oder ehemalige Nichtjuden.

### 1.6.6 Apokryphen

Der gr. Begriff apokryph bedeutet verborgen, geheim und ist weithin negativ, im Sinne von verboten, häretisch, konnotiert.[30] Dem entspricht nicht das Selbstverständnis etwa des EvThom: Der Hinweis im Prolog auf apokryphe Worte Jesu ist hier mit dem Bewusstsein verknüpft, ein besonders wertvolles, elitäres Wissen, das nur dem Trägerkreis des EvThom zugänglich ist, zu besitzen und darzubieten. Um der negativen Konnotationen willen und um den vielfältigen Verflechtungen kanonischer und nichtkanonischer Texte gerecht zu werden, schlägt Nicklas den Begriff „parabiblische Texte und Traditionen“ vor. Das vorliegende Buch hält am Begriff ‚apokryph‘ fest und versteht es im etymologischen, nicht abwertenden Sinne.

Die Trägerkreise apokrypher Texte werden im Folgenden als „marginalisierte Gruppen“ bezeichnet. Das markiert die Wahrnehmung und die Politik der „offiziellen“ Kirche. Der Begriff besagt nichts über die Rechtgläubigkeit und die tatsächliche historische Wirkung apokrypher Texte und ihrer Trägerkreise.[31]

https://narr.kwaest.io/s/1222

30 Dazu Markschies 2012, 114, und Nicklas 2023, 17-19

31 Vgl. Nicklas 2023.

# Kapitel 2: Das erste Jahrhundert

## 2.1 Äußere Geschichte

| Datum | Politische Ereignisse | Alte Kirche | Sonstiges |
|---|---|---|---|
| ca. 4 v. | | Geburt Jesu | Herodes d.Gr. † |
| 4 v.–37 n. | Herodes Antipas König von Judäa | | |
| 14 | | | Ks. Augustus † |
| **14–37** | **Kaiser Tiberius** | | |
| 26–36 | P. Pilatus Präfekt v. Judäa | | |
| ca. 30 | | Tod Jesu, Ostern; Pfingsten | |
| **37–41** | **Kaiser Caligula** | | Caligulakrise |
| 41–44 | Herodes Agrippa I. Kg. von Palästina | 42 Zebedaide Jakobus † | |
| **41-54** | **Kaiser Claudius** | *„Logienquelle Q"? 1 Joh?* | Wirken des Simon Magus |
| 45–47 | | 1. Missionsreise des Paulus | |
| 48/49 | | Apostelkonvent | |
| 49–52 | 49 Claudiusedikt | 2. Missionsreise des Paulus; *1 Thess* | |
| 50–52/55 | 51/52 Gallio Prokonsul von Korinth | Paulus in Korinth/in Ephesos; *1 Kor? 2 Kor?* | |
| **54–68** | **Kaiser Nero** | | |
| 55/56 | | 3. Missionsreise des Paulus; *Röm, Gal, Phil?* | |
| 60–64 | | Petrus und Paulus † in Rom. *Deuteropaulinen? Pastoralbriefe?* | |

| Datum | Politische Ereignisse | Alte Kirche | Sonstiges |
|---|---|---|---|
| 62 | | Herrenbruder Jakobus † | |
| 64 | | Neron. Verfolgung (?) | Brand Roms |
| 66–73 | Erster Jüdischer Krieg | *Hebr? 1 Petr? MkEv?* | |
| 68/69 | Vierkaiserjahr | | |
| **69–79** | **Kaiser Vespasian** | | |
| 70/73 | 70 Belagerung und Eroberung Jerusalems<br>73 Fall Masadas; Ende des 1. Jüdischen Krieges | ab ca. 70 Entstehung der *Evangelien* | ab 70 Neuformierung des (rabbinischen) Judentums |
| **79–81** | **Kaiser Titus** | | |
| 79/80 | | | Vesuvausbruch, Pestepidemie |
| **81–96** | **Kaiser Domitian** | | |
| ca. 85 | | *birkát ha-minním* | |
| **96–98** | **Kaiser Nerva** | | |

Das Kapitel versucht, die Komplexität der politischen und weltanschaulichen Lage zu Beginn des Christentums überschaubar zu machen (2.1 – 2.3), gibt Einblick in die innergemeindliche und theologische Entwicklung (2.4 – 2.6) und porträtiert wichtige Personen der ersten christlichen Generationen (2.7). Abschnitt 2.8 fasst die Wechselwirkungen zwischen äußerer und innerer Entwicklung zusammen.

Die Herausforderungen für die Christen betreffen die politisch-soziale Großwetterlage des Römischen Reiches, insbesondere der Provinz Iudaea (2.1.1) sowie die Einbettung in das plurale Judentum mit seinem spannungsvollen Verhältnis zur römischen Oberherrschaft (2.1.2). Abschnitt 2.1.3 zeichnet die historische Entwicklung der neuen Religionsgemeinschaft in diese Kontexte ein. Weitere Herausforderungen sind Thema von → 2.2 und 2.3.

## 2.1.1 Die hellenistisch-römische Umwelt

*Überblick*: In der Nachfolge Alexanders d.Gr. (336–323 v. Chr.) entstehen im östlichen Mittelmeerraum mehrere Diadochenreiche. Sie setzen die Hellenisierung im Sinne kultureller Globalisierung fort und bestimmen in unterschiedlicher Intensität die Geschichte Palästinas (→ 1.6.1). Der hellenistische Herrscherkult sieht im König mit seiner Machtfülle eine göttliche Gestalt; diese Überzeugung findet im römischen Kaiserkult ihre Fortsetzung (→ 2.2.1b; 2.3.1a).

### a) Diadochenreiche

Nach dem Tod Alexanders d.Gr. (323 v. Chr.) wird sein Großreich an verschiedene Feldherren verteilt. Es entstehen drei Nachfolgestaaten und -dynastien (gr. *diadoché*: Nachfolge): Ptolemäer in Ägypten, Seleukiden in Syrien und Vorderasien sowie Antigoniden in Griechenland. Die Geschichte der Diadochenreiche bis zur Vorherrschaft Roms verläuft in drei Phasen: *Erstens*, im 3. Jh. v. Chr. herrscht ein recht stabiles Gleichgewicht der Großmächte. *Zweitens*, ab ca. 220 v. Chr. treten griechische Kleinstaaten hervor; einzelne Machtvakuen fördern den politischen Aufstieg Roms. In den Provinzen um Alexandria und Antiochia, in Griechenland, Makedonien und Pergamon kommt es vermehrt zu Aufständen. *Drittens*, ab 120 v. Chr. gewinnen nichthellenistische Königreiche wie Kappadokien, Pontos, Judäa, Parthien und Armenien an Einfluss.

## b) Geschichte Ägyptens unter den Ptolemäern

Kulturelles und politisches Zentrum im ptolemäischen Ägypten ist Alexandria mit seinem Museion und seiner einzigartigen Bibliothek. Weitere Zentren sind Naukratis und Ptolemais. Zahlreiche Papyrusfunde aus Fajjum und Oxyrhynchos spiegeln das Alltagsleben der Zeit. Die Außenpolitik ist geprägt durch ständige Rangeleien mit den Seleukiden. Als letzte Königin regiert Kleopatra VII., Geliebte Cäsars und Marc Antons (51–30 v. Chr.). 30 v. Chr. wird Ägypten römische Provinz. Religiös bedeutsam ist der Sarapiskult (ab ca. 270 v. Chr.; → 2.2.1b). In Alexandria ist eine große jüdische Gemeinschaft ansässig; ab 163 v. Chr. gibt es einen jüdischen Tempel in Leontopolis.

## c) Geschichte Syriens unter den Seleukiden

Die Seleukiden haben sich mit den Ptolemäern im Süden und mit den Galatern im Norden auseinanderzusetzen (Niederlage bei Ankyra 292 v. Chr.). 198 v. Chr. bringen die Seleukiden Palästina in ihre Gewalt. Antiochos IV. Epiphanes (175–163 v. Chr.) sorgt für die Verbreitung des Kultes *Zeus Olympios*. Er erobert 167 v. Chr. Jerusalem und entweiht den Tempel (vgl.

Dan 11; 1 Makk 1; → 2.1.2c). Das zieht den Makkabäeraufstand nach sich (1 Makk 2 ff.). Antiochos fällt 163 v. Chr. im Feldzug gegen die Parther. Das Seleukidenreich wird auf Syrien begrenzt. Nach Bruderkriegen kommt es zur Teilung Syriens. In dieser Zeit können die Hasmonäer in Judäa ihre Macht erheblich ausdehnen (→ 2.1.2d). 64 v. Chr. bereitet der römische Feldherr Pompejus dem Seleukidenreich das Ende.

### d) Entwicklung Roms zur Großmacht

753 v. Chr. wird der Sage nach Rom durch Romulus und Remus gegründet („753 kroch Rom aus dem Ei"). Im 4. und 3. Jh. v. Chr. gelingt den Römern die Einigung Italiens inkl. Sizilien, Sardinien und Korsika. In drei Kriegen setzt sich Rom gegen die Seemacht Karthago durch (264–146 v. Chr.) und sichert sich so die Vorherrschaft im Mittelmeer. Im 1. Jh. v. Chr. beherrscht Rom Westeuropa, Nordafrika (Karthago, Ägypten) und Vorderasien (Palästina, Syrien etc.).

Aus dem 49 v. Chr. beginnenden Bürgerkrieg geht Gaius Julius Cäsar als Sieger hervor. Sein Griff nach der Alleinherrschaft wird durch seine Ermordung verhindert (44 v. Chr.). 42 v. Chr. wird das Reich in zwei Einflussgebiete aufgeteilt: Marc Anton erhält den Osten inkl. Ägypten (Liaison mit Königin Kleopatra). Octavian, Cäsars Adoptivsohn (der spätere Kaiser Augustus), erhält den Westen. In der Schlacht bei Actium (31 v. Chr.) besiegt Octavian seinen östlichen Rivalen. Der römische Senat trägt Octavian die Alleinherrschaft an und verleiht ihm den Ehrentitel Augustus („der Erhabene", 27 v. Chr.), später auch „oberster Priester" (*pontifex maximus*) und „Vater der Vaterlands" (*pater patriae*, 2 v. Chr.). Die alte *res publica* ist damit Geschichte. Gleichwohl behalten Senat und Ritterstand ihre angestammten Privilegien und sind in die Regierungsarbeit eingebunden.[1]

1 Gottlieb 1991, 12.

Das Römische Reich beim Tode Caesars

## e) Geschichte des Prinzipats im 1. Jh.

*Überblick*: Jesus wird unter Kaiser Augustus geboren (ca. 4 v. Chr.) und unter Kaiser Tiberius gekreuzigt (ca. 30 n. Chr.). Kaiser Caligula plant, den Jerusalemer Tempel umzuwidmen (39/41 n. Chr.). Unter Kaiser Claudius müssen viele Juden Rom verlassen (Claudiusedikt 49 n. Chr.). Kaiser Nero lässt 64 n. Chr. Rom anzünden und verfolgt angeblich die stadtrömischen Christen als Sündenböcke. Unter Kaiser Vespasian wird Jerusalem zerstört (70 n. Chr.). Kaiser Domitian huldigt dem Kaiserkult und geht als Tyrann in die Geschichte ein.

### 1. Julisch-claudische Dynastie (31 v. Chr. - 68 n. Chr.)

Augustus begründet die julisch-claudische Dynastie; er wird als Imperator und neuer Romulus gefeiert. Er propagiert die *Pax Romana*, eine Friedenszeit politischer und kultureller Blüte (Augusteische Klassik, vgl. das Stadtbild

Roms). Reichsweit entstehen neue Tempelanlagen, Theater und Straßenverbindungen. Zahlreiche Aquädukte werden errichtet. Der Handel blüht, viele Menschen in den Provinzen erhalten das römische Bürgerrecht (unter anderem Paulus). Dichter wie Strabo, Diodor, Varro, Horaz, Ovid und Vergil bereichern die Epoche.

In Lk 2 sind Augustus und sein syrischer Statthalter Quirinius verewigt. Letzterer organisiert ab 6 n. Chr. von Syrien aus die Provinz Iudaea und führt den in Lk 2,1f. erwähnten Zensus durch.[2] Der von Quirinius eingesetzte Präfekt von Judäa residiert in Cäsarea am Meer (*Caesarea Maritima*; ⟶ 2.1.2e).

Unter Augustus' Nachfolger Tiberius (14–37) wird die Niederlage des Varus (9 n. Chr.) durch militärische Erfolge des Germanicus, unter anderem gegen den Cheruskerfürsten Arminius, ausgemerzt (15; Tac Ann. I 60f.; II 41,1f.). Tiberius schlägt Aufstände in Gallien und Nordafrika nieder. Ansonsten beschränkt er sich auf Grenzsicherung. Eine Randnotiz seines Prinzipats ist die Kreuzigung Jesu unter dem judäischen Präfekten Pontius Pilatus (ca. 30).

Kaiser Caligula (37–41) betreibt Abschreckungspolitik gegenüber den Germanen, hält sich aber an jener Front ansonsten zurück. Gegen Ende seiner Herrschaft entsteht das Gerücht, Caligula wolle den Jerusalemer Tempel für den römischen Staats- bzw. Kaiserkult umwidmen. Doch wird er vorher ermordet (Tac Hist. V 9,2). Er verfällt aufgrund der ständigen Demütigungen des Senats – unter anderem lässt er sich als Gott verehren und möchte sein Pferd zum Konsul ernennen – der *damnatio memoriae.*
Sein Nachfolger Claudius (41–54) integriert Gallien ins Römische Reich und erobert teilweise Britannien.[3] Auf göttliche Verehrung verzichtet Claudius (Suet Claud. 12). 49 n. Chr. erlässt er ein Edikt, das die Juden aus Rom verbannt (Suet Claud. 25,4). Am Ende wird er von seiner Frau Agrippina vergiftet; das Edikt wird aufgehoben. Agrippina macht ihren 17-jährigen Sohn aus erster Ehe, Nero, zum neuen Imperator (54–68). Die eigentliche Macht liegt vorerst beim Stoiker Seneca (⟶ 2.2.2a); danach geht Nero eigene, von der Senatsaristokratie kritisch beäugte Wege. Nero unterwirft für kurze Zeit Armenien (58). Die Auseinandersetzung mit den Parthern wird zum militärischen Dauerbrenner. – Nero lässt sich selbst als Schauspieler, Sänger und Wagenlenker feiern. Im Jahr 64 brennt die Hauptstadt neun Tage lang. Laut Tacitus werden die stadtrömischen Christen zu Sündenböcken erklärt,

---

2 Bellen 2010, 19.
3 A.a.O., 54–57.

**Die julisch-claudische Dynastie**

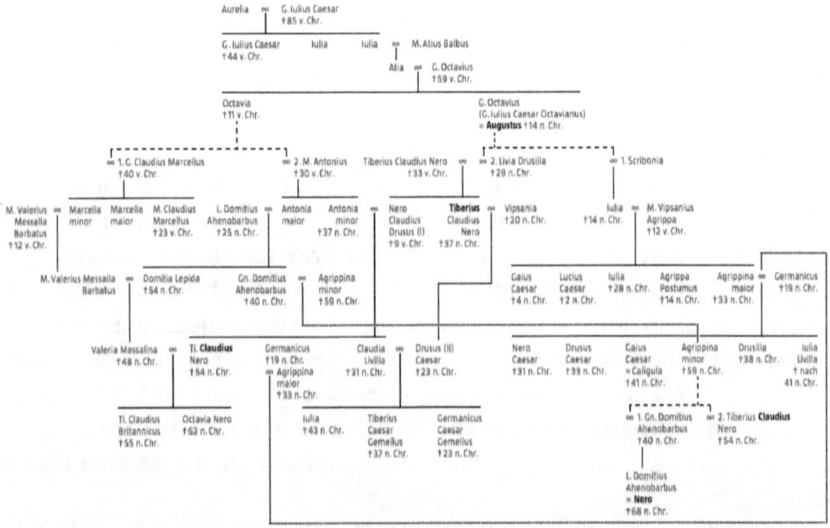


verhaftet und viele von ihnen hingerichtet (→ 2.3.1d).[4] Den Aufstand der Juden lässt Nero durch seinen Heerführer Vespasian bekämpfen (ab 66). Mordabsichten des Senats und der Prätorianer kommt Nero am 9. Juni 68 durch Suizid zuvor. Er verfällt der *damnatio memoriae.*[5]

## 2. Das Vierkaiserjahr und die flavische Dynastie (69-96 n. Chr.)

Das Jahr 68/69 ist ein Vierkaiserjahr; es herrscht Bürgerkrieg. Der spanische Statthalter Galba wird zum neuen Imperator ausgerufen (Suet Galb. 11, Plut Galb. 10,5), kurze Zeit später auch der Heerführer Vitellius und Otho, der Statthalter Lusitaniens. Galba wird auf dem Forum ermordet, Vitellius setzt sich auf dem Schlachtfeld durch. Er unterliegt im Dezember 69 n. Chr. seinem Konkurrenten Vespasian, dem Heerführer in Judäa. Vor seinem Abmarsch aus Judäa überträgt Vespasian seinem Sohn Titus den Oberbefehl. Titus belagert Jerusalem, zerstört den Tempel am 10. August 70 n. Chr. und plündert ihn mitsamt der Stadt. Der Erste Jüdische Krieg ist damit entschieden (→ 2.1.2e).

---

4 Laut Öhler 2018, 286–290, steht die Beschreibung von Tacitus singulär: Die historischen Quellen lassen ansonsten keine Verfolgung erkennen.

5 An seinen unerwarteten Tod rankt sich die Legende vom wiederkommenden Nero (lat. *Nero redivivus*; vgl. Sib 4f.; Tac Hist. II 8f., eventuell auch Offb 13,1–18; 17,11–17).

Die Beute wird in einem Triumphzug durch Rom getragen, der Sieg auf dem Titusbogen im Sinne römischer Propaganda verewigt.

Vespasian zieht im selben Jahr als Retter des Staates in Rom ein. Sein Prinzipat steht unter dem Zeichen von Aufstandsbewegungen in Germanien, Gallien und Dakien. Vespasian bestimmt frühzeitig seine Söhne Titus und Domitian zu Nachfolgern. Ein ausgeklügeltes Steuersystem sorgt für solide Staatsfinanzen. Die ehemalige Tempelsteuer der Juden wird für *Iupiter Capitolinus* eingefordert (*fiscus Iudaicus;* Jos Bell. 7,218; vgl. Cass 65,7,2). Insgesamt geht Vespasian als bürgerfreundlicher und nachsichtiger Kaiser in die Geschichte ein.[6]

In die Regierungszeit des Titus (79–81 n. Chr.) fallen der große Vesuvausbruch mit der Zerstörung von Pompeji, Stabiae und Herculaneum (24. August 79), eine Pestepidemie und ein erneuter Großbrand in Rom (80). Titus, zuvor als grausam berüchtigt, agiert als Wohltäter Roms.[7] Sein Bruder Domitian (81–96 n. Chr.) entwickelt sich gegenteilig: 86 lässt er sich als *dominus et deus noster* anreden und fordert Opfer beim Kaiserbild.[8] Er errichtet einen riesigen Kaiserpalast auf dem Palatin (92) und vollendet das spätere Kolosseum.[9] Domitians Größenwahn zerrüttet die Staatskasse nachhaltig. Kritische Stimmen im Senat und unter den Philosophen unterdrückt er mit brutaler Gewalt.[10] Die Stoiker Epiktet und Dio Chrysostomos weist er 93 n. Chr. aus Rom aus, andere lässt er hinrichten, ihre Bücher verbrennen (Suet Dom. 10,3; Cass 67,13,1ff.). Selbst enge Familienmitglieder trifft dieses Schicksal. Juden und deren Sympathisanten leiden unter Repressalien, möglicherweise auch Christen (Suet Dom. 12,2; → 2.3.1d). – Außenpolitisch siegt Domitian gegen Chatten (Hessen) und Daker. 28 Legionen sichern die Außengrenzen des Römischen Reiches; das Militär wird großzügig gefördert und privilegiert.

Mit seiner Tyrannis schafft sich Domitian eine Opposition im gesamten Reichsgebiet. Überliefert ist satirische Zeitkritik durch Statius, Martial, Juvenal, Quintilian und Tacitus. Im Jahr 96 wird Domitian Opfer einer Palastverschwörung. Er verfällt der *damnatio memoriae*, Erinnerungen an ihn und seine Regierungszeit werden aus dem öffentlichen Gedächtnis getilgt (Suet Dom. 23,1).

---

6 Bellen 2010, 100.

7 Laut Suet Tit. 1 wurde er als „Liebling des Menschengeschlechts" betrauert (a. a. O., 101).

8 Wie die Seleukiden vor ihm; vgl. Suet Dom. 13,2. Vgl. → 2.1.1a.

9 Die Finanzmittel stammen großenteils aus dem erbeuteten Jerusalemer Tempelschatz (Bellen 2010, 89, ausweislich Corp. Inscr. Lat. VI 40454a).

10 Suet Dom. 14,4; 10,5; 11,1–3; Cass 67,31,1.

### 3. Ausklang

Mit Kaiser Nerva (96–98 n. Chr.) beginnt eine neue Ära. Der Neubeginn wird als „Wiederherstellung der Freiheit" und Beginn eines „glücklichen Zeitalters" gefeiert (Corp. Inscr. Lat. VI 472; Tac Agr. 3.1). Nerva betätigt sich als Wohltäter der Armen; dies wird von seinen Nachfolgern weitergeführt. Der *fiscus Iudaicus* wird auf beschnittene Juden reduziert.[11] Mit der Adoption Trajans im römischen Jupitertempel führt Nerva das göttlich legitimierte Adoptionsprinzip, unabhängig von Blutsverwandtschaft, zur Sicherung des Prinzipats ein; nicht mehr der Erste in der dynastischen Erbfolge, sondern der Fähigste soll die Geschicke des römischen Imperiums leiten. Das ist die Konsequenz aus den negativen Erfahrungen mit dem dynastischen Prinzip.

## 2.1.2 Judentum

*Überblick*: Die Geschichte des frühen Judentums ist eine Geschichte der Fremdherrschaft, der politischen und religiösen Krise. Palästina ist Spielball der Ptolemäer, Seleukiden und Römer. Übergriffe der Fremdherrscher durchbrechen die religiöse Autonomie und provozieren zum Teil gewaltsamen Widerstand. Konservativ und hellenistisch eingestellte Kräfte konkurrieren. Der Jerusalemer Tempel ist Zentrum jüdischen Lebens. Religiöse *boundary markers* bilden sich heraus.

### a) Vorbemerkungen

Die folgende Darstellung setzt mit der Rückkehr aus dem Babylonischen Exil (539 v. Chr.) ein. Zwischen israelitischer und jüdischer Religion gibt es keine harte Zäsur. Die Tora ist bleibendes Zentrum des religiösen Lebens. Ab dem Bau des Zweiten Tempels (Ende 6. Jh. v. Chr.; Esr, Neh) ist von (frühem) Judentum zu sprechen.[12] Mit der Zerstörung des Jerusalemer Tempels 70 n. Chr. beginnt die rabbinisch-talmudische Epoche des Judentums.

11 Schnelle 2019, 319, ausweislich einer Münzinschrift aus dem Jahre 97.
12 A.a.O., 61. – Die frühere Bezeichnung „Spätjudentum" impliziert ein negatives Werturteil.

### b) Die Errichtung des Zweiten Tempels (Esr, Neh)

Quellen für diese Epoche sind das chronistische Geschichtswerk, nachexilische Propheten wie Hag, Sach, Mal, Jon und das Buch Ruth. Auch die jüngere Weisheitsliteratur entsteht in dieser Zeit (Hi, Koh, Tob). Vorstufen apokalyptischen Denkens finden sich in Joel, Jes 24–27 und Ez 36f.

539 v. Chr. zieht Perserkönig Kyros in Babylon ein. Ein Jahr später gibt er die aus dem Jerusalemer Tempel geraubten Tempelgeräte zurück und lässt den Tempel neu aufbauen (Esr 5,14–16; 6,3–5). Jüdische Rechtsträger sind die Davididen (Serubbabel) und die Zadokiden (hohepriesterliche Familie, Jeschua). Ca. 521 v. Chr. kehrt ein Großteil der Exilierten unter Serubbabel und Jeschua (Esr 5,1f.; Hag 1,1; Sach 1,1) nach Hause zurück. Eine Integration der vor dem Exil in Israel verbliebenen Landbevölkerung findet nicht statt; diese bleibt von Tempelbau und Tempelkult ausgeschlossen (Esr 3,3; 4,1ff.).

515 v. Chr. wird der Zweite Jerusalemer Tempel eingeweiht. Eschatologische Hoffnungen auf eine Restauration des Davidischen Reiches bleiben unerfüllt. Jerusalem ist lediglich in Kultfragen autonom und muss den Persern Steuern zahlen. Anstelle eines Königs repräsentiert der Hohepriester das Volk nach außen (Hierokratie). Das Streben nach politischer Souveränität bleibt lebendig. Juda wird um 450 v. Chr. politisch selbständig; 445 v. Chr. ist Nehemia Statthalter von Juda.

In jener Phase herrscht eine ausgeprägt jüdisch-exklusivistische Gesinnung (deuteronomistische Theologie, Maßnahmen gegen Mischehen). Passa- und Laubhüttenfest sowie der Sabbat werden zu *boundary markers.*[13] Eine Abgrenzung erfolgt gegenüber den Samaritanern mit ihrem Tempel auf dem Berg Garizim. Es entwickelt sich ein autonomes Rechts- und Gerichtswesen auf Grundlage der Mosetora (Esr 7,14). Trotz des strengen Religionsgesetzes assimiliert sich die Oberschicht an die hellenistische Umgebung. Wachsende Gegensätze zwischen Hierokratie und eschatologischen Strömungen im Volk sind die Folge.

### c) Geschichte Palästinas in der Diadochenzeit

Als Quellen für die ägyptische Zeit (3. Jh. v. Chr.) sind die Zenon-Papyri zu nennen. Für die syrisch-makkabäische Zeit gibt apokalyptische Literatur

13 Vgl. Esr 7: Tora; Esr 6,19–22: Passa; Neh 8,13-18: Laubhüttenfest; Neh 13,15–22: Sabbat.; Esr 9f. und Neh 13,1–3.23–31: Mischehen.

(Dan, äthHen u. a.) Auskunft. Daneben sind 1–3 Makk und das Jubiläenbuch (Jub; ca. 100 v. Chr., ein midraschartiger Text) auskunftsstark.

323 v. Chr. erfolgt der Anschluss Palästinas an das Alexanderreich. Judäa bildet bis in die Römerzeit hinein die Pufferzone zwischen den Großmächten Ägypten und Syrien. Dies führt innenpolitisch zu Fraktionsbildungen (pro-ptolemäische Tobiaden *vs.* pro-seleukidische Oniaden). Von 301 bis 198 v. Chr. ist Palästina Teil des Ptolemäerreichs; das Judentum öffnet sich nach außen. Aufgrund wirtschaftlicher Faktoren (Versklavung jüdischer Bauern u. a.) entstehen neue Diasporazentren wie Alexandria. Palästinische Städte werden hellenisiert (Gründung von Philadelphia-Amman, Ptolemais-Akko; Skythopolis-Beisan). Palästina genießt in dieser Epoche kulturelle und religiöse Freiheit. Der hellenistische Einfluss prägt das Alltagsleben, bezeugt durch griechische Theater, Badeanstalten, Aquädukte, Hippodrome und viele zweisprachige Inschriften.[14]

198 v. Chr. erobert Seleukidenkönig Antiochos III. d.Gr. Palästina (Schlacht von Paneas). Die Selbstverwaltung Jerusalems auf Grundlage der Tora bleibt gesichert. Die pro-seleukidischen Oniaden werden großzügig privilegiert (Hoherpriester Simon, ca. 200 v. Chr.; vgl. Sir 51). Für das Volk ändert sich jedoch nichts zum Guten. Die sozialen Gegensätze steigen weiter, die (Zwangs-)Hellenisierung beschleunigt sich. In religiöser Hinsicht führt dies teilweise zur Gleichsetzung von Jahwe und Zeus; dabei kollaborieren die Oniaden teilweise mit den Seleukiden.

Antiochos IV. Epiphanes (175–162 v. Chr.) strebt danach, sich Ägypten einzuverleiben; das wird laut Dan 11,29f. durch die Römer vereitelt. Hellenistische Gebräuche wie Herrscherkult und Polisverfassung werden unter dem Hohenpriester Jason (175–172 v. Chr.) eingeführt. Jerusalem wird in Antiochia umbenannt. Die Tora wird als Staatsgesetz aufgehoben, das Volk politisch entrechtet (2 Makk 4,9). Es formieren sich radikal-religiöse Oppositionsgruppen wie die Chasidim und die Asidäer. Ein Kulturkampf und ein Bürgerkrieg brechen aus.

Als Reaktion darauf, möglicherweise auch als Strafe wegen pro-ägyptischer Aktivitäten, plündert Antiochos IV. im Herbst 169 v. Chr. den Jerusalemer Tempelschatz und damit Judäas „Bundesbank". Es kommt zur offenen Erhebung des Volkes (1 Makk 1,20); sie wird im Sommer 168 niedergeworfen (2 Makk 5,11ff.). Jerusalem wird Militärkolonie, Haus- und Grundbesitz wird konfisziert,

14 Schnelle 2019, 33.

der Tempel entweiht. Viele Bürger und Priester verlassen Jerusalem (1 Makk 1,36.38–50; 3,45; 2 Makk 5,27) und formieren im Umland Guerillatrupps.

Ein Dekret vom Mai/Juni 167 v. Chr. verfügt die Einführung des Königsopfers und die Weihung des Jerusalemer Tempels zu Ehren von *Zeus Olympios* (1 Makk 1,41f.; 2 Makk 6,4; Dan 11,31: „Gräuelbild der Verwüstung"). Verboten werden Beschneidung, Sabbatheiligung und die Einhaltung von Speisegeboten. Stattdessen wird die Teilnahme an nichtjüdischen Kulthandlungen erzwungen.

Daraufhin entwickelt sich ein Aufstand der jüdischen Landbevölkerung unter der Priesterfamilie der Hasmonäer bzw. Makkabäer.[15] Es bildet sich eine antihellenistische Front aus Makkabäern, Asidäern u. a. (1 Makk 7,13; 2 Makk 14,6);[16] ein Bürgerkrieg gegen hellenisierte Städter und Reiche, verbunden mit einer hohen Bereitschaft zum Martyrium, bricht aus. Ende 164 v. Chr. wird Jerusalem zurückerobert; die traditionelle Verfassung und der Jahwekult im Tempel werden wiederhergestellt (2 Makk 1,1–9; 1,10–2,18; vgl. das Channuka-Fest). Der Erfolg wird in apokalyptischen Kreisen (Dan 11,34) jedoch nur als „kleine Hilfe" angesehen; es bleibt die Erwartung der eschatologischen Rettung durch Jahwe selbst.

161 v. Chr. schließt Judas Makkabäus einen Vertrag mit Rom. Die hasmonäischen Hohenpriester werden durch Rom anerkannt. 142 v. Chr. erkennen die Seleukiden die Unabhängigkeit Judäas offiziell an (1 Makk 13,42). Die „große Ratsversammlung" beschließt die Vereinigung von weltlicher und geistlicher Gewalt in Personalunion (139 v. Chr.; 1 Makk 14,27f.). Die Makkabäer regieren in Erbfolge mit einem messianischen Anspruch, der jedoch von frommen Kreisen als „pseudomessianische Anmaßung" bestritten wird.

Unter Johannes Hyrkan I. (134–104 v. Chr.) werden die Idumäer zwangsbekehrt, Gesamtpalästina wird judaisiert (Eroberung von Gaza, Galiläa, Samaria und Ostjordanland). Die wachsende Entfremdung zwischen Hasmonäern und konservativen Bevölkerungskreisen führt zur Emigration der Qumrangruppe („Lehrer der Gerechtigkeit"), und es formieren sich die Pharisäer (Laienschriftgelehrte) als Oppositionsbewegung gegen die „heidnische" Politik der Hasmonäer.

---

15 Mattathias und seine Söhne Judas Makkabäus („Hammer", gefallen 160 v. Chr.), Jonathan und Simon (Dan, 1 Makk 2,15–28; 2 Makk 5,27).

16 Die Asidäer sind schriftgelehrte Priester und gelten als Verfasser apokalyptischer Schriften (Schnelle 2019, 64, ausweislich 1 Makk 7,12f.). – Zu den religiösen Gruppierungen vgl. → 2.2.4d.

Ab Aristobul Philhellenos (Griechenfreund) und Alexander Jannaj kommt es auch unter den Hasmonäern zu einer massiven Hellenisierung. Alexander erhält 100 v. Chr. die Königswürde zugesprochen. In Anlehnung an das hellenistische Königtum steht er über dem Gesetz und das, obwohl er zugleich Hoherpriester ist. Daher drängen die Pharisäer auf Ämtertrennung; es entsteht der Sanhedrin (gr. *Synhedrion*) als legislatives und richterliches Gremium („Staatssenat"; s. u.). Die Folgezeit ist von inneren Streitigkeiten und Bruderkämpfen geprägt, in denen Pompejus d.Gr. als Schiedsrichter agiert und 63 v. Chr. Jerusalem erobert.

### d) Das religiöse Leben in der Makkabäerzeit

Bis 70 n. Chr. ist der *Jerusalemer Tempel* Mittelpunkt des religiösen und öffentlichen Lebens.[17] Er hat eine vierfache religiös-ideologische Funktion: *Erstens* als Wohnstatt Gottes; *zweitens* als Ort, an dem die Heilstaten Gottes repräsentiert werden (kultisch-nationale Feste wie Channuka, Passa, Purim etc.); *drittens* als national-religiöses Zentrum: Auch die Diasporajuden entrichten eine Tempelsteuer und besuchen Wallfahrtsfeste (identitätsstiftende Funktion); *viertens* als „Bundesbank". Es herrscht eine Theokratie, es gibt einen Tempelstaat.

Über die Tempelliturgie ist wenig bekannt. Zu unterscheiden sind öffentliche Liturgie und Opferkult einerseits und eine interne, auf die Priester beschränkte Liturgie andererseits. Wer den Tempel(-kult) kontrolliert, hat die Macht (Hohepriester, Sadduzäer, das politische Regime). Die anderen sind machtlos oder gehen in die Opposition (Pharisäer, Qumrangruppe, apokalyptische Gruppierungen).

*Synagogen* gibt es seit dem Babylonischen Exil (Neh 8–10). Sie sind Zentren des Gemeindelebens in der Diaspora (→ 2.2.4c). Für die ntl. Zeit sind Synagogen in Galiläa bezeugt. Die synagogale Infrastruktur rettet das Judentum aus der Katastrophe von 70 n. Chr. Über das Verhältnis von Tempel und Synagoge ist wenig bekannt. Möglicherweise ist die Synagoge für Gruppen, die wenig Einfluss auf den Tempelkult haben, eine kultische Alternative. Die Liturgie des synagogalen Gottesdienstes besteht aus Schriftlesung, Predigt, Gebet und Benediktion.

*Synhedrium/Sanhedrin*: Der Sanhedrin entsteht in makkabäischer Zeit als Gegeninstanz zum König. Er ist ein politisch-religiöses Führungsgremium

---

17 Polybios (2. Jh. v. Chr.) und Jos Ant. 12,136: Die Juden wohnen rings um den Tempel.

vergleichbar hellenistischen Kronräten. Er besteht aus 71 Mitgliedern aus unterschiedlichen Gruppen wie Sadduzäern und Pharisäern; den Vorsitz führt der Hohepriester. Interne Interessengegensätze münden in Führungskämpfen zwischen Pharisäern (konservativ) und Sadduzäern (hellenismusfreundlich). Herodes d.Gr. beschränkt den Sanhedrin auf religiöse Aufgaben. Die römische Verwaltung (ab 6 n. Chr.) gesteht ihm die Rolle der obersten Repräsentanz Judäas zu. – Das *Hohepriesteramt* wird von den Seleukiden an den jeweils Meistbietenden vergeben. Hierdurch kommt es zu einer Hellenisierung des Priesterstandes. Die niederen Priester und Leviten sind vom Hohenpriester als „Finanzamt“ abhängig.

## e) Geschichte Judäas als einer römischen Provinz

### 1. Politische Entwicklung

*Überblick*: Palästina ist seit 63 v. Chr. römische Provinz und unter Herodes d.Gr. weitgehend autonom.[18] Nach dessen Tod (4 v. Chr.) wird Palästina in Tetrarchien aufgeteilt: 1) Judäa, Samaria, Idumäa stehen unter Archelaos (ab 6 n. Chr. römische Präfektur), 2) Galiläa und Peräa (Ostjordan) unter Herodes Antipas (Landesherr Jesu und des Täufers), 3) Ituräa, Golan und Trachonitis unter Herodes Philippos. Von 41–44 n. Chr. ist Palästina unter Herodes Agrippa I. wiedervereint.

Pompejus gliedert Palästina 63 v. Chr. an Rom an. Judäa ist fortan tributpflichtiger Satellitenstaat mit Autonomiestatus, Hyrkan II. nur noch Hoherpriester. Die Eroberungen der Hasmonäer gehen verloren. Eine erneute Tempelentweihung führt zu Aufständen. Im römischen Bürgerkrieg (→ 2.1.1d) schlägt sich der Idumäer Herodes auf die Seite Octavians und sichert Judäa damit weitreichende Privilegien und sich selbst die Königswürde (37 v. Chr.). Politische und religiöse Macht werden getrennt. Das Amt des Hohenpriesters verliert an Bedeutung. Außenpolitisch ist Herodes von Rom

18 Vgl. zum Folgenden auch Öhler 2018, 26–28.

abhängig und somit hellenistisch ausgerichtet. Unter anderem erneuert er den Jerusalemer Tempel im griechischen Baustil.

4 v. Chr. stirbt Herodes d.Gr., Palästina zerfällt in Kleinstaaten (Tetrarchien): Judäa, Samaria und Idumäa gehen an Herodes' Sohn Archelaos (bis 6 n. Chr.). Danach wird das Gebiet römische Präfektur; Präfekt ist von 26–36 n. Chr. Pontius Pilatus. Galiläa und Peräa (Ostjordan) gehen an Archelaos' Bruder Herodes Antipas (bis 37 n. Chr.). Er gründet Tiberias und richtet Johannes den Täufer hin (Mk 6,14–29).[19] Ituräa, der Golan und die Trachonitis gehen an Herodes Philippos (bis 34 n. Chr.). 41–44 n. Chr. herrscht Herodes Agrippa I. über ganz Palästina.

38 n. Chr. kündigt Kaiser Caligula die religiöse Privilegierung der Juden auf und geht in Alexandria brutal gegen Verweigerer des Kaiserkults vor. Im Jerusalemer Tempel plant er die Aufstellung einer Kaiserstatue als *Zeus Epiphánes Neós Gaius.* Die Ermordung des Kaisers verhindert die Durchführung des Plans und damit einen jüdisch-römischen Krieg (→ 2.1.1e).[20]

Herodes Agrippa I. tritt zum Judentum über. Unter ihm stirbt ca. 42 n. Chr. der Zebedaide Jakobus den Märtyrertod (vgl. Mk 10,39; Apg 12,2; → 2.7.3). 44 n. Chr. wird die römische Präfektur wiedereingesetzt; immer drückender werdende Abgaben und anhaltende religiöse Übergriffe heizen das Klima an. Hungersnöte und Gewaltausbrüche am Jerusalemer Tempelberg tun ihr Übriges (Jos Bell. 2,238f.). Die radikalen

19 Anlass der Hinrichtung des Täufers ist laut Mk 6,17–19 die Hochzeit des Antipas mit Herodias, der früheren Gattin seines Halbbruders. – Weiter zu Johannes dem Täufer → 2.2.4d.

20 Philo LegGai. 115–118; 197–337; Jos Bell. 2,184–203; Ant. 18,256–309. – Eine Reminiszenz an jene Ereignisse ist die Erwähnung des „Gräuelbilds der Verwüstung" in Mk 13,14.

Zeloten und Sikarier bekommen immer mehr Zulauf.[21] Partisanentätigkeit und pseudomessianische Befreiungsversuche sind an der Tagesordnung. Die Präfekten agieren mitunter ungeschickt und willkürlich. Schließlich vergreift sich Präfekt Gessius Florus (64–66 n. Chr.) am Tempelschatz. Da brechen die antirömischen Gefühle gewaltsam aus; es kommt zu massiven eschatologischen Hoffnungen und zum Ersten Jüdischen Krieg (vgl. Mk 13; weiter → Punkt 4).

## 2. Soziale Situation Palästinas

*Überblick:* Palästina ist im 1. Jh. n. Chr. eine Agrargesellschaft mit starkem Stadt-Land-Gefälle. Auf dem Land leben Bauern, Pächter, Tagelöhner und Sklaven, in den Städten die gesellschaftliche Elite aus Großgrundbesitzern und Aristokratie. Frauen sind generell benachteiligt. Ab 63 v. Chr. verlieren viele Bauern ihre Lebensgrundlage. Tributpflicht, Frondienste und Steuerlasten sind erdrückend. Unruhen und Revolten sind die Folge.

Palästina ist im 1. Jh. eine fortgeschrittene Agrargesellschaft. Die Gesellschaft ist arbeitsteilig und hat eine ausgebildete, monarchisch oder aristokratisch ausgerichtete Herrschaftsstruktur. Das Gros der Bevölkerung lebt von der Landwirtschaft. Zwei Drittel der Fläche Palästinas sind zur Zeit Herodes' d.Gr. Ackernutzfläche (Jos Ap. 1,12). Daneben gibt es Handwerk, Handel und Gewerbe. Über 100 spezialisierte Berufe sind belegt; sie sind überwiegend in Kleinbetrieben organisiert. Das Haus ist die fundamentale Wirtschafts- und Sozialeinheit.

Auf dem Land leben freie Bauern, Pächter, Tagelöhner und Sklaven, in den Städten die gesellschaftliche Elite (ca. 1–2% der Gesamtbevölkerung). Zu ihr gehören Großgrundbesitzer und Aristokraten als Inhaber der sozialen Kontrollgewalt, aber auch Handwerker. Der Kaiser selbst ist der größte Großgrundbesitzer. Die Unterschicht ernährt die Oberschicht; eine Mittelschicht gibt es kaum. Zwischen Stadt und Land gibt es somit ein großes

21 Jos Ant. 20,169ff.; Bell. 2,261ff. und Apg 21,38 nennen einen blutig niedergeschlagenen Aufstand von 4000 Zeloten unter einem anonymen Ägypter zur Zeit des Präfekten Felix (52–60).

sozioökonomisches Gefälle. Körperliche und handwerkliche Arbeit werden von den Oberen geringgeschätzt (Sir 38,24–34). Landbesitz vermittelt den höchsten gesellschaftlichen Status. Frauen sind den Männern gegenüber generell benachteiligt

Bei der Übernahme der Herrschaft durch die Römer 63 v. Chr. werden die Küstenregion und die transjordanischen Städte vom judäischen Staatsgebiet abgetrennt. Viele Bauern verlieren ihre Lebensgrundlage und fliehen in den Reststaat. Auch der Handel wird erheblich eingeschränkt. Die Römer führen die unter den Hasmonäern abgeschaffte Tributpflicht, Zölle und viele Steuern wieder ein; selbst die Tempelsteuer wird abgeschöpft.[22] Viele Landflächen werden für Herodes' Eigenbedarf enteignet. Die Bevölkerung wird regelmäßig zu Frondiensten (Straßenbau, Kanalisation etc.) herangezogen. Kopf- und Vermögenssteuer, die Kosten für die Unterhaltung des Militärs und die royale Bautätigkeit erdrücken die Unterschicht. Die Schätzungen für Steuern reichen von ca. 12–50% des erwirtschafteten Sozialprodukts.[23] Hinzu kommen Abgaben für den Jerusalemer Tempelbetrieb (Brennholz, Primitialabgaben, verschiedene Formen des Zehnten).[24] Die Tempelsteuer wird in speziellen Schatzkammern des Tempels aufbewahrt und streng bewacht. So avanciert der Tempel zu einer Bank für Privatanleger. Nicht nur einmal vergreifen sich Könige, Feldherrn und Präfekten am Tempelschatz und beschwören damit heftige Reaktionen herauf (→ Punkt 4).

Die Zahl freier Kleinbauern geht während der römisch-herodianischen Herrschaft zurück, die der besitzlosen Lohnarbeiter und Pächter wächst. Freie Bauern werden durch Konfiskation und Verschuldung zu Pächtern ihres eigenen Landes oder zu Schuldsklaven. Nicht zufällig werden zu Beginn des Ersten Jüdischen Krieges die Schuldarchive in Jerusalem verbrannt (Jos Bell. 2,427). Die Leistungsfähigkeit der Pächter wird oft kritisiert, häufig gibt es Rückstände (vgl. Lk 16,1–9; Mk 12,1–12). *Kurz*: Für die meisten Menschen ist allenfalls das Existenzminimum gesichert (vgl. Mt 6,25–33par.). Viele ernähren sich von Zweigen und Gras. Lediglich Städter sind bessergestellt. Nach Herodes' Tod 4 v. Chr. kommt es zu Aufständen.

---

22 Die in den Evangelien erwähnten Zöllner – allesamt Juden – sind Steuerpächter, die sich das Recht, Steuern einzutreiben, meistbietend ersteigern. Damit sich diese Investition armortisiert werden meist überhöhte Steuern und Zölle erhoben. Daher sind sie im eigenen Volk äußerst unbeliebt.

23 Selbst der Nichtjude Tacitus spricht von einer sehr hohen Steuerlast Judäas (Ann. II 42).

24 Mt 17,24 zufolge leistete auch Jesus die Tempelsteuer (1 Doppeldrachme = 2 Denare), obwohl er es nicht hätte müssen.

Einige Juden richten an Rom die Bitte, direkt dem römischen Staat unterstellt zu werden, in der Hoffnung, steuerlich entlastet zu werden. Rom entspricht dieser Bitte, Judäa wird Protektorat. Allerdings löst der damit fällige Zensus, durchgeführt durch den syrischen Statthalter Quirinius, breite Empörung aus.[25] Es formieren sich die radikal-militanten Zeloten (→ 2.2.4d).

### 3. Die jüdische Diaspora

Außerhalb Palästinas leben im 1. Jh. viele Juden in ghettoartigen Zentren; so in Alexandria, wo sie seitens der Bevölkerung Repressalien ausgesetzt sind.[26] 41 bricht ein jüdischer Aufstand los. Kaiser Claudius wirkt moderierend auf beide Seiten ein und bestätigt das Recht der Juden auf freie Religionsausübung. 49 muss die jüdische Gemeinde in Rom zusammen mit ihrem judenchristlichen Anteil auf ein kaiserliches Edikt hin die Stadt verlassen (Apg 18,2; → 2.3.1a). Bei Konflikten zu Beginn des Ersten Jüdischen Krieges kommen ca. 50.000 alexandrinische Juden ums Leben. Die nach 70 erhobene Judensteuer (*fiscus Iudaicus*) gilt auch für Diasporajuden. Aus Judäa geflohene Zeloten sorgen in den Folgejahren für Spannungen mit der nichtjüdischen Bevölkerung; sie entladen sich in einzelnen jüdisch-messianischen Aufständen (→ 3.1.2).

### 4. Der Erste Jüdische Krieg (66–73 n. Chr.)

Ausgelöst wird der Erste Jüdische Krieg durch den Übergriff des römischen Präfekten Gessius Florus auf den Tempelschatz (→ Punkt 1).[27] Politische, religiöse und soziale Motive entladen sich in einem allgemeinen Volksaufstand gegen die römische Besatzung unter Führung des Zeloten Menahem. Die täglichen Kaiseropfer im Jerusalemer Tempel werden eingestellt, Schuldscheine im Jerusalemer Stadtarchiv verbrannt, die römische Besatzung niedergemetzelt (Jos Bell. 2,427). Pseudomessiasse tragen ihren Anteil zur Eskalation bei (→ 2.2.4d). Der Kampf gegen Rom ist zugleich ein Bürgerkrieg zwischen Zeloten und politisch gemäßigten Gruppen bzw. zwischen armer Land- und reicher Stadtbevölkerung.

---

25 In Lk 2,1f. werden zwei Steuererhebungen miteinander verwechselt. Jesus kam ca. zehn Jahre vor dem Zensus des Quirinius zur Welt. Auch konnte die Einschreibung in die Bürgerlisten überall, nicht nur am Heimatort, erfolgen. Der lk. Bericht erweist sich als Legendenbildung.

26 Zum Folgenden Bellen 2010, 60f.

27 Vgl. zum Thema Öhler 2018, 70f.

Der Aufstand scheitert am Ende, da sich die antirömischen Gruppierungen gegenseitig bekämpfen. Neros Heerführer Vespasian zieht mit ca. 60.000 Soldaten gegen Jerusalem.[28] Nach der Akklamation Vespasians zum Kaiser (69) übernimmt sein Sohn Titus das Kommando. Er erobert Jerusalem nach längerer Belagerung im August des Jahres 70 n. Chr. und zerstört die Stadt mitsamt dem Tempel (→ 2.1.1e). Radikal-zelotische Sikarier halten sich bis 73 n. Chr. auf der Festung Masada am Toten Meer. Mit ihrem kollektiven Suizid endet der Krieg.

Dem Krieg fällt ca. ein Drittel der Bevölkerung zum Opfer; viele Menschen werden versklavt.[29] Nach der Zerstörung Jerusalems und vieler Siedlungen im judäischen Umland wird Cäsarea am Meer Veteranenkolonie und bleibt Residenz des Statthalters, Sichem wird zu Flavia Neapolis (heute Nablus). Jüdischer Grundbesitz fällt an den Kaiser (Jos Bell. 7,216f.) und Judäa wird dauerhafter Standort einer römischen Legion. Die soziale Situation der Bevölkerung verschlechtert sich noch einmal drastisch. Anstelle der Tempelsteuer wird nun der *fiscus Iudaicus* von den Römern erhoben (Jos Bell. 7,218). Der Jerusalemer Tempelkult ist verunmöglicht, die sadduzäische Oberschicht ausgeschaltet, das Hohepriesteramt abgeschafft, der Sanhedrin zerschlagen, Zeloten und Essener sind bedeutungslos. Der gemäßigte Flügel der Pharisäer übernimmt die Führung und handelt einen *modus vivendi* mit den Römern aus.

## 5. Neuformierung des Judentums nach 70 n. Chr.

Palästina erhält im Folgenden eine beschränkte Selbstverwaltung. Es setzt sich eine synagogal-rabbinische bzw. pharisäische Struktur des Judentums durch. Der Tempel wird als Zentrum des religiösen Lebens durch örtliche Synagogen ersetzt, die Tora repräsentiert das Allerheiligste. Die Stärkung von *boundary markers* (Reinheits- und Speisegebote u. a.) und eine Kodifizierung des Alltagsrechts prägen jene Phase. In Javne/Jamnia gründet Jochanan ben Zakkai ein Lehrhaus als Nachfolgeinstitution für den Sanhedrin und zur Ausgestaltung einer einheitlichen Gottesdienstordnung in Anknüpfung an den Tempelkult. Nach außen bedeutet die pharisäische Normierung eine Abgrenzung gegenüber devianten Gruppen wie den christusgläubigen Juden (→ 2.3.4c). Das 18-Bitten-Gebet (*sch'mone esre*, ca. 85) zielt auf

---

28 Schnelle 2019, 71.

29 A.a.O., 72. – Jerusalem war ab dem Passafest im April 70 mitsamt unzähligen Pilgern von römischen Truppen eingeschlossen (Jos Bell. 6,9,3f.).

Eindämmung häretischer Strömungen.[30] Der atl. Kanon wird schriftlich fixiert, apokalyptische Spekulationen werden beschnitten. Auf dem Land formiert sich antipharisäischer Widerstand, unter den Rabbinen entwickeln sich Schuldifferenzen (Schule Hillels *vs.* Schule Schammajs).[31]

### f) Geschichte der jüdischen Diaspora

Der gr. Begriff *diasporá* meint wörtlich ‚Zerstreuung' und bezeichnet historisch die Situation des jüdischen Volkes seit dem Babylonischen Exil.[32] In Babylon entsteht die älteste und lange Zeit bedeutendste Diasporagemeinde aus Exulanten, die nach dem Exil nicht ins Stammland zurückkehren. Die babylonische Diaspora entwickelt sich eigenständig und bleibt außerhalb des hellenistisch-römischen Kulturkreises. Von dort breitet sich das Judentum bis nach Kleinasien und Syrien aus.

Unter persischer und ptolemäischer Herrschaft werden neue Siedlungsgebiete für Diasporajuden erschlossen. Elephantine (Oberägypten) ist seit dem 6. Jh. v. Chr. jüdische Kolonie mit eigenem, heterodoxem Tempel (Leontopolis, vgl. 2 Makk 4,33).[33] Sie entrichtet die Tempelsteuer nach Jerusalem – sehr zum Ärger der Lokalbehörden und der nichtjüdischen Bevölkerung Ägyptens. Eine messianisch-nationale Gruppierung probt 115/117 n. Chr. unter „König" Lukuas den Aufstand in Alexandria, allerdings mit tödlichem Ausgang (→ 3.1.2).

In der Diadochenzeit entstehen weitere Diasporagemeinden in Rom, Antiochia, Damaskus und anderswo. In Rom sind jüdische Kolonien ab dem 2. Jh. v. Chr. bezeugt. Auch für Zypern, Kreta, Griechenland und Kyrenaika sind sie belegt.[34] Die arabische Halbinsel gehört zu den späteren Diasporaschwerpunkten.[35]

In den Diasporazentren leben insgesamt mehr Juden als im Kernland Palästina, ca. 5–6 Millionen Menschen zur Zeit Jesu. Allein in Alexandria sind ca. eine Million Juden (Philo Flacc. 43). Für die Zeit des Augustus

30 2. Benediktion: Betonung der Auferstehung (gegen die Sadduzäer); 12. Benediktion: „Ketzersegen" (*birkat ha-minním*, zum Teil gegen Judenchristen gerichtet).
31 Weiter Öhler 2018, 71–74.
32 Zum Folgenden Öhler 2018, 74–78.
33 Philo erwähnt den Tempel nicht, was auf seine eher geringe Bedeutung schließen lässt.
34 Schnelle 2019, 62.
35 Juden erscheinen dort im 7. Jh. als Gesprächspartner des Propheten Mohammed.

sind für Rom mehrere Synagogen bezeugt; ca. 5000 Juden wohnen in der Reichshauptstadt.

In den Zentren entstehen jüdische Tempelanlagen, die dem Jerusalemer Tempel jedoch an Bedeutung nicht gleichkommen. Wichtiger ist die Einrichtung zahlreicher Synagogen.[36] Die Verbindung zu Jerusalem wird durch die Tempelsteuer und durch Wallfahrten zu den großen jüdischen Festen gewährleistet. – Zur theologischen Entwicklung vgl. → 2.2.4e.

## 2.1.3 Christentum

*Überblick*: Jesus und die ersten Jünger gehören zur Unterschicht. In der Oberschicht finden sie Sympathisanten. In der Umgebung Jesu sind zu unterscheiden der Zwölferkreis (symbolisch für das neue Israel), der weitere Jüngerkreis (Bartimäus, die Frauen etc.), die Volksmenge (Sympathisanten), aber niemand aus der Herkunftsfamilie Jesu. In Wanderexistenz lebt nur der engste Jüngerkreis.

### a) Hauptereignisse und Hintergründe

Die Geschichte des Christentums beginnt mit der Jesusbewegung. Sie setzt sich nach Ostern fort; Jerusalem bildet ein erstes Zentrum christlichen Lebens. Die Gallio-Inschrift in Delphi ermöglicht die Einordnung nachösterlicher Geschehnisse in eine absolute Chronologie: Gallio, Bruder des Philosophen Seneca, ist laut Apg 18,12 Prokonsul in Korinth während des dortigen Aufenthalts des Paulus (51/52).[37] Von dort aus lassen sich andere Ereignisse berechnen.

*Überblick:* Zentrale Daten und Ereignisse des frühen Christentums sind, nach Abgleich zwischen den paulinischen Angaben und der Gallio-Notiz Apg 18,12:

---

36 In Ägypten sind Synagogen ab dem 3. Jh. v. Chr. bezeugt, ab dem 1. Jh. v. Chr. auch in Palästina (z. B. in Kapernaum und in Nazareth; vgl. Claußen 2005, 203, und Schnelle 2019, 63).

37 Allerdings unterscheiden sich die lk. und pln. Darstellung (vgl. Gal 1,17 *vs.* Apg 15; 18,20–22). Lukas betont die Kontinuität zwischen Paulus und den anderen Aposteln, Paulus seine Eigenständigkeit; beide Darstellungen sind tendenziös. – Zur absoluten Chronologie der Ereignisse vgl. Öhler 2018, 83–85, und zur Vita Jesu a. a. O., 97–126.

- 30 Tod und Auferstehung Jesu. Im selben Jahr das Pfingstereignis
- 32/33 Berufung des Paulus zum Apostel
- 35/36 1. Reise des Paulus nach Jerusalem
- 39/41 Caligulakrise[38]
- 45–47 1. Missionsreise des Paulus
- 48/49 2. Reise des Paulus nach Jerusalem/Apostelkonvent
- 48/49–52 2. Missionsreise des Paulus
- 50–52 Aufenthalt des Paulus in Korinth
- 52–55 3. Missionsreise des Paulus; Paulus in Ephesos
- 55/56 3. Reise des Paulus nach Jerusalem
- 60–64 Tod des Paulus und des Petrus in Rom (1 Clem 5,1–7)
- 62 Märtyrertod des Herrenbruders Jakobus in Jerusalem
- 64 Christenverfolgung unter Nero in Rom[39]
- 66–73 Erster Jüdischer Krieg[40]
- 70 Zerstörung Jerusalems und des Tempels

### 1. Vor Ostern: Die Jesusbewegung

Jesus von Nazareth (ca. 4 v. Chr. – 30 n. Chr.) verkündigt das anbrechende Reich Gottes und das Endgericht.[41] Er ist ursprünglich Mitglied der Täufergruppe (Mk 1,9–11parr.). Jesus und Johannes der Täufer wirken zeitweise nebeneinander. Nach dem Tod des Täufers wird Jesus als *Iohannes redivivus* angesehen (Mk 6,14f.; 8,28). Jesus übernimmt zahlreiche Johannesjünger (Joh 1,35–51; 3,22f.; 4,1).[42] Die Jesusbewegung versteht sich als innerjüdische Umkehrbewegung mit dem Ziel, das eschatologische Gericht über Israel abzuwenden. Jesus sieht in seiner Wirksamkeit und in der Einsetzung des

38 Die Caligulakrise (→ 2.1.1e; 2.1.2e) ist möglicherweise der Anlass für die Entstehung der „synoptischen Apokalypse“ bzw. Ölbergrede Mk 13 (Theißen 1989).

39 Tac Ann. XV 44. Die Glaubwürdigkeit einer „Neronischen Verfolgung“ vorausgesetzt, leben zu jener Zeit verhältnismäßig viele Christen in Rom, die von der Bevölkerung als (Stör-)Faktor wahrgenommen werden. Tacitus wirft den Christen Hass auf die Menschheit (lat. *odium humani generis*) vor (→ 2.3.1c).

40 Lk 11,49–51; 13,34f. deuten das Ereignis christlich. Q und Mt 22,7 interpretieren es als Strafe Gottes für die Ablehnung Jesu und der Apostel. Mk 13parr. distanziert die Ereignisse von der Parusie Christi. Ansonsten hinterlässt das Ereignis kaum Spuren in der frühchristlichen Theologie.

41 Mk 1,15parr.; Lk 10,13–15; 13,24–35par. und die Menschensohn-Christologie.

42 Zum Konkurrenzverhältnis beider vgl. Schnelle 2019, 194f.

Zwölferkreises (s. u.) das Reich Gottes anbrechen. Das unterscheidet ihn vom Täufer und von den atl. Propheten. Nicht impliziert ist die Gründung der Kirche als langfristiger Heilsinstitution (→ 1.4.1).

Zu Jesu Gefolge gehören der Zwölferkreis (symbolisch für das neue Israel; Lk 22,28–30), der weitere Jüngerkreis (Bartimäus, die Frauen von Lk 8,1–3 u. a.), die mit Jesus sympathisierende Volksmenge, aber niemand aus Jesu Herkunftsfamilie. Nur der engste Jüngerkreis lebt mit Jesus in Wanderexistenz, „außeralltäglich“.[43] Die Mehrheit der Jesusbewegung bleibt sesshaft und unterstützt die nicht sesshafte Gruppe finanziell (Lk 8,1–3; 10,5–9; → 2.4.4b).

Die Jesusgruppe steht in Opposition zum gesellschaftlichen Establishment (Sadduzäer, Hohepriester, Schriftgelehrte, Pharisäer) sowie zu gewaltbereiten Zeloten und Sikariern (→ 2.2.4). Trotzdem wird sie als politisch verdächtig eingestuft.[44] Viele Konfliktgeschichten der Evangelien sind freilich Rückprojektionen aus der Zeit der rabbinischen Neuorganisation des Judentums nach 70 n. Chr. (→ 2.1.2e).

*Soziologische Einordnung*: Jesu Vater ist Zimmermann bzw. Maurer, also kein Bettelarmer (er ist gr. *pénes*, nicht *ptochós*). Die ersten Jünger sind Fischer, ebenfalls keine bettelarmen Menschen, ähnlich wie manche Jüngerinnen (Mk 1,16–20parr.; 15,40f. u. a.). Bettelarm sind Menschen wie Bartimäus (Mk 10,46–52). Das heißt, viele Menschen vollziehen mit der Nachfolge einen sozialen Abstieg mit Besitzverzicht. Ihrem sozialen Status entsprechen die Worte vom Sorgen (Mt 6,19–34) und die Episode vom Ährenraufen am Sabbat (Mk 2,23–28).

Zur reichen Oberschicht gibt es nur wenige Kontakte. Der reiche Jüngling (Mk 10,17–27) stolpert über die Forderung nach Besitzverzicht. Begüterte Frauen unterstützen die Jesusgruppe finanziell (Lk 8,1–3). Josef von Arimatäa (Mk 15,43) ist Mitglied des Synhedriums, gehört also der lokalen Oberschicht an. Kritik am Reichtum übt vor allem Lukas (Umkehr der sozialen Verhältnisse, vgl. das Magnifikat Lk 1,46–55 und die Weherufe Lk 6,24–26).[45]

Konfliktpotenzial bietet Jesu Absage an familiäre Bindungen. Viele Jünger verlassen ihre Herkunftsfamilien. Jesus etabliert die neue Gemeinschaft als göttliche Familie (lat. *familia Dei*); ihr wesentliches Merkmal ist die

43 Lk 9,57–62; 10,1–16; 12,22–34 u. a.; vgl. Stegemann/Stegemann 1997, 177.

44 Mk 6,14–20; Lk 3,19f.; 13,31f.

45 Dazu ausführlich Petracca 2003.

Befolgung des Willens Gottes (Mk 3,35). Auch andere Logien reflektieren soziale Brüche als Konsequenz der Lehre Jesu (Mt 10,37; 19,27; vgl. EvThom 55; → 4.5.6).

## 2. Die Jerusalemer „Urgemeinde"

Über Ostern und Pfingsten gibt es ausschließlich ntl. Glaubenszeugnisse.[46] Für Lukas und Paulus spielen die messiasgläubigen Juden Jerusalems – die „Urgemeinde" – unter der Führung der Jerusalemer „Säulen" (Herrenbruder Jakobus, Zebedaide Johannes und Petrus) eine herausragende Rolle,[47] denn sie leben am Ort der wichtigsten Heilsereignisse und im kultischen Zentrum des Judentums. Dementsprechend affin ist die „Urgemeinde" zum Tempel (→ 2.4.4b). Für Paulus ist die Jerusalemer Gemeinde ein erster Anlaufpunkt nach seiner Bekehrung (Gal 1,18). Hier findet auch der sogenannte Apostelkonvent statt (Apg 15,4; Gal 2,1; → Punkt 4). Das Votum der Jerusalemer Apostel ist für Paulus und sein Missionsprogramm von erheblicher Bedeutung. Die Jerusalemer Gemeinde ist bedürftig und Adressatin paulinischer Kollekten (Röm 15,26).

Lukas erstellt ein Idealbild der „Urgemeinde" als Prototyp frühchristlicher Solidargemeinschaft und als Keimzelle der weiteren Entwicklung.[48] Christliche Gemeinden gibt es jedoch von Anfang an auch in Judäa und Damaskus (Apg 9; Gal 1,22), möglicherweise auch in Antiochia und Alexandria.[49]

## 3. Nachösterliche Hauptereignisse

Tod und Auferstehung Jesu fallen ca. ins Jahr 30 n. Chr. Unmittelbar danach beginnt die Verfolgungstätigkeit des Saulus/Paulus. 32/33 n. Chr. wird er vor Damaskus zum Apostel berufen.[50] Ca. 42 n. Chr. erleidet der Zebedaide Jakobus in Jerusalem unter Herodes Agrippa I. den Märtyrertod (Mk 10,39; Apg 12,2). Ins Jahr 48/49 n. Chr. ist der Apostelkonvent (Gal 2,1–10; Apg 15,1–29) zu datieren (→ Punkt 4). Etwa zur selben Zeit erlässt Kaiser Claudius ein gegen die stadtrömischen Juden gerichtetes Edikt. Zwischen 60 und 64 n. Chr. sterben Petrus und Paulus in Rom den Märtyrertod (1 Clem 5,1–7).

---

46 Ausführlich dazu Erlemann 2021, 81f., Öhler 2018, 137 ff., sowie Schnelle 2019, 97–102.

47 Der frühere Zwölferkreis wird von Petrus repräsentiert; der Kreis spielt aber als Gruppe in Jerusalem keine hervorgehobene Rolle mehr (mit Schnelle 2019, 117f.).

48 Zu den philosophischen und religionsgeschichtlichen Hintergründen vgl. a. a. O., 142f.

49 A.a.O., 111f.

50 Apg 9,1–19; 22,3–16; 26,9–18.

62 n. Chr. erleidet der Herrenbruder Jakobus das Martyrium in Jerusalem.[51] 64 n. Chr. lässt Nero in Rom angeblich die Christen verfolgen (→ 2.3.1d). Kurz darauf beginnt der Erste Jüdische Krieg (→ 2.1.2e). Die Zerstörung des Tempels ist auch für die Jerusalemer Christen ein traumatisches Ereignis.

#### 4. Der Apostelkonvent und seine Folgen

Laut Gal 2,1–10 und Apg 15,1–29 kommt es um das Jahr 48/49 n. Chr. zu einem Treffen zwischen Paulus und Barnabas einerseits sowie Petrus und Jakobus (und Johannes, Gal 2,9) andererseits in Jerusalem.[52] Veranlasst durch die paulinische Mission unter Nichtjuden in Lystra und anderswo (Apg 14,11–20; → 2.1.3b) ist das beschneidungsfreie Missionskonzept theologisch zu klären. Die Akteure beschließen eine Aufteilung der Missionsaufgaben: Jakobus, Petrus und Johannes betreiben Mission unter Juden, Paulus und Barnabas[53] Mission unter Nichtjuden. Petrus arbeitet wie Paulus im Bereich der jüdischen Diaspora.

Das Konzept des Paulus wird unter folgenden Bedingungen akzeptiert: Verboten sind für die unbeschnitten Getauften Götzendienst und Unzucht sowie der Genuss von Ersticktem und Blut.[54] Die Beschlüsse werden angeblich als Aposteldekret brieflich nach Antiochia übermittelt (Apg 15,23–29; wohl unhistorisch); Paulus selbst nennt derlei Bedingungen nicht, stattdessen die Kollekte für Jerusalem als weiteres Ergebnis des Konvents (Gal 2,10).[55] Apg 15 wertet das Treffen als Wendepunkt zwischen Jerusalemer „Urgemeinde“ und Völkermission und stellt deren Genehmigung durch die Jerusalemer „Säulen“ in den Vordergrund. Gal 2,1–10 betont die gegenseitige Anerkennung und den Schutz der nichtjüdischen Gemeinde vor judaistischer Propaganda. Die gegenseitige Akzeptanz dokumentiert sich für Paulus an der Kollekte für Jerusalem.

Das Ergebnis wird von konservativen Missionaren torpediert. Sie drängen beschneidungsfrei bekehrte Nichtjuden nachträglich zur Beschneidung (Gal 2,3f.; 4,17–19). In Antiochia wird nicht lange nach dem Konvent die dort

51 Jos Ant. 20,200; anders Euseb H.e. II 1,5; 23,3–18.

52 Zum missverständlichen Begriff „Apostelkonzil“ vgl. Schnelle 2019, 226. Vgl. die tabellarische Gegenüberstellung der paulinischen und lukanischen Sichtweise a. a. O., 230. – Weiterhin vgl. Öhler 2018, 195–212.

53 Zu Barnabas vgl. Schnelle 2019, 127f.

54 Das entspricht der „Noachidischen Tora“ für in Israel lebende Nichtjuden (Gen 9,1–13; Lev 17f.; bSanh 56 a/b).

55 Zur Bedeutung der Kollekte vgl. Schnelle 2019, 293–296.

praktizierte Tischgemeinschaft zwischen Beschnittenen und Unbeschnittenen vom Herrenbruder Jakobus und Anderen kritisiert (Gal 2,11, „Antiochenischer Zwischenfall“). Petrus und Barnabas, zuvor noch Befürworter der Tischgemeinschaft, machen einen Rückzieher und fallen Paulus damit in den Rücken (Gal 2,12f.; Apg 11,3). Das wird von Paulus heftig kritisiert (Gal 2,14). Das oben erwähnte Aposteldekret ist möglicherweise eine Reaktion auf den Zwischenfall, ebenso wie die Trennung von Paulus und Barnabas. – Zur weiteren Entwicklung vgl. → 2.1.3b; 2.3.4c.

### b) Wachstum und Verbreitung

*Überblick*: Im 1. Jh. breitet sich das Christentum, ausgehend von urbanen Zentren, innerhalb des hellenistischen Kulturraums aus.[56] Hauptquellen sind die Apostelgeschichte und die Paulusbriefe. Das Christentum verbreitet sich geographisch, sozial und intellektuell.[57] Alle drei Ebenen markieren den Erfolg des christlichen Glaubens in der antiken Welt. Ende des 1. Jh. leben allerdings noch weniger als 50.000 Christen im Reich bei ca. 4–5 Mio. Juden und ca. 60 Mio. Einwohnern überhaupt.[58]

#### 1. Rahmenbedingungen einer Erfolgsgeschichte

Konflikte der Jerusalemer „Urgemeinde“ mit der jüdischen Mitbevölkerung (Apg 6–8) lösen die Verbreitung des Christentums über die Grenzen Palästinas hinweg aus. Die vertriebenen „Hellenisten“ (Apg 8,1–3; → 2.4.4b) missionieren in Samaria und Judäa, dann in Phönizien, Zypern und Antiochia, und zwar auch unter Nichtjuden (Apg 11,19f.). Ähnliches ist für Damaskus vorauszusetzen. Ethnisch gemischte Gemeinden praktizieren Haus- und Tischgemeinschaft ehemaliger Juden und Nichtjuden; das ist ein

56 Theater, Schulen und Märkte sind strukturelle Anlaufpunkte der Mission (Apg 17–19). – Zum Thema vgl. Öhler 2018, 165–179.215–242.

57 Gottlieb 1991, 45.

58 Verlässliche Zahlen zur Bevölkerung des Römischen Reiches und der Christen im fraglichen Zeitraum gibt es nicht. Schnelle 2019, 536–539, rechnet mit ca. 4000 Christen, organisiert in ca. 50–60 Gemeinden im Römischen Reich um 60 n. Chr.

wesentlicher Auslöser für den jüdisch-christlichen Trennungsprozess (→ 2.3.4c).

Nicht nur im Umland Jerusalems (Betanien, Jericho u. a.), sondern auch in Galiläa kommt es früh zu Gemeindebildungen (Apg 9,31). Verantwortlich dürften die dortigen Wanderprediger oder auch die weisheitliche Jesusgruppe in Galiläa sein (→ 2.4.4b). Von hier aus wird das südsyrische und transjordanische Umland missioniert (Dekapolis, Mk 5,20) – nicht nur von Jerusalem aus, wie Lukas suggeriert. Von der Mission in Samarien berichten Apg 1,8 und 8,4–25; sie ist durch Jesu Wirken in Sychar vorbereitet (so Joh 4,5–42).

Voraussetzung für die rasche Ausbreitung im Römischen Reich ist die seit Augustus systematisch ausgebaute Straßen- und Informations-Infrastruktur.[59] Auch die *Pax Romana*, die hellenistische Einheitskultur und die tolerante römische Religionspolitik mit ihren Sonderrechten für das Judentum (→ 2.1.1e; 2.3.1a) sind begünstigende Faktoren. Die Missionare bewegen sich auf Land- und Seewegen vorwärts. Primäre Anlaufstationen sind jüdische Diasporagemeinden (Apg 9,20; 13,5.14–43 usw.). Das öffentliche Auftreten der Missionare ähnelt philosophischer Lehrtätigkeit (→ 2.2.2) und kann daher auf gesellschaftliche Akzeptanz hoffen; das gilt auch für die monotheistische Grundtendenz christlicher Lehre und ihre Kritik am Polytheismus (vgl. die Areopagrede des Paulus, Apg 17,16–34).

Konfliktpotenzial beinhaltet die auf Abkehr von bisherigen religiösen Bindungen zielende Missionspredigt der Apostel (vgl. 1 Thess 1,10) und die Erweiterung des monotheistischen durch den trinitarischen Gedanken. Doch die Kombination aus personalem Gottesbild, Erlösungsgedanken, Jenseitsglauben, Überwindung religiös-sozialer Schranken und wegweisender Ethik sorgt für nachhaltige Attraktivität des neuen Glaubens.[60] Gerade das hellenistische Frühchristentum erweist sich als anschlussfähig an jüdische und hellenistische Traditionsströme (→ 7).

---

59 Vgl. Kolb 2005 und Schnelle 2019, 156f.

60 Dazu kommen die Ablehnung des religiösen Pluralismus, das gemeinsame Leben in Häusern, die Nächstenliebe sowie die soziale und religiöse Anerkennung eines jeden Gemeindeglieds (vgl. Gal 3,26–28 und die Praxis der Haustaufen, Apg 16,15; 18,8; 1 Kor 1,16). Vgl. Vouga 1994, 126ff.

## 2. Flucht der Jerusalemer Christen nach Pella?

Die Jerusalemer Gemeinde nimmt unter Leitung des Herrenbruders Jakobus weiterhin am Tempelkult teil (Mt 5,23f.; → 2.1.3a). Dem Matthäusevangelium zufolge erkennt sie Pharisäer und Schriftgelehrte als maßgebliche Autoritäten an. Konflikte zwischen christlichen Juden und der jüdischen Mehrheit vor und während des Ersten Jüdischen Krieges treiben angeblich einen Großteil der Jerusalemer Judenchristen nach Pella ins Ostjordanland.[61] Wahrscheinlicher ist jedoch, dass die „Urgemeinde" während des Ersten Jüdischen Krieges unterging.[62]

Wohl noch bis 135 gibt es eine judenchristliche Gemeinde in Jerusalem. Laut Hegesipp (Euseb H.e. III 11; IV 22,4) hat die Familie Jesu bis zum Beginn des 2. Jh. in Jerusalem eine führende Stellung inne. Euseb bietet auch eine Sukzessionsreihe Jerusalemer Bischöfe (H.e. IV 5,1–4). Die Berichte sind freilich apologetisch; Jerusalem hat nach dem Tod der Apostel nur noch symbolische Bedeutung. Judenchristliche Zentren außerhalb Jerusalems sind erfolgreicher.[63]

## 3. Ägypten

Alexandria beherbergt in hellenistischer Zeit die größte jüdische Diasporagemeinde (→ 2.1.2e).[64] Folgende Namen bzw. Begebenheiten sind mit dem ägyptischen Christentum verbunden: *Erstens*, laut Apg 18,24 stammt der Paulus-Mitarbeiter Apollos aus Alexandria. Er ist, wie sich aus 1 Kor 1 schließen lässt, ein Vertreter der hellenistisch-judenchristlichen Weisheitstheologie. *Zweitens*, laut Euseb H.e. II 15,3 hat Markus das Markusevangeliums nach Ägypten gebracht und Gemeinden in Alexandria gegründet. Sicher ist jedoch nur die Verbreitung des Christentums in Ägypten gegen Ende des 1. Jh. *Drittens*, Anfang des 2. Jh. war das Johannesevangelium in Ägypten bekannt.[65] Auch der Hebr findet in Ägypten Verbreitung (enge Berührungen von Hebr

61 Euseb H.e. III 5,3; 11,1 (dort ohne Angabe von Quellen). – Laut Wander 1994, 288, ist die Hinrichtung des Herrenbruders Jakobus 62 n. Chr. das Motiv für den Exodus nach Pella.

62 Schnelle 2019, 317f.

63 Pella, Kochaba, Beröa/Aleppo und Antiochia am Orontes. – Zur Vorstellung einer heterodoxen judenchristlichen Gemeinde in Pella vgl. PsClem Rec I 33–71.

64 Zum Folgenden Schimanowski 2005.

65 Ausweislich den Textzeugen $P^{52.66.75}$ (ca. 125 n. Chr.) und Papyrus Egerton 2 (Erlemann 1996b).

und Philo). *Viertens*, Mitte des 2. Jh. gründen Basilides und Valentin die ersten christlich-gnostischen Schulen (→ 3.2.3b). Überhaupt nimmt das Christentum Ägyptens eine eigenständige Entwicklung; es kennt eigene Evangelien wie das Hebräerevangelium (EvHebr) und das Ägypterevangelium (EvÄg); beide nennt Klemens von Alexandria als gleichwertige Autoritäten neben den kanonischen Evangelien. Aufgrund der Sonderentwicklung gelten Teile des ägyptischen Christentums später als häretisch.

### 4. Syrien

Damaskus und Antiochia am Orontes sind erste Missionszentren der Hellenisten und des Paulus. In Damaskus gibt es bereits kurz nach Ostern eine christliche Gemeinde, gegen die Paulus gewaltsam vorgeht (Apg 9; Gal 1,13f.; Phil 3,6). In Antiochia spielt die Vorgeschichte der beschneidungsfreien Völkermission (Apg 11,22.25); dort werden Getaufte erstmals „Christianer" genannt (Apg 11,26; → 2.3.1c).[66] – Die Tradition verortet auch die Mission des Thomas nach Syrien.[67] In Antiochia entstehen nach 70 n. Chr. hellenistisch-judenchristliche Schulen.[68]

### 5. Kleinasien

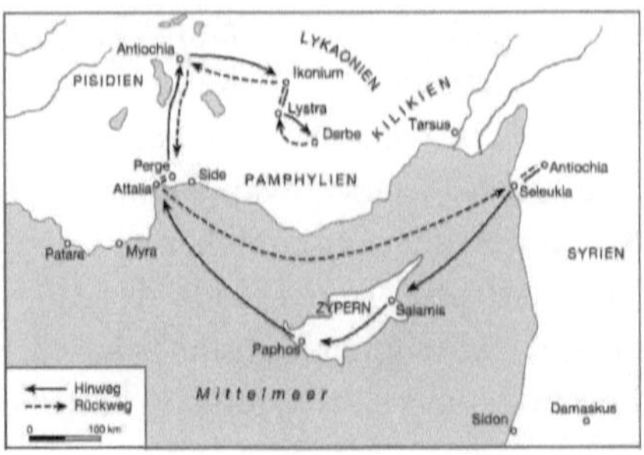

*1. Missionsreise*

Eine erste Missionsreise führt Paulus und Barnabas von Antiochia aus nach Zypern und Südgalatien, sprich: nach Pamphylien, Pisidien und Lykaonien (45–47).[69] Erste Adressaten sind die jüdischen Gemeinden vor Ort.[70] In Lystra missioniert Paulus erstmals abseits der Synagoge; das bringt ihm beinahe die Steinigung ein und provoziert den Apostelkonvent (Apg 14,11-20; → 2.1.3a).

---

66 In IgnEph 11,2; 4; IgnRöm 3,2 u. a. ist der Name dann eine christliche Selbstbezeichnung.
67 EvThom; ThAthl; DialSav.
68 Vouga 1994, 205.
69 Apg 13,1–14,28; 15,23.41. – Gal 1,21 nennt lediglich Syrien und Kilikien als Ziele.
70 So Apg 9,20; 13,5.14–43 u.a.

Nach dem „Antiochenischen Zwischenfall“ (ca. 48) startet Paulus ohne Barnabas seine zweite Missionsreise. Stationen sind das südliche (Derbe, Antiochia in Pisidien), zentrale und westliche Kleinasien (Galatien, Phrygien, Troas) sowie Griechenland (Philippi, Thessaloniki, Beröa, Athen, Korinth). Die Reise endet in Ephesos (ca. 52; Apg 15,36–18,22). Damit erreicht Paulus wichtige kulturelle und politische Knotenpunkte. Der Übertritt nach Europa erfolgt auf eine göttliche Vision hin (so Apg 16,9f.).

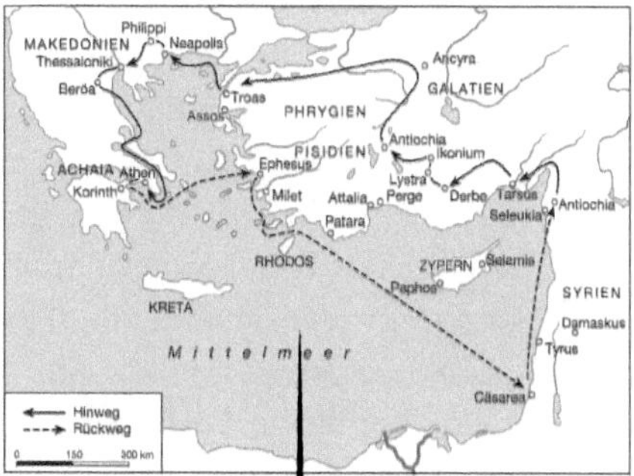

2. Missionsreise

Ephesos entwickelt sich früh zu einem Missionszentrum; hier treffen sich paulinische, johanneische und hellenistisch-judenchristliche Kreise; mehrere Paulusbriefe entstehen hier.[71] Außer 2 Thess und Tit entstehen auch alle nachpaulinischen Briefe in Kleinasien.[72] In Ephesos bringt Paulus knapp drei Jahre zu (52–55; Apg 19,8–10) und startet von hier aus seine dritte Missionsreise nach Griechenland und ins westliche Kleinasien (Apg 18,23–21,14). Die dritte Missionsreise endet 56 n. Chr. in Jerusalem (Apg 20,16).

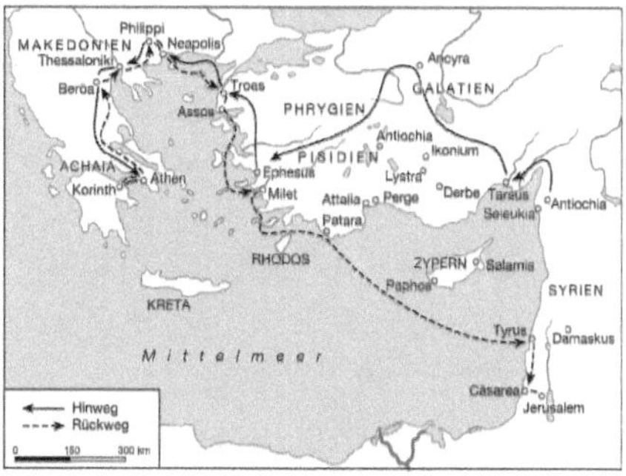

3. Missionsreise

Ephesos ist Zentrum des Artemis- und des Kaiserkults; hier entsteht der erste Kaisertempel unter Domitian. Das führt zu vielen Spannungen mit der nichtchristlichen Bevölkerung (vgl. die sieben Sendschreiben in Offb 2f.). – Im Unterschied zu Ephesos stehen die galatischen Gemeinden unter dem Einfluss judenchristlicher Missionare (Gal 2,3f.; 4,17–19).

---

71 Schnelle 2019, 248, vermutet in Apollos den Gemeindegründer (ausweislich Apg 18,24–28).

72 1 Tim 1,3; 2 Tim 1,18; 4;12; Eph: Ephesos; Kol 2,1; 4,13: Laodikea bzw. Kolossä.

## 6. Europa

Ca. 49 betritt Paulus erstmals europäischen Boden und gründet in Philippi, Thessaloniki, Beröa und Korinth Gemeinden aus geborenen Nichtjuden (Apg 16,9–18,17; 1 Kor 12,2).[73] 1 und 2 Kor geben Einblick in die Fraktionierung der paulinischen Gemeinde. Folgende Gemeindetypen sind für Griechenland und Kleinasien zu unterscheiden: *Erstens*, der paulinische Typ: Paulus konzentriert sich auf städtische Zentren, wo Hausgemeinden unabhängig von der Synagoge entstehen. Er arbeitet mit zahlreichen Mitarbeitern zusammen (Stephanas, Fortunatus, Achaikos, Epaphroditos, Onesimos etc.). *Zweitens*, der hellenistisch-judenchristliche Typ: Diese Gemeinden pflegen eine enge Bindung an die Synagoge und halten die Toragebote (Röm 14; 2 Kor 11). Das AT wird als christliche Schrift verwendet. Die judenchristlichen Missionare Apollos, Timotheos, Silvanus und Barnabas erzielen große Erfolge außerhalb der Synagoge. Paulus berichtet von der Wundertätigkeit sogenannter „Überapostel" (2 Kor 12,12; vgl. Mk 6,7–13).

Bereits Ende der 40er Jahre ist eine judenchristliche Gemeinde in Rom bezeugt (Claudiusedikt; → 2.3.1a). 64 n. Chr. besteht sie aus mindestens drei Hausgemeinden.[74] Vorwiegend die soziale Unterschicht ist vertreten (1 Clem 55,2: freiwillige Selbstversklavung).

## 7. Soziale Schichtung

In einer ersten Phase erreicht die Mission vor allem die Unterschicht[75] sowie einzelne Hausbesitzer, Handwerker, Gewerbetreibende und Fischer. Die Oberschicht ist wenig vertreten.[76] Das Konzept von Haustaufen und Hausgemeinden[77] ermöglicht die Missionierung unterschiedlicher sozialer Schichten. Die Christen können sich in Privathäusern relativ unbehelligt ausbreiten und ihre charismatischen Wertvorstellungen umsetzen (Gal

---

73 Ausnahmen sind die ehemaligen Juden Jason, Lucius und Sosipater (1 Kor 16,21–23).

74 Röm 16,1–16; vgl. Tac Ann. XV 44,4: Die Christen seien eine gewaltige Menge (lat. *multitudo ingens*), vgl. 1 Clem 6,1. – Lampe 1989 sieht mindestens sieben Hausgemeinden in den 50er Jahren. – Schnelle 2019, 539, rechnet mit ca. 800–1000 Christen in Rom im Jahre 64 n. Chr.

75 Sklaven und Frauen: Röm 16,8f.22; 1 Kor 7,21–24; Gal 3,28; Phlm; Besitzlose und Arme: 1 Kor 11,22; 2 Kor 8,2. – Roloff 1993, 314, spricht von „Kontrastgesellschaft". – Weiterhin vgl. Öhler 2018, 243-259.

76 Apg 13,7: Sergios Paulus; Röm 16,23: Erastus; Phil 4,22: Angehörige des kaiserlichen Hofes.

77 Z.B. Apg 16,13–15.25–34; 18,8; 1 Kor 1,11.16; → 2.4.2b.

3,26–28 u. a.). Eine Veränderung der öffentlichen Sozialordnung ist nicht im Fokus (1 Kor 7,21; 11,1–16; Phlm).

In einer zweiten Phase greift die Mission zügig über die Unterschicht hinaus. Apg 10 schildert die Bekehrung des römischen Offiziers Cornelius, Apg 13,4-12 die des Prokonsuls von Zypern, Sergios Paulus. In Philippi bekehrt Paulus die begüterte Purpurhändlerin Lydia, eine Gottesfürchtige (Apg 16,14f.); in Korinth wird der Synagogenvorsteher Krispos bekehrt (Apg 18,8). Konflikte mit der Synagoge sind vorprogrammiert. Trotz dieser Entwicklung bleibt die Unterschicht in den frühen Gemeinden dominant (vgl. für Rom 1 Clem 55,2).

Frauen nehmen in der Darstellung der Evangelien und der Apg eine prominente Position ein. Priska erscheint als Lehrerin des Apollos (Apg 18,26), Nymphe als Kopf einer Hausgemeinde (Kol 4,15). Jezebel ist Prophetin (Offb 2,20), Phoebe Diakonin (Röm 16,1f.). Weibliche Märtyrer nennt 1 Clem 6,2. Im Gegensatz dazu stehen restriktive Stimmen (1 Kor 11; 14,33–35; 1 Tim 2,11–15). Leitend ist hier das Bild der Frau als Verführerin des Mannes (Gen 3; vgl. 2 Tim 3,6; → 2.4.6).

### c) Fazit: Initialzündungen des Christentums

Mehrere Ereignisse wirken als Initialzündungen des Christentums:

- das charismatische Wirken Jesu und der daran anknüpfende Christusglaube.
- die Ostererfahrung und das Pfingstwunder (ca. 30 n. Chr.).
- der Apostelkonvent und die Missionsreisen des Paulus nach Kleinasien und Europa (ab ca. 45 n. Chr.). Mit den Missionsreisen wächst das Christentum in die hellenistisch-römische Gesellschaft hinein.
- die Zerstörung des Tempels (70 n. Chr.). Mit diesem Datum stellt sich die Frage nach dem Verhältnis zur jüdischen Mutterreligion neu.
- Die ab ca. 70 n. Chr. entstehenden Evangelien dokumentieren ein verändertes Geschichtsbewusstsein: Die Christen stellen sich auf eine längere Zeit bis zur Parusie ein und verschriftlichen daher die Jesuserinnerungen.

## 2.2 Religionsgeschichtlicher Kontext

Der Hellenismus (→ 1.6.1) ist eine Zeit antiker Aufklärung. Der alte Staats- und Volksglaube an einen bevölkerten Götterhimmel (Zeus, Athene, Apollon etc.) wird durch Philosophen entmythisiert, die Welt wird rational erklärt. An die Stelle des Polytheismus tritt die Lehre von einem Urprinzip, einer Weltseele oder einem Demiurgen. Gleichwohl leben Staatskult, Mysterienkulte und private Hauskulte noch lange weiter. – Auch Judentum und Gnostizismus zählen zum religionsgeschichtlichen Umfeld des frühen Christentums. Das Unterkapitel beleuchtet die religiöse und theologische Entwicklung dieser Weltanschauungen.

### 2.2.1 Römische Staatsreligion und Kaiserkult

*Überblick*: Grundlage der römischen Staatsreligion und der kaiserlichen Religionspolitik (→ 2.3.1a) ist der Glaube an die Staatsgötter als Förderer und Bewahrer staatlicher Wohlfahrt (so schon im 2. Jh. v. Chr. Polybios VI 56,6–8). Die Einhaltung der Kultordnung (lat. *pietas*) ist eine der höchsten Tugenden. Der Kaiserkult gründet in der hellenistischen Herrscherverehrung; der König gilt als Gott bzw. Halbgott.[78] – Vom öffentlichen Kultleben sind Vereins- und private Religiosität zu unterscheiden.

#### a) Das öffentliche Kultleben

Kern des öffentlich-religiösen Lebens ist die Verehrung der *Staatsgötter* (Jupiter Juno, Apoll, Mars u. a.). Die Götter gelten als Garanten der staatlichen Wohlfahrt. Die minutiöse Befolgung der Kultvorschriften ist daher eine Sache der Staatsräson. Cicero charakterisiert den römischen Religionsbegriff und den Stellenwert der Kultordnung folgendermaßen:

78 Gottlieb 1991, 24. – Dem entsprechen Namensepitheta der Diadochenkönige wie Retter (gr. *Sotér*), Wohltäter (gr. *Euergétes*) oder göttliche Erscheinung (gr. *Epiphánes*).

> „Die Menschen, die alles, was für die Verehrung der Götter wichtig ist, sorgfältig bedenken und gleichsam immer wieder durchnehmen, nannte man danach ‚religiös'."[79]
> „ [...] Wer nämlich ist dermaßen von Sinnen, daß er [...] nicht erkennte: dieses Riesenreich ist durch ihr [der Götter] Walten (*numen*) entstanden, gewachsen und erhalten worden [...]; denn an Frömmigkeit (*pietas*), Religiosität (*religio*) und dieser einen Weisheit (*sapientia*), erkannt zu haben, daß durch der Götter Walten (*numen*) alles regiert und gelenkt werde, sind wir [Römer] allen Völkern überlegen."[80]

Wichtige Elemente sind Opferkult, Tempel, Altäre, Götterbilder, Priester und religiöse Feste. Jenseits des Tempelkultes sorgen die Deutung von Vogelflug und Gewittern zur Vorhersage der Zukunft (Prodigien) für den Kontakt mit den Göttern. Neben der kapitolinischen Trias Jupiter, Juno und Minerva spielen Janus als Gott des Anfangs und Vesta als Göttin des Herdes eine wichtige Rolle.[81]

Die polytheistische Staatsreligion kennt weder einen Religionsstifter noch heilige Schriften, sondern nur Mythen, etwa über den Ursprung Roms (Romulus und Remus-Sage). Im Zuge der Hellenisierung verschmelzen römisches und griechisches Götterpantheon miteinander (→ 2.2.5). Orientalische Religionen werden ins Götterpantheon integriert (*religiöser Synkretismus*; → 1.6.2). Prominent sind Isis-, Kybele-und Mithraskult. Diese Kulte leben auch eigenständig in Form von Mysterienkulten weiter (→ 2.2.6). Ein Beispiel für das Nebeneinander von Staatskult und regionalen Kulten ist der Isiskult. Apuleius (2. Jh. n. Chr.) beschreibt die Selbstvorstellung der Isis:

> „Ich, Allmutter Natur, Beherrscherin der Elemente, erstgeborenes Kind der Zeit, Höchste der Gottheiten [...] Erste der Himmlischen, ich, die ich in mir allein die Gestalt aller Götter und Göttinnen vereine [...], die alleinige Gottheit, welche unter so mancherlei Gestalt, so verschiedenen Bräuchen und vielerlei Namen der ganze Erdkreis verehret [...]; die Äthiopier (aber), auch die Arier und [...] die Ägypter, mit den angemessensten eigensten Gebräuchen mich verehrend, geben meinen wahren Namen mir – Königin Isis."[82]

---

79 Cic Nat. 2,72. Text und Übersetzung bei Ritter 1994, 1.
80 Cic Harusp. 9,19. Text und Übersetzung ebd.
81 Schnelle 2019, 40.
82 Apul Met. 11,5 (vollständig zitiert bei Feldtkeller 2011, 222).

Das Zitat dokumentiert eine enge Verbindung von Polytheismus und Eingott-Verehrung (Monolatrie). Zur Erklärung der komplexen Welt dient einerseits ein differenziertes Götterpantheon, andererseits eine höchste göttliche Macht, in diesem Falle Isis. Im Gegensatz dazu lässt sich der jüdisch-christliche Monotheismus nicht mit dem hellenistischen Polytheismus verbinden. – Gegen den Polytheismus opponieren ab dem 5. Jh. v. Chr. philosophisch-rationale Strömungen (→ 2.2.2). Ungeachtet dieser „Götterdämmerung" bleibt der Staatskult vor allem in der römischen Landbevölkerung noch mehrere Jahrhunderte lebendig (→ 2.2.1c).

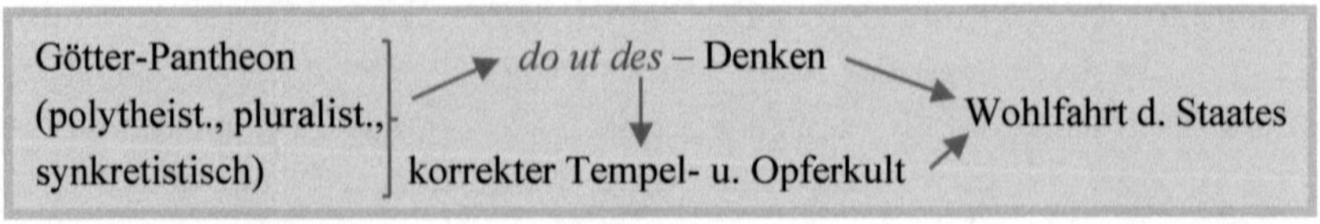


## b) Der Kaiserkult

Der Kaiserkult entsteht in den Diadochenreichen (→ 2.1.1a) und sickert ab dem 1. Jh. n. Chr. auch in Rom ein. Er wird anfangs nicht systematisch betrieben und in der Stadt Rom nie zu Lebzeiten eines Kaisers. Augustus lässt einen Kaiserkult der Freigelassenen zu (*Augustales*), ansonsten beschränkt er den Kaiserkult auf den Osten des Reiches. Er und seine Frau Livia werden posthum vergöttlicht und damit auch innerhalb Roms als Götter verehrt; Caligula weiht ihnen 37 einen eigenen Tempel. Unter Tiberius entstehen reichsweit viele Kaisertempel. Der Besitz eines solchen wird zum Ehrentitel der Provinzstädte. Caligula lässt sich bereits zu Lebzeiten göttlich verehren.[83] Tiberius und Caligula werden nach ihrem Tod nicht divinisiert, für Claudius hingegen wird von Agrippina ein Tempelkult eingerichtet.[84]

Vespasian gilt als Sohn des ägyptischen Gottes Ammon und als inkarnierter Sarapis (Pap. Fouad 8). Er wird als Wundertäter und globaler Friedensbringer verewigt; Wunderberichte treten an die Stelle dynastischer Legitimation:

83 Bellen 2010, 61f., ausweislich Philo, Leg. 353; Tac Hist. V 9.2; Suet Cal. 22,2f. – Laut Suet Cal. 29,1 ist Caligula davon überzeugt, dass ihm alles zu tun erlaubt sei. – Winterling 2007, 143–152 weist auf den karikierenden Charakter der historischen Notizen hin.

84 Bellen 2010, 23–26. – Die Apotheose des Claudius wird von Seneca satirisch verarbeitet.

> „Über die Monate hin, in denen Vespasian in Alexandrien auf die an bestimmten Tagen einsetzenden Sommerwinde und (damit) auf sichere Seefahrt wartete, ereigneten sich viele Wunder, durch die, so meinte man, eine Gunst des Himmels und eine gewisse Zuneigung der Götter zu Vespasian gezeigt würde. Aus der alexandrinischen Plebs warf sich einer, der durch das Siechtum der Augen bekannt war, vor seine Knie und erbat mit Seufzen Heilung der Blindheit [...] Und er bat den Fürsten, daß er Wangen und Augenlider bestreichen wolle mit dem Speichel des Mundes. – Ein anderer, krank an der Hand, bat [...], daß sie durch Fuß und Fußsohle des Kaisers berührt würde. Vespasian lachte zuerst und lehnte ab. [...] Schließlich befahl er, von Ärzten solle untersucht werden, ob solche Blindheit und Schwäche durch menschliche Kraft überwindbar seien. Die Ärzte stellten in verschiedener Richtung Erörterungen an: Bei den einen sei die Kraft des Augenlichtes nicht erloschen und könne zurückkehren, wenn Hindernisse beseitigt würden; bei einem anderen seien die Glieder wie verrenkt und könnten, wenn heilsame Gewalt angewendet würde, wiederhergestellt werden. [...] Mit heiterer Miene vollbrachte er (Vespasian), während die Menge gespannt dastand, das Gewünschte. Sogleich wurde die Hand wieder gebrauchsfähig, und dem Blinden leuchtete der Tag von neuem. Beides erzählen auch jetzt noch Leute, die dabei waren, wo doch eine Lüge kein Gewinn mehr wäre."[85]

Vespasian und sein Sohn Titus werden divinisiert; beide erhalten eigene Tempel auf dem römischen Forum. Domitian errichtet einen Tempel für seine Dynastie in Ephesos und lässt sich als „Unser Herr und Gott" (lat. *dominus et deus noster*) betiteln (Suet Dom. 13,2).

Für das Christentum gefährlich ist weniger der vom Kaiser selbst eingeforderte „harte" Kaiserkult[86] als der besonders in Kleinasien florierende „weiche" Kaiserkult (Kaisertempel in Ephesos, Pergamon, Smyrna u. a.); Bürger und Lokalbehörden agieren hier als Funktionäre des Kaiserkults (vgl. Offb 13).

---

85 Tac Hist. IV 81,1–3. Text bei Berger/Colpe 1987, 37f. (vgl. Suet Vesp. 7,2f.; Jos Ant. 8,46–48). Tac Hist. IV 3 bezeichnet Vespasian als Friedensbringer für die Welt. Jos Bell. 3,399–408; 4,618–629 nennt Vespasians Herrschaftsantritt eine segensreiche Botschaft (gr. *euangélion*). – Zum Verhältnis des flavischem Kaiserkults zur ntl. Gattung *euangélion* vgl. Schnelle 2019, 321.

86 Ein „harter" Kaiserkult ist erst ab dem 3. Jh. erkennbar (Schneider 2005) und wird dann für die Alte Kirche zum Existenzproblem (→ 4.3.1d).

| hellenistischer Herrscherkult (König = göttlich) | — | göttliche Verehrung (Statuen, Tempel, Feste, Opfer) | → | römischer Kaiserkult: - „harter“ Kaiserkult - „weicher“ Kaiserkult |
|---|---|---|---|---|

### c) Vereins- und private Religiosität

Zum privaten Hauskult gehören Hausgötter: die guten Geister der Vorfahren (Laren) und die Götter der Vorratskammer (Penaten).[87] Der Kult findet an Hausaltären und in Privatheiligtümern statt. – Der römische Volksglaube beinhaltet Astrologie, Mantik, Wunderglauben, Zauberei, Traumdeutung, Orakel (Delphi, Sibyllen) und Magie (apotropäischer Zauber, Liebeszauber etc.). – Der Totenkult umfasst Leichenfeiern, Begräbnisrituale, Unterweltsvorstellungen, Totenmähler und Grabepigramme. – In religiösen Kultvereinen wird einzelnen Göttern gehuldigt; Beispiele sind die Verehrung des „höchsten Zeus“, die Iobakchen in Athen und der Dianakult (→ 2.2.6). Wie im öffentlichen Bereich ist die genaue Befolgung der vorgeschriebenen Riten Voraussetzung für die Wohlfahrt der Familien.

## 2.2.2 Philosophie

*Überblick*: Das frühe Christentum steht in Wechselwirkung mit Platonismus, Stoizismus, Epikureismus und Aristotelismus. Die Philosophie gibt einen Gottesbegriff sowie ontologische Kategorien vor, innerhalb derer das frühe Christentum seine Theologie entwickelt. Das öffentliche Erscheinungsbild der Philosophen ist dem Erscheinungsbild frühchristlicher Missionare ähnlich, was deren gesellschaftlicher Akzeptanz zugute kommt (→ 2.1.3b).

Ab dem 5./4. Jh. entstehen in Griechenland philosophische Schulen, die das griechisch-römische Weltbild prägen.[88] Sie üben Grundsatzkritik am Polytheismus. Das alte Göttersystem wird entmythisiert und durch die Lehre von einem Urprinzip, einer Weltseele oder einem Demiurgen ersetzt.

87 Vgl. die Übersicht bei Öhler 2018, 34f.49f.
88 Vgl. die Übersicht bei Rosenau 2005, 1–21, und Öhler 2018, 41-44.

Stoizismus und Epikureismus werden für Intellektuelle zum Religionsersatz. Der Platonismus ersetzt das Pantheon durch die unsichtbare Welt der Ideen und nimmt einen göttlichen Demiurgen (wörtlich: Handwerker) als Weltschöpfer an (Plat Tim. 28c; 37c u.a). Die Pythagoreer erklären die Welt naturwissenschaftlich. Das gemeinsame Leitthema der antiken Philosophenschulen ist das gelingende Leben (gr. *eudaimonía*).

Die Philosophie fordert das frühe Christentum heraus, ihre Theologie in philosophischen Kategorien zu formulieren; das ist schon bei Paulus, im Hebr und bei den Apologeten erkennbar. Ethik, Tugend- und Lasterkataloge, Haustafeln und Apophthegmen im NT sind ohne die philosophische Umgebung kaum verständlich. Die für das frühe Christentum bedeutsamsten Philosophenschulen sind Stoa, Epikureismus, Platonismus und Aristotelismus. (Neu-)Pythagoreismus, Kynismus und Skeptizismus haben weniger Einfluss auf die Theologie.

### a) Stoa / Stoizismus

*Überblick*: Die Stoiker betrachten Gott als „Weltseele", welche die Keime jeglicher Entwicklung in sich trägt (gr. *lógos spermatikós*). Alles Geschehen ist geplant (Determinismus). Der Mensch hat Anteil an der göttlichen Weltvernunft. Zentral ist die Ethik, die auf Glückseligkeit ausgerichtet ist. Der Weg dorthin besteht in einer vernünftigen Lebensweise im Einklang mit Natur und göttlichem Plan.

Der Stoizismus (benannt nach der *stoá poikíle*, dem Versammlungsort der Stoiker in Athen) ist von ca. 300 v. Chr. bis 200 n. Chr. aktiv. Für das frühe Christentum wichtig ist die spätere Stoa mit ihren Hauptvertretern Seneca (ca. 4 v. Chr. - 65 n. Chr.), Musonius Rufus (ca. 25–85 n. Chr.), Epiktet (ca. 55–135 n. Chr.) und Kaiser Marc Aurel (121–180). Die Stoa umschließt Themen wie Ethik, Logik, Sprache, Erkenntnis und Physik. Die Stoiker sehen in Gott eine Art Weltseele, deren fruchtbare Vernunft (gr. *lógos spermatikós*) den Keim jeglicher Entwicklung, auch des menschlichen Schicksals (gr. *heimarméne*), in sich trägt. Dieser immanent gedachte Gott durchzieht feinstofflich die Schöpfung und verbindet alles mit allem (Pantheismus). Alles Geschehen ist eine Wirkung göttlicher Vorsehung (gr.

*prónoia*), nicht einer göttlichen Weltschöpfung. Alle Menschen sind Kinder dieses „Vatergottes". Das impliziert freies Weltbürgertum und Naturrecht. Jeder Mensch hat Anteil an der göttlichen Weltvernunft und ist daher zum freien Willen und zur Unabhängigkeit von äußeren Umständen befähigt:[89]

> „Du aber bist [anders als die übrigen Geschöpfe] ein Wesen von erstrangiger Bedeutung, bist ein Stück von Gott; du hast ein Teilchen von ihm in dir selbst. Warum verkennst du [diese] deine Verwandtschaft? [...] Einen Gott trägst du mit dir herum und weißt es nicht, du Elender! [...]."[90]

Dieses Menschenbild geht mit einer rationalistischen Welterklärung einher. Die Stoa kennt weder Unsterblichkeit noch Jenseits. Nach dem Tod löst sich der Mensch in die allgemeine Weltseele (gr. *pneúma*) auf.[91] Kernpunkte der Ethik sind die Akzeptanz der göttlichen Vorsehung, ein Leben gemäß der Natur und die Beherrschung der Affekte mittels Vernunft („stoische Ruhe", gr. *ataraxía*). Die dadurch ermöglichte Freiheit von Affekten (gr. *apátheia*) gilt als Quelle von Glückseligkeit. Diese Ethik gibt den Menschen in einer Zeit des systemischen Umbruchs Halt und Erziehung. – Apg 17,18 berichtet von einem Dialog zwischen Stoikern und dem Apostel Paulus in Athen über den „unbekannten Gott".

### b) Epikureismus

*Überblick*: Der Epikureismus ist individualistisch-hedonistisch ausgerichtet; Unerschütterlichkeit ist das höchste Lebensziel. Der Weg dorthin führt über vernünftiges Abwägen der Genüsse und Selbstbeherrschung. Die Götter leben selbstgenügsam und kümmern sich nicht um die Menschen (Deismus).

Epikur (341–271 v. Chr.) gründet 306 v. Chr. in Athen eine materialistisch ausgerichtete Philosophenschule. Der Epikureismus kennt weder einen Jenseits- noch einen Endzeitgedanken. Die Götter (die nicht geleugnet wer-

89 Darin und in der sich daraus ableitenden Ethik liegt die Nähe zum Kynismus (→ 2.2.2e).
90 Epiktet, Gespräche 2,8,11–14. Vollständiger Text bei Ritter 1994, 19f.
91 Rosenau 2005, 4.

den) kümmern sich nicht um die Menschen, sondern leben in ungetrübtem Selbstgenuss (Apathie-Axiom). Der Mensch kann daher ohne Furcht vor göttlicher Vergeltung sein Leben leben. Nicht göttliche Willkür, sondern kosmische Zufälle steuern das Schicksal.[92] In der individualistisch-hedonistischen Ethik ist *ataraxía* (Unerschütterlichkeit, Ungestörtsein als höchste Lust) das höchste Lebensziel. Der Weg dorthin besteht nicht in Zügellosigkeit, sondern in vernünftigem Abwägen zwischen Genuss und Selbstbeherrschung. – Wichtige Vertreter des Epikureismus sind, neben Epikur selbst, Philodemos v. Gadara (ca. 110–40 v. Chr.) und Lukrez (ca. 97–55 v. Chr.).

### c) Früher und Mittlerer Platonismus

*Überblick*: Der Platonismus unterscheidet zwischen der Welt der veränderlichen, sichtbaren Dinge und der Welt der unveränderlichen Dinge. Beide stehen im Verhältnis von Schatten und Urbild (Idee). Dem entspricht die Abwertung alles Materiellen, Sichtbaren zugunsten des Unsichtbaren, Ewigen. Der Platonismus lehrt die Transzendenz Gottes, die Unsterblichkeit der Seele und den stoischen Logos. Der mittlere Platonismus wird über Philo ans NT vermittelt (Paulus, Hebr) und setzt sich in der Theologie der Apologeten (Justin, Tatian u. a.) fort.

Platons Akademie besteht rund tausend Jahre in Athen (→ 6.1.3c). Wirkmächtig ist Platons Ideenlehre, wonach die Welt der sichtbaren Dinge (gr. *kósmos tes aísthetos*) lediglich ein Schatten der Ideenwelt (gr. *kósmos tou noëtós*) ist. Als Weltschöpfer gilt ein göttlicher Demiurg (Handwerker); er schuf sie nach Plänen der Ideenwelt und stattete sie mit göttlicher Weltseele (gr. *psyché tou pantós*) aus (Tim. 27b.ff.; 30a.b; 34b–37c). Die materielle Welt ist vergänglich, der transzendente Gott ist die unvergängliche, unveränderliche Idee der Ideen bzw. des Guten (Tim. 28c; Pol. 508a–c). Über Gott lässt sich allenfalls in Negationen sprechen (*theologia negativa* bzw. *via negationis*).[93]

---

92 A.a.O., 7f.

93 Die extreme Transzendenzvorstellung führt zur Entwicklung von Mittlergestalten zwischen Gott und der Welt (Erlemann 2012, 42).

Ziel des Lebens ist es, Gott ähnlich zu werden (Plat Theait. 176b); dies wird durch die vernunftbegabte Seele ermöglicht.

Der *mittlere Platonismus* (1. Jh. v. Chr. – 3. Jh. n. Chr.) wird durch Philo von Alexandria (ca. 20 v. Chr. – 45 n. Chr.), Plutarch (ca. 50–120 n. Chr.),[94] Apuleius (ca. 125–175) und Kelsos (ca. 138–180) repräsentiert. Die Ideenlehre führt zur Abwertung alles Materiellen, Leiblichen, Sichtbaren zugunsten des Unsichtbaren, Ewigen (Leib-Seele-Dualismus). Diese Lehre wird mit anderen philosophischen Traditionen (Monotheismus, Unsterblichkeit der Seele, Jenseitsvorstellung, stoischer Logosbegriff, Kosmogonie usw.) verknüpft. Religiöse und theologisch-metaphysische Themen, wie z. B. Seelenwanderung und jenseitige, ausgleichende Gerechtigkeit, stehen im Fokus. Gott wird personhaft, aber streng transzendent gedacht (*theologia negativa*).[95] Der Weltschöpfer (Demiurg) ist ihm untergeordnet. – Philo verbindet das Judentum mit dem Platonismus und übernimmt die Abwertung des Materiellen; umgekehrt werden Mose und Tora als Urbilder der griechischen Philosophie dargestellt. Gott wird nicht-personhaft, als rein geistiges Sein, gedacht.

### d) Aristotelismus

Aristoteles (384–322 v. Chr.) definiert Gott als das „Sein des Seienden" bzw. als „unbewegten Beweger" (gr. *akíneton kinoún*). Er ist substanzieller Kern aller Dinge und in allem zu finden. Die Weltschöpfung geht auf die Natur (gr. *phýsis*) zurück.[96] Gott selbst existiert jenseits aller vergänglichen Materie und hält die Welt im Innersten zusammen (Met. XII 1,1069a30–1069b2; XII 7, 1072b23ff.). Er ist nicht Person, sondern immaterielle Vernunft (gr. *nous*).[97] Das Lebensziel besteht darin, das eigentliche, göttliche Sein zu erreichen (Met. XII 7,1072a–1073a).

94 Plutarch entwickelt eine Art Universalreligion: Gott sei immer der Gleiche, auch wenn er in den Religionen unterschiedlich bezeichnet wird (vgl. Schnelle 2019, 58).

95 Gott ist unsichtbar, körperlos, leidensunfähig, unteilbar, unwandelbar und zeitlos und kann sich nicht mit einem Menschen verbinden. Diese Axiomatik ist für das Verständnis der trinitätstheologischen und christologischen Auseinandersetzungen grundlegend (Erlemann 2012, 57f.).

96 Kreuzer 2005, 85.

97 Arist Met. XII 9,1074b34f. Die einzige Tätigkeit Gottes besteht darin, sich selbst zu denken.

### e) Kynismus

Namensgeber der kynischen Lebensform ist Diogenes von Sinope (ca. 413–323 v. Chr.). Er lebte in einem Vorratsfass und wurde als „Hund“ (gr. *kýon*) angesprochen. Kyniker führen ein bedürfnisloses Wanderleben, verhalten sich nonkonform, verachten Kultur, Staat, Luxus und Sitten. Damit üben sie Kritik an bürgerlichen Wertvorstellungen und suchen in freiwillig gewählter Randständigkeit ihr Glück und ihre Freiheit („Punker der Antike“).

### f) Skeptizismus

Der Skeptizismus, begründet von Pyrrhon von Elis (ca. 365–275 v. Chr.), hat keine Texte hinterlassen.[98] Kern der Lehre ist die Skepsis gegenüber jeglicher Erkenntnismöglichkeit und die daraus folgende Ethik der Zurückhaltung im Urteil. Alles erscheint gleichwertig, zu jedem Argument gibt es ein Gegenargument. Eine Entscheidung über Gut und Böse und darüber, was Glückseligkeit für den Menschen bedeuten kann, ist daher unmöglich. Selbst die Skepsis ist letztlich unsicher.[99] – Ein wichtiger Vertreter ist der Alexandriner Sextus Empiricus (2. Jh.).

### g) (Neu-)Pythagoreismus

Der Naturphilosoph Pythagoras (→ 1.3.4) begründet im 6. Jh. v. Chr. den Pythagoreismus.[100] Die Schule praktiziert eine ideale, gendergerechte Gemeinschaft, lehrt eine nach mathematischen Grundsätzen gestaltete, dualistische Kosmologie sowie die Enthaltsamkeit von bestimmten Speisen, Kleidungsstücken und Verhaltensweisen. Die pythagoreische Reinkarnationslehre wird später von der Stoa und dem mittleren Platonismus aufgegriffen und weitergeführt.

### h) Fazit: Ontologischer Gottesbegriff

Die griechisch-hellenistische Philosophie entwickelt einen abstrakten Gottesbegriff. Dieser erklärt die komplexe Wirklichkeit monistisch. Das Göttliche (gr. *to theíon*) ist das, was die Welt im Innersten zusammenhält, das

98 Zum Folgenden Schnelle 2019, 55f.
99 Vgl. den Sokrates zugeordneten Ausspruch „Ich weiß, dass ich nichts weiß“.
100 Zum Folgenden Rosenau 2005, 14–16.

höchste Seinsprinzip. Selbst ohne Ursache seiend, setzt es alles andere aus sich heraus. Dieser Gott ist wesentlich durch Negation der vergänglichen Wirklichkeit definiert: Er ist unteilbar, unvergänglich, streng transzendent, apathielos usw. Zwischen ihm und der materiellen Wirklichkeit vermitteln Zwischengrößen wie Vernunft (gr. *nous, lógos*), Weltseele (gr. *pneúma*) und individuelle Vernunftseele (gr. *nous, psyché*). Durch Angleichung an das Göttliche bzw. Distanzierung vom Materiellen erlangt der Mensch Glückseligkeit (gr. *eudaimonía*). Dieser Gottesbegriff steht im Gegensatz zum biblisch-dynamischen Bild von Gott, der mit seinen Menschen eine gemeinsame Geschichte durchlebt. Der Kontakt des frühen Christentums mit der antiken Philosophie führt zur Intellektualisierung des christlichen Glaubens und regt die spekulativ-theologische Durchdringung der Glaubensinhalte an (→ 3.2.2).[101]

### 2.2.3 Gnostizismus

In Vorderasien entstehen um die Zeitenwende neue religiöse Strömungen; unter ihnen spielt der Gnostizismus, eine Art antiker Esoterik, für die altkirchliche Geschichte eine bedeutende Rolle. Das großenteils offene gnostische System (es ist kein formeller Eintritt nötig) nimmt persische, jüdische und philosophische Elemente sowie Volks- und Zauberglauben in sich auf (Synkretismus; → 1.6.2).

### 2.2.4 Judentum

*Überblick*: Das Judentum hat ethnische, religiöse und kulturelle Komponenten. Religiöse Grundlagen sind die Tora, die Väterverheißungen, der Erwählungsgedanke, der Sinaibund, das *sch'ma Jisrael* (Dtn 6,4f.) und die Messiaserwartung. Zur kulturellen Identität gehören *boundary markers* wie Beschneidung, Sabbatgebot, Speise- und Reinheitsgebote. Zur Zeit Jesu ist eine große Pluralität innerhalb des Judentums erkennbar. Dem entspricht eine Vielzahl von Toraauslegungen mit Exklusivanspruch, was zu vielen innerjüdischen Konflikten führt.

101 Erlemann 2012, 14–19.56–64; Gottlieb 1991, 28.

## a) Theologische Grundzüge

### 1. *Gemeinsame Eckpfeiler*

Eckpfeiler frühjüdischer Theologie sind der exklusivistisch verstandene Monotheismus,[102] das Selbstverständnis als erwähltes Volk Gottes,[103] die fundamentale Gottesgabe der Tora,[104] das Gebiet des antiken Palästinas als Land der Erwählung[105] sowie der Jerusalemer Tempel als Zentrum jüdischen Lebens und als Ort der Gegenwart (hebr. *shekiná*) Gottes.[106] Roter Faden des jüdischen Gottesbildes ist der Glaube an Gottes Gerechtigkeit und Treue zu seinem Volk. *Boundary markers* wie Beschneidung, Sabbat, Reinheits- und Speisegebote sowie das Verbot von Mischehen wirken in der Zeit hellenistischer Fremdherrschaften identitätsbewahrend (→ 2.1.2c).

### 2. Religionsgesetz und *halachót*

Im Mittelpunkt des jüdischen Alltags steht die Toraobservanz. Ethische, kultische und soziale Bestimmungen der Tora werden auf alle Lebensbereiche angewendet. Maßgeblich ist die ungeschriebene Tora (hebr. *halachá*) als Aktualisierung des schriftlichen Wortlauts. Mehrere Auslegungstraditionen (pl. *halachót*) mit exklusivem Wahrheitsanspruch konkurrieren. Jede jüdische Gruppierung hat ihre eigene *halachá*: *Erstens*, im weisheitlich orientierten Judentum steht die Wahrung der göttlichen Weltordnung im Fokus; es gilt das Vertrauen in den „Tun-Ergehen-Zusammenhang". *Zweitens*, apokalyptische Gruppen sehen in bedingungsloser Toraobservanz die Voraussetzung für die Etablierung der Gottesherrschaft auf dem Zion (→ Punkt 4). *Drittens*, das politisch-religiöse Establishment (Sadduzäer u. a.) zeigt wenig Interesse an endzeitlichen Offenbarungen oder Hoffnungen. Die Pharisäer vertreten eine gemäßigte Mittelposition.

---

102 Dtn 6,4; Jes 44,6; Arist 132 u.a.

103 Ex 19,4–8; Dtn 7,6–8; 14,2; 4 Esr 5,27 u.a.

104 Dtn 30,15f.; Sir 24; Jub 1,16–18 u.a.

105 Lev 25; Dtn 7,1; 11,29; Jos 21,43 u.a.

106 1 Kön 8,12ff.; Ps 2,6; Jes 8,18. – Jerusalem ist die heilige Stadt Jahwes (Ps 46,5; Jes 48,2; Neh 11,1.18 u. a.).

### 3. Weisheit

Die frühjüdische Weisheit entwickelt auf Grundlage des atl. Gottesbildes und allgemein orientalischer Lebenserfahrung ethische Richtlinien für ein gelingendes Leben. Zentrale Stichwörter sind Gottesfurcht und Klugheit (Spr 9,10; Sir 1,1–10 u. a.). Die individuelle Theodizeefrage (weshalb geht es den Frommen schlecht und den Gottlosen gut?) wird unter Hinweis auf Gott, der für einen gerechten Ausgleich sorgen und die Frommen rehabilitieren wird, gelöst. Gegen den äußeren Schein können sich die Verhältnisse jederzeit und plötzlich zum Guten verändern.[107] Die frühjüdische Weisheit manifestiert sich in Textgattungen wie Sprichwörtern, Gleichnissen und Sentenzen. Das weisheitliche Erbe ist in den Seligpreisungen und Gleichnissen Jesu erkennbar.

### 4. Apokalyptik

Apokalyptik rechnet mit dem baldigen Weltende und der Rettung der Glaubenden durch Gott. Die jüdische Apokalyptik erweitert ab dem 3. Jh. v. Chr. prophetisch-eschatologische Vorstellungen zu einer globalen Zukunftsschau. Konstitutiv ist die Aufteilung der Welt in Gut und Böse bzw. in Licht und Finsternis. Dieser Dualismus ist kennzeichnend für das jetzige Weltzeitalter (Äon), das in Kürze durch ein befreiendes und richtendes Eingreifen Gottes beendet und durch einen kommenden Heilsäon abgelöst werden wird.

Auslöser apokalyptischen Denkens sind Katastrophen aller Art und die daraus resultierende, kollektive Theodizeefrage (weshalb ist das erwählte Volk unterdrückt?). Die Apokalyptik weist hierfür auf den geschichtsmächtigen Gott, der die geschichtlichen Abläufe planmäßig festgelegt hat und sie in kurzer Zeit zugunsten seines Volkes zum Guten wenden wird, hin. Hier hinein gehören die Messiaserwartung, die Hoffnung auf politische Befreiung und kultisch-religiöse Erneuerung sowie die Erwartung der Vernichtung des Bösen und der Neuschöpfung.

---

107 Eine pessimistische Sichtweise repräsentiert hingegen Pred 1,2; 8,14 u.a.: Gottes Wege sind nicht erkennbar; alles ist nichtig („eitel"). Das erinnert an den griechischen Skeptizismus (⟶ 3.2.2f).

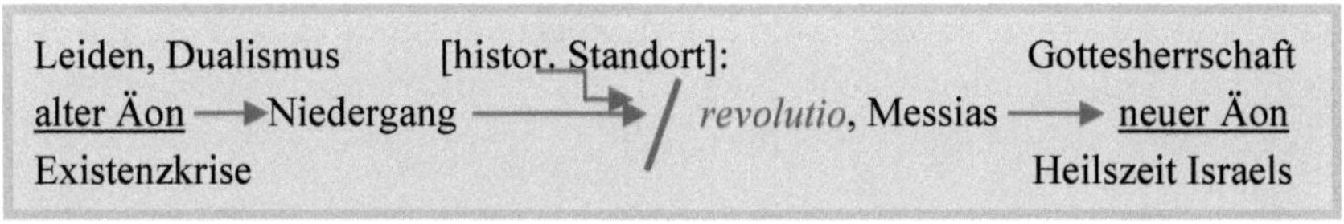


Ihren schriftlichen Niederschlag findet die Apokalyptik in zahlreichen Apokalypsen. Sie bieten Visionen zur endzeitlichen Katastrophe, zum Jenseits und zur anbrechenden neuen Welt Gottes. Sie sind Untergrundliteratur mit einer subversiven Deutung des Weltgeschehens. Ihr theologischer Zweck ist die Stärkung des Glaubens an den geschichtsmächtigen Gott Israels. Surreal anmutende Bilder, Metaphern und Visionen verarbeiten menschliche Urängste und Hoffnungen.

Apokalyptische Ethik zielt auf das Festhalten am Glauben an den geschichtsmächtigen Gott und auf Durchhalten in der Zeit der „letzten Bedrängnis". Hierzu gehören das strikte Einhalten der göttlichen Gebote und eine innere Distanznahme von der Welt. Militärische Optionen scheiden aufgrund der schieren Übermacht der apokalyptischen Feinde aus. Gott selbst sorgt für die Glaubenden und schützt sie vor dem Zugriff dieser Feinde.

Die frühjüdische Apokalyptik prägt auch die Theologie der Alten Kirche (→ 2.5.4). Die frühchristliche Apokalyptik sieht die entscheidende Wende vom jetzigen zum künftigen Äon als mit Jesus Christus bereits vollzogen an (→ 2.5.4b). Apokalyptisches Denken bleibt ein Grundtenor frühchristlicher Welt- und Geschichtsdeutung bis zum Ende der Verfolgungen (Anfang 4. Jh.).

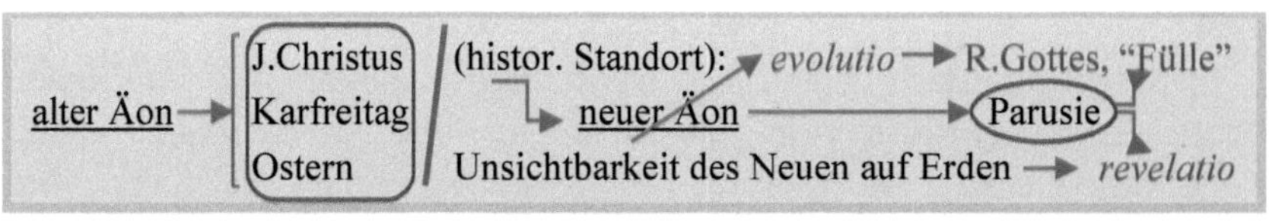


Der frühjüdische Volksglaube ist kaum zu rekonstruieren; schriftliche Quellen fehlen fast völlig. Das NT nimmt ihn und seine Elemente Magie, Engel-, Dämonen- und Wunderglauben polemisch auf. Engel vermitteln in jüdisch-christlicher Vorstellung zwischen Gott und Menschen. Thron- oder Wächterengel bewachen Gottes himmlischen Thron und das Paradies.[108]

108 Serafim in 1 Kön 22,19; 2 Chr 18,18; Jes 6; Cherubim in Gen 3,24; Ez 1.

Von Gott abgefallene Engel wie Satan, Beelzebub und Dämonen arbeiten gegen die himmlischen Mächte (Gen 6,1–4). Satan ist laut Hi 1f. Befehlsempfänger Gottes und ihm Gehorsam schuldig.

#### 5. Genderaspekte

Das frühe Judentum partizipiert an der antiken Inferiorisierung der Frau.[109] Deren Domänen sind Haushalt und Kindererziehung. Philo attestiert Frauen einen schwachen, unbeständigen Sinn; der Mann werde durch Verstand (gr. *nous*) gelenkt, die Frau durch sinnliche Eindrücke (gr. *aísthesis*; Op. 59f.). Der Traktat bBM 59a formuliert drastisch: „Wer dem Rat einer Frau folgt, verfällt dem Gehinnom."[110] Anders stellt bNid 45b fest: „Der Schöpfer hat der Frau mehr Einsicht als dem Mann geschenkt." Aussagen wie die letztere sind freilich die Ausnahme.

### b) Literatur

Ab der Ptolemäerherrschaft (301 v. Chr.) entsteht eine reichhaltige Diasporaliteratur. Beispiele sind die Septuaginta (LXX, 3. Jh. v. Chr.), die Königschronik des Demetrios (ca. 210 v. Chr.), Aristobul (ca. 190 v. Chr.), Josef und Asenet (JosAs, 2. Jh. v. Chr.), Eupolemos' Schrift „Über die Könige in Judäa" (ca. 150 v. Chr.; Mose als Ahnherr aller Kulturen) und fünf Bände eines nationalen Geschichtswerks von Jason von Kyrene (Ende 2. Jh. v. Chr.). In besonderem Maße spiegeln Schriften wie Jesus Sirach (Sir, 132–117 v. Chr.), das 4. Makkabäerbuch (4 Makk, 1./2. Jh. n. Chr.) und die Schriften Philos (1. Jh. n. Chr.) den hellenistischen Einfluss auf das Diasporajudentum jener Zeit.[111]

Im Gegensatz dazu zeigen sich frühjüdische Apokalypsen und andere Texte wenig beeinflusst vom griechischen Denken. Äthiopisches Henochbuch (äthHen, ab 3. Jh. v. Chr.), 1.–3. Makkabäerbuch (1–3 Makk, Mitte

109 Dexinger 1983, 426f.: Frauen haben kein Zeugenrecht, werden beim Erbrecht benachteiligt und sind nicht zum Torastudium zugelassen. Witwen haben immerhin ein Anrecht auf Unterhalt.

110 A.a.O., 425; dort auch eine Zusammenstellung negativer Eigenschaften von Frauen laut rabbinischer Literatur.

111 Auch ntl. Schriften stehen dem Hellenismus nahe. Es ist nicht von einer zunehmenden Hellenisierung des ursprünglich jüdisch geprägten Christentums auszugehen. Das Christentum speist sich aus beiden, bereits früher in Kontakt gekommenen, Kulturkreisen (mit Schnelle 2019, 34).

2./1. Jh. v. Chr.), Jubiläenbuch (Jub, ca. 100 v. Chr.), 4. Esrabuch (4 Esr, ca. 70 n. Chr.) und syrische Baruchapokalypse (syrBar, Ende 1. Jh. n. Chr.) reflektieren die Auseinandersetzung mit dem Hellenismus bis hinein ins judäische Kernland. Die Qumranschriften bezeugen die Opposition der Chasidim gegen die Priesteraristokratie in Jerusalem (→ 2.2.1d). Das Geschichtswerk des Flavius Josephus ist die wichtigste Quelle für die Kenntnis vom frühen Judentum im 1. Jh. n. Chr.

### c) Der Jerusalemer Tempel

Der von Herodes d.Gr. neu gestaltete Zweite Tempel (ursprünglich erbaut 520-515 v. Chr.; → 2.1.2b) ist bis 70 n. Chr. Zentrum des gesellschaftlichen, kulturellen und religiösen Lebens.[112] Er gilt als Ort der Gegenwart Gottes (hebr. *shekiná)* und der Sündenvergebung (Jom Kippur; Lev 16). In abgestufter Reihenfolge bietet er Raum für Nichtjuden, Frauen, Männer und Priesterschaft. Das Allerheiligste ist durch einen Vorhang abgeschirmt. Es beherbergt die Bundeslade sowie einen Opferaltar und darf nur am Jom Kippur vom Hohenpriester betreten werden.

Zu hohen Festen wie dem Passafest ist der Tempel Zielpunkt zahlreicher Pilger (Dtn 16,1–17). Außerdem ist er Ort von Unterweisung und Predigt (Mt 21,23; Lk 2,46f.); die Verkündigung der Apostel und die Versammlung der Jerusalemer Gemeinde im Tempel führt zu energischem Widerstand (Apg 2,46; 5,20f.).

Weiterhin dient der Tempel als „Bundesbank“. Der Tempelschatz besteht aus kostbaren Kultgeräten, Kriegsbeute sowie aus Tempelsteuer und Zehntsteuer, die von allen männlichen Juden zu entrichten sind. Die Abgaben dienen dem Unterhalt des Tempels und der Priesterschaft. Im Tempel wird auch privates und staatliches Vermögen deponiert (Philo, Spec. Leg. 1,76). Jesu Tempelreinigung stellt diese Ordnung in Frage (Mk 11,15–18parr.). Seine prophetische Kritik soll den Tempel seiner ursprünglichen Bestimmung als Gebetshaus für alle Völker wieder zuführen. Hebr deutet Jesu Tod als Überwindung des Jerusalemer Tempelkults.

Tempel und Tempelschatz sind wiederholt politisch-kultisches Angriffsziel (→ 2.1.2c; 2.1.2e). Mit der Zerstörung des Tempels (70 n. Chr.) verliert das Judentum sein religiöses Zentrum. Kulthandlungen finden seither dezentral in Synagogen statt. Bis heute ist der Tempelberg, insbesondere der vermu-

112 Zum Folgenden Döpp 2005.

tete Ort des Allerheiligsten und die Klagemauer, ein religiös und politisch hoch sensibles Areal.

### d) Religiöse und politische Gruppierungen

Flavius Josephus beschreibt *en detail* jüdische Gruppierungen im 1. Jh. n. Chr.[113]

---

*Überblick*: Es gibt im 1. Jh. n. Chr. folgende jüdische Gruppierungen: 1) Sadduzäer (konservative Tempelaristokratie); nach 70 bedeutungslos; 2) Pharisäer (Laienschriftgelehrte mit apokalyptischem Geschichtsbild); Ziel: Umsetzung der Tora im Alltag; realpolitischer Standpunkt. Nach 70 prägende Kraft des Judentums (Rabbinismus); 3) Prophetisch-messianische Bewegungen (Wundertäter, Propheten, „Pseudomessiasse"); sie propagieren die Befreiung Palästinas; 4) Zeloten und Sikarier (militante antirömische Gruppen); sie zetteln den Ersten Jüdischen Krieg an. – Weitere Gruppen sind Zadokiden, Chasidim, Essener, Qumrangruppe, Schriftgelehrte, Gottesfürchtige, Proselyten und Samaritaner.

---

#### 1. Zadokiden

Aus dem Stamm der Zadokiden rekrutieren sich Hohepriester und andere Funktionsträger am Tempel (1 Chr 5,27–41). Sie stehen in engem Kontakt zum Königshaus. Erbfolgestreitigkeiten und die Konkurrenz zwischen Oniaden und Tobiaden sind Dauerbrenner (→ 2.1.2c). Unter Antiochos IV. Epiphanes spalten sich die Zadokiden in einen prohellenistischen Flügel (Sadduzäer) und einen radikal-apokalyptischen Flügel (Asidäer, Qumrangruppe?) auf. Die Römer heben die zadokidische Erbfolge auf. Der Jom-Kippur-Ritus, die wichtigste Aufgabe des Hohenpriesters, ist für strenggläubige Juden damit verunmöglicht.[114]

---

113 Jos Bell. 2,119–166; Ant. 18,11–25; vgl. PsSal 17,23.27. – Vgl. Öhler 2018, 62–69.78–80.
114 Schnelle 2019, 67.

### 2. Hohepriester

Der Hohepriester ist der oberste Tempelpriester (1 Kön 4,2) und für den toragemäßen Tempelkult verantwortlich.[115] Als Vorsitzender des Sanhedrins hat er auch politische Funktion. Die hellenistischen Herrscher versuchen daher, auf die Besetzung des Amtes Einfluss zu nehmen, und versteigern es zum Teil an den Höchstbietenden. Die Hasmonäer üben Königswürde und Hohepriesteramt in Personalunion aus (AssMos 6,1). Am Streit um die legitime Besetzung des Amtes entzünden sich langanhaltende Konflikte und Abspaltungen. Das Hohepriesteramt entwickelt sich zum Objekt finanzieller und politischer Begierden.

### 3. Sadduzäer

Für die aristokratischen, prohellenistischen Sadduzäer ist der Tempel das anerkannte Zentrum des öffentlichen Lebens.[116] Als opportuner Flügel des Sanhedrins wollen sie den Status Quo aufrechterhalten. Im Unterschied zu den Pharisäern akzeptieren sie nur den Pentateuch; Engelglauben und eschatologische Inhalte inkl. Endgericht, Prädestination und Totenauferstehung lehnen sie ab (Mk 12,18–27; Jos Bell. 2,164). Sie vertreten, ihrem Stand gemäß, eine liberale Ethik. Sie erheben keinen religiösen Exklusivanspruch, suchen aber ständig nach Einflussmöglichkeiten. Im NT erscheinen sie als Gegner Jesu und der Apostel.[117] Mit dem Ende des Tempels verlieren sie ihre Machtbasis.

### 4. Chasidim

Die apokalyptischen Chasidim (1 Makk 2,29.38) wählen den Exodus in die Wüste, um religiös-politischen Zwangsmaßnahmen der Seleukiden und ihrer Unterstützer zu entgehen. Aktuelle Konflikte wie um militärische Verteidigungsmaßnahmen am Sabbat deuten sie kosmologisch. Sie rufen zur Umkehr, zur Toraobservanz und zum Kampf gegen das Böse auf, erwarten die Gottesherrschaft und gründen unter Johannes Hyrkan I. (134–104 v. Chr.) die Anlage von Qumran. Literarische Zeugnisse sind das Buch Daniel (Dan), das Jubiläenbuch (Jub), die Patriarchentestamente (TestXII), das äthiopische

---

115 Zum Folgenden ebd.
116 Zum Folgenden Heiligenthal 2005b.
117 Mk 11,18.27; 14,1; Lk 22,2; Apg 4,1 u.a.

Henochbuch (äthHen, besonders Kap. 93/91, 12–17 und 85–90) sowie die Damaskusschrift aus Qumran (CD).

## 5. Essener

Die aus den Chasidim erwachsenen Essener („die Frommen") pochen zur Sicherung des reinen Tempelkults auf die Legitimität zadokidischer Hohepriester. Sie opponieren gegen den Nicht-Zadokiden Jonathan, verlassen Jerusalem und ziehen in die Dörfer Judäas (Philo, Spud. 75). Ein Teil von ihnen vollzieht zur Zeit Johannes Hyrkans I. unter Leitung des „Lehrers der Gerechtigkeit" (möglicherweise ein Zadokide) einen radikalen Bruch mit Jerusalem.

## 6. Qumrangruppe

In der judäischen Wüste nahe dem Toten Meer bildet die Qumrangruppe zwischen 100 v. Chr. und 70 n. Chr. ein eigenes Sozialwesen mit festgelegten Gemeinschaftsregeln, Ein- und Austrittsritualen und einer strengen Hierarchie.[118] Askese und radikale Toraobservanz dienen zum einen als Kultersatz für den Tempel, zum anderen dazu, Gottes unmittelbares Eingreifen zu veranlassen (CD 20,19–21). Die Qumranleute erheben einen Alleinvertretungsanspruch als „Gottesbund" bzw. als „Söhne des Lichts" und vertreten ein dualistisches Welt- und Geschichtsbild (Kampf des Lichts gegen die Finsternis, 1QS 3,13–4,26). Sie stehen mit den Zeloten bzw. Sikariern von Masada in engem Kontakt. Das Verhältnis zu den Essenern ist ungeklärt.[119] Außerdem produzieren sie religiöse Literatur. – Soziologisch gesehen, sind diese apokalyptischen Gruppen weder Sekten noch marginalisierte Konventikel, sondern entstammen teilweise der Priesteraristokratie und weisheitlichen Kreisen. In Qumran sind alle sozialen Schichten vertreten.

## 7. Schriftgelehrte

Die Laienschriftgelehrten stammen aus den Reihen städtischer Handwerker und der urbanen Mittelschicht. Mündliche und schriftliche Tora sind für sie gleichwertig. Vereinzelt üben sie Sozialkritik (Sir, ca. 200 v. Chr.). Unter Antiochos IV. verlieren sie ihre öffentliche Funktion und schließen sich

---

118 Zum Folgenden Faßbeck 2005.
119 Vgl. die Diskussion ebd.

der antihellenistischen Front an. Möglicherweise produzieren sie auch apokalyptische Literatur.

### 8. Pharisäer

Ebenfalls Laien sind die chasidischen Pharisäer.[120] Bezeugt sind sie ab Mitte des 2. Jh. v. Chr.; sie erscheinen als toratreue, antihellenistische Gruppierung neben den Essenern (Jos Ant. 13,171–173). Im weiteren Verlauf opponieren sie gegen die prohellenistischen Hasmonäer. Im Volk sind sie beliebt (Jos Ant. 13,288–292). Mit der Bildung des Sanhedrins unter Salome Alexandra (76–67 v. Chr.) setzen sich die Pharisäer politisch durch (Jos Bell. 1,110–112). Nach dem Tod Salomes verlieren sie ihre Vormachtstellung an die Sadduzäer. Unter Herodes d.Gr. (37–4 v. Chr.) agieren sie politisch klug und verlagern ihren Schwerpunkt auf religiöse Praxis. Radikal-politische Kreise spalten sich 6 n. Chr. als Zeloten ab; das führt zu einem Zweifrontenkrieg im Sanhedrin. Der gemäßigte Flügel sorgt nach 70 n. Chr. fürs Überleben des Judentums und wird zu seiner prägenden Kraft (Rabbinismus). Laut Mt 23,15 betreiben die Pharisäer Mission. – Bereits im 1. Jh. v. Chr. gründen Pharisäer rabbinische Schulen (Hillel, Schammaj) mit dem Ziel einer lebensnahen Interpretation der Tora und sorgen nach 70 n. Chr. für die schriftliche Fixierung der mündlichen Tora (hebr. *halachá*, *haggadá*, Mischna, Talmud; → 2.1.2e).

Die Pharisäer vertreten ein apokalyptisches Geschichtsbild, weisen allerdings messianische Ansprüche anderer Gruppen ab. Im Gegensatz zu den Sadduzäern erkennen sie die *halachá* an. Ihr Interesse gilt der Interpretation und Aktualisierung der Tora; das entfremdet sie vom ungebildeten Volk (*am haárez)*. Außerdem betreiben sie intensive Proselytenwerbung. Am Kampf gegen Rom beteiligen sie sich nicht (realpolitischer Standpunkt). – Den Pharisäern steht auch Jesus nahe.

### 9. Zeloten und Sikarier

Die relativ stabilen politischen Verhältnisse unter den Römern seit 6 n. Chr. (*Pax Romana*) werden von den Zeloten unter Zadok und galiläischen Rebellen unter Judas als Höhepunkt widergöttlicher Machtentfaltung gedeutet

---

120 Zum Folgenden Heiligenthal 2005a. – Der Name ist eine polemische Fremdbezeichnung (von lat. *parus* = Dissident, asketischer Sonderling, d. h. einer, der sich rituell von der Masse absondert).

(Jos Bell. 2,118; Ant. 18,23). Sie kämpfen um die Unabhängigkeit von Rom (Jos Bell. 7,323: Rede Eleazars in Masada) und die Reinhaltung des Tempels und fordern hierfür strikte Toraobservanz. Jesus wird prophylaktisch als angeblicher Zelot hingerichtet.

Die Sikarier sind eine zelotische Splittergruppe unter Menachem und Eleazar ben Jair (Jos Bell. 2,254f.). Ihr Operationsgebiet ist Jerusalem („Stadtguerillas"). Sie fördern den offenen Krieg mit Rom und verüben Überfälle und Attentate auf jüdische Kollaborateure. Auch Plünderung, Brandstiftung und Geiselnahme gehören zu ihrem Repertoire. Menachem lässt sich als Gegenkönig verehren; nach seiner Ermordung ziehen sich die Sikarier nach Masada zurück. 73 n. Chr., während der Belagerung Masadas, begehen sie Massenselbstmord (→ 2.1.2e).

### 10. Prophetisch-messianische Bewegungen

Ausgelöst durch die römische Direktherrschaft ab 6 n. Chr., bilden sich in Judäa prophetisch-messianische Bewegungen unterschiedlicher Couleur.[121] Josephus berichtet von charismatischen „Oberbanditen" mit messianischem Königsanspruch („Pseudomessiasse", Jos Ant. 17,285; vgl. Mk 13,5f.21f.). Sie führen das Volk unter großen Versprechungen in die Wüste, von wo aus die Befreiung Palästinas starten soll. Die bekanntesten sind Judas der Galiläer, Simon aus Peräa, Athronges und Theudas.[122] Sie überfallen königliche Paläste und Villen der Reichen (antike „Robin Hoods"). Simon lässt sich das Diadem aufsetzen und als König anreden (vgl. Jesu Passion, Mk 15,16–20). Er steht im Verdacht, ein selbsternannter Gegenkönig zu sein (vgl. Jesu Kreuzesinschrift, Mk 15,26).

Neben Jesus sind andere frühjüdische Wundertäter und Propheten bekannt, etwa Choni der Kreiszieher und Chanina ben Dosa, die magische Gebetswunder in der Tradition Elias vollziehen. Choni, ein galiläischer Bauer, bittet erfolgreich um Regen (1. Jh. v. Chr.), Chanina vollzieht Heilungswunder (1. Jh. n. Chr.). Jesus ben Ananias prophezeit in den 60er Jahren den Untergang Jerusalems und des Tempels und wird zwar angeklagt, aber,

---

121 Zum Folgenden Erlemann 2005.

122 Jos Ant. 17,273f.: Sklave Simon; Ant. 17,278–280: Hirt Athronges; Bell. 2,55f.: Judas der Galiläer; Ant. 18,85f.; 20,97f.; Apg 5,36: Theudas.

anders als Jesus, nicht verurteilt.[123] Da er ohne Gefolge ist, wird er von den Römern als ungefährlich eingestuft.

Johannes der Täufer wirkt gegenüber Jericho an der Stelle, wo Josua den Jordan überquerte, um Israel zu erobern. Er lehrt das Gottesgericht über Israel und vollzieht die Bußtaufe als symbolische Reinigung. Seine kompromisslose Bußpredigt und seine Kritik an der Verwandtenehe von Herodes Antipas kosten ihn den Kopf.[124] Seine Täuferbewegung bleibt noch längere Zeit aktiv (Apg 18,24–19,7).

### 11. Gottesfürchtige und Proselyten

Gottesfürchtige (gr. *sebómenoi* oder *phoboúmenoi*) sind Menschen, die aus Glaubensgründen mit dem Judentum sympathisieren.[125] Eklektisch halten sie Toravorschriften ein und besuchen synagogale Gottesdienste, treten aber nicht voll über.[126] Proselyten (gr. *prosélytoi,* Hinzugekommene) sind ehemalige Nichtjuden, die voll übergetreten sind. Für ihre formelle Aufnahme ins Judentum gibt es rabbinische Vorschriften wie Beschneidung, Reinigungsrituale und Opfergaben. Prominent ist der Gottesfürchtige Cornelius, der laut Apg 10f. von Petrus in die christliche Gemeinschaft aufgenommen wird.

### 12. Samaritaner

Die Samaritaner sind als eigenständige jüdische Gruppierung ab dem 5. Jh. v. Chr. nachweisbar.[127] Wie die Sadduzäer erkennen sie nur den Pentateuch als Korpus heiliger Schriften an; Mose gilt als einziger Prophet. Kultisches Zentrum ist der Tempel auf dem Garizim, der bis weit ins 2. Jh. v. Chr. Bestand hat.[128] Die Samaritaner konservieren den Entwicklungsstand der jüdischen Religion vom 2. Jh. v. Chr. und stehen in Opposition

---

123 Die politische Erwartung an Jesus fängt der Hosiannaruf Mk 11,10 ein. Die Auslösung des Zeloten Barrabas und die Kreuzesinschrift bestätigen das politische Motiv der Kreuzigung Jesu.

124 Mt 3,7-12; Mk 1,2–8: Bußpredigt; Mk 6,17–29; Jos Ant. 18,116–119: Hinrichtung des Täufers. Josephus nennt politische Gründe für die Beseitigung des Täufers.

125 Zum Folgenden Wander 1994, 173–185, und ders. 2005.

126 Zu Gottesfürchtigen als Adressaten der Missionspredigt vgl. Apg 10,2; 13,16.26; 16,14 u.a.

127 Zum Folgenden Zangenberg 2005.

128 Der samaritanische Tempel wird 128 v. Chr. durch den Hasmonäer Johannes Hyrkan zerstört. Der Vorgang führt zur Trennung von Juden und Samaritanern (Schnelle 2019, 187).

zu Jerusalem. Zur Zeit des NT ist das Verhältnis zwischen judäischen und samaritanischen Juden angespannt (Sir 50,26; Jos Bell. 2,232–246; 3,307–315 u. a.). Die Samaritaner pflegen bis heute ihre eigene Religion.

## e) Die jüdische Diaspora

*Überblick*: Im 1. Jh. n. Chr. leben zwischen 700.000 und 2,5 Millionen Juden in Palästina und in der Diaspora; inkl. der Proselyten sind es ca. 2–7 Millionen. Diasporajuden pflegen Handels- und gedanklichen Austausch mit Palästina, entwickeln aber ihre eigene Toraauslegung. Theologisch gibt es sowohl auf Abgrenzung bedachte als auch vermittelnde Positionen.

In den Diaspora-Gemeinden sind theologisch zwei gegenläufige Tendenzen erkennbar: einerseits die Abschottung durch strenge Beachtung kultischer *boundary markers* (Sabbat, Beschneidung, Reinheits- und Speisegebote, Verbot von Mischehen) gegen äußeren Assimilationsdruck. Auch in Palästina werden diese *boundary markers* unter dem Einfluss des Hellenismus immer bedeutsamer.[129]

Andererseits gibt es Vermittlungsversuche zwischen jüdischem und nichtjüdischem Denken. In Alexandria etwa haben Juden Zugang zur hellenistischen Bildung und besitzen wie anderswo auch den Status einer *religio licita*. Hier entsteht ab dem 3. Jh. v. Chr. eine Synthese jüdischer und hellenistischer Kultur. Herausragendes Zeugnis ist die gr. Übersetzung des AT (Septuaginta [LXX], zwischen 250 und 200 v. Chr.; vgl. die Ursprungslegende in Arist). Die Übersetzung trägt fehlenden Hebräischkenntnissen der griechisch sprechenden Juden Rechnung. Das hebräische Original (masoretischer Text) wird nach und nach verdrängt. Mit der LXX wird das AT auch nichtjüdischen Menschen zugänglich. Philo von Alexandria (ca. 10 v. Chr. – 40 n. Chr.) arbeitet den Logos (gr. für Wort, Vernunft) als Vermittlungsinstanz zwischen Gott und Welt heraus und schafft damit eine Synthese aus Platon und Tora. Auch bietet er eine rationalisierende

129 Identitätsstiftend ist auch die Diasporaliteratur (→ 2.2.4b).

bzw. allegorisierende Begründung der Toragebote; das macht sie auch für nichtjüdische Menschen rezipierbar.

Die Diasporajuden erleiden durch die Jahrhunderte ein wechselvolles Schicksal. Auf Blütezeiten mit kultureller, ökonomischer und theologischer Entfaltung folgen immer wieder Zeiten der Repression mit Ausgrenzung vom öffentlichen Leben, pogromartigen Übergriffen, Verfolgung und Vertreibung.

### 2.2.5 Hellenistische Volksfrömmigkeit

*Überblick*: Die hellenistische Volksfrömmigkeit ist kein „Glaube" im jüdisch-christlichen Sinne mit Bekenntnisformeln und theologischer Reflexion, sondern Kultpraxis mit differenzierten kultischen Vorschriften.[130] Der Bereich zwischen Himmel und Erde gilt als Einflusssphäre von Göttern und Dämonen, die den Alltag der Menschen bestimmen. Diese Mächte versöhnlich zu stimmen, ist Sinn und Zweck kultischer Ordnungen an Tempeln und Hausaltären (vgl. → 2.2.1a).

Das mythische Weltbild der Antike kennt durchlässige Grenzen zwischen Alltagswirklichkeit und göttlicher Sphäre. Die göttliche Sphäre wird vom olympischen Pantheon bestimmt. Vereinfacht dargestellt, stehen an dessen Spitze Zeus (lat. Jupiter) und seine Gemahlin Hera (lat. Juno). Zeus ist tendenziell für Herrschaft und Wetter, Poseidon (lat. Neptun) für die Meere, Athene (lat. Minerva) für Weisheit, Apollon (lat. Apollo) für Jugend und Kunst, Artemis (lat. Diana) tendenziell für Tiere und Jagd, Aphrodite (lat. Venus) für Liebe, Ares (lat. Mars) für Krieg, Demeter (lat. Ceres) für Fruchtbarkeit und Ackerbau, Hephaistos (lat. Vulcanus) für Feuer und Dionysos (lat. Bacchus) für Weinbau zuständig.

Die Naturbereiche, auf die der Mensch keinen Einfluss hat, sind mythisch personifiziert. Umgekehrt werden die Götter anthropomorph und anthropopathisch vorgestellt. Mit ihrer Macht und ihren „Einflusszonen" wirken sie in die Welt hinein. Leitend ist das Bewusstsein, den Göttern aufgrund eigener Fehlerhaftigkeit regelmäßig etwas zu schulden (Sühnevorstellung); das hat einen differenzierten Opfer- und Reinigungskult zur Folge. Die

130 Berner 2004.

korrekte Ausübung der Rituale gilt als Voraussetzung für persönliche und staatliche Wohlfahrt (→ 2.2.1a).

An der Grenze zwischen göttlicher und menschlicher Sphäre sind Zwischenwesen und Botenfiguren wie Engel, Geister, Götterboten, Halbgötter und Dämonen angesiedelt. Große Popularität genießen Halbgötter wie Herakles (lat. Hercules) und Hermes (lat. Mercurius). Als olympischer Sendbote ist Hermes Offenbarungsmittler und Begleiter der menschlichen Seelen. Göttliche Offenbarungen erhält man auch bei Orakeln z. B. in Delphi (Apollon) oder Olympia (Zeus). Elementar- und Naturgeister wie Nereiden und Nixen, Hausgeister wie Laren und Penaten sowie Totengeister sind Zwischenwesen, die das menschliche Leben zum Guten oder Schlechten wenden können. Der Glaube an feindselige Dämonen ist allgemein verbreitet. Ihr Auftritt in menschlicher Gestalt gilt als besonders gefährlich. Magische Riten und Zauberformeln dienen ihrer Abwehr.

Seinen sichtbaren Niederschlag findet das Kultleben in Tempelarchitektur, Götterstatuen und bildhafter Darstellung mythischer Figuren. Mittelpunkt des Kultlebens ist der Opferkult in den Tempeln. Später kommt die kultische Verehrung des Herrschers hinzu (Kaiserkult; → 2.2.1b). Das Priestertum ist lokal organisiert. Die griechisch-römische Religion kommt ohne heilige Schriften und Offenbarungsurkunden aus. Jedoch gibt es eine reichhaltige Mythologie, überliefert von Schriftstellern wie Homer (8. Jh. v. Chr.) und Hesiod (ca. 740–670 v. Chr.).

### 2.2.6 Mysterienkulte

Mysterienkulte sind Geheimkulte, zu denen nur Insider Zugang haben. Kennzeichen sind Initiationsriten unterschiedlichster Art, Mysterienfeiern und Arkandisziplin (Schweigegebot). Das Ziel der Mysterienkulte besteht in Bewusstseinserweiterung, Erhöhung der Lebensqualität und Schutz vor allem Möglichen. Der Weg zum Heil besteht im rituellen Nachvollzug des Schicksals der Gottheit.

*Beispiel*: Im Mittelpunkt der Dionysosmysterien steht der Zeussohn Dionysos, Gott des Weins. Reben, Trauben und Wein sind Zeichen seiner Epiphanie (vgl. das Abendmahl!). Überliefert werden Weinwunder: Im Dionysostempel auf der Insel Andros fließe im Januar Wein. In Elis füllten sich über Nacht vom Priester bereitgestellte versiegelte Krüge mit Wein. Hauptfest sind die Bacchanalien. Der rituelle Ablauf umfasst 1) Unterweisung des Initianden, zehn Tage Fasten und Enthaltsamkeit, 2) nächtliche Weihe in einer bacchischen Grotte, Reinigungsbad, Eid zur Geheimhaltung des Gesehenen, 3) nächtliche Feiern mit Verkleidung, Darstellung des Mythos, Umzügen begleitet von Tanz und Musik, festlichen Mählern und Trinkgelagen. Das Essen von rohem Fleisch dient der Inkorporation der Gottheit. Polemisch wird von Wein- und Sexorgien berichtet.

Weitere Mysterienkulte sind die Eleusismysterien (mit gestufter Zulassung zu den rituellen Vollzügen: *mýesis, teléte* und *epoptía*), der Attiskult aus Kleinasien (mit Selbstverstümmelungen bis hin zur Selbstkastration), der Isiskult aus Ägypten und die Mithrasmysterien aus Persien. Apg 19,23ff. erwähnt die Mysterien der ephesinischen Artemis. Die mystische Erfahrung und Vollendung des Mysten umschreibt Plutarch folgendermaßen:

> „Irrwege zuerst und mühevolles Umherschweifen, ziellose und furchterregende Wege im Dunkel, dann vor dem Ende selbst das höchste Grauen, Schaudern und Zittern und Schweiß und Entsetzen. Danach erscheint ihm wundersames Licht, lichte Gegenden und Wiesen nehmen ihn auf, wo ehrfurchtgebietende Klänge und Tänze, heilige Lieder und himmlische Schauspiele aufgeführt werden. In ihnen wandelt der nun Vollendete frei, der Sorgen ledig, und schwärmt bekränzt in Gesellschaft heiliger und reiner Männer, herabschauend auf die ungeweihte Masse hienieden, die in Schlamm und Nebel einander tritt und drängt, aus Furcht vor dem Tode und weil sie dem Guten im Jenseits nicht glaubt, an das Elend hienieden gefesselt."[131]

## 2.3 Verflechtungen

Die Verflechtungen des frühen Christentums mit dem römischen Staat, der Philosophie, dem Gnostizismus und dem Judentum sind Gegenstand des Abschnitts.

131 Plutarch, Frgm. 178 Sandbach. Text bei Klauck 1995, 94.

## 2.3.1 Verhältnis zum Staat

### a) Römische Religionspolitik

*Überblick*: Die römische Religionspolitik ist grundsätzlich tolerant. Für den Staat ist Religion, abgesehen vom Staats- und Kaiserkult, Privatsache. Fremdkulte und Philosophenschulen werden toleriert, solange sie nicht Frieden und Moral gefährden, gegen den Staatskult agieren oder als Aberglaube (lat. *superstitio*) einzustufen sind (→ 2.3.1c).

#### 1. Allgemein

Augustus wird 12 v. Chr. zum obersten Priester (lat. *pontifex maximus*) des römischen Staatskults gewählt; diese Würde erlangen auch seine Nachfolger.[132] Augustus treibt den Ausbau des Tempelkults voran. Sein Ziel ist die Herstellung umfassenden Friedens (*Pax Romana*).[133] Kaiserkult ist den ersten Kaisern fremd (→ 2.2.1b). Gleichwohl ist Majestätsbeleidigung (lat. *crimen laseae maiestatis*) mit der Todesstrafe belegt. Dies ist auch der offizielle Anklagepunkt gegen Jesus von Nazareth. – Die Befolgung der kultisch-rituellen Vorschriften nach der Tradition der Alten (lat. *mos maiorum*) gilt als Voraussetzung für die öffentliche Wohlfahrt. Das erklärt die Reserve des Augustus gegenüber fremden Kulten (Cass 54,6.6). Er verbietet den Isiskult; Tiberius lässt 19 n. Chr. Isispriester kreuzigen, ihren Tempel zerstören und eine Isisstatue im Tiber versenken (Tac Ann. II 85,4). Unter Caligula erlebt der Kult eine Renaissance.

#### 2. Juden- und Christentum

Die Juden genießen weitgehend Religionsfreiheit (Jos Ant. 14,10,8). Sie endet da, wo die öffentliche Ordnung gestört wird. Tiberius zieht 19 n. Chr. 4000 römische Juden zum Militärdienst ein und weist die restlichen aus Rom

---

132 Bellen 2010, 7 und 26; zu den Amtskompetenzen eines *pontifex maximus* vgl. Gottlieb 2012, 1205.1207f.

133 A.a.O., 8. – 9 v. Chr. wird die *Ara Pacis Augustae* auf dem Marsfeld eingerichtet.

aus, um ihre ausufernde Missionstätigkeit zu unterbinden.[134] Caligula plant, eine Kaiserstatue im Jerusalemer Tempel aufzustellen und riskiert damit einen Konflikt mit den Juden (→ 2.1.1e; 2.1.2e). Claudius geht 41 n. Chr. gegen aufsässige Juden in Alexandria vor (Jos Ant. 19,280–285) und belegt die Juden in Rom mit einem Versammlungsverbot (Cass 60,6,6f.). 49 n. Chr. lässt er Juden aus Rom vertreiben (Apg 18,2; Oros Hist. VII 6,15f.). Auslöser sind Unruhen zwischen „Chrestianern“ und Juden in römischen Synagogen (Suet Claud. 25,4).[135] Nero, Schüler des Stoikers Seneca, geht als erster großer Christenverfolger in die Geschichte ein.[136] Der Brand Roms 64 n. Chr. führt zu einer Renaissance des römischen Götterglaubens und möglicherweise zu einer lokalen Christenverfolgung (→ 2.3.1d).[137]

Die flavischen Kaiser fördern den Kaiserkult in den Provinzen. Die Zerstörung des Jerusalemer Tempels wird als Sieg Jupiters über den Gott der Juden gefeiert.[138] Domitian fördert den Jupiterkult und geht als dessen *pontifex maximus* drakonisch gegen religiöse Vergehen vor.[139] In den 90er Jahren wendet sich Domitian massiv gegen Juden und ihre Sympathisanten. Er wirft ihnen die Ablehnung der Staatsgötter vor. Der *fiscus Iudaicus* wird drastisch erhöht (ca. 96 n. Chr.; Cass 67,14,1f.; Suet Dom. 12,2). Ob Domitian auch Christen verfolgen lässt, ist zweifelhaft.[140]

### b) Die christliche Einstellung zum Staat

*Überblick*: Die Christen zeigen nach außen hin eine staatsloyale Haltung und enthalten sich wegen ihrer Parusieerwartung sozialer Grundsatzkritik. Kirchenintern äußern sie sich durchaus kritisch-polemisch und

134 Bellen 2010, 42.

135 Unter anderem verlassen Aquila und Priska die Hauptstadt (Apg 18,2; vgl. Röm 16,3). Das Edikt wird nach dem Tod des Claudius (54 n. Chr.) aufgehoben.

136 Zur judentums- und christentumskritischen Haltung Senecas vgl. Schnelle 2019, 200.

137 Zur Diskussion um eine Neronische Christenverfolgung vgl. Öhler 2018, 286–289.

138 Schnelle 2019, 72.

139 Bellen 2010, 97, erwähnt die Hinrichtung einer Obervestalin, um die Götter milde zu stimmen.

140 Erlemann 1998a; Schnelle 2019, 452–454. – Euseb H.e. III 18,4, berichtet von der Verbannung der Flavia Domitilla, einer engen Verwandten Domitians, die vielleicht Christin war. In Domitians Regentschaft werden aufgrund des negativen Domitianbildes Schriften wie 1 Petr, 1 Clem oder Offb datiert.

empfehlen innere Distanznahme zur Gesellschaft. Es gibt aber keine Aufrufe zu gewaltsamem Widerstand.

---

Das Verhältnis zur staatlichen Obrigkeit wird im NT unterschiedlich bestimmt:

- Die politische Autorität des Staates wird anerkannt.[141] Das gilt für Paulus, obwohl er vom eigentlichen Bürgerrecht (gr. *políteuma*) der Christen im Himmel spricht (Phil 3,20; vgl. Hebr 13,14).
- Das Verhältnis wird dualistisch (obere *vs.* untere Welt) bestimmt (Joh 18,36). Da es um verschiedene Sphären geht, gibt es keinen Konflikt. Aussagen wie Apg 5,29 („man muss Gott mehr gehorchen als den Menschen") bergen jedoch Konfliktpotenzial.
- Der Staat wird weder positiv noch negativ bewertet, die Fragen des Pilatus werden nicht beantwortet (Joh 18,38; 19,9).
- In der Apokalyptik wird der Staat dämonisiert: Rom ist die sittenlose „Hure Babylon", die sich am Blut der Christen betrinkt (Offb 17,1–6); der Kaiser wird mit Satan identifiziert. Offb 12f. ruft zum sozialen Boykott auf. Es gilt, klar Stellung zu beziehen; „Lauheit" gilt als Kapitalsünde (Offb 22,11). Ein Aufruf zum bewaffneten Aufstand gegen Rom ist das freilich nicht.

Im Alltag sind die Christen sozial integriert und nehmen ganz normal am Erwerbsleben teil (Did 12,3–5). 1 Petr 1,1; 2,11 spiegelt jedoch die zunehmende Entfremdung vom einstigen sozialen Umfeld. Um die verbreiteten antichristlichen Klischees zu widerlegen, empfiehlt derselbe Brief vorbildliche Lebensführung (1 Petr 2,12–14; → 2.5.5). Der im Alltag, etwa bei Vertragsabschlüssen, Amtshandlungen, Stadtfesten oder beim Militär, allgegenwärtige Staatskult erschwert das christliche Leben nachhaltig (Lact Mort. pers. 15,5 u.a).

141 Röm 13,1–7; 1 Kor 10,32; 1 Clem 61,1f. (Hinweis auf die göttliche Ordnung); Apg 18; 1 Tim 2; 1 Petr 2 (pragmatische Gründe); Röm 13,12f.; 1 Kor 7,29–31 (Hinweis auf das nahe Weltende).

### c) Außenwahrnehmung des Christentums

*Überblick*: Die Christen treten mit der Zeit aus dem Schatten des Judentums heraus. Mit ihrem verborgenen Kultleben, ihrer Reserve gegenüber dem gesellschaftlichen Leben und ihrer Missionstätigkeit schüren sie nachhaltige Vorbehalte und Klischees. Diese führen zu ersten Repressalien und Verfolgungen.

#### 1. „Christen" als Fremd- und Selbstbezeichnung

Am Anfang gelten die Christen als jüdische Gruppe (49, Claudiusedikt; → 2.1.3a). Tacitus nimmt sie als eigenständige Gemeinschaft wahr.[142] Apg 11,26 bezeugt erstmals „Christianer" (gr. *Christianoí*) als Fremdbezeichnung in Antiochia (vgl. Apg 26,28). 1 Petr 4,15f. bietet wohl eine frühe Selbstbezeichnung. *Christianus* avanciert zum Terminus des römischen Strafrechts (→ 3.3.1d).

#### 2. Christliche Gemeinschaft als Mysterienkult

Die Organisation in Hausgemeinden und die christlichen Riten sind mit antiken Mysterienvereinen vergleichbar (→ 2.2.6). Das betrifft insbesondere Taufe und Abendmahl als rituelle Nachvollzüge von Sterben und Auferstehen der Gottheit sowie das Außenimage als „Geheimbündler" im Römischen Reich.[143] Die Unterschiede sind: Christen verstehen sich als *ekklesía*, d. h. als erwählte Schar der Herausgerufenen (2 Kor 5,17 u. a.), sie haben weder eine Satzung noch erheben sie Mitgliedsbeiträge. Mysterienkulte betreiben keine Mission.

#### 3. Christliche Missionare als Unruhestifter

Die paulinische Völkermission führt zu Konflikten mit lokalen Behörden und Synagogen. *Beispiele*: Mit dem Exorzismus an einer wahrsagenden Sklavin in Philippi entzieht Paulus ihrem Besitzer eine wichtige Einnahmequelle

142 Röm 16,3–5.14f. (55/56 n. Chr.) setzt eine Gemeinde aus ehemaligen Juden und Nichtjuden vo-raus. Diese lebt 64 n. Chr. von der Synagoge getrennt.

143 Zu Taufanalogien in den Mysterienkulten vgl. Heitmüller 1911, 23.

(Apg 16,16–19). Paulus wird als jüdischer Missionar wahrgenommen und inhaftiert (Apg 16,20–40; vgl. 1 Thess 2,2). Er steht im Verdacht, mit seiner Verkündigung dem Tempelkult von Ephesos zu schaden (Apg 19,23–40). Das Vorgehen der Behörden in Thessaloniki gegen Paulus ist politisch motiviert. Der Vorwurf lautet auf Aufruhr und *crimen laesae maiestatis* (Apg 17,6–9). Das Vorgehen wird von jüdischer Seite provoziert (vgl. 1 Thess 2,14–16).

Die fiktive Areopagrede in Athen (Apg 17,22–31) dokumentiert erste Kontakte mit der Philosophie. In Korinth versucht die jüdische Gemeinde vergeblich, den Statthalter Gallio gegen Paulus aufzubringen (Apg 18,12–16). In Ephesos führen Wundertaten des Paulus zu Konflikten mit lokalen jüdischen Magiern; Höhepunkt ist die öffentliche Verbrennung von Zauberbüchern (Apg 19,11–19). Im ephesinischen Artemistempel führen die Missionserfolge des Paulus zum Aufstand von Silberschmieden, die um ihren Profit bangen (Apg 19,23–40). Die offizielle Anklage lautet auf Agitation gegen den Götterkult (V.26f.).

#### 4. Antichristliche Klischees

Apokalyptische Anschauungen, Distanz gegenüber Staat und Gesellschaft und verborgen gehaltenes Kultleben nähren das Klischee, Christen pflegten einen Hass auf das Menschengeschlecht (lat. *odium humani generis*). Das Christentum wird als „neuer Aberglaube“ (lat. *nova superstitio*, Tac Ann. XV 44) verunglimpft. So kann der Brand Roms den Christen in die Schuhe geschoben werden (→ 2.3.1d). Die nachfolgenden Verhöre bestätigen die negative Außenwahrnehmung.[144]

### d) Christenverfolgungen

*Überblick*: Im 1. Jh. kommt es zu gelegentlichen Übergriffen und einzelnen Martyrien. Von jüdischer Seite erfolgen Übergriffe gegen Missionare und Apostel. Die Neronische Verfolgung in Rom 64 n. Chr. ist eine punktuelle und lokal begrenzte Aktion. Sie ist freilich wie die Annahme

144 Bellen 2010, 41.

einer „Domitianischen Verfolgung“ nicht beweisbar. Vor dem 3. Jh. gibt es keine allgemeinen Christenverfolgungen.[145]

Folgen des christlichen Exklusivanspruchs (1 Thess 1,9f.) und antichristlicher Klischees sind Hass, Verleumdungen und Verfolgungen. Im NT werden vereinzelt Nachstellungen erwähnt: Stephanus wird von aufgebrachten Juden gesteinigt (Apg 7,54–60), der Zebedaide Jakobus kommt unter Herodes Agrippa I. zu Tode;[146] Petrus wird inhaftiert, kann aber später fliehen (Apg 12,1–4.17). In der Folge übernimmt der Herrenbruder Jakobus die Leitung der „Urgemeinde“ (→ 2.1.3a).[147]

Paulus wird ihm selbst zufolge mehrfach von römischen Behörden inhaftiert.[148] Wegen seines römischen Bürgerrechts wird er nach Rom überstellt, wo ihm der Prozess gemacht werden soll. Lukas betont hingegen, dass die meisten Nachstellungen in jener Zeit von jüdischen Einrichtungen ausgehen. Sie sorgen sich um ihre staatlichen Privilegien, sollten die Jesusleute weiterhin für Unruhe sorgen.[149] – Die römischen Behörden halten sich aus innersynagogalen Streitereien heraus; sie reagieren nur auf die Gefährdung der öffentlichen Ordnung (Apg 24,5), wie etwa beim Claudiusedikt 49 n. Chr. (Suet Claud. 25,4):

> „Die Juden vertrieb er aus Rom, weil sie, von Chrestus (= der Freundliche) aufgehetzt, fortwährend Unruhe stifteten.“[150]

Der Brand Roms im Jahre 64 n. Chr. ist für Kaiser Nero Anlass, die Einhaltung des römischen Staatskults einzufordern; Sühnopfergaben an römische Staatsgötter sollen die Götter besänftigen. Als Grund für die Brandkatastrophe wird der neue Aberglaube der Christen ausgemacht.

145 Zu den Verfolgungen im 1. Jh. vgl. auch Hausammann 2001b, 3–9.

146 Zu möglichen Motiven Agrippas I. vgl. Wander 1994, 284f.

147 Ein nicht näher bekannter Antipas stirbt in Pergamon den Märtyrertod (Offb 2,13). Das Martyrium des Herrenbruders Jakobus 62 n. Chr. erwähnen Jos Ant. 20,200 und Euseb H.e. II 1,5; 23,3–18.

148 Röm 16,4; 1 Kor 15,32; 2 Kor 1,8f.; 6,5; 11,25; 12,10; Phil 1,13; Phlm 1; vgl. Apg 24,5.

149 Apg 13,44–52 (Antiochia in Pisidien); Apg 18,12-17 (Korinth); Apg 21,27–36 (Jerusalem).

150 Vgl. Apg 18,2 und Tert Apol. 3 (noch zu Beginn des 3. Jh. wurden Christen „Chrestianer“ genannt – ein Missverständnis!).

Tacitus schildert in seinen Annalen (um 117) den Brand Roms und die anschließenden Razzien gegen die Christen:[151]

> (Nero bestrafte die vom Volk wegen ihrer Schandtaten Chrestianer genannten Leute) „Der Name leitet sich [indes] von Christus her, welcher unter Tiberius vom Prokurator Pontius Pilatus hingerichtet worden war; [dadurch] für den Augenblick unterdrückt, brach der verderbliche Aberglaube wieder aus, [diesmal jedoch] nicht nur in Judäa, von wo das Unheil ausgegangen, sondern auch in Rom, wo sich ja die Greuel und Gemeinheiten aus aller Welt ein Stelldichein geben und begeisterten Anklang finden."[152]

Die stadtrömischen Christen werden angeblich als „Fackeln Neros" in die Gärten der Agrippina verschleppt und dort verbrannt, möglicherweise sterben in diesem Zusammenhang auch Paulus und Petrus.[153] Tacitus lässt die Schuldfrage offen, bekräftigt aber das Klischee des Menschenhasses (→ 2.3.1c). Die Neronische Verfolgung bleibt zeitlich und regional auf die Hauptstadt Rom begrenzt; möglicherweise ist der spätere Anklagepunkt des „Christseins an sich" (lat. *nomen ipsum*) eine Konsequenz der Vorgänge.[154]

Für die Kirchenväter ist Domitian der erste Verfolger nach Nero.[155] Er verbannt angeblich den Seher Johannes auf die Insel Patmos und lässt einen Judasenkel aus Jerusalem vorführen (Euseb H.e. III 18,1–3; 20,1–6). Der historische Wert der Angaben ist fraglich. Nachgewiesen ist nur eine Verschärfung der Judensteuer und damit eine Verstärkung der sozialen Unsicherheit. Abgesehen von möglichen einzelnen Übergriffen lässt sich wohl nicht von einer Domitianischen Verfolgung sprechen.[156]

Nicht vom Staat gesteuerte Verfolgungen, sondern von der Bevölkerung und lokalen Behörden betriebene Kampagnen sind das Hauptproblem der

---

151 Zweifel an der Glaubwürdigkeit der Darstellung des Tacitus und damit am Konstrukt einer Neronischen Christenverfolgung äußert Öhler 2018, 286–289.

152 Tac Ann. XV 44,3. Übersetzung Ritter 1994, 6f. Vgl. Suet Nero 16,2.

153 1 Clem 5,2; 6,1; IgnEph 12,2; Euseb H.e. II 25,5–8. – 1 Clem 1,1 spricht allgemein von „Heimsuchungen und Drangsalen", die jedoch nicht mit letzter Sicherheit zu datieren sind.

154 So Gottlieb 1991, 15. Allerdings ist die Annahme eines entsprechenden Gesetzes Neros (*Institutum Neronianum; so* Tertullian, Nat. I 7f.) wegen der *damnatio memoriae* Neros fragwürdig (vgl. Frenschkowski 2013, 866).

155 Iren Haer. V 30,3; Hegesipp; Tert Apol. 15; Euseb H.e. III 17–20,7; vgl. Vouga 1994, 252.

156 Mit Öhler 2018, 290. – Der Kaisercousin Flavius Clemens und seine Gattin Flavia Domitilla werden 95 n. Chr. wegen „Gottlosigkeit" (gr. *atheótes*) hingerichtet bzw. verbannt (Cass 67,14,1f.). Sie werden von Euseb in H.e. nachträglich als Christen bezeichnet. Ob sie wirklich Christen waren, ist unsicher.

Christen. Auf das Problem anonymer Anzeigen gegen Christen wegen der Bezeichnung des Christseins an sich (lat. *nomen ipsum* bzw. *nomen Christianum*) weisen Ausführungen Suetons (Dom. 15–17) und Plinius d. J. (Ep. X) hin (→ 3.3.3d).

### 2.3.2 Verhältnis zur Philosophie

Das NT zeigt deutliche Einflüsse platonischen Denkens, vermittelt durch das hellenistische Judentum (Philo von Alexandria). Paulus und Hebr teilen die Abwertung des Materiellen gegenüber dem Unvergänglichen, Ewigen (→ 2.2.2c). Spuren intellektueller Auseinandersetzung gibt es jedoch kaum. Apg 17,16–34 zitiert einen (fiktiven) Dialog des Paulus mit Stoikern und Epikureern über den „unbekannten Gott" in Athen. Dem Bericht zufolge findet Paulus mit seiner Missionspredigt Anklang (V.32-34). Möglicherweise spielt 1 Tim 6,20 (die „fälschlich so genannte Gnosis") auf philosophische Lehren an, vielleicht aber auch auf den aufkommenden Gnostizismus oder auf judaisierende Missionare.[157] Die intellektuelle Auseinandersetzung nimmt im 2. Jh. deutlich zu (→ 3.3.2).

### 2.3.3 Verhältnis zum Gnostizismus

Die Anfänge des Gnostizismus sind schwer greifbar (→ 2.2.3). Einige ntl. Texte lassen sich antignostisch lesen, aber auch anders. So deutet 1 Joh 4,1f. nicht zwingend auf Doketisten, sondern eher auf Judenchristen (vgl. 1 Joh 2,22f.!). Auch 1 Tim 6,20 ist nicht zwingend auf Gnostizismus zu beziehen. Apg 8,4–24 berichtet von einem Konflikt mit dem Protognostiker Simon Magus, der sich für die „Große Kraft Gottes" hält (V.10). Die Auseinandersetzung nimmt im 2. Jh., mit dem Erstarken gnostischer Schulen, deutlich Fahrt auf (→ 3.3.3).

### 2.3.4 Verhältnis zum Judentum

*Überblick*: Das Verhältnis der ersten Christengenerationen zur jüdischen Mutterreligion ist spannungsvoll. Ntl. Texte zeugen vom Ringen um Akzeptanz und um eine eigene Glaubensidentität, nicht aber von Antiju-

157 Diskussion bei Roloff 1988, 374.

daismus. Deviantes kultisches Verhalten löst den Trennungsprozess aus, politische Differenzen verstärken ihn. Der Prozess durchläuft mehrere Phasen und erweist sich am Ende als unumkehrbar. Die Selbstverortung der Christen außerhalb des Judentums ist die letzte Konsequenz des regional unterschiedlich schnell verlaufenden Prozesses.

## a) Vorbemerkungen

1. *Eine terminologische Korrektur*: In der ersten Phase bilden die Christen eine innerjüdische Gruppierung messianischer, jesuanischer bzw. christlicher Juden. Diese Bezeichnungen werden dem historischen Befund eher gerecht als die Rede von „Judenchristen". Für ehemalige Nichtjuden, die nicht beschnitten wurden, ist die Bezeichnung „Heidenchristen" aus mehreren Gründen unpassend; besser ist von nichtjüdischen Christen zu sprechen (→ 1.6.5).

2. *Gruppensoziologische Erwägungen*: Nach gruppensoziologischen Erkenntnissen provoziert deviantes Verhalten eine Abwehrreaktion seitens der Mutterreligion. Die bewusste Absonderung christlicher Gruppen vom Judentum stellt ein späteres Stadium dar. Es lassen sich vereinfacht fünf Phasen des Trennungsprozesses unterscheiden: *Erstens*, innerjüdische Kritik an Institutionen und Verhaltensmustern sowie Ausbildung eigener, abweichender Verhaltensweisen. *Zweitens*, erste Abwehrreaktionen seitens der Mutterreligion. *Drittens*, Verstärkung identifikationsstiftender Institutionen und Klärungsprozesse innerhalb christlicher Gruppen. *Viertens*, organisierte Ausgrenzung seitens der Synagoge. *Fünftens*, Ausbildung eines eigenen, christlichen Selbstverständnisses.

Jede Phase ist von wechselseitigen, apologetischen Überzeugungsversuchen und Polemik begleitet. Jesusgruppen mit einem hohen Anteil liberaler Juden dürften sich recht lange als innerjüdische Gruppe wahrgenommen haben.

3. Vordergründig jüdisch-christliche Konflikte in ntl. Texten sind bei näherer Betrachtung innerjüdische bzw. innerchristliche Konflikte – je nach Blickwinkel. Statt von klar abgrenzbaren Blöcken ist von fließenden Grenzen auszugehen.

*Beispiel*: 1 Joh thematisiert das rechte Christusbekenntnis. Der Autor stellt den *status confessionis* heraus: Nur wer Jesus als den inkarnierten Messias-Christus bekennt, gehört dazu (1 Joh 2,22f.; 4,1f.). Eine andere Einschätzung Jesu wird nicht akzeptiert, die Gegner werden dem jüdischen Lager zugerechnet.

4. *Konfliktfelder mit dem Judentum* sind a) die Frage der Auslegung und Gültigkeit der Mosetora, vgl. etwa die Streitgespräche des MkEv[158] und die Antithesen der Bergpredigt (Mt 5,21–48). Die Texte begründen und erläutern Jesu *halachá.* Jesus gilt als legitimer, eschatologischer Interpret des Willens Gottes; b) Der Pazifismus der Christen führt ab den 60er Jahren zum Konflikt mit Zeloten;[159] c) Die Deutungen des Todes Jesu unterscheiden sich signifikant voneinander. Der Talmud bietet eine apologetisch ausgerichtete, eigene Version der Vorgänge:

> „Am Rüsttage des Passah hat man Jesus gehängt, u. ein Ausrufer ging vor ihm her 40 Tage (welcher rief): ‚Er soll zur Steinigung abgeführt werden, weil er Zauberei getrieben u. verführt u. Israel abwendig gemacht hat. Jeder, der für ihn eine Rechtfertigung weiß, komme u. mache sie für ihn geltend.' Aber man fand für ihn keine Rechtfertigung, u. so hängte man ihn am Rüsttage des Passah."[160]

### b) Ntl. Ambivalenzen

Das Verhältnis der frühen Christen zur Mutterreligion ist spannungsvoll: Das Gros der Christen ringt um Akzeptanz seitens der Mutterreligion und um eine eigene Glaubensidentität.[161] Die Grenzen zwischen Jesusleuten und *mainstream*-Judentum sind offen und fließend. Dem jüdischen Selbstverständnis der Autoren stehen Abgrenzungsversuche gegenüber. Kritik an jüdischen Institutionen sowie polemische Töne spiegeln große emotionale Nähe.

Die Spannung spiegelt sich in der theologischen Reflexion: Israel gilt für Paulus trotz fehlender Christuserkenntnis als bleibend erwähltes Volk (Röm 9–11; 2 Kor 3,13–17). Zugleich wehrt er sich gegen (re-)judaisierende

158 Mk 2,1–3.6; 7,1–23; 11,27–12,37.
159 Ausführlich zum Thema Schnelle 2019, 201ff.
160 Traktat Sanhedrin (bSanh) 43a (Text bei Strack/Billerbeck 1922, 1023).
161 Zum Folgenden auch Öhler 2018, 273–281.

Tendenzen in seinen Gemeinden (Gal 1f.). In der Frage der Schuld am Tod Jesu findet er klare Worte, Verfolgungen durch jüdische Glaubensgenossen prangert er an (1 Thess 2,14–16). Die beschneidungsfreie Völkermission sieht er durch den Heiligen Geist legitimiert, der Grenzen jedweder Art zwischen Menschen einebnet (1 Kor 12,13; vgl. Gal 3,28). Juden gegenüber mahnt Paulus Respekt und Bescheidenheit an (Röm 11,17–24). – Während Paulus an der Geltung der Tora grundsätzlich auch für Christen festhält, lehnt Hebr 7,18f. die Tora als überholt ab.

Joh 4,22 („das Heil kommt von den Juden") und Joh 8,44 („ihr seid Kinder des Teufels"; vgl. Offb 2,9; 3,9: „Synagoge Satans") markieren die theologische Ambivalenz im JohEv. Ausgrenzungserfahrungen bestimmen den Ton. Joh 9,22, 12,42 und 16,2 sprechen von Synagogenausschluss (gr. *aposynagogós*). Das JohEv setzt Jesus als autorisierten Ausleger Gottes, bevollmächtigten Gottessohn und legitimen „Hirten" des Gottesvolkes in Szene (Joh 1,18; 5,19–47; 10). Im MtEv stehen apologetische Christologie (Jesus als „Überpharisäer", Mt 5,17–20) und massive Pharisäerpolemik (Mt 5–7; 23) in Spannung zueinander. Die Evangelien führen die mangelnde Akzeptanz Jesu seitens der Juden und den vorbildlichen Glauben der Nichtjuden als Gründe für Jesu Hinwendung zu Nichtjuden an. Israel gilt als Erstadressat des Evangeliums; die Hinwendung zu Nichtjuden erfolgt in einem zweiten Schritt (so auch das Konzept der Apg).

Abgrenzend wirken neue Erwählungskriterien: Statt Beschneidung und ethnischer Herkunft zählen Christusglaube, Umkehr und Befolgung des göttlichen Willens. Das radikalisierte Liebesgebot als Summe der Tora (Röm 13,10), das Christusbekenntnis, die Tempelkritik sowie kultische Handlungen wie Taufe und Abendmahl entwickeln sich zu frühchristlichen *boundary markers*.

### c) Geschichte des Trennungsprozesses

Überblick:
*Phase I*: Innerjüdische Kritik und Ausbildung eigener abweichender Verhaltensweisen
*Phase II*: Erste Abwehrreaktionen seitens des jüdischen *mainstream*
*Phase III*: Verstärkung identifikationsstiftender Institutionen,

innerchristliche Klärungen; Konflikte um das Toraverständnis
*Phase IV*: Organisierte Ausgrenzung seitens des jüdischen *mainstream*
*Phase V*: Ausbildung eines eigenen, christlichen Selbstverständnisses

Der Trennungsprozess verläuft regional unterschiedlich schnell, abhängig von der Toleranzgrenze des synagogalen Judentums vor Ort und von der eigenen theologischen Position.[162] In einzelnen Gebieten dauert der Prozess mehrere Generationen.[163] Am schnellsten verläuft er, wo Positionen am striktesten vertreten werden, etwa in Palästina oder in paulinischen Gemeinden mit stark konservativem Jerusalemer Anteil (vgl. Gal, Eph). Länger dauert er in hellenistisch-judenchristlichen Gemeinden, die auf Ausgleich mit der Synagoge bedacht sind. Am längsten dauert er in rein judenchristlichen Gemeinden.[164] Äußere Spannungen beschleunigen den Prozess. So führt die Weigerung der Jerusalemer Christen, am Ersten Jüdischen Krieg teilzunehmen, möglicherweise zu ihrer Flucht nach Pella (→ 2.1.3b).

### Phase I: Innerjüdische Kritik und Ausbildung abweichender Verhaltensweisen

Jesus äußert wiederholt Kritik an bestehenden Verhaltensweisen oder Zuständen.

*Beispiel 1*: Mt 7,1 („Richtet nicht, auf dass ihr nicht gerichtet werdet") polemisiert gegen religiöse und soziale Überheblichkeit. *Beispiel 2*: Jesu Tischreden in Lk 14 sind gegen soziale Selbstgefälligkeit gerichtet. Die nachfolgenden Gleichnisse vom großen Abendmahl und vom verlorenen Sohn intendieren eine Umkehrung der Rangfolge in der Anwartschaft auf das Heil. *Beispiel 3*: Die Perikope von der Tempelaustreibung (Mk 11,15–19parr.) prangert den Handel im Tempel an und weist auf Jesus als eigentlichen Hausherrn hin. *Beispiel 4*: Ährenausraufen (Mk

162 Vgl. grundsätzlich zum Thema Wander 1994.
163 Schnelle 2019, 375, sieht den Trennungsprozess erst im frühen Mittelalter als beendet an.
164 Vouga 1994, 122, vermutet judenchristliche Gemeinden noch bis ca. 100 innerhalb der Synagoge.

2,23–28parr.) und Sabbatheilungen klären über Jesu *halachá* auf: Das Sabbatgebot ist für den Menschen gemacht, nicht umgekehrt!

Bei diesen Texten sind immer zwei Ebenen mitzulesen: zum einen die der Zeit Jesu, zum anderen die (erheblich spätere) Ebene des Evangelisten und seiner Adressaten. Der Rückgriff auf bestimmte Jesustraditionen weist auf aktuellen Gemeindebezug hin, das heißt: Die Texte reagieren auf einen in Phase III bestehenden Konflikt; zum Teil werden aktuelle Probleme in die Zeit Jesu zurückprojiziert. Dem prophetischen und pharisäischen Selbstverständnis Jesu entsprechend, gehören die Frage nach der richtigen *halachá* und die Frage des Verhältnisses von Reden und Tun (Heuchelei) zum kritischen Potenzial der Jesusbewegung, ebenso wie die Christuspredigt der Apostel (1 Kor 1,23 u. a.), die Rede vom „neuen" bzw. „wahren Israel"[165] und vom „neuen Bund" (2 Kor 3; Gal 4,21–31 u. a.).

### Phase II: Erste Abwehrreaktionen seitens der Synagoge

Nach Ostern kommt es zu ersten jüdischen Abwehrreaktionen. Vorgeworfen werden unzulässige Kultkritik, ketzerische Messianisierung eines gekreuzigten Scharlatans, Hinzunahme von Nichtjuden in die jüdische Gemeinschaft und deren Gefährdung durch Verbreitung der antirömisch interpretierbaren Reich-Gottes-Botschaft. Der Hinweis auf den unveränderten Weltzustand ist ein schlagendes Argument gegen die Behauptung der Messianität Jesu. Textzeugen sind:

- Apg 6f.: Der Stephanusprozess ist in den Details eine stilisierte Rückprojektion; historisch ist die frühe Abstoßung der „Hellenisten" erkennbar.
- Apg 8,1–3; 9,1f.: Saulus-Paulus und andere verfolgen die Gemeinden in Jerusalem und Damaskus. Konkrete Maßnahmen sind Bedrohung, Nötigung und Gewalt gegen Sachen und Personen inkl. Synagogalstrafe von 40 minus 1 Stockhieben. Vereinzelt kommt es zu Lynchjustiz (Stephanus).[166]

---

165 Vgl. das Konzept des Zwölferkreises; weiter Röm 9,6ff.; Gal 6,16 u.a.

166 Das Motiv für die Verfolgung sieht Wander 1994, 281, in der pharisäischen Kritik am Charismatikertum der Jesusgruppe und einer damit einhergehenden Relativierung der Toravorschriften.

- Gal 1,13.22f.; Phil 3,6: erste synagogale Christenverfolgung in der Diaspora.
- 1 Thess 2,13–16: Verfolgung von Christengemeinden in Judäa.
- 2 Kor 11,24f.: Synagogalstrafe und Steinigungsversuch an Paulus.
- Apg 21,27–30: Denunziation des Paulus durch Juden in Ephesos wegen angeblicher Vergehen gegen die dortige Tempelordnung.
- Jos Ant 20,200: Hinrichtung des „Jakobus, des Bruders Jesu, des sogenannten Christus", durch den Hohenpriester Hannas (62 n. Chr.).
- ApkAbr 29,3–11: Antijesuanische Polemik; das Christentum und sein Messias gelten als letzte Versuchung des Judentums (kurz nach 70 n. Chr.).[167]

Forciert werden die Abwehrreaktionen durch Konflikte mit dem Staat (Claudiusedikte 41 und 49 n. Chr.; → 2.3.1a),[168] durch die jüdische Außenwahrnehmung der Christen als einer politisch unbequemen Gruppe und durch die reservierte Haltung der Christen im Ersten Jüdischen Krieg.

#### Phase III: Verstärkung identifikationsstiftender Institutionen, innerchristliche Klärungsprozesse und Konflikte um das Toraverständnis

Die synagogalen Reaktionen werden in mehreren ntl. Texten verarbeitet:

a) Das JohEv spiegelt die frische Trennungserfahrung (3x *aposynagogós* – aus der Synagoge ausgeschlossen). Das Stichwort deutet m. E. nicht auf die *birkát-ha-minním* (→ 2.1.2e) hin, sondern auf spontane Ausschlüsse aus der Synagoge. Joh 16,2b spricht von Hinrichtungen einzelner Jünger. Die Verfolger empfinden ihre Aktionen als „Dienst an Gott" (vgl. CD IX 1; bSanh X 3f., hier bezogen auf die Übertretung rabbinischer Lehrentscheidungen). Die breite Reflexion bezeugt das jüdische Selbstverständnis der joh. Christen. Eine halbherzige Anerkennung Jesu wird verurteilt; das zeigt, dass die Grenzen noch durchlässig waren. Die joh. Christen betreiben Judenmission und führen dabei apologetisch Jesus als Überbieter Moses und Mose selbst als Kronzeugen Jesu ins Feld (Joh 5,39–47).

---

167 Text bei Vouga 1994, 170.

168 In der Folge finden in Jerusalem Säuberungen durch Herodes Agrippa I. statt (→ 2.1.2e; 2.3.1d). 1 Thess 2,14–16 und Apg 17,1–9 nehmen möglicherweise auf Verfolgungen Bezug, die aus dem Claudiusedikt resultieren (Schnelle 2019, 200f.).

b) Ähnlich verbittert wirkt die innerjüdische Polemik in Offb 2,9; 3,9. Die Texte prangern die Verleumdung der Christen durch die „Synagoge des Satans“ in Smyrna und Philadelphia an. Der Autor der Offb und seine Gegner konkurrieren um die legitime Repräsentanz des Judentums.

c) Gal und Hebr rufen zu einer emanzipierten christlichen Haltung auf und bewerten die Mosetora als überholtes Provisorium. Zum Konflikt kommt es, als konservative Kreise die Tischgemeinschaft mit ehemaligen Nichtjuden anprangern und Werbung für die Beschneidung machen (Apg 15,1ff.). Laut Gal 2f. betrifft die Frage der Beschneidung den *status confessionis*; wer sich als Christ beschneiden lässt, fällt ins Judentum zurück. Gleichwohl versucht Paulus zwischen radikaler Gesetzeskritik und Kontinuität mit dem Judentum zu vermitteln.

d) Das MtEv sieht die Gemeinde in Distanz zum *mainstream*-Judentum (Rede von „ihre“/„eure“ Synagoge in Mt 4,23; 9,35; 10,17 etc.), hält aber am eigenen jüdischen Erbe fest. Jesus und den Christen sei kein Gesetzesbruch vorzuwerfen, im Gegenteil: Jesus war weitaus konsequenter in seiner *halachá* als Pharisäer und Schriftgelehrte, so die Texte. Die mt. Gemeinde wandelt auf dem Weg der „besseren Gerechtigkeit“, sucht ihre Identität also in radikaler Torabefolgung.

Zu den neuen, identitätsstiftenden Institutionen gehören die Wassertaufe zur Vergebung der Sünden (Röm 6,3f.; 1 Kor 6,11), das christologisch definierte Abendmahl (1 Kor 11,24f.) und die Einführung des Sonntags (gr. *heméra kyriaké*) als Sabbatersatz (1 Kor 16,2; Offb 1,10; vgl. IgnMagn 9,1). Fasten-, Sabbat- und Speisegebote sowie der Tempelkult werden abgelöst oder umdefiniert. Zentral sind das Bekenntnis zu Jesus dem Christus (vgl. 1 Joh 4,1f. u. a.), der Osterglaube und der Rekurs auf endzeitliche Geistwirkungen. Die Produktion frühchristlicher Literatur fördert die Identitätsstiftung weiter (→ 2.6).[169]

### Phase IV: Organisierte Ausgrenzung seitens der Synagoge

Nach 70 n. Chr. normieren pharisäisch-rabbinische Kreise jüdisches Leben und Bekenntnis (→ 2.1.2e). Erst ab jetzt ist von „dem“ Judentum zu sprechen, das sich als solches programmatisch von devianten Bewegungen abgrenzt. In der *birkát-ha-minním* („Ketzersegen“), entstanden ca. 85 n. Chr. als Teil des Achtzehn-Bittengebets (jBer IV 3f.8a; bBer 28b–29a), wird Gott um

169 Eine ausführliche Übersicht bietet Schnelle 2019, 201–210.

Befreiung von politischen Bedrückern und um Vernichtung der Häretiker gebeten. Die Formel wird je nach Bedarf aktualisiert. Die Version der Kairoer Geniza nennt Christen explizit:

> „Für die Abtrünnigen möge es keine Hoffnung geben und das anmaßende Königtum entwurzele und zerschmettere bald in unseren Tagen. Und die Noserim [Nazarener] und die Minim [Abweichler] mögen augenblicklich vergehen, getilgt werden aus dem Buche des Lebens und nicht mit den Gerechten verzeichnet werden. Gepriesen seist Du, Herr, der Frevler zerbricht und der Anmaßende beugt."[170]

Ansonsten sind mit den *minním* liberale jüdische Kreise gemeint. Das heißt, die *birkát* markiert eine erste programmatische Abgrenzung vom frühen Christentum; sie setzt voraus, dass es zumindest regional noch Christen innerhalb der Synagoge gibt. Laut Apg 26,9–11 und 28,21 werden die Verfahren der Synagogen gegen Christen und judenchristliche Missionare durch gegenseitige Mitteilungen und Briefe zunehmend koordiniert. Justin, Apol. I 31,6, zufolge werden Christen dazu gezwungen, ihrem Glauben durch Verwünschung des Namens Jesu abzuschwören (westliches Christentum).

### Phase V: Ausbildung eines eigenen Selbstverständnisses

In dieser Phase tritt der Konflikt mit dem Judentum in den Hintergrund. Christen verstehen sich mehr und mehr als *tertium genus*, als „dritte Art" jenseits des Judentums und paganer Kulte. Das Kerygma Petri formuliert um 125:

> „Denn das, was Griechen und Juden betrifft, ist alt, wir aber sind die Christen, die ihn auf eine dritte Weise verehren."[171]

In paulinischen Gemeinden, die unabhängig von der Synagoge entstehen, entwickelt sich dieses Selbstverständnis bereits früh. Der Abschluss des Prozesses liegt im 2. Jh. und ist mit der Zeit der Kirchenväter verknüpft (→ 3.3.4).[172]

---

170 Text Vouga 1994, 169 [Anm. K.E.]. – Altkirchliche Zeugen für Christen als Adressaten der *birkát* sind Origenes, Hieronymus und Epiphanios.

171 Text bei Fiedrowicz 2004, 20.

172 Die breitgefächerte Diskussion zum Thema bündelt Schnelle 2019, 302–311.

### d) Fazit

Die ntl. Schriften spiegeln den Trennungsprozess in seinen verschiedenen Phasen wider. In der regional recht unterschiedlich anzusetzenden Phase III ist die Produktion eigener Literatur am größten. Das heißt, die Literaturbildung steht in einem direkten Zusammenhang mit der Auseinandersetzung um das wahre Toraverständnis und um das Erbe der atl.-jüdischen Verheißungen. Die Trennung ist das Ergebnis eines komplizierten Wechselspiels zwischen devianter Jesusgruppe und jüdischer Mutterreligion. Weder Paulus noch die joh. Gemeinden verlassen die Synagoge freiwillig; die Zugehörigkeit zur Kirche *oder* zur Synagoge ist keine Alternative. Noch lange Zeit halten zumindest judenchristliche Gemeinden an ihrem jüdischen Selbstverständnis fest und formulieren ihre Position im Rahmen jüdischer Verheißungstraditionen. Verzögernd wirken vielfältige soziale Verflechtungen der Christen mit nichtbekehrten Juden (vgl. Mt 13,24–30). Seitens der Synagoge werden die Jesusleute immer klarer als unorthodox empfunden. In der Javne-Periode (70–135) werden sie endgültig ausgeschlossen.

| | | | | | | |
|---|---|---|---|---|---|---|
| *halachá* Jesu<br>Christologie<br>relig. Praxis | → | Abwehr-<br>reaktion d.<br>Synagoge | → | Apologetik, Polemik<br>Ausbildung von *ident.*<br>*markers* & Credo | → | Ausschluss<br>Trennung<br>"Christsein" |

## 2.4 Innerkirchliche Entwicklung

Die innerkirchliche Entwicklung läuft parallel zur äußeren Geschichte der Kirche und ihrer Umwelt. Zu fragen ist nach der Gemeindeorganisation (2.4.1), nach Formen des Gemeindelebens (2.4.2), nach diversen Lebensformen (2.4.3), nach Spaltungen (2.4.4), Bekenntnisbildung (2.4.5) und Genderaspekten (2.4.6).

### 2.4.1 Organisation

Die Organisation der frühchristlichen Gemeinden betrifft Fragen der Leitung und der inneren Struktur sowie der Finanzierung und der überregionalen Vernetzung.

## a) Funktionen und Ämter

*Überblick*: Die Gemeindestruktur entwickelt sich im 1. Jh. in mehreren Phasen: 1) ungeregeltes Gemeinschaftsleben; 2) erste Arbeitsteilung (Apg) bzw. charismatisches Gemeindemodell (Paulus); 3) hierarchische Ämterstruktur; gleichrangiges Nebeneinander der judenchristlichen Presbyterialverfassung und der paulinischen Episkopalverfassung; 4) Durchsetzung des Presbyterats auch in pln. Gemeinden; 5) monepiskopales Modell (Bischof als letzte Entscheidungsinstanz).[173] Die Phasen verlaufen regional unterschiedlich und können sich überlappen.

### Phase 1: Gleichrangigkeit aller Getauften

Zu Beginn gibt es weder Hierarchie noch „Ämter". Früh kommt es zu einer charismatischen Arbeitsteilung (Apg, Paulus). Das MtEv kennt eine kollektive Gemeindeleitung, spricht aber gleichzeitig Petrus eine „Schlüsselgewalt" zu.

*a) Das Jerusalemer Modell (Apg)*
Die Jerusalemer „Urgemeinde" (→ 2.1.3a) ist in Hausgemeinschaften organisiert (Apg 1,13), die täglich zum Abendmahl zusammenkommen. Es gibt aramäisch und griechisch sprechende Mitglieder, zwischen denen es zu Spannungen kommt (Apg 6,1). Große Missionserfolge (Apg 2,41; 5,14) führen zu Organisationsfragen. Das Leitungsgremium besteht aus den „Säulen" Petrus, Herrenbruder Jakobus und Johannes (Gal 2,9; vgl. Apg 15). Sie sind durch ihre prominente Stellung in Jesu Nachfolge (Petrus, Johannes), Verwandtschaft zu Jesus (Jakobus) oder durch Charisma (Petrus als Wundertäter) legitimiert. Das Jerusalemer Modell zeigt keine hierarchische Struktur. Das gilt auch für Antiochia (ca. 45 n. Chr.). Laut Apg 13,1 stehen Propheten und Lehrer dort gleichrangig nebeneinander.

*b) Kollektives Modell (MtEv)*
Das MtEv kennt ebenfalls keine festen Ämter. Höchstes Entscheidungsgremium ist die Gemeindeversammlung (Mt 18,17). Petrus hat die besondere Vollmacht der „Schlüsselgewalt" (Mt 16,17–19). Matthäus erwähnt auch

173 Grundsätzlich zum Thema von Campenhausen 1963; vgl. auch Öhler 2018, 319–324.

Propheten (7,22) und christliche Schriftgelehrte (13,52), die aber keine Leitungsfunktion haben.

*c) Charismatisches Modell (Paulus)*
Paulus versteht die Gemeinde als „Leib Christi“ (gr. *sóma Christoú*). Wer ihr zugehört, ist eine „neue Schöpfung“ (gr. *kainé ktísis*, 2 Kor 5,17) *in Christus* (1 Kor 1,30; Gal 3,26–28 u.a). Im Leib Christi sind alle Getauften gleichberechtigt[174] und tragen mit ihren Charismen zum Funktionieren des Ganzen bei (1 Kor 3,5: alle sind *diákonoi*). Das schließt Hierarchien aus. Gleichrangige Funktionsträger sind Apostel, Propheten, Lehrer, Zungenredner, Ausleger, Wundertäter, Seelsorger, Verwalter und Diener.[175]

### Phase 2: Nebeneinander von Presbyterat und Episkopat

Phase 2 markiert den Übergang vom charismatischen zum hierarchischen Modell. Anfangs stehen judenchristliche Presbyterial- und paulinische Episkopalstruktur gleichrangig nebeneinander. Die Presbyterialstruktur hat atl.-jüdische Wurzeln als synagogales Leitungsgremium (Jes 24,23LXX). Älteste (gr. *presbýteroi*) sind in den Evangelien Gesprächspartner Jesu (Mk 11,27 u. a.). Der frühchristliche Presbyterat ist zuerst für Jerusalem nachweisbar.[176] Dort tragen charismatische Älteste Verantwortung für die Einhaltung der Tora (Apg 15,28ff.). Laut 1 Petr 5,1–5 haben die Ältesten ihrer „Herde“ gegenüber eine Hüte- und Vorbildfunktion. Als Kollektiv bilden sie die Alternative zu einem Bischof.

Aufgrund der synagogalen Prägung des Presbyterats favorisiert Paulus eine Episkopalstruktur. Phil 1,1 nennt Aufseher (gr. *epískopoi*)[177] und Diener (gr. *diákonoi*) als herausragende Funktionen.[178] Erstere sind Vorsteher von Hausgemeinden (1 Kor 1,14; 15,15–19 u. a.), Letztere assistieren im Gottesdienst und in der Armenfürsorge. Gemeindeleiter nennt Paulus „Erstlinge“, d. h. Bekehrte der ersten Stunde, ihm besonders vertraute Personen; ihnen

174 Röm 12,3–8; 1 Kor 1,10–17; 1 Kor 12 und 14.

175 Eine differenzierte Übersicht bietet Schnelle 2019, 263–265. – Lehrer sind für Schriftauslegung und ethische Unterweisung da (Röm 12,7; 1 Kor 11,28; Gal 1,12; 6,6; Eph 4,11; Hebr 13,7.17).

176 Apg 11,30; 14,23; 15,2ff.; vgl. 1 Petr 5,1–5; Jak 5,14; Hebr 11,2 u.a.

177 Der Begriff meint ursprünglich Aufseher, Verwalter. Der Episkop führt anfänglich den Vorsitz beim Abendmahl (Roloff 1993, 216).

178 Ausführlich dazu Karrer 1990. Zur Diskussion vgl. Hanson 1978, 534f.; Schnelle 2019, 430f. – Leppin 2021, 137f. weist auf das Fortbestehen charismatischer Tendenzen in christlich-gnostischen Gemeinden in der Mitte des 2. Jh. hin.

überträgt er die Gemeindeleitung während seiner Abwesenheit,[179] ihnen gegenüber fordert er Unterordnung ein (1 Kor 16,16). In Ephesos setzt Paulus Presbyter als Episkopen ein (Apg 20,17–38).[180] Die einzelnen Funktionen gehen in dieser Phase noch ineinander über.[181]

### Phase 3: Vorrang des Presbyterates

In nachpaulinischer Zeit hält der judenchristliche Presbyterat auch in paulinischen Gemeinden Einzug. 1 Kor 1 berichtet von Flügelkämpfen in Korinth; in Ephesos und Galatien gibt es eine starke judenchristliche Opposition, die sich in Korinth, Rom und anderswo in der Folgezeit durchsetzt.[182] Die Presbyter fordern die Einhaltung der Tora auch bei ehemaligen Nichtjuden ein. Die Berufung in den Presbyterat erfolgt durch Handauflegung (2 Tim 1,16; vgl. Apg 6,6). Hauptaufgabe der Presbyter ist die Bewahrung der rechten Lehre. Der Streit um den Presbyterat in 1 Clem zeigt, dass dieses judenchristliche Modell nicht unumstritten war.

Erstmals stehen in 1 Clem Laien und kirchliche Funktionsträger einander gegenüber (1 Clem 1,3; 21,6; 57,1f.). Der Autor ruft die Laien zur Anerkennung der bestellten Funktionsträger auf.

### Phase 4: Durchsetzung des Episkopats

1 Tim 4,14 berichtet von der Ordination des Timotheos durch Presbyter zum *epískopos*. Ihm obliegt die gesamtgemeindliche Verantwortung (1 Tim 5,1–21), er ist „Haushalter Gottes" zur Verteidigung der rechten Lehre (gr. *parathéke*) gegen Irrlehrer und der Einheit der Gemeinde (Tit 1,7–9). 1 Tim 3,1–7 enthält einen Tugendkatalog für Episkopen. Laut 1 Tim 3,8 sind dem Episkop Diakone zugeordnet; beide Funktionen benötigen eine Ausbildung und werden bezahlt (1 Tim 3,1; 5,17). – Die Episkopalverfassung setzt sich in der Folge durch (→ 3.4.1a).

---

179 Gr. *aparchaí*, Röm 16,5: Epainetos; 1 Kor 16,15: Stephanas.

180 Auch nach 1 Tim 4,14; 1 Clem 44,4f. wird der Episkopos aus den Reihen der Presbyter gewählt.

181 Bischöfe, Gemeindeleiter, Diakone, Presbyter, vgl. Apg 20,17.28; 1 Tim 5,17; Tit 1,5; 1 Petr 5,1–5; 1 Clem 40–44.

182 Das Aufkommen des Presbyterats auch in paulinischen Gemeinden bezeugen Apg 14,23; 20,17 (Ephesos) und Past (1 Tim 3,2; 4,14; 5,17.19; Tit 1,5.7).

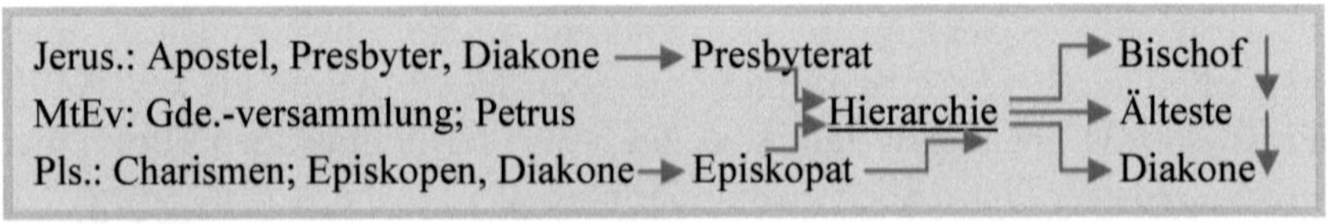


### b) Finanzierung

Die ersten Christen stammen überwiegend aus unteren sozialen Schichten und sind nicht vermögend. Apg berichtet von Armen, die von der Jerusalemer Gemeinde versorgt werden (Apg 2,45; 4,35; 6,1). Das setzt Gemeindevermögen voraus. Apg 4,32 spricht von einer gemeinsamen Kasse, in die die Getauften ihr Vermögen einspeisen. Diese idealisierte Darstellung dürfte im Grundsatz das Finanzierungsmodell der ersten Gemeinschaften widerspiegeln. Für die Mittelverteilung sind Diakone zuständig (Apg 6,1–6). – Phil 4,15 nennt eine Gemeinschaftskasse in Philippi. Paulus fordert die Korinther zu regelmäßigen Kollekten für die Jerusalemer auf (1 Kor 16,2). Kosten für charismatische Funktionsträger fallen nicht an; Paulus selbst verdient seinen Lebensunterhalt als Zeltmacher. Apostel, die sich aushalten lassen, werden von Paulus scharf kritisiert (2 Kor 11,9).

### c) Überregionale Vernetzung

Persönliche Begegnungen, Briefe, Boten und Reisen auf Handelsrouten sind laut Apg und Paulusbriefen die wichtigsten Informationsquellen. Intensive Kommunikation dient auch einem regen theologischen Austausch. Die überregionale Vernetzung ist eine Voraussetzung für den Erfolg des Christentums (→ 2.1.3b).

### d) Zentren und Machtverhältnisse

Die Missionstätigkeit konzentriert sich zuerst auf Städte im Römischen Reich. Von dort aus breitet sich das Christentum in ländliche Gebiete aus. Im 1. Jh. gibt es noch keine Konkurrenzen zwischen christlichen Zentren. Allerdings lässt 1 Clem bereits den Anspruch des römischen *epískopos* erkennen, anderen Gemeinden (hier: Korinth) Ratschläge zu erteilen. Dem „Felsenwort" von Mt 16,17–19 kommt dabei eine maßgebliche Bedeutung zu.

## 2.4.2 Gemeindeleben

Zum Gemeindeleben zählen Gottesdienst und Liturgie, Festzeiten, sakramentale Riten, die Frage des Umgangs mit Sündern und soziologische Aspekte.

### a) Gottesdienst und Festzeiten

*Überblick*: Gottesdienstliche Versammlungen gehören zum Urbestand des Gemeindelebens. Liturgische Elemente sind Abendmahl, Taufe, Predigt und Gebet. Judenchristliche Gemeinden halten sich zunächst an synagogale Riten und Ordnungen. Die neu eingeführten Fasttage Mittwoch und Freitag stellen einen frühen *boundary marker* christlichen Gemeindelebens dar.

Die Jerusalemer „Urgemeinde" unter dem Herrenbruder Jakobus ist affin zum Tempelkult; Flavius Josephus nennt Jakobus einen „Gerechten". Laut Apg 2,42–47 gehören gottesdienstliche Versammlungen von Anbeginn zum Jerusalemer Gemeindeleben; sie finden in Privathäusern statt (Apg; Paulus; „Hausgemeinden"). Liturgische Bestandteile sind Abendmahl, Bekenntnis, Taufe, Predigt und Gebet. Ein fixiertes Glaubensbekenntnis fehlt noch. Im Umland versammeln sich Christen jüdischer Herkunft in den Synagogen. Aus ihnen werden sie je länger, desto mehr ausgeschlossen (Joh 14,2 u. a.; → 2.3.4c).

Pfingsten wird schon früh begangen, das Osterfest ist zunächst ins jüdische Passafest integriert, Mittwoch und Freitag setzen sich als Fastentage durch (Did 8,1; vgl. Mk 2,18–22) – in Abgrenzung von Montag und Donnerstag, den jüdischen Fasttagen. Daneben dient Fasten der Tauf- und der Ostervorbereitung (ab 4. Jh. 40 Tage), der individuellen Buße und der Förderung persönlicher Frömmigkeit.

## b) Taufe und Abendmahl

*Überblick*: Taufe und Abendmahl gehören zu den ersten Riten des Christentums. Die Taufe tritt an die Stelle der Beschneidung, das Abendmahl an die des Passamahls. Die Riten bündeln das mit dem Sühnetod Jesu verknüpfte Heilsgeschehen inkl. Sündenvergebung, neuer Gemeinschaft und Geistverleihung.

### 1. Taufe

*a) Ursprung, Tauftypen*

Im Gegensatz zu rituellen Waschungen anderer Religionen ist die christliche Taufe ein einmaliger Akt, verbunden mit Sündenvergebung (Apg 2,38; 22,16) und Aufnahme in die Gemeinde. Die *Wassertaufe* entsteht aus der Johannestaufe und ist in der Taufe Jesu (Mk 1,9–11parr.; Did 7) sowie im Taufbefehl Jesu (Mt 28,18–20) begründet.[183] Joh 4,1f. lässt offen, ob Jesus selbst taufte. Paulus spricht von Täufern; er selber habe nur wenige Menschen getauft (1 Kor 1,14–16). Die sogenannte *Geisttaufe* (Lk 3,16; Apg 1,5; 8,16) wird durch Anblasen, Handauflegen oder Salbung vollzogen – sofern sie nicht metaphorisch auf die Vermittlung von Lehre verweist. Die *Feuertaufe* (Lk 3,16) ist eine Metapher für das Endgericht.

*2. Taufinventar und Taufpraxis*

Die Taufe dient der Sündenvergebung. Die Geistverleihung ist an die Handauflegung durch einen Apostel gebunden[184] und wird erst später mit der Taufe verbunden (1 Kor 12,13; vgl. Joh 3,5). Das älteste Taufbekenntnis ist auf Jesus Christus bezogen.[185] Bei Paulus und im mt. Taufbefehl wird die triadische Formel wirksam. Zu den Begleitriten zählen Exorzismus (lat. *abrenuntiatio*, Absage des Täuflings an den Teufel), dreimaliges Untertauchen in fließendem Wasser unter Anrufung der Trinität (Apg 8,38; Did

183 Kritisch im Sinne liberaler Quellenkritik äußert sich Heitmüller 1911, 1–5. Vgl. dort auch Ausführungen zum atl.-jüdischen Hintergrund der Taufe und zur ntl. Tauftheologie.

184 Apg 8,12–17; 9,17f.; 10,44–48; 19,3–6.

185 Apg 8,16; 19,5 u. a. („auf den Namen des Herrn Jesus"); Apg 10,48; vgl. 1 Kor 6,11 („im Namen Jesu Christi"); Apg 2,38; vgl. Röm 6,3; Gal 3,27 u.a („auf den Namen Jesu Christi").

7,1f.), Darreichung von Milch und Honig sowie weiße Taufgewänder.[186] Bevorzugte Tauftermine sind Ostern und die Zeit bis Pfingsten.[187] Besonders beliebt ist die Osternacht als erwarteter Zeitpunkt der Parusie Christi.

Die Erwachsenentaufe ist lange Zeit Standard. Die Kindertaufe wird ab dem 2. Jh. Thema theologischer Diskussionen (→ 3.4.2b). Das Modell der Haustaufe bezieht alle Mitglieder eines Haushalts mit ein (Apg 16,15; 18,8; 1 Kor 1,16). Das fördert die Ausbreitung des neuen Glaubens in allen Gesellschaftsschichten.

*3. Soziologische Aspekte*
Bekehrung und Taufe führen in vielen Fällen zum Abbruch sozialer Beziehungen (Mk 1,16–20; 10,28–31; Herm Mand X 1,4). Die Taufe führt die Menschen in die Gemeinde, in der soziale, ethnische und religiöse Unterschiede nicht gelten (Gal 3,26–28). Unter Getauften herrscht zumindest theoretisch die Gleichheit und Gleichrangigkeit aller „in Christus" (→ 2.4.1a). Dementsprechend sind auch Unfreie zum Katechumenat zugelassen (Trad. Ap. 16). Das impliziert einen von Liebe (gr. *agápe*) geprägten Umgang der Christen untereinander. Dieser integrative Ansatz (Gal 3,26–28) trägt zum Erfolg des Christentums bei (→ 2.1.3b). – Nach außen hin wird die Taufe zum sichtbaren *boundary marker.*

### 2. Abendmahl

*a) Ursprung, theologische Bedeutung*
Das Abendmahl ist eine Stiftung Jesu (Mk 14,12–26parr.; 1 Kor 11,23). Es verbindet sich mit der Erwartung des nahen Gottesreiches (Mk 14,25), deutet den Tod Jesu (Mk 14,24; Lk 22,20) und symbolisiert die eschatologische Heilsgemeinschaft. Sakramentalen Charakter erhält es erst im 2. Jh. (→ 3.4.2b).

*b) Rituelle Elemente und Praxis*
Anfangs wird das Abendmahl als abendliche Mahlzeit bzw. in Kombination mit ihr begangen (Agapemahl).[188] Theologische Elemente sind Lob und Dank (gr. *eucharistía*),[189] Erinnerung an Jesus (Lk 22,19; 1 Kor 11,24f.),

---

186 Im Notfall genügt stehendes Wasser oder dreimaliges Besprengen mit Wasser (Did 7,1–3). – Zum exorzistischen Aspekt vgl. Heitmüller 1911, 14 und 33–35.

187 Yarnold 2001, 687.

188 Apg 2,42.46: Brotbrechen; vgl. 1 Kor 11,25.

189 Mk 14,22f.; 1 Kor 11,11–24; vgl. Did 9,1–10,6.

Einsetzung des neuen Bundes (1 Kor 11,25; Lk 22,20) und Parusieerwartung (1 Kor 11,26; vgl. Mk 14,25). Rituelle Elemente sind Brotbrechen, Deuteworte und Darreichung des Bechers. Die abendliche Mahlzeit ist dazwischen platziert.[190]

1 Kor 11,30 warnt vor dem unwürdig vollzogenen Ritual. Paulus und Did 14,1 fordern eine adäquate Vorbereitung (Versöhnungsbereitschaft, Sündenbekenntnis). – Die sonntägliche Feier bezeugt, neben 1 Kor 16,2, Did 14,1f.:

> „Am Herrentag sollt ihr zusammenkommen, Brot brechen und Dank sagen, nachdem ihr eure Übertretungen bekannt habt, auf daß euer Opfer rein sei. Wer aber mit seinem Nächsten Streit hat, soll so lange nicht mit euch zusammenkommen, bis sie sich versöhnt haben, damit euer Opfer nicht entweiht werde."[191]

*c) Soziologische Aspekte*

Beim Abendmahl finden sich Christen regelmäßig zusammen, pflegen ihre gemeinsame Jesuserinnerung und stärken sich gegenseitig in eschatologischer Hoffnung. Gefeiert wird unter Ausschluss der Öffentlichkeit. Beim Abendmahl sind soziale Barrieren aufgehoben (1 Kor 11,17–22; vgl. Gal 3,26–28; Jak 2,2–4). Die einzelnen Gruppen sollen aufeinander Rücksicht nehmen, damit die neue Wirklichkeit sichtbar werden kann. Grundsätzlich sind alle Getauften zum Abendmahl zugelassen. Die Tischgemeinschaft sprengt jüdische Reinheitsvorschriften; das provoziert konservative Judenchristen (vgl. „Antiochenischer Zwischenfall"; → 2.1.3a). Der Öffentlichkeit erscheint das Abendmahl als konspirative Versammlung mit sittenwidrigem oder zumindest missverständlichem Inhalt („Essen des Leibes Christi"). Das befördert antichristliche Klischees (→ 2.3.1c).

### c) Bußpraxis und Kirchenzucht

Buße (gr. *metánoia*) ist eine Initialforderung Jesu (Mk 1,15parr.) zur Rettung aus Gottes Zorngericht. Die Wassertaufe symbolisiert Buße und Vergebung. Der Umgang mit postkonversionaler Sünde ist ein Fall frühchristlicher Dilemmaethik (→ 2.5.5). Schon früh beginnt die Diskussion um die Möglich-

190 Gnostisch-apokryph ist die Notiz, Jesus habe bei der Feier des letzten Mahles getanzt (ActJoh 94–97). Das gemeinsame Singen von Psalmen ist wohl eher Usus (Leppin 2021, 45).

191 Did 14,1f., zitiert bei Ritter 1994, 12f.

keit einer zweiten Buße. Es herrscht eine überwiegend rigoristische Haltung: Dem einmaligen Opfer Christi entspricht die einmalige Chance auf Rettung (Hebr 6,4–6; 10,26–29; vgl. Mt 12,31f.). Sünde gegen bessere Erkenntnis ist nicht vergebbar (Mk 3,28f.).[192] Inzest und arglistige Täuschung des Heiligen Geistes sind mit Gemeindeausschluss zu ahnden.[193] Der Rigorismus soll abschrecken. Dem steht die Vergebungsbereitschaft als Grundlinie ntl. Ethik gegenüber.[194] Gemeindeausschluss ist laut Mt 18,17 *ultima ratio* und steht unter dem Vorzeichen, auf den Ausgeschlossenen Jesu Vorbild entsprechend neu zuzugehen („sei er dir ein Nichtjude und Zöllner").

#### d) Bestattungen

Eine Bestattungskultur bildet sich wegen der Parusie-Naherwartung erst allmählich heraus. Jesu Logion „Lasst die Toten ihre Toten begraben" (Mt 8,22par. Lk 9,60) zeugt vom geringen Stellenwert des Themas im 1. Jh. Christliche Gräber sind erst ab dem 2. Jh. nachweisbar (→ 3.4.2d). Gleichwohl stellt sich das Thema schon um 50 n. Chr. für Paulus (1 Thess 4,13–18).

### 2.4.3 Lebensformen jenseits der Ortsgemeinde

#### a) Frühchristliche Prophetie

Neben sesshaften sind für das 1. Jh. auch nicht-sesshafte, „mobile" Christen mit charismatischer Autorität bezeugt.[195] Wanderpropheten und -missionare reisen von Ort zu Ort, um zu verkündigen und zu prophezeien. Beispiele sind der Ekstatiker Agabus (Apg 11,28) und die Montanisten (→ 3.4.3a; 3.4.4a). Manche verdienen sich mit Prophetie ihren Lebensunterhalt („Pseudopropheten", Did 11,3–12).

Offb versteht sich als prophetische Schrift (Offb 1,3; 22,6–19). Prophetische Zungenrede gehört zu den Gaben des Pfingstwunders (Apg 2,1–13) und

192 Erlemann 2010, 77.

193 Apg 5,1–11; 1 Kor 5; 1 Tim 1,20; 1 Joh 5,16f.; vgl. Mt 12,31f. – Die Formulierung „dem Satan übergeben" ist eine apokalyptische Diktion: Der Ausgeschlossene verliert den Schutz der christlichen Gemeinschaft, im Gegenzug wird deren Integrität wiederhergestellt.

194 Mt 6,12; 9,8; 18,15–17.23–35; 1 Joh 5,16f.

195 Mt 7,15; Apg 21,8; Eph 2,20; 3,5; 2 Tim 4,5; Did 11,3–7. – Im paulinischen Spektrum erscheinen sie als Charismatiker neben anderen in der Gemeinde (1 Kor 12,28).

zu den paulinischen Charismen (1 Kor 12,28; 14,29–33). Das Problem der Falschprophetie und das einer Unterscheidung der Geister sind im NT breit bezeugt.[196] Das weist auf ein starkes prophetisches Moment der ersten Zeit hin.

Das Phänomen führt gegen Ende des 1. Jh. zu Diskussionen über die Kriterien legitimer Prophetie. Solche sind, Did 11,1f. zufolge, Kongruenz zwischen Reden und Handeln sowie Übereinstimmung mit der Lehre der Gemeindelehrer. Wanderpropheten sollen maximal drei Tage von der Gemeinde versorgt werden und dann weiterziehen. Did 15,1 bezeugt die allmähliche Ablösung der charismatischen durch die amtliche Autorität (→ 3.4.1a).

## 2.4.4 Konkurrenzen und Spaltungen

### a) Die Fiktion eines harmonischen Ursprungs

*Überblick*: Das Geschichtsbild der Apg (Nacheinander von „Urgemeinde" – petrinischer Mission – paulinischer Mission) ist wohl unhistorisch, bezeugt aber drei etwa zeitgleich entstehende Gemeindetypen: 1) die traditionsgebundene, von Jesu Herkunftsfamilie geprägte „Urgemeinde", 2) missionierende und theologisierende Jesusgruppen in Galiläa und 3) die auf Völkermission ausgerichtete Gruppe in Antiochia.[197] Alle drei Gruppen eint das Christusbekenntnis, die universal-soteriologische Deutung des Todes Jesu und der Osterglaube.

Folgende ntl. Texte stellen das lk. Bild einer Urharmonie der Christen in Frage:

1) Apg lässt Konkurrenzen unterschiedlicher Gruppen (Zwölferkreis, „Hellenisten", Familie Jesu, Paulus) erkennen. Die Rede von einem zentralen

196 Mt 7,15; Mk 13,5f.21f.; 1 Thess 5,20; 2 Thess 2,2; 1 Joh 4,1f.

197 Mit Schnelle 2019, 220–225, der auch einen vierten, gnostisch beeinflussten Typus diskutiert.

Leitungsgremium aus Aposteln und Presbytern in Jerusalem (Apg 11,27–30; 15,2.22f.; 21,18) ist wohl heilsgeschichtliche Projektion.[198]

2) 1 Kor 15,3–7, der Osterbericht des Paulus, bietet zwei Personenketten: a) Petrus, die „Zwölf" und 500 Brüder in Galiläa. Die „Zwölf" werden in Gal 1,19 nicht mehr erwähnt. b) Jakobus, der Herrenbruder, und alle Apostel in Jerusalem. Theologisch kennzeichnend für diese Gruppe ist eine strenge Toraobservanz.

3) Mk 3,31–35 bezeugt eine Konkurrenz der „wahren Familie" Jesu (Wanderprediger, repräsentiert durch Petrus) und der Herkunftsfamilie Jesu, repräsentiert durch Maria und Jakobus. Hauptstreitpunkt ist die Frage des legitimen Erbes Jesu bzw. die richtige Existenzweise. Jesu Herkunftsfamilie kommt wohl erst nach Ostern zum Christentum. Apg 12,17 suggeriert eine direkte Konfrontation zwischen Jüngerkreis und Jesusfamilie („Putsch" gegen Petrus). Dies ist jedoch unwahrscheinlich; allein die geographische Distanz zwischen beiden spricht dagegen.

4) Joh 21 lässt eine Konkurrenz zwischen Petrus und dem sogenannten „Lieblingsjünger" erkennen. Die historische Konstellation ist umstritten.[199]

5) Der Streit mit innergemeindlichen „Antichristussen" (1 Joh 4,1–3) dreht sich um das wahre Christusbekenntnis.

6) Beispiele für Konkurrenzen in paulinischen Gemeinden sind: a) 1 Kor 1 berichtet von Spaltungen (gr. *schísmata*) in der korinthischen Gemeinde. V.12 nennt Anhänger des Paulus, des Kephas (Petrus), des Apollos und Christi. Der Streit dreht sich um die maßgebliche Autorität. b) Phil 1,15 nennt Neid und Eifersucht als zersetzende Motive, Phil 3,2 nennt falsche Verkündiger „Hunde und Pfuscher". c) Das paulinische Evangelium war in Galatien umstritten (Gal 1,8).

---

198 Dafür sprechen Unstimmigkeiten in der Darstellung: Apg 1,15–26 und 6,2 nennen die Zwölf, Apg 15,2 Apostel und Älteste, Apg 12,17 allein Jakobus als Gemeindeleiter. Laut Lk 19,45f.; Apg 2,46a treffen sich die Jesusleute regelmäßig im Tempel, laut Apg 2,46b in Privathäusern.

199 Laut Vouga 1994, 189f., wird die Konkurrenz zwischen Petrus- und Johannesgruppe in Joh 21 zugunsten des Johannes als des eigentlichen Garanten wahrer Überlieferung gelöst. Dagegen lässt sich einwenden, dass Petrus klar bestätigt wird und seine Legitimität durch den „Lieblingsjünger" die letzte Autorisierung erhält. Das Martyrium bestätigt Petri Autorität letztgültig.

## b) Porträt einzelner Gruppen

*Überblick*: Zu den konkurrierenden Gruppen des Anfangs zählen die „Zwölf" und das galiläische Judenchristentum, die Herkunftsfamilie Jesu, die Jerusalemer „Urgemeinde", Hellenisten in Jerusalem und Antiochia, paulinisches und johanneisches Christentum.[200] – Die Gruppen eint die Anerkennung Jesu als maßgeblicher Autorität sowie Grundlinien des Kultlebens. Die Differenzen betreffen die Frage des legitimen Nachfolgers Jesu und die Interpretation des Ostergeschehens.

### 1. Galiläisches Judenchristentum (Zwölferkreis, Weisheitslehrer)

Der von Jesus installierte Zwölferkreis symbolisiert das eschatologische Israel.[201] Er umfasst die galiläischen Begleiter Jesu (Tradition des Wanderradikalismus).[202] Die Zwölferliste divergiert (Mk 3,16–19parr.; Lk 6,13; Apg 1,13). Nach Jesu Tod kehrt der Kreis von Jerusalem nach Galiläa zurück (Mk 14,28; 15,47; 16,1.7). Die aus dem Kreis erwachsenen, galiläischen Judenchristen um Petrus bestehen mehrheitlich aus Handwerkern und Fischern. Die Ausrüstung dieser „Wanderradikalen" lässt sich idealisiert an Mk 6,7–13 und Lk 10,4–11 ablesen. Sie führen die Reich-Gottes-Botschaft Jesu weiter und stehen der kynischen Tradition nahe (→ 2.2.2e). Ihr Missionsgebiet sind kleine galiläische Städte (Lk 10,12–15). Mit der Zeit kommt es durch den Missionsbetrieb der Hellenisten zu einer Assimilation zwischen palästinischen und hellenistischen Gruppen in Galiläa. So erscheint Petrus als Gründungsfigur hellenistischer Gemeinden wie Antiochia (Gal 2,11–14).

Petrus und ein Teil der Gruppe kehren indes bald nach den Ostererscheinungen nach Jerusalem zurück und begründen dort laut Apg 1,13; 6,2 ein Leitungsgremium. Dieses tritt jedoch nur zur Nachwahl des Matthias und zur Einsetzung des Siebenerkreises in Erscheinung (Apg 1,15–26; 6,2–7); ansonsten geben die drei Jerusalemer „Säulen" den Ton an (→ 2.1.3a). Das

200 Zum Folgenden Öhler 2018, 142–159.

201 Mk 3,13–19; Lk 22,28–30; 1 Kor 15,3–5; → 2.1.3a; 2.4.4b.

202 Theißen 1991, 14–21, gegen die Darstellung der Apg, wonach die „Zwölf" als Garanten der Kontinuität das Leitungsgremium der Jerusalemer Urgemeinde darstellen.

heißt, mit dem Pfingstereignis ist die eigentliche Funktion des Zwölferkreises erfüllt.[203]

Neben Wanderpredigern gibt es in Galiläa ortsgebundene Jesusgruppen; sie stammen aus sesshaft gebliebenen Zuhörern Jesu (Mt 10,11–13par. Lk 10,5–9; Lk 8,1–3). Sie sammeln Weisheitssprüche (Logien), möglicherweise entsteht die (hypothetische)Logienquelle (Q, 40er Jahre).[204] Die galiläischen Jesusgruppen sehen sich als innerjüdische Reformbewegung. Nach 70 n. Chr. repräsentieren sie das Judenchristentum jenseits von Jerusalem. Apokryphe Evangelien des 2. Jh. (EvNaz, EvEb, EvHebr) bezeugen die Abseitsposition des späteren Judenchristentums (→ 3.4.4d). Opposition gegen das Judenchristentum wird in verschiedenen frühchristlichen Texten laut (weiter zum Thema → 3.4.4d).[205]

## 2. Jerusalemer Judenchristentum (Apostel und Familie Jesu)

Apostel (gr. *apóstoloi*, Gesandte) sind von Jesus mit einem Verkündigungsauftrag ausgestattete Personen.[206] Lukas identifiziert sie mit dem vorösterlichen Zwölferkreis, sieht in ihnen die maßgeblichen Zeugen des Christusereignisses[207] und damit die Garanten der unverfälschten Jesustradition (Apg 2,42). Sie führen Jesu charismatisches Werk weiter (Apg: Berichte von Predigten und Wundertaten). Mit ihrem Tod endet für Lukas die apostolische Zeit. Die lk. Sicht entspricht jedoch nicht der historischen Wirklichkeit; Paulus unterscheidet in 1 Kor 15,5–7 Zwölferkreis und Apostel voneinander (→ Punkt 4).

Nach Ostern wird Petrus zur leitenden Gestalt der Jerusalemer „Urgemeinde“, später der Herrenbruder Jakobus.[208] Der sieht sich durch seine Verwandtschaft legitimiert, Jesu Erbe anzutreten. Paulus erkennt seine Autorität an. Auch Maria und weitere Brüder Jesu gehören zur Gemeinde (Apg 1,14). Jakobus ist konservativer Judenchrist. Er fordert Toraobservanz,[209] nimmt am jüdischen Passa teil, ist mit dem Tempelkult verbunden (Mt

---

203 Roloff 1993, 215.

204 Zur Kritik an der Q-Hypothese vgl. Kahl 2019.

205 Kol 2; 1 Tim 4,7; 2 Tim 4,4; IgnMagn 8–11 u.a.

206 1 Kor 1,18; 9,1 u. a. – Zum semantischen Spektrum des Begriffs vgl. Schnelle 2019, 118f.

207 Wirken Jesu, Tod und Auferstehung, Himmelfahrt, Pfingsten; Lk 24,48f.; Apg 1,8.21f.

208 Apg 12,17; 21,18 u. a.; vgl. 1 Kor 15,7; Gal 1,19; 2,9.

209 Vgl. Antithesen der Bergpredigt („bessere Gerechtigkeit“), Übereinstimmung von Äußerlichkeit und Innerlichkeit und radikale Tora-Auslegung im Sinne eines „christlichen Pharisäismus“.

5,23f.), hält Reinheitsgebote und Fastenzeiten ein (Mt 6,16–18) und opponiert gegen die Mission unter Nichtjuden (Mt 7,6; 10,5f.). „Falsche Brüder" um Jakobus fordern die Beschneidung auch der nichtjüdischen Christen (Gal 2,3f.), Jakobus' Einfluss reicht bis Antiochia (Gal 2,12). Sein theologisches Vermächtnis wird unter anderem im Jak festgehalten (→ 2.7.2).

Auch liberale Kreise um Paulus, Petrus und Barnabas sowie die sogenannten „falschen Brüder" (Gal 2,4–9; vgl. Gal 5,2; Phil 3,2) zählen zum judenchristlichen Spektrum. Letztere fordern die radikale Unterwerfung auch bekehrter Nichtjuden unter die Tora inkl. Beschneidung. – Der Textbefund zeigt die Pluriformität des Judenchristentums.[210] Bedeutendstes Schriftzeugnis ist das MtEv; es stellt Jesus als toraobservanten „Superpharisäer" dar (Mt 5,17–20).[211]

### 3. Hellenisten in Jerusalem und Antiochia (Siebenerkreis)

Laut Apg 6,1–7 gibt es im nachösterlichen Jerusalem nicht nur einen Zwölfer-, sondern auch einen Siebenerkreis; er leitet die Gruppe der „Hellenisten".[212] Zu dieser Gruppe gehören griechisch sprechende Juden(christen) mit eigenen Synagogen (Apg 6,1.9; 9,29). Die von Lukas angedeutete Ressortverteilung (Zwölferkreis: Verkündigung; Siebenerkreis: Diakonie) ist vermutlich unhistorisch, ebenso wie die Unterordnung der Sieben unter die Zwölf (Apg 6,1–7). Apg 6,1 erwähnt Spannungen zwischen palästinischen und hellenistischen Jesusgläubigen; laut Lukas ist die Verteilung von Spendengeldern der Streitpunkt. Theologische Differenzen markiert die tempelkritische Stephanusrede (Apg 7). Die Gesetzeskritik der Hellenisten ist durch das hellenistische Diasporajudentum (Philo) vorbereitet.

Aufgrund ihrer Tempel- und Gesetzeskritik werden die Hellenisten verfolgt (Apg 8,1–3; Saulus-Paulus als Hauptverfolger). Sie fliehen nach Judäa, Samaria, Damaskus, Phönizien, Zypern und Antiochia (Apg 8,2; 11) und verbreiten dort erstmalig das Evangelium unter Nichtjuden (Apg 11,19f.). Das bereitet die Verbreitung des Christentums in die hellenistische Welt vor und führt zu innerchristlichen bzw. innerjüdischen Spannungen. Zu

---

210 Ausführlich zum Judenchristentum Schnelle 2019, 374ff.

211 Möglicherweise sind auch Jak und Did dieser Gruppe zuzuschreiben (so Schnelle 2019, 384ff.). Hebr ist m. E. der Gruppe der Hellenisten um Stephanus zuzuordnen (Erlemann 1998b, 367).

212 Zum Siebenerkreis zählen laut Apg 6,5 Stephanus, Philippus (vgl. Apg 21,8), Prochoros, Nikanor, Timon, Parmenas und Nikolaus (ein Proselyt aus Antiochia). Vgl. Wander 1994, 123–145.

den schriftlichen Zeugnissen dieser Gruppe gehört m. E. Hebr, dessen Tempelkritik und Verhältnisbestimmung zu den atl. Glaubenszeugnissen an die Stephanusrede erinnern.[213]

### 4. Paulinisches Christentum (charismatischer Apostolat)

Das von Paulus geprägte Christentum geht aus gesetzeskritischen Hellenisten hervor.[214] Paulus nennt sich selbst einen vom erhöhten Christus persönlich nachberufenen Apostel (Apg 9,1–19; 1 Kor 9,1; 15,8; Gal 1,16). Die laut Lukas für Apostel konstitutive Augenzeugenschaft entfällt hier. An ihre Stelle treten die göttliche Berufung, der Erfolg im missionarischen und kybernetischen Wirken (1 Thess 2,7; 2 Kor 10,13–18), das authentische Zeugnis der Kreuzestheologie (2 Kor 4,7–18; 13,3f. u. a.) und die charismatische Begabung (2 Kor 12,12: Paulus als Wundertäter).[215] Polemisch wendet sich Paulus gegen konservativ-judenchristliche „Überapostel", die im Sinne der Jerusalemer „Säulen" in paulinischen Gemeinden für Unruhe sorgen (2 Kor 11,4f.22; 12,11f. u. a.).[216]

Paulus missioniert Nichtjuden ohne Beschneidung. Damit entstehen Gemeinden jenseits des jüdischen Synagogenverbands, die auch geborene Juden umfassen können. Mit der Gemeinschaft dieser Gruppen durchbricht Paulus mehrere *boundary markers* des Judentums und forciert damit den Trennungsprozess (⟶ 2.3.4.c). Theologischer Kern des paulinischen Evangeliums ist der stellvertretende Heilstod Christi bzw. die Kreuzestheologie (lat. *theologia crucis*). Nicht mehr die Tora, sondern der Glaube an die Erlösungstat Christi sowie die Gnade Gottes – dargestellt im Geschenk des Geistes und seiner Gaben – gelten als Weg zum Heil. Das paulinische Christentum ist eminent charismatisch; statt hierarchischer Ämter setzt Paulus auf gleichrangige, sich ergänzende Geistesgaben (⟶ 2.4.1a).

Das paulinische Christentum setzt sich unter den Paulusschülern fort (u. a. Timotheos und Titus; vgl. Deutero- und Tritopaulinen). Es braucht einige Zeit, um sich gegen die konservativen Strömungen durchzusetzen. Erst

213 Erlemann 1998b. Anders weist Schnelle 2019, 386–390, Hebr der weisheitlichen Richtung zu.

214 Zum Folgenden Öhler 2018, 243–262.

215 Paulus erwähnt weitere Apostel, die nicht in Jerusalem wirken und die ebenfalls keine Augenzeugen Jesu sind (Röm 16,7; 1 Kor 9,5; 12,28; 15,7; Gal 1,17.19).

216 Die Pluriformität des Apostelbegriffs führt in Did 11,3–7 zu einem normierenden Regelwerk für Apostel. – Zum Apostelbegriff des Paulus vgl. Schnelle 2019, 286–288. Weiter zu Paulus ⟶ 2.7.5.

einmal setzt sich der unpaulinische Presbyterat als Gemeindeverfassung durch (→ 2.4.1a). Dank seiner integrativen Wirkung wird das paulinische Christentum schließlich zur prägenden Kraft der Alten Kirche.[217]

#### 5. Johanneisches Christentum

Das joh. Christentum versteht sich als „wahres Judentum"; es (an)erkennt Jesus Christus als alleinigen Zugang zum Gott Israels. Christus steht über Mose (Joh 1,17), Mose ist Kronzeuge gegen das unbekehrte Judentum (Joh 5,39–47; 7,19). Die joh. Christologie bezeugt Offenheit der Philosophie gegenüber (Christus als inkarnierter Logos bzw. Schöpfungsmittler). Die joh. Christen entwickeln eigene identifikatorische Handlungen (Fußwaschung statt Abendmahl) und richten sich an der hellenistischen Freundschaftsethik aus (Gemeinde von „Freunden" statt Gemeinde von „Dienern", Joh 15,14f.).

Auffällig ist die fehlende Reichtumskritik, was begüterten Gemeindegliedern und Sympathisanten wie Nikodemos geschuldet sein könnte (Joh 3,1; 7,50–52; 19,39). Die joh. Gruppe hat mit dem „Lieblingsjünger" ihre eigene Führungspersönlichkeit. Die Figur ist nicht eindeutig identifizierbar. Joh 21 zufolge stützt er die Autorität des Petrus; das ist möglicherweise ein Hinweis darauf, dass eine ursprüngliche Konkurrenz durch Anerkennung des Petrus gelöst wurde (salomonische Lösung).[218] – 1 Joh ist ein Dokument christologischer Standortbestimmung und der Abgrenzung von einer niederschwelligen judenchristlichen Christologie. Der Kernbekenntnis lautet hier: Jesus ist der inkarnierte Christus.[219]

### 2.4.5 Bekenntnisbildung

Das NT bekennt Jesus als gekreuzigten und auferstandenen Christus und legt ihm etliche Hoheitstitel zu (→ 2.5.1). Im Konflikt mit Judentum, Gnostizismus und devianten Gruppen entwickeln sich verbindliche Bekenntnisse zu Jesus als verheißenem Messias-Christus, zu seiner göttlichen Dignität und zu seinem Heilstod heraus. Frühe Bekenntnisformeln finden sich in 1 Kor 15,3–5; 2 Kor 5,14f.; Phil 2,6–11 und 1 Joh 4,1f.

---

217 Zu Paulus und seiner Schule vgl. ausführlich Schnelle 2019, 346–358.

218 Ausführlich zum Thema Vouga 1994, 189f.; Schnelle 2019, 358–374.

219 1 Joh 4,1f.; vgl. 2,22; 4,15 – gegen die antidoketische Deutung von Gottlieb 1991, 35, und Schnelle 2019, 353–368 (Übersetzungsvariante „Jesus Christus ist ins Fleisch gekommen"). Zur Diskussion vgl. Erlemann 1999 und → 2.3.4c.

### 2.4.6 Genderaspekte

Die Evangelien zeigen einen wertschätzenden Umgang Jesu mit Frauen und stellen sie als Glaubensvorbilder dar (Mk 5,21–34; 7,24–30 u. a.).[220] Sie sind Osterzeuginnen, Offenbarungsempfängerinnen (Mk 16,1–8parr.) und Geistträgerinnen (Apg 2,1–4; vgl. 1 Kor 11,5). Sie wirken als Prophetinnen (Apg 9,36; 18,26; 21,9) und Diakoninnen (Apg 9,39) und prägen den Weg der Mission.[221] Im gnostischen Bereich setzt sich die Tradition der Charismatikerinnen fort.[222]

Paulus kennt Frauen in gemeindlichen Führungspositionen.[223] Die Taufe setzt Genderdifferenzen außer Kraft (Gal 3,26–28). Gegenläufige Aussagen wie 1 Kor 11,3–10 (der Mann steht über der Frau; Kopftuchgebot), 1 Kor 14,34 („die Frau schweige in der Gemeinde") und 1 Tim 2,11–15, Tit 2,4f. (Lehrverbot) werden mit der Verführbarkeit Evas begründet (so 1 Tim 2,14). Virginität und Hausfrauendasein gelten als Ideal (1 Kor 7,25–38; 1 Tim 2,9–15). In nachpaulinischer Zeit dominieren patriarchale Strukturen; Frauen erscheinen in dienenden Rollen (1 Tim 3,11; 1 Clem 1,3).[224] Grundsatzkritik an der sozialen Ordnung wird nicht geübt.[225]

## 2.5 Theologische Themen

Im NT sind die Grundlagen christlicher Lehre und Weltanschauung formuliert. Betrachtet werden die für die Geschichte der Alten Kirche wesentlichen Themen.

---

220 Ausführlich zum Thema Frauen im NT Heiligenthal/von Dobbeler 2001 und Saunders 1999.

221 Apg 16,14f.40: Lydia; Apg 17,34: Damaris; Apg 18,1f.18: Priscilla.

222 Vgl. Apg 8,10: Ennoia des Simon Magus; EvThom 114 (1. Jh.); PistSoph 96 (3. Jh.); EvMar (2. Jh.): Maria Magdalena; ActPaul: Thekla als gefeierte Lehrerin.

223 Röm 16,1f.: Phoebe; Röm 16,3–5: Priska; Röm 16,7: Junia.

224 Für weitere Genderaspekte in frühchristlichen Gemeinden, z. B. mit Blick auf Witwen, Märtyrerinnen und Jungfrauen, vgl. Gülzow 1974; Leppin 2021, 145–158; Ludolphy 1983, 436f.

225 Hintergrund ist die eschatologische Naherwartung (mit Ringeling 1983, 434).

### 2.5.1 Christologie

*Überblick*: Jesus ist der Christus: Das ist die Grunderfahrung der Menschen mit Jesus von Nazareth und Kern der Christologie bis heute. Christologische Hoheitstitel umkreisen die heilsgeschichtliche Bedeutung Jesu. Kenosis- und Zwei-Stufen-Christologie sind Antworten auf die Krise von Karfreitag. Von hier aus werden traditionelle jüdisch-theologische Vorstellungen neu formuliert.

#### a) Ursprung und Kern des Christusglaubens

Die ntl. Christologie ist auf die Formel „Jesus ist der Christus" reduzierbar. Dieses Urbekenntnis (→ 2.4.5) erklärt den Gekreuzigten provokativ zum verheißenen Messias Israels und zum Erlöser der Welt. Und es impliziert ein neues Verständnis von Gottes Allmacht und ihrer Durchsetzung: Gott verzichtet auf den Gebrauch von Allmacht und Allwissen und geht stattdessen den Weg der Selbstentäußerung, Sanftmut und Leidensbereitschaft, um die Welt vom Bösen zu erlösen.

Von hier aus entwickeln sich theologische Deutungen des Todes Jesu und eine Zwei-Stufen-Christologie: Der Gottessohn kam in erster Instanz gleichsam inkognito, verwechselbar, in Gestalt Jesu von Nazareth auf die Erde, um für den Glauben an das nahe Gottesreich zu werben (→ 2.5.4a). Nach Ostern wurde er von Gott zu seiner Rechten erhöht und wird allseits erkennbar als endzeitlicher Menschensohn zurückkehren, um in zweiter Instanz das globale Endgericht zu vollziehen (Parusieerwartung Mk 13parr.; vgl. Kenosis-Christologie Phil 2,6–11).

Der Ursprung des Christusglaubens liegt im charismatischen Auftreten Jesu.[226] Seine integre, autoritative Persönlichkeit, die Vision vom nahen Gottesreich und von der Rettung der „Verlorenen", seine revolutionäre Toraauslegung und seine Kritik an religiösen Institutionen der Zeit machen ihn zum messianischen Hoffnungsträger, dem auch Wundertaten und die politische Befreiung Israels zugetraut werden. Mit seinem Wirken polarisiert er und forciert zugleich die endzeitliche Scheidung (gr. *krísis*) zwischen Frommen und Gottlosen. Politische Erwartungen bedient er nicht; die

226 Erlemann 2021, 79-81. Die eigentliche christologische Reflexion beginnt nach Ostern.

Texte zeichnen ihn als letzten, entscheidenden Boten in der Tradition der Propheten Israels, der die Hinwendung zu Gott einfordert und an dem der Erwählungsstatus Israels hängt (Winzergleichnis Mk 12,1–12parr.).

Jesus erhält Hoheitstitel wie Messias/Christus, Gottessohn, Menschensohn, Davidssohn, Logos, Schöpfungsmittler, Weltherrscher und himmlischer Hoherpriester, jeweils in der durch das Kreuzesgeschehen evozierten Brechung.[227] Jesu theologische Bedeutung als Messias-Christus Israels und der Welt markiert den *status confessionis* über alle christologischen Konzepte hinweg (vgl. 1 Joh 4,1f.).

### b) Deutungen des Todes Jesu im NT

Die theologische Hauptaufgabe nach Ostern ist die Deutung des Todes Jesu, um die Dissonanz zwischen traditioneller Messiaserwartung und dem Kreuzesgeschehen aufzulösen. Mehrere Fragestellungen sind leitend: 1) Wer trägt Schuld an Jesu Tod? 2) Wie ist der Prozess gegen Jesus juristisch zu beurteilen? 3) Wie ist Jesu Tod mit der atl. Messiastradition zu vereinbaren? 4) Wie ist die damit gestellte Theodizeefrage zu beantworten? – Zu unterscheiden sind historische und theologische Deutungsmuster; sie greifen in der nachösterlichen Reflexion ineinander.

*Überblick*: Die Schuldfrage wird folgendermaßen bewertet: Jesus hätte nicht sterben müssen, er wurde von jüdischen Autoritäten um ihres Machterhalts willen gekreuzigt. Die theologischen Deutungen betonen den Heilstodcharakter des Geschehens: Jesu freiwillige Selbsthingabe stellte das Verhältnis zwischen Gott und Menschen auf die neue Grundlage von Vergebung und freiem Zugang zu Gott.

#### 1. Auf die Schuldfrage abzielende Deutungsmuster

Laut Winzergleichnis Mk 12,1–12parr. sind die jüdischen Autoritäten schuld; sie fürchteten angesichts der provokanten *halachá* Jesu und seines großen Erfolgs beim Volk um ihre Machtposition („niedrige Beweggründe"). Sie beschlossen schon früh Jesu Beseitigung (Mk 3,6; Lk 4,28f.; Joh 7,1) und

227 Erlemann 2011, 112–145.

lieferten ihn zuletzt an die Römer aus. Auffällig ist, dass Jesu Tod im Winzergleichnis nicht als göttlich vorherbestimmtes Fatum, sondern gleichsam als „Betriebsunfall“ gewertet wird: „Der Sohn“ wird mit der Erwartung in den „Weinberg“ gesandt, dass die „Winzer“ seine Autorität respektieren und den fälligen „Pachtzins“ leisten (Mk 12,6parr.). Der „Vater“ täuscht sich.

Die Texte unterscheiden zwischen Volk und Führungsschicht sowie einzelnen Vertretern der Elite.[228] So erscheint eine Judenmission zur damaligen Zeit erfolgversprechend und einer antijüdischen Auslegung der Texte wird vorgebeugt.

Die Passionsberichte stellen Jesu Prozess als Justizskandal dar: Illegales Timing, Aufbietung falscher Zeugen, fragwürdige Anklagepunkte, Aufhetzung des Volkes, Erpressung des römischen Statthalters und dessen Einknicken wirken wie eine Verkettung gesetzwidriger, skandalöser Machenschaften. Das einheitlich überlieferte Statement des Pontius Pilatus, er erkenne keine Schuld an Jesus, bringt diese Bewertung auf den Punkt (Mk 15,14parr.). Jesus erscheint als Opfer eines perfiden Zusammenspiels religiöser und staatlicher Macht. Das für beide Seiten ausschlaggebende Motiv ist die Staatsräson (Joh 11,47–50).[229]

## 2. Theologische Deutungsmuster

Die theologische Deutung arbeitet die Vereinbarkeit des Geschehens mit der jüdischen Messiaserwartung (wie kann ein Gekreuzigter der Messias sein?) und mit der Theodizeefrage (weshalb ließ Gott den Mord an seinem Sohn zu?) heraus.

Die Theodizeefrage löst sich durch einen dynamischen Allmachtsbegriff: Gott verzichtete bereits mit der Erschaffung seiner menschlichen Ebenbilder zeitweise auf den Gebrauch seiner Allmacht und seines Allwissens; andernfalls wäre der Mensch eine willenlose Marionette. Dementsprechend wird die Sendung Jesu als letzter Appell an die freiwillige Hinwendung der Menschen zu Gott und seinem Willen gedeutet. Jesu Tod war weder geplant noch notwendig, im Gegenteil!

Hier setzt die Deutung des Todes Jesu als Heilstod an. Gott verzichtete auf Rache und wertete stattdessen den Mord heilvoll um: Das vergossene Blut bekam symbolische Bedeutung als neuer Bundesschluss bzw. als kulti-

228 Mk 14,34: Lob des gelehrigen Schriftgelehrten; Lk 14: Jesus als Gast bei Pharisäern; Joh 2 und 7: Gestalt des Nikodemos.

229 Mit Wander 1994, 54-97.277.

sche Sühneleistung. Mehrere atl. Traditionen werden dabei christologisch umgedeutet:

a) Die Exodus- bzw. Passatradition[230] Jesu Blut ist das Blut des Passalamms, das die Befreiung aus der Knechtschaft der Sünde markiert.

b) Der Jom-Kippur-Ritus[231]Jesu Blut ist das Opferblut des Tieres, das stellvertretend zur Vergebung der Sünden vergossen wird (Röm 3,25). Zugleich ist Jesus der „Sühnedeckel" (gr. *hilastérion*), auf den die Sündenlast des Volkes symbolisch konzentriert wird (ebenfalls Röm 3,25). Jesu Tod markiert damit das Ende des Jerusalemer Tempelkults mitsamt seinen Opferriten.

c) Die Verheißung des neuen Bundes :[232] Jesu Blut ist das „Blut des neuen Bundes" in Analogie zu Ex 24. Damit ist die atl. Verheißung erfüllt und die Beziehung zu Gott auf eine neue Grundlage gestellt.

d) Melchisedek-Tradition (Gen 14; vgl. Hebr 7): Der Tod Jesu gilt als Reinigung des himmlischen Heiligtums und als „Examen" des künftigen himmlischen Hohenpriesters in der „Ordnung Melchisedeks" (Hebr). Damit ist der irdische Tempelkult durch den älteren und besseren Kult am himmlischen Tempel abgelöst; Jesus selbst ist der „neue Tempel", der in drei Tagen aufgebaut wurde (Mk 14,58; Joh 2,19–21).

e) Prophetenmordtradition :[233] Der Tod Jesu gilt als Schluss- und Höhepunkt dieser Tradition[234] und zugleich als Wendepunkt im Verhältnis zwischen Gott und seinem Volk.

Weitere Deutungen greifen die Gottesknecht-Tradition[235] oder die des leidenden Gerechten auf,[236] sehen in Jesu Tod ein „Lösegeld" zur Auslösung der Menschen aus drohenden Sündenfolgen (Mk 10,45) oder den Sieg über Satan (Joh 12,31; 16,11; 19,30). Diese Deutungen kommen ohne vergossenes Blut aus.

---

230 Ex 12; vgl. Mk 14,16; 1 Kor 5,7; Joh 19,36.
231 Lev 16; vgl. Röm 3,24f.; Eph 1,7; Kol 1,14; Hebr 7,27; 9,6–14.
232 Jer 31,31–34; Ez 36,26; vgl. Mt 26,28parr.; 1 Kor 11,25; Hebr 7,22; 8,6.
233 1 Kön 18; 2 Chr 24,20f.; Neh 9,26 u. a.; vgl. Mt 5,12; 22,1–14; 23,29–36; Mk 12,1–12parr; Apg 7,52; 1 Thess 2,14–16; Hebr 11,33–38; Jak 5,10.
234 Mt 22,1–7; 23,34f.; Mk 12,1–12; Lk 13,34f.; 1 Thess 2,14–16 u.a.
235 Jes 42–53; vgl. Mt 26,67; Mk 14,65; 15,5; Joh 19,1.
236 Ps 22; vgl. Mt 27,19; Lk 23,47; Apg 3,14 u.a.

Allen Varianten gemeinsam ist die Deutung des Todes Jesu als Heilsereignis, welches das Verhältnis der Menschen zu Gott auf eine neue Grundlage gestellt und atl. Verheißungen erfüllt hat. Damit ist ein wunderhafter Rollentausch impliziert: Gott bzw. sein Sohn übernahm die Sühneleistung, die eigentlich der Mensch hätte erbringen müssen. – In vielen Deutungen begegnet das Motiv der stellvertretenden Lebenshingabe Jesu. Die Rede davon, dass Jesus für das Heil der Menschen sterben *musste*, ist eine theologische Deutung *ex eventu*. Sie kann nicht gegen die Frage nach der Schuld am Tod Jesu ausgespielt werden.

### 2.5.2 Trinitätstheologie

*Überblick*: Das NT entwickelt keine Trinitätslehre, es legt jedoch die Grundlage für unterschiedliche trinitätstheologische Modelle vom Adoptianismus (Mk 1,9–11) über den Modalismus (Joh 10,30), die ökonomische Trinitätslehre (1 Kor 15,28 u. a.) bis hin zur nikänischen Behauptung der Göttlichkeit und Gleichewigkeit des Sohnes mit dem Vater.[237]

Gemeinsam sind den Texten die Rede von der Gottessohnschaft Jesu Christi, vom Heiligen Geist als fortwährender Gegenwart Gottes in der Welt und die Identität von atl. Schöpfergott und dem Vater Jesu Christi. Die drei späteren trinitarischen „Personen“ sind durch das Band der Heilsgeschichte zusammengespannt und kein Gegenstand philosophischer Spekulation. Gott-Vater ist Schöpfer und Ziel des Alls, dazu Herr über Leben und Tod. Jesus Christus kam zur Erlösung des Menschen in die Welt und sorgte für abschließende Gotteserkenntnis. Im Heiligen Geist ist die lebenschaffende Kraft Gottes bleibend in der Welt und sorgt mit seinen Gaben für den Fortgang des Erlösungsgeschehens. Am Ende steht nicht die Trinität, sondern die Einheit Gottes (1 Kor 15,28; Offb 1,8; 21,6).

Erste triadische Formeln finden sich in Mt 28,19 und 2 Kor 13,13. Alle drei „Personen“ begründen und erhalten die christliche Gemeinde (1 Kor 12,1–4; Eph 4,1–6). Triadisch angelegt sind Ausführungen zur Heilsgeschichte in

237 Joh 1,1–14; Phil 2,6–11; Kol 1,15–18; Hebr 1,1–4; ausführlich dazu Erlemann 2012, 30–56.

Eph 1, Gal 4 und 1 Petr 1. Innertrinitarische Reflexionen fehlen. Ab dem 2. Jh. entwickelt sich eine systematische Trinitätstheologie (→ 3.5.2).[238]

### 2.5.3 Pneumatologie

*Überblick*: Der Heilige Geist ist *die* eschatologische Heilsgabe Gottes schlechthin. Er schenkt Leben, Erkenntnis, Wunderkraft, Missionserfolg, Erlösung und vieles mehr. Offen ist im NT die Frage nach der Personalität des Geistes.

Grundsätzlich ist der Geist (1) die Leben schaffende, schöpferische Kraft Gottes (Gen 1,2; 2,7).[239] Im Frühjudentum avanciert er, neben Weisheit und Logos, zum Mittler zwischen Gott und Schöpfung. Damit bildet er die Brücke zwischen Mensch und Gott, Gegenwart und kommender Heilszeit (Röm 8,23–27). Er sorgt auch (2) für die Erfüllung des Willens Gottes von innen heraus (Ez 36,26f.). Damit entfällt aus ntl. Sicht die Tora als trennende Schranke zwischen Juden und Nichtjuden (Apg 10,44–48; 1 Kor 12,13; vgl. Gal 3,28).

Der Heilige Geist gilt (3) als *die* endzeitliche Gabe Gottes schlechthin. Jesus, der eschatologische Geistträger vor Ostern, verdankt ihm Wunderkraft, Immunität gegen Satan und seine Auferstehung (Röm 1,3f.; 8,11). Der Geist sorgt (4) für Glauben und lenkt ab Pfingsten die Weltmission (Apg 10,44–48; 16,6–10 u.a). Für Paulus ist er (5) die Vorschussgabe Gottes auf die Erlösung (2 Kor 1,22; 5,5; Eph 1,13f.). Wer ihn in sich trägt, ist Anwärter auf das ewige Leben (Röm 8,11). Die Taufe ist Symbol für Geistempfang und für die Neugeburt des Menschen.

Weiterhin schenkt der Geist (6) Gottes- und Christuserkenntnis und ermöglicht das Bekenntnis zu Jesus Christus (→ 2.4.5). Wer den Geist hat, erkennt Gott als liebenden, versöhnungsbereiten Vater (Röm 8,14–16; 2 Kor 5,19). Der Geist verbürgt die Glaubenswahrheit[240] und wirkt (8) als einigendes Band der Gemeinde (1 Kor 12,4 u. a.). Zeichen der Erwählung

238 Ausführlich zum Thema Drecoll 2011 und Erlemann 2012.
239 Zum Folgenden Erlemann 2010.
240 Joh 14–16: Paraklet; 1 Joh 4,1f.: Geist der Wahrheit.

der Gemeinde sind laut Paulus die Charismen; in ihnen wird die neue Heilswirklichkeit sichtbar (1 Kor 12; 2 Kor 5,10 u. a.).

In der Apokalyptik ist der Heilige Geist (9) Gegenspieler Satans. In den geistgewirkten Exorzismen expandiert Gottes Reich (Mt 12,28par. Lk 11,20); die befreiten Menschen kommen zu neuem Leben. Jenseits davon überwindet Gott das Böse durch den Geist der Liebe, der Sanftmut, der Selbstzurücknahme und des Gewaltverzichts (Mt 4,1–11; Phil 2,6.11). Gegen die kosmischen Mächte und Gewalten fungiert der Geist (10) als Anwalt der Menschen vor Gottes Thron.[241] Damit erhält er eine wichtige soteriologische Funktion (→ 2.5.6).

Offen ist die Frage der Personalität des Geistes. Teils erscheint er als unpersönliche Kraft (Lk 6,19; Apg 2,22; 10,38), teils als eigenständige, personhafte Gestalt (Paraklet, Joh 14–16; Röm 8,26f.). Anthropomorph wird der Geist nirgends dargestellt. In einigen Texten erscheint er austauschbar mit Gott oder Christus (Joh 4,24; 2 Kor 3,17). Die „Sünde gegen den Geist" ist Sünde Gott selbst gegenüber (Mk 3,28–30parr.). – Mit diesem ntl. Textbefund sind die späteren Diskussionen um den Heiligen Geist als Teil der Trinität vorgestaltet (→ 4.5.2; 4.5.3; 5.5.3).

## 2.5.4 Eschatologie

*Überblick*: Die ntl. Endzeithoffnungen laufen auf die globale Durchsetzung des Gottesreiches hinaus („Dein Reich komme", Mt 6,10). Die Endzeitstimmung impliziert eine apokalyptische Zeitauffassung: Die Gegenwart ist besonders qualifizierte Zeit; jetzt entscheidet sich das künftige Schicksal. Die Parusie-Naherwartung motiviert, die „letzte Drangsal" in Geduld durchzustehen.

### a) Reich-Gottes-Botschaft Jesu

Jesus kündigt die nahe *basileía* Gottes an (gr. für Reich, Herrschaft; Mk 1,15parr.). Die Vorstellung wurzelt in der Tradition vom endzeitlichen Königtum Jahwes.[242] Futurische (das Reich kommt bald) und präsentische

241 Röm 8,26f. (parallel zu Christus, vgl. Röm 8,34; 1 Joh 2,1).
242 Jes 24,23; 52,7ff.; Mi 4,6; Ob 17–21; PsSal 5,18; Tob 13,1; Weish 6,5; äthHen 103,1 u.ö.

Aussagen (es ist bereits da; Mt 12,28par. Lk 11,20; 17,21) sind organisch verbunden wie „Aussaat“ (Verkündigung) und „Ernte“ (Durchsetzung der *basileía*; vgl. Wachstumsgleichnisse Mk 4parr.). Jesus ist der „Promoter“ der *basileía*.[243] Seine Exorzismen dienen ihrer Ausbreitung (Mt 12,28par. Lk 11,20). Das erweist ein diesseitig-politisches Verständnis des Gottesreiches (Mk 11,1–10) als zu kurz gegriffene Vorstellung.

Jesu Wunder bieten einen Vorgeschmack auf Gottes neue Welt. Die Gleichnisse veranschaulichen Qualität, Eintrittsbedingungen und in der *basileía* geltende „Spielregeln“. Inhaltlich verbunden sind die globale Durchsetzung göttlicher Gerechtigkeit, auch und gerade für die „Letzten“ der Gesellschaft (Mt 20,1–16), messianische (Über-)Fülle (gr. *perisseía;* Mt 22,1–14; Mk 6,30–44parr.; Joh 2,1–11 u. a.) sowie liebende, vergebungsbereite Barmherzigkeit (z. B. Mt 18,23–35). Jesus appelliert, sich auf Gottes Kommen einzustellen. Die Wirklichkeit erscheint als besonders qualifizierte, aktiv zu nutzende End- bzw. Wartezeit. Die Gemeinde ist der Ort, an dem Gottes *basileía* schon hier und jetzt sichtbar wird (→ 2.5.7). Mit ihrer globalen Durchsetzung bzw. mit der endgültigen Überwindung von Leiden und Tod gelangt die apokalyptische Äonenwende zu ihrem Abschluss. Als Letztes wird der Tod vernichtet werden (1 Kor 15,26; Offb 20,14; 21,4).

### b) Zeit- und Geschichtsverständnis

Gott ist Herr der Zeit und der Geschichte; das ist die Grundlage der biblischen Eschatologie. Gottes Heilsgeschichte zielt auf die Erlösung Israels und der Völker. In der frühchristlichen Apokalyptik markiert das Christusgeschehen die Heilswende vom alten zum neuen Äon (Gal 4,4; → 2.2.4a). Die Gegenwart ist die Zeit zwischen dieser *revolutio* und ihrer sichtbaren Vollendung (*evolutio, revelatio*).[244] Anfänge, die das Neue sichtbar verbürgen, relativieren das Problem der Unsichtbarkeit des Neuen. Zu diesen Anfängen gehören für Paulus die Geistwirkungen, die Auferstehung Christi, ja sogar die Leiden und Wirren der Endzeit.[245]

---

243 Erlemann 2020, 233–238.

244 Vgl. Röm 8,18ff. – Zur Unterscheidung von revolutionärem, revelatorischem und evolutionärem Geschichtsbild vgl. Erlemann 1995, 249–252.392–394.

245 Das Christusgeschehen: 1 Kor 15,20; der Geist und seine Wirkungen: Apg 2; 1 Kor 12 u. a.; der Glaube: Hebr 11,1; Leiden: Mk 13,8; 1 Petr 4,12–17; Offb. – Ausführlich Erlemann 2001.

Historische Ereignisse werden von der Parusie streng unterschieden; das Ende kommt erst, wenn es der göttliche Heilsplan vorsieht (Mk 13,32). Das korrigiert eine illusionäre Nächsterwartung des Endes (vgl. Mk 13,6.21; 2 Thess 2). Auch ein Nichtrechnen mit der Parusie ist trügerisch; das Ende kann jederzeit kommen (Mt 24f.; 1 Thess 5,1–3 u. a.). Diese modifizierte Naherwartung ist ein wichtiges Movens frühchristlicher Ethik (→ 2.5.5). Gott kann seinen Zeitplan bei Bedarf verändern, um möglichst viele Menschen zur Erlösung zu führen (Mk 13,20; 2 Petr 3,9; Offb 10,6). Dieses Geschichtsbild ist nicht starr deterministisch, sondern trägt in seiner Dynamik der menschlichen Willensfreiheit Rechnung.

Angesichts der Parusie-Naherwartung (Mk 9,1; 1 Thess 4,15.17) ist die Gegenwart die Zeit der Umkehr (gr. *metánoia*) und der Weltmission. Zugleich ist sie Zeit der letzten „Drangsal" (Mk 13,14–23parr.), in der Satan versucht, die Glaubenden von Gott abzubringen. Somit ist sie auch die Zeit besonderer Bewährung. Zweifel an den Verheißungen werden durch den Eindruck der Parusieverzögerung genährt (2 Petr 3,3f.; 1 Clem 23,3). Sie werden durch Hinweis auf Gottes Geschichtsplan, noch ausstehende Entwicklungen, überraschende Wendungen und die Inkommensurabilität von menschlichem und göttlichem Zeitmaß ausgeräumt.[246]

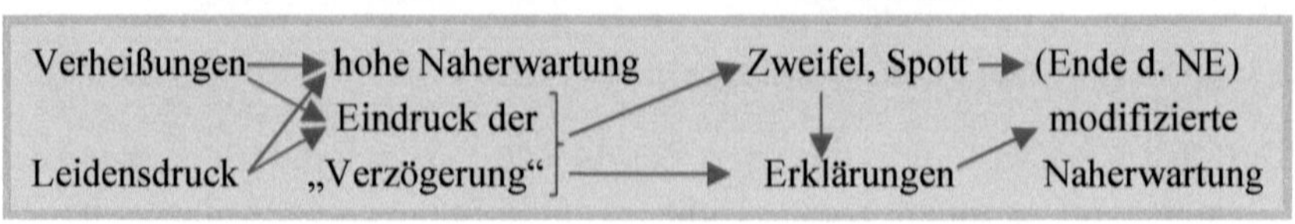


## c) Kosmologische Aspekte

Im NT stehen sich Heiliger Geist und Engel auf der einen und Satan und Dämonen auf der anderen Seite dualistisch gegenüber. Die dem Geist untergeordnete Position der Engel lässt keine Engelverehrung zu (vgl. Gal 4,14 *vs.* Kol 2,18). Jesu Exorzismen markieren den Sieg des Reiches Gottes über die Mächte des Bösen.

246 Ausführlich zum Thema Erlemann 1996a, 70–101; anders etwa Öhler 2018, 306f.

## 2.5.5 Ethik

*Überblick*: Wohlergehen des Einzelnen, *shalóm* und Verherrlichung Gottes sind die höchsten Ziele ntl. Ethik. Kern der christlichen *halachá* ist das Doppelgebot der Liebe.[247] Seine innere Erfüllung löst die äußere, kasuistische Befolgung von Einzelgeboten ab.[248] Frühchristliche Ethik ist im Spannungsfeld zwischen rigorosen Forderungen und gesellschaftlichen Normen Dilemmaethik. Dilemmathemen sind Besitz, Ehe und Sexualität, zweite Buße und das Verhältnis zum Staat.

*a) Liebesgebot und imitatio Christi*

Jesus konkretisiert in seinem Verhalten das Liebesgebot im Sinne von Erbarmen, Güte, Parteinahme für die Schwachen, Wahrheitsliebe, Selbstzurücknahme, Vergebungsbereitschaft, Gewalt- und Besitzverzicht sowie Leidensbereitschaft. Dem entspricht das ntl. Gottesbild (→ 2.5.1b). Die ntl. Ethik ist *imitatio*-Ethik in der Nachfolge Jesu (Mt 5,48; Lk 6,36). Dazu gehören ein bedürfnisloser Lebensstil (Aussendungsrede Lk 10,2–12par.), Besitzverzicht (Lk 9,58par.), ggf. Bruch mit der Herkunftsfamilie (Lk 12,51–53; 14,26par. u. a.), Macht- und Gewaltverzicht sowie Leidensbereitschaft.[249] Positiv geht es um Vertrauen auf Gottes Fürsorge (Mt 6,19–34), Streben nach himmlischem Reichtum (Mk 10,28–31; 1 Tim 6,17–19) und Barmherzigkeit (Mt 18,23–35; Lk 16,19–31). Reichtumskritik ergänzt die *imitatio*-Ethik,[250] doch es gibt keine Grundsatzkritik an Erwerbsarbeit und Besitz.[251]

*b) Innere statt äußere Gebotserfüllung*

Ntl. Ethik manifestiert sich in der Bergpredigt bzw. Feldrede (Mt 5–7par. Lk 6), in Tugend- und Lasterkatalogen sowie in Briefparänesen, im „Hohenlied der Liebe“ (1 Kor 13) und, oft implizit, in Logien, Gleichnissen und

---

247 Mk 12,31; Lk 10,27; Röm 13,8–10; vgl. Gal 5,15; 6,2 u.a.

248 Vgl. die Opposition von Gesetz des tötenden Buchstabens *vs.* Gesetz des lebendig machenden Geistes in Röm 8,2–4 und 2 Kor 3,6.

249 Mk 10,45; 13,9–13; Lk 14,11par. u. a. – Kritik an selbstdarstellerischer Askese übt 1 Tim 4,3–5.

250 Mk 10,25; Lk 6,24–26; 16,13par.; Offb 18,1–9. – Erwerbseinkommen fördert Geldgier (1 Tim 6,6–11); Einkommen dient, wenn überhaupt, dazu, es zu teilen (Lk 16,1–9; Jak 2,15–17; EvThom 110) bzw. Bedürftigen damit zu helfen (Lk 16,19–31; Eph 4,28).

251 1 Kor 4,9–13; 1 Thess 2,9; 4,11; Eph 4,28; 2 Thess 3,10. 1 Tim 6,17–19 beurteilt Besitz pragmatisch und warnt lediglich davor, sich an ihn zu verlieren.

Wundertexten. Den Umschwung von äußerer zu innerer Gebotserfüllung dokumentiert die Diskussion um Reinheits- und Speisegebote (Mk 7), um die Beschneidung (Röm 2,25–29) oder die Rede vom „Gesetz des Geistes" (Röm 8; 2 Kor 3). Voraussetzung dieser *halachá* ist die Gabe des Heiligen Geistes (Ez 36,26f.; Röm 5,5 u. a.; → 2.5.3).

*c) Endzeit- und Leidensethik*

Ntl. Ethik ist in weiten Teilen Endzeitethik. Gefordert sind in der Endzeit Durchhaltevermögen, Bekenntnistreue sowie Festbleiben im Tun des Willens Gottes. Wer durchhält bis zum Ende, wird selig (Mk 13,13). Den ntl. Leidensparänesen zufolge sind die jetzigen Leiden eine Investition in die künftige Herrlichkeit (2 Kor 4,17f.), Zeichen rechter *imitatio Jesu* und des nahen Endgerichts (1 Petr 4,13–19). Wer ins Martyrium geht, beschleunigt damit Gottes Kommen.[252] Um unbeschadet durch die letzte Zeit zu kommen, sind Wachsamkeit, Gebet, gegenseitige Stützung und treues Festhalten am Glauben entscheidend.[253]

*d) Ehe-, Sexual- und Geschlechterethik*

Viele Texte zeigen eine Hochschätzung der Frauen; sie sind Vorbilder im Glauben und für Mission und Gemeindearbeit wichtig. „In Christus" sind für Paulus Geschlechterunterschiede grundsätzlich aufgehoben (Gal 3,28; → 2.4.6). Die Haustafeln bezeugen zwar ein traditionell-patriarchales Denken, mahnen aber gegenseitige, liebende Wertschätzung an (Eph 5,22–6,9; Kol 3,18–4,1).

Die Ehe entspricht der Schöpfungsordnung; Ehescheidung ist nur im Ausnahmefall statthaft (Mt 19,9; Mk 10,5.9; 1 Kor 7,10.16). Jesus und der Täufer leben ehelos. Auch Paulus favorisiert diese Lebensform, behält sie jedoch Charismatikern vor (1 Kor 7,6–8). Sexualität in der Ehe dient primär der Triebkontrolle bzw. der Abwehr Satans (1 Kor 7,5). Witwen sollen unverheiratet bleiben, stehen unter besonderem Schutz der Gemeinde und genießen wie Jungfrauen hohes Ansehen (Apg 6,1; 1 Kor 7,25f.; 1 Tim 5,3). Homoerotische Beziehungen werden abgelehnt (Röm 1,26f.), ebenso Prostitution und Inzest (1 Kor 5,1–5; 6,9). Mischehen werden unter bestimmten Bedingungen toleriert (1 Kor 7,12–16). Ein Zölibat für Amtsträger ist im NT nicht angelegt (Mk 1,29–31; 1 Tim 3,2), sondern ist eine Entwicklung

---

252 Offb 6,9–11; vgl. Just Apol. I 45,1; PsClem Rec III 26; PistSoph 125.

253 Mt 26,41; Mk 13,37; Lk 18,1; Thess 4,18; Hebr 10,23–39 u.a.

späterer Zeiten (→ 4.4.1). Mit dieser Sexualethik unterscheidet sich das frühe Christentum deutlich von der nichtchristlichen Umwelt.[254]

*e) Verhältnis zu Staat und Gesellschaft*
Die staatliche Ordnung wird im Kontext apokalyptischer Naherwartung als gottgegeben anerkannt; jedoch sei es am wichtigsten, Gott zu geben, was ihm zusteht.[255] Ansonsten sollen Christen als vorbildliche Bürger leben (Phil 2,15; 1 Clem 30). Traditionelle Standesunterschiede sollen in der Gemeinde nicht gelten (Gal 3,26–28). Sklaverei wird nicht abgelehnt (Kol 3,22–24; vgl. 1 Petr 2,18–21), Sklaven seien aber respektvoll und gerecht zu behandeln (Eph 6,9; Kol 4,1; Phlm 8–18). – Der frühchristliche Pazifismus führt im Ersten Jüdischen Krieg zu Konflikten.

## 2.5.6 Soteriologie

*Überblick*: Gott ergreift mit der Sendung Christi und dem Geschenk des Heiligen Geistes die Initiative zur Erlösung des Menschen. Deren Aneignung ist Sache des Menschen; sie beinhaltet Buße, Christusglauben, Vertrauen in Gottes Barmherzigkeit und Tun des Willens Gottes von innen heraus.

Eingehen in Gottes Reich, Seligkeit, umfassende Gerechtigkeit, Leben in Fülle und ewiges Leben sind ntl. Umschreibungen für das ersehnte Heil. Gott selbst eröffnet mit der Sendung Christi und des Geistes den Weg dorthin. Jesus verkündigt Gottes finale Zuwendung zu den Menschen. Sein Heilstod (→ 2.5.1b) und die allgemeine Geistausgießung machen den Zugang zu Gottes Thron frei.[256] In der Reaktion darauf vollzieht sich das Endgericht (gr. *krísis*; Joh 5,25).[257] Der Part des Menschen besteht darin, Jesu Weg nachzufolgen und sich Gottes Willen zu Herzen zu nehmen. Solche Nachfolge kann ins Martyrium führen.[258] Gegen Satans Zugriffe steht Gott

254 Leppin 2021, 262–265.
255 Mt 20,26; Mk 12,13–17; Röm 13,1–7; Eph 4,7; 1 Petr 2,17 u. a. – Offb 13 ruft als einziger ntl. Text zu sozialer Verweigerung auf.
256 Mk 14,22–24parr.; Röm 3,25; 1 Kor 11,23–25; Hebr 10,19–21.
257 Zur Vorstellung des Endgerichts in zwei Instanzen vgl. Erlemann 2014, 105.
258 Mk 13,9–13; EvThom 68; vgl. Hebr 10,32–35; Offb 6,9–11; weiter → 3.5.6.

den Glaubenden mit Gebetserhörung, Immunisierung mit dem Heiligen Geist („Versiegelung", Offb 7), mit Verkürzung der „letzten Drangsal" (Mk 13,20) oder mit heilvoller Verzögerung des Endgerichts (2 Petr 3,9) bei.

In paulinischer Lesart erweist Gott dem Menschen Gnade und spricht ihn trotz seiner Defizite gerecht (Rechtfertigungslehre; Röm 3,21–30; Gal 2f.). Das markiert einen soteriologischen Rollentausch: Gott übernimmt Verpflichtungen, die eigentlich der Mensch zu übernehmen hätte, und kommt ihm damit gleichsam auf halbem Weg entgegen, um ihn zum Heil zu führen (→ 2.5.1b).[259]

## 2.5.7 Sonstiges: Ekklesiologie

*Überblick*: Die christliche Gemeinschaft ist eine eschatologische Heilsgemeinschaft und als solche eine Stiftung Jesu. Sie ist getragen und geeint durch das Wirken des Geistes. Sie ist ein besonderer Heils- und Schutzraum, in dem Gottes Reich schon jetzt sichtbar wird. Die Gemeinde ist „Licht der Welt" und zeigt das durch vorbildhaften Umgang miteinander und durch Predigt des Evangeliums.

Jesus begründet mit der Berufung der ersten Jünger christliche Gemeinschaft (→ 1.4.1).[260] Sie soll der Welt Orientierung und der Gesellschaft Würze geben (Mt 5,13–16). In Verkündigung und vorbildlichem Handeln bezeugt sie Christus und verherrlicht Gott weltweit (Apg 1,8). Mt 13,41 deutet die Gemeinde als „Reich des Menschensohns", d. h. als Raum, in dem die neue Heilswirklichkeit sichtbar wird. Das MtEv enthält auch eine frühe Gemeinderegel (Mt 16,17–19; 18,15–18), in der die Praxis der Vergebung, der Kirchenzucht und die Schlüsselstellung des Petrus verankert sind. Das JohEv versteht Gemeinde als Kreis der Freunde Jesu (Joh 15,9–17). Sie sind vereint im Bekenntnis; der Paraklet ist ihre geistige Autorität.

Paulus definiert Gemeinde als Schöpfung Gottes, Christi und des Geistes (1 Kor 12,4–6; Eph 4,3–6). Für ihren Auftrag erhält sie Charismen (Röm 12; 1 Kor 12 u. a.). Einmütigkeit, christliche Streitkultur und Selbstzurücknahme

259 Weiter dazu Erlemann 2010.

260 Mt 4,18–22; Mk 1,16–20; Lk 5,1–11; Joh 1,35–51.

sind ihre Merkmale.[261] Wo sie ihre Bestimmung erfüllt, erweist sie sich als „Tempel des Geistes“ bzw. als „Leib Christi“.[262] Dementsprechend hat sie sich in ihrem Tun zu „heiligen“, um dem Bösen keine Angriffsfläche zu bieten und um bei der Parusie Christi zu bestehen (2 Kor 7,1; 1 Thess 4,3; vgl. Hebr 12,14 u. a.; → 2.4.2c).

Kirche ist die Gemeinschaft der Glaubenden, Heiligen und Wartenden. In der Feier des Abendmahles setzt sie Jesu Vermächtnis um und vergewissert sich seiner bleibenden Gegenwart und Verheißung (Mk 14,22–25parr.; 1 Kor 11,23–26; → 2.4.2b). Die Befolgung des Liebesgebots sichert die bleibende Immanenz von „Weinstock“ und „Reben“ und die künftige Heilsgemeinschaft (Joh 15,1–8). Der Paraklet geleitet die Gemeinde auf ihrem Weg (Joh 14,15–17; 15,26; 16,5–10).

Für Paulus sind soziale Barrieren „in Christus“ außer Kraft gesetzt (Gal 3,26–28). Kinder werden durch Jesu Hinwendung aufgewertet (Mk 10,13–16). Bedürftige stehen unter besonderem Schutz und erhalten Unterstützung (Apg 6,1; 1 Tim 5,3–10). In der Jerusalemer Gemeinde herrschen Solidarität und Gütergemeinschaft (so Apg 2,42–47; → 2.4.4b). – Distanz prägt das Verhältnis zur nichtchristlichen Umwelt. Christen haben den Status von „Himmelsbürgern“ und „Fremden“ in der Welt (Phil 3,20; Hebr 13,14; 1 Clem 46,2).

## 2.6 Schrifttum

*Überblick*: Die Quellenlage für die Geschichte des Christentums im 1. Jh. ist dürftig und problembehaftet. Die ntl. Schriften legen die theologische Grundlage. Die Pluralität der Schriften und Aussagen spiegelt die Vielfalt des frühen Christentums wider. Außerchristliche Quellen sprudeln äußerst spärlich.

261 Zur integrativen Kraft des Heiligen Geistes vgl. Röm 8,2ff.; 1 Kor 12,4; 2 Kor 4,13; 12,18.

262 1 Kor 3,16f.; 6,15.19; 2 Kor 5,16; Eph 2,19–22 u.a.: Gemeinde als Tempel des Geistes; Hebr 3,6: Gemeinde als Haus und Tempel Christi.

### 2.6.1 Historiographische Werke

Hauptquelle ist das NT.[263] Botschaft (gr. *kérygma*) und Biographie sind vermischt; anders ist die Bedeutung Jesu nicht aussagbar. Die Geschehnisse werden allesamt tendenziös dargestellt.[264] Explizit historiographisch versteht sich das lk. Doppelwerk. Aber auch Lukas betreibt eher Geschichtsdeutung als Historiographie im strengen Sinne. Da historische Informationen und Glaubenszeugnis ineinanderfließen, ist der Quellenwert der Texte eingeschränkt. Diese Erkenntnisse sind methodisch in Rechnung zu stellen. – Jenseits des NT bieten 1 Clem und Did Momentaufnahmen des späteren 1. Jh. Einzelne historische Notizen bieten außerdem Josephus, Sueton und Tacitus (→ 1.3.1).

### 2.6.2 Theologische Hauptschriften

Die virulenteste Zeit für Literaturbildung sind die 60er Jahre.[265] Auslösende Ereignisse sind der Tod der Apostel, der Erste Jüdische Krieg, die Zerstörung des Tempels und der fließende, aber unaufhaltsame Übergang zur zweiten christlichen Generation. Die Tatsache der Verschriftlichung von Jesustradition wirft ein Licht auf Gemeindesituationen und Problemstellungen der Zeit. Die Geschichte der Theologie- und Literaturbildung lässt sich in vier Phasen einteilen:

- Phase I: Mündliche Sammlung von Jesuslogien bis ca. in die 40er Jahre.
- Phase II: Erste schriftliche Sammlungen der Logienüberlieferung (hypothetische Logienquelle Q, EvThom Grundbestand, 40er–60er Jahre).
- Phase III (zum Teil gleichzeitig mit Phase II): Entstehung der Briefe (Paulus, 1 Joh?) mit starkem Situationsbezug und wenig Rückbezug auf die Jesustradition.
- Phase IV: Die Entstehung der Evangelien in den 60er Jahren (Mk, Joh) steht im Zusammenhang mit dem Tod der Augenzeugen Jesu. Die Evangelien fixieren deren Wissen schriftlich und retten es damit über die Zeit. Gleichzeitig entbrennt die Diskussion um das legitime Erbe der

263 Zum Folgenden u. a. Öhler 2018, 17f.

264 Vgl. die divergierende Darstellung des Apostelkonvents in Apg 15 und Gal 1f. (→ 2.1.3a).

265 Zum Folgenden Öhler 2018, 299–304. Öhler spricht von einer „Kontinuitätskrise" als Hauptauslöser für die Sammlung der Apostelbriefe und der Verschriftlichung der Jesustradition.

Apostel (Deuteropaulinen, eventuell 1 Petr, Apg, Hebr, Offb, 1–3 Joh). In die Zeit von 80 bis 100 n. Chr. sind Jak, 1 Clem, eventuell 1 Petr, Apg, Hebr, Offb, 1–3 Joh sowie Past zu datieren.

Querverbindungen zwischen den Schriften ermöglichen eine Rekonstruktion der geschichtlichen und theologischen Entwicklung.[266] Die unterschiedlichen Texte und „Theologien" sind Dokumente eines ca. hundert Jahre andauernden Klärungs- und Differenzierungsprozesses. Das NT ist keine Dogmatik, sondern zeitgeschichtliches Zeugnis eines Ringens um die rechte Formulierung des Glaubens. – Etwa zeitgleich mit den ntl. Spätschriften entstehen die „Apostolischen Väter" (1 Clem, 2 Clem, Did, Barn, Ign, Pol, Quadr, Herm u. a.). Sie geben wertvolle Einblicke in die innere Entwicklung der Kirche jener Phase (⟶ 3.6.2a).

### 2.6.3 Texte marginalisierter Gruppen

Die Datierung von Apokryphen (⟶ 1.6.6) und Agrapha ist schwierig. Ins 1. Jh. zu datieren sind am ehesten im NT nicht überlieferte, anderswo zitierte Jesusworte (Agrapha) und altertümliche Apokryphen wie das Thomasevangelium (EvThom).[267]

### 2.6.4 Außerchristliche Quellen

Jenseits der Werke von Flavius Josephus, Sueton und Tacitus gibt es keine außerchristlichen Quellen zur Christentumsgeschichte des 1. Jh. (⟶ 1.3.1; 1.3.4).

## 2.7 Steckbriefe

Über Jesus selbst, seine Familie und den Jüngerkreis im Allgemeinen ist hier nicht zu sprechen. Grunddaten der Biographie Jesu wie seine Herkunft

266 Berger (1995) zählt rudimentäre Gemeinsamkeiten aller ntl. Schriften zu den Ursprüngen frühchristlicher Gedankenbildung. Dann differenziere sich das Bild, Zellteilungen vergleichbar; Nebengleise werden von Hauptgleisen der Entwicklung unterschieden. Die analysierten gegnerischen Positionen dienen dabei häufig als *missing links* zwischen einzelnen Strömungen.

267 Berger/Nord (2021) versuchen eine chronologische Einordnung der frühchristlichen Literatur. Ca. 17 außerntl. Schriften werden dem 1. Jh. zugeordnet.

aus Nazareth, sein Wirken als charismatischer Wundertäter und sein Tod am Kreuz liefern die Evangelien und außerchristliche Quellen (→ 1.3.4). Im Folgenden werden wichtige Einzelgestalten des frühen Christentums vorgestellt.[268]

## 2.7.1 Simon Petrus

Simon Petrus stammt aus Kapernaum oder Bethsaida (Mk 1,29; Joh 1,44).[269] Mit seinem Bruder Andreas gehört er zu den ersten Jüngern (Mk 1,16–18parr.). Jesus benennt Simon in Petrus um (Mk 3,16; Mt 16,18). Das und das „Felsenwort" (Mt 16,17–19) stützen seine nachösterliche Vorrangstellung.[270] Er ist verheiratet (so Mk 1,29–31; 1 Kor 9,5), gilt als Jüngersprecher (Mk 8,29; 9,2; Apg 3,1–10; 5,15) und als einer der ersten Osterzeugen (Mk 16,7; Lk 24,34; Apg 1,13; 1 Kor 15,5).

Nach Ostern gehört Petrus zu den Jerusalemer „Säulen".[271] Er tut Wunder und tauft den Gottesfürchtigen Cornelius (Apg 10). Ca. 43/44 n. Chr. flieht Petrus vor Herodes Agrippa I. aus Jerusalem (Apg 12,17f.), tritt aber beim Apostelkonvent (48/49 n. Chr.) dort wieder auf (Gal 2,1–10). Zwischen 36 und 48 n. Chr. ist Petrus außerhalb Palästinas missionarisch erfolgreich tätig (so Apg 9,32: Lydda; vgl. Gal 2,8). In Antiochia erscheint Petrus gegen konservative, toratreue Judenchristen auf der Seite des Paulus, fällt ihm aber in den Rücken („Antiochenischer Zwischenfall", Gal 2,11; → 2.1.3a).

Anfang der 60er Jahre stirbt Petrus in Rom als Märtyrer (Joh 21,15–23; 1 Petr 5,13; 1 Clem 5,1–4; IgnRom 4,1–3). Sein Weg dorthin ist nicht rekonstruierbar. Laut 1 Kor 1,12; 3,22 gibt es eine Kephaspartei (Kephas = Petrus) in Korinth, d. h. zumindest Mitarbeiter des Petrus sind Mitte der 50er Jahre dort tätig. Das Itinerar 1 Petr 1,1 ist zuverlässig, sofern Silvanus der Autor ist (1 Petr 5,12) und sich an die biographischen Daten hält. – Später wird Petrus zur kirchlichen Gründungsfigur stilisiert (Mt 16; 1/2 Petr); auch

268 Vgl. die Ausführungen bei Vouga 1994, passim, Heiligenthal/von Dobbeler 2001 und Schnelle 2019, 164–173.253–257 (dort auch Exkurse zu Barnabas, Apollos, Priska und Aquila u. a.).

269 Zum Folgenden Heiligenthal/von Dobbeler 2001, 106–119.

270 Das Wort ist nicht *per se* Jesus abzusprechen (gegen Schnelle 2019, 124).

271 Gal 1,18f.; vgl. Apg 1,15–26: Nachwahl des Matthias; öffentliche Predigten Apg 2–4; Wundertaten Apg 3,1–11; 5,9f.; 9,32–43; Redewendung „Petrus und die Apostel" Apg 2,37; 5,29 (→ 2.4.4b).

gnostische Kreise berufen sich auf ihn (2 Petr; vgl. ApkPetr, EvPetr etc.). Ab Mitte des 3. Jh. wird sein Grab in Rom verehrt.

### 2.7.2 Der Herrenbruder Jakobus

Der bedeutendste der fünf ntl. Namensträger ist Jakobus, der Herrenbruder, Leiter der Jerusalemer „Urgemeinde" (⟶ 2.4.4b).[272] Er ist ursprünglich kein Jünger (Mk 3,21.31; Joh 7,3ff.). Paulus hält ihn durch eine Sonderoffenbarung für legitimiert[273] und zählt ihn zu den Jerusalemer „Säulen" (1 Kor 15,7; Gal 2,9). Er wird nach der Flucht des Petrus aus Jerusalem (ca. 43/44 n. Chr.; Apg 12,17f.) Leiter der „Urgemeinde". Jakobus vertritt ein konservatives Judenchristentum und kritisiert das paulinische Missionsprogramm, auch wenn er es selbst legitimiert hat (so Apg 15,13; 21,18). Paulus sieht ihn von „falschen Brüdern" umgeben (Gal 2,4).

Jakobus wird vom Hohenpriester Ananos d. J. während einer Vakanz der Präfektur im Jahr 62 hingerichtet (Jos Ant. 20,200; Hegesipp bei Euseb H.e. II 23,3–18).[274] Josephus zufolge steht er auch bei Juden als „Gerechter" in Ansehen. Jakobus wird in der judenchristlich-weisheitlichen Tradition (EvThom 12), in gnostischen Texten (ApcJac 1f.) und in Jak rezipiert. Der Gnostizismus stilisiert Jakobus zum Glaubensvorbild, der sich vor dem Tod nicht fürchtet. Laut EvThom 12 wird er von Jesus zu seinem Nachfolger bestimmt:

> „Es sprachen die Jünger zu Jesus: Wir wissen, daß du von uns gehen wirst. Wer ist's, der groß sein wird über uns? Jesus sprach zu ihnen: Am Ort, wohin ihr gekommen seid, werdet ihr gehen zu Jakobus dem Gerechten, dessentwegen der Himmel und die Erde geworden sind."[275]

---

272 Zum Folgenden Heiligenthal/von Dobbeler 2001, 153–160.

273 EvThom 12 spricht von einer persönlichen Berufung des Jakobus („des Gerechten") durch Jesus.

274 Vouga 1994, 74. – Hegesipp verdanken wir auch ein Porträt der Lebensweise des Herrenbruders. Demnach war er bereits im Mutterleib heilig, ein vegan lebender Asket und in seiner intensiven Fürbitte der wahre „Hohepriester" der Jerusalemer Gemeinde (Euseb H.e. II 23,4–6).

275 EvThom 12, zitiert nach Haenchen 1976, 519.

### 2.7.3 Die Zebedaiden Jakobus und Johannes

Die beiden „Donnersöhne" gehören zu den ersten Jüngern (Mk 1,19f.; 3,17). Von Beruf sind sie Fischer (Lk 5,9–11). Jakobus gehört der „Urgemeinde" an und stirbt ca. 42 n. Chr. unter Herodes Agrippa I. den Märtyrertod (Apg 12,2). – Sein Bruder Johannes ist eine der drei „Säulen" (Gal 2,9).[276] Er wirkt neben Petrus als Apostel in Samaria (Apg 8,14). Über seine Theologie ist nichts bekannt. Von Rivalitäten zwischen den Zebedaiden und anderen Jüngern berichtet Mk 10,35–45. Manche Kirchenväter halten Johannes für den Autor des JohEv und der Offb[277].

### 2.7.4 Thomas

Thomas ist im JohEv der unverständige Zweifler (Joh 11,16; 14,5; 20,24–28). Seine Identität ist umstritten. Der Name bedeutet aram. „Zwilling". In Joh 11,16; 20,24 trägt er den Beinamen „Didymos" (gr. für Zwilling). Möglicherweise heißt er mit vollem Namen Didymos Judas Thomas.[278] Zu unterscheiden ist er von Judas Iskariot (Lk 6,16; Joh 14,22; Apg 1,13). Der Herrenbruder Judas (Mk 6,3) leitet später die Mission in Edessa und Parthien.[279] Mit diesem ist Thomas möglicherweise identisch. Er vertritt ein weisheitliches Christentum. Zahlreiche gnostische Schriften werden ihm zugerechnet.

### 2.7.5 Paulus

Apg, Röm, 2 Kor und Gal bieten (auto-)biographische Passagen zu Paulus.[280] Demnach ist Paulus Diasporajude mit römischem Bürgerrecht aus Tarsos in Kleinasien und von Beruf Zeltmacher (Apg 16,37f.; 22,3.25; 23,27). Er genießt eine höhere Bildung, wird Schüler von Rabbi Gamaliel I. und einer der aktivsten Verfolger der syrischen Christen.[281] Laut Apg 8,1 ist er bei der Steinigung des Stephanus anwesend; die Notiz ist wohl konzeptionell bedingt. Nach seiner Bekehrung (Apg 9; ca. 32/33) bleibt Paulus einige Zeit

276 Lk 22,8; Apg 3,1.4.11; 4,13.19. – Mk 10,39 bezieht sich nicht auf den gleichzeitigen Märtyrertod der Brüder.

277 JohEv: Iren Haer. III 1,1. Offb: Just Dial. 81,4; weiter Irenäos, Klemens, Tertullian u.a.

278 EvThom Prolog; vgl. „Buch des Thomas" (NHC II,7; 138,2).

279 Euseb H.e. I 13,4.11; II 1,6; III 1,1; Perlenlied; ActThom 108–113.

280 Zum Folgenden Öhler 2018, 181–193.

281 Apg 8,3; 9,2; 22,4; 26,10f.; 1 Kor 15,9; Gal 1,23 u.a.

in Damaskus, bevor er nach Jerusalem geht (Gal 1,17–20). Anders lässt Apg 9,26–30 Paulus direkt nach Jerusalem reisen, um sich dort mit Petrus zu verständigen. Die lk. Darstellung dient der Legitimierung des Paulus durch die Jerusalemer „Säulen" und ist eher unhistorisch.

Auf seinen Missionsreisen gründet Paulus Gemeinden in Syrien, Kleinasien und Griechenland. Wichtige Missionszentren sind Antiochia, Korinth (1 Thess, Röm) und Ephesos (1/2 Kor, Gal, Phil). Mehrfach inhaftiert, wird Paulus dank seines römischen Bürgerrechts nach Rom überstellt (Apg 21,15–28,31). Laut Apg 28,17–31 steht er in Rom unter Hausarrest, kann aber ungehindert verkündigen. In den 60er Jahren stirbt Paulus den Märtyrertod – ob im Zusammenhang mit dem Brand Roms oder nicht, muss offenbleiben (1 Clem 5,1–7; 6,1; IgnRöm 4,1–6; IgnEph 12,2). Paulus prägt als Schriftsteller die Gattung „apostolischer Brief". Zum apostolischen Selbstverständnis des Paulus vgl. → 2.4.4b.

### 2.7.6 Der „Lieblingsjünger"

Laut Joh 21,24f. ist der „Lieblingsjünger" der Kronzeuge der joh. Offenbarungstradition. Demgemäß wäre er keine fiktive Gestalt. Die Frage seiner historischen Identität bleibt freilich offen; möglicherweise ist er mit dem Zebedaiden Johannes identisch,[282] möglicherweise jedoch eine fiktive Gründergestalt der joh. Gemeinde (der „ideale Jünger"). Laut Joh 21 steht er in Konkurrenz zu Petrus (→ 2.4.4b).

### 2.7.7 Maria Magdalena

Jesus befreit Maria aus Magdala von Dämonen, worauf sie sich der Jesusbewegung anschließt (Mk 16,9; Lk 8,2).[283] Sie ist wie Maria und Martha eine selbständige Frau. Sie ist Augenzeugin der Kreuzigung Jesu (Mk 15par. Mt 27; Joh 19,25), entdeckt als erste das leere Grab (Mt 28,1f.parr.; Joh 20,1) und hat eine erste Ostervision (Joh 20,11–18). Damit steht sie in direkter Konkurrenz zu Petrus und Jakobus (1 Kor 15,5.7). Im JohEv und gnostischen Texten spielt sie eine herausragende Rolle.[284] EvMar und EvPhil sehen Maria

282 So $P^{66}$, Irenäos und Klemens von Alexandria.
283 Zum Folgenden Heiligenthal/von Dobbeler 2001, 119–129.
284 EvThom 21.114; Sophia Jesu Christi (NHC III 4); PistSoph, DialSav: Maria Magdalena ist Offenbarungsempfängerin, Wortführerin und Gesprächspartnerin Jesu.

Magdalena in Konkurrenz zu Petrus mit einer dem joh. „Lieblingsjünger" vergleichbaren Funktion:

> „Simon Petrus sprach zu ihm: Maria soll von uns weggehen! Denn die Frauen sind des Lebens nicht wert. Jesus sprach: Siehe, ich werde sie ziehen, daß ich sie männlich mache, damit sie auch zu einem lebendigen Geist wird, der euch Männern gleicht. Denn eine Frau, die sich zum Manne macht, wird eingehen ins Reich der Himmel."[285]

## 2.8 Ergebnis: Impulse und Reaktionen

Der erste und wichtigste Impuls für die Entstehung des Christentums sind Begegnungen mit dem Charismatiker Jesus von Nazareth. Für viele ist er der verheißene Messias-Christus Israels und Erlöser der Welt. Aufgrund von Erfahrungen der Präsenz des Auferstandenen in der Gemeinde (zweiter Impuls, z. B. Lk 24,13–35) setzt sich der Christusglaube nach Ostern fort. Das Pfingstwunder wird als endzeitliche Erfüllung von Joel 3,1 gedeutet (dritter Impuls).[286] Von dort aus startet die Missionstätigkeit der Apostel. Sie führt gegen Mitte des 1. Jh. nach Rom und mit den Missionsreisen des Paulus auch nach Syrien, Kleinasien und Griechenland.

Bereits in der Jerusalemer „Urgemeinde" bilden sich charakteristische Riten und Lebensformen heraus, die vom synagogalen Judentum als deviant eingestuft werden (Taufe, Abendmahl, Fastentage, Feier des Sonntags). Vollends zwingen die beschneidungsfreie Mission unter Nichtjuden und die Tischgemeinschaft mit ihnen die jüdischen Autoritäten zu Gegenmaßnahmen. In Reaktion darauf präzisieren die Christen ihre Glaubensgrundlagen. Im Zentrum steht das Bekenntnis zu Jesus dem Christus und Gottessohn. Dies und soziale Spannungen im Kontext des Ersten Jüdischen Krieges forcieren den jüdisch-christlichen Trennungsprozess und die weitere Ausgestaltung eines eigenständigen Gemeindelebens.

Repressalien seitens der jüdischen Glaubensgenossen und der Römer führen zu einer ausgeprägten Leidens- und Martyriumstheologie. Der Tod der Apostel und anderer Augenzeugen Jesu sowie der Eindruck einer Parusieverzögerung bewirken die schriftliche Fixierung der Jesusüberlieferung in Form von Evangelien sowie die Reflexion des christlichen Geschichts-

285 EvThom 114, übersetzt von Haenchen 1976, 530.
286 Vgl. Erlemann 2021, 79–82.

bilds in Abgrenzung zur frühjüdischen Apokalyptik. Das schnelle Wachstum der jungen Religionsgemeinschaft und die Erfahrung charismatischen „Wildwuchses" ziehen die Ausbildung einer festeren Ämterstruktur mit Hierarchiebildung nach sich.

Am Ende des 1. Jh. wird das junge Christentum in der hellenistisch-römischen Gesellschaft als eigenständige Größe wahrgenommen und dringt allmählich in höhere, gebildetere Schichten vor. Gründe für den Erfolg sind ein attraktiver Monotheismus, gepaart mit einer innovativen, befreiend wirkenden Ethik (Liebesgebot, Nivellierung sozialer Grenzen, Wertschätzung Randständiger) und dem beeindruckenden Bekennermut der Christen. Zeitgleich bilden sich aufgrund des intransparenten Gemeindelebens und der Distanz vom öffentlichen Leben antichristliche Klischees heraus. Diese führen zu Repressalien und ersten Verfolgungen. Besonders konfliktträchtig ist der Exklusivanspruch des christlichen Monotheismus; er macht Konflikte mit dem römischen Staats- und Kaiserkult unvermeidbar.

Viele Fragen, die in der Folgezeit wichtig werden, wie die Auseinandersetzung mit Philosophie, Gnostizismus und abweichenden Lehren in den eigenen Reihen, sowie Fragen der Trinitätslehre, des Kanons und des Umgangs mit Menschen, die vom Glauben abfallen, sind im 1. Jh. noch nicht präsent. Unterschiedliche Lösungsansätze für diese Fragen und Themen liegen jedoch bereits latent in den Schriften vor, die später im ntl. Kanon zusammengefasst werden.

https://narr.kwaest.io/s/1223

# Kapitel 3: Das zweite Jahrhundert

| Datum | Politische Ereignisse | Alte Kirche | Sonstiges |
|---|---|---|---|
| **98–117** | **Kaiser Trajan** | ca. 100 *Didaché*<br>Polykarp v. Smyrna | Wirken des Kerinth |
| bis ca. 130 | | *Apostolische Väter* | |
| ca. 110/112 | | Christenpogrome in Bithynien | Briefwechsel Plinius d. J. – Trajan |
| 110–180 | | *Apologeten* | |
| 115–117 | Judenaufstände im Osten | *Ignatiosbriefe* | |
| **117–138** | **Kaiser Hadrian** | ca. 117 Ignatios v. Antiochia † | Wirken des Basilides |
| 132–135 | 2. Jüdischer Krieg = Bar-Kosiva-Aufstand | | Beginn der großen jüdischen Diaspora |
| **138–161** | **Kaiser Antoninus Pius** | 150-155 Justin, *Apología I+II* | Wirken des Basilides und Valentins |
| ca. Mitte 2. Jh. | | | *Kanon d. Markion; apkr. Evv, ApkPetr* |
| **161–180** | **Kaiser Marc Aurel** | 161 Christenpogrom in Smyrna | Polemik des Kelsos und des Lukian von Samosata |
| 165–167 | | 165 Justin der Märtyrer † | Pestepidemie, Hungersnot |
| ca. 170 | | 174 Hegesipp, *Hypomnemata* | Wirken des Montanus |
| 177–212 | Abgar VIII. von Edessa | 177 Christenpogrom in Lugdunum/Lyon;<br>180 Martyrium der Scillitaner | |

| Datum | Politische Ereignisse | Alte Kirche | Sonstiges |
|---|---|---|---|
| **180–192** | **Kaiser Commodus** | um 180 Tatian, *Diatessaron*; Irenäos, *Adversus Haereses* | 185 Origenes * |
| 189–198 | | Victor von Rom | Wirken des Adoptianers Theodot |
| **193–211** | **Kaiser Septimius Severus** | | Wirken des Modalisten Noët |
| 195 | | Osterfeststreit | |
| ca. 200 | | *Canon Muratori;* Klemens von Alexandria; Tertullian von Karthago | Verbot der Montanisten |

Das 2. Jh. ist eine Zeit der inneren Konsolidierung und der ersten intellektuellen Auseinandersetzung mit hellenistisch-römischer Kultur. Während sich der christliche Glaube weiter verbreitet, nehmen antichristliche Klischees und Polemik zu. Die Organisation der Gemeinden mit Kultleben, Hierarchiebildung und ersten Kirchenordnungen gewinnt Konturen. Der Gnostizismus und erste innerkirchliche Reformbewegungen wie der Montanismus provozieren eine weitergehende theologische Profilierung der Kirche. Ein reichhaltiges Schrifttum (späte NT-Schriften, „Apostolische Väter", Apologeten, erste Kirchenväter u. a.) legt davon Zeugnis ab. Theologische Schwerpunktthemen sind unter anderem das Verhältnis zum Staat, Naherwartung und Millenarismus sowie die Logoschristologie.

## 3.1 Äußere Geschichte

Das Römische Reich erlebt im 2. Jh. seine größte Machtausdehnung, aber auch erste Zerfallserscheinungen. Grenzkonflikte und innere Machtkämpfe bestimmen den Alltag (3.1.1). Der jüdisch-christliche Trennungsprozess geht weiter; das Judentum verliert sein Kerngebiet (3.1.2). Das Christentum breitet sich währenddessen weiter horizontal und vertikal aus (3.1.3).

### 3.1.1 Römisches Reich

*Überblick*: Das 2. Jh. ist die Ära der Adoptivkaiser Trajan, Hadrian, Antoninus Pius, Marc Aurel und Lucius Verus (98–180).[1] Die Kaiser verstehen sich als Diener des Staates und verkörpern so das Ideal des Prinzipats.[2] Sie gelten aber auch als Stellvertreter Jupiters auf Erden. Die Adoptivkaiser werden mitsamt Familienmitgliedern posthum divinisiert. Die Kaisergattinen spielen als *Augustae* eine prominente Rolle im öffentlichen Leben und in der Politik.

Über die Geschichte des Imperium Romanum im 2. Jh. geben Autoren wie Tacitus, Sueton, Cassius Dio, Herodianos und Florus Auskunft (→ 3.6.1).

Unter Kaiser Trajan erreicht das Römische Reich seine größte Ausdehnung; es erstreckt sich vom Indischen Ozean bis nach Spanien. Anhaltende Kriege gegen Daker und Parther prägen die Außenpolitik. 115–117 kommt es zu überregionalen Judenaufständen (→ 3.1.2). Trajans Erfolge[3] spülen enorme Geldsummen in die Staatskasse; sie werden zum Teil in die Prunkbauten des *Forum Traiani* investiert. Sozialpolitisch setzt Trajan die Alimentation armer Familien fort.

Kaiser Hadrian (117–138) setzt weniger auf Expansion als auf Konsolidierung. Er versteht sich als Erneuerer des Erdkreises (lat. *restitutor orbis terrarum*), romanisiert die Provinzen und Legionen und sorgt umfassend für das Wohl des Volkes, insbesondere der Armen und der Sklaven. Er fördert die Kultur und ruft ein goldenes Zeitalter aus.[4] Auch das Pantheon und die Engelsburg in Rom gehen auf seine Rechnung. Die Provinzen östlich von Euphrat und Tigris gibt Hadrian 117 auf und sorgt damit für anhaltende Ruhe an der Ostgrenze. In Germanien und Britannien baut er den Limes aus.

---

1 Lucius war unter Marc Aurel Co-Imperator, starb jedoch vor ihm auf dem Schlachtfeld.

2 Zum Folgenden Bellen 2010, 119–125.

3 Trajan erobert unter anderem die spätere Provinz Dacia (Siebenbürgen, Banat, Walachei und Moldawien), das Nabatäerreich und Armenien.

4 118 lässt Hadrian die Schuldtafeln der römischen Staatsschuldner verbrennen (Bellen 2010, 125) und sorgt so für eine nachhaltige Entlastung der verschuldeten Bürger. Begünstigt werden unter anderem Plutarch, Arrian und Galen, der spätere Leibarzt Marc Aurels. Kritik an der kaiserlichen Politik äußern demgegenüber der Geschichtsschreiber Tacitus und der Satiriker Juvenal.

Der Hadrianswall sichert ab 122 die Nordgrenze der Provinz Britannia. Den Bar-Kosiva-Aufstand (132–135) schlägt Hadrian brutal nieder.

Antoninus Pius (138–161) beschert dem Imperium eine längere Friedenszeit. Er selbst gilt als gleichmütiger Herrscher in der Tradition der ersten Könige Roms. Dazu passen die Feierlichkeiten zum 900jährigen Bestehen der Stadt (148). Militärisch erwähnenswert sind lediglich die Errichtung des Antoninwalls in Nordbritannien (142/143) und die Erweiterung des Limes in Obergermanien.[5]

Marc Aurel (161–180), Stoiker und Verehrer Epiktets (→ 2.2.2a), ist der „Philosoph auf dem Kaiserthron." Er setzt die großzügige Sozialpolitik seiner Vorgänger fort. Trotz seiner stoischen Einstellung muss er an vielen Fronten kämpfen. Hintergrund ist die einsetzende Völkerwanderung aus Zentralasien. Parther fallen in Armenien und Syrien (161–166), Quaden und Markomannen in Italien, Sarmaten in Griechenland ein (166–175; 178/179). Der Antoninwall wird wieder aufgegeben. Auch die Grenzen in Germanien und Britannien sind zu verteidigen. Trotz der teuren (wenn auch siegreichen) Kriege hinterlässt Marc Aurel ein solides Imperium (Cass 72,36,3). Er wird posthum divinisiert. – Tacitus nennt die Zeit der Adoptivkaiser

5 Zum Folgenden Bellen 2010, 161–165.

das „glücklichste Jahrhundert“ (lat. *beatissimum saeculum*) des römischen Imperiums (Tac Agr. 3,1).

Marc Aurels Sohn Commodus (180–192), ein selbstüberheblicher Anhänger des Mithraskults (Maximus, Hist. Aug. Comm. 9,6), instrumentalisiert den Senat, benennt Rom in *Colonia Commodiana um,* nennt seinen Prinzipat „goldenes Zeitalter des Commodus“ und sich selbst *Hercules Romanus.* Militärisch befriedet er die Donauvölker (180) und wirft Aufstände in Britannien und Germanien nieder. Seine Verschwendungssucht bringt die Staatskasse in dauerhafte Schieflage.[6] 192 fällt er einer Palastverschwörung zum Opfer und verfällt der *damnatio memoriae.*

Aus den Bürgerkriegswirren des Vierkaiserjahres 193 geht der Libyer Septimius Severus als neuer Imperator hervor. Er hebt die *damnatio* über Commodus zu seiner eigenen Legitimierung wieder auf.[7] Er baut seine Macht auf dem Militär auf und ist damit Vorläufer der Soldatenkaiser (⟶ 4.1.1b). Gegenüber Heer und Volk ist Severus großzügig, gegenüber politischen Gegnern und Christen unnachgiebig (Edikt 202; ⟶ 4.3.1a). Seine Großzügigkeit finanziert er mit zusätzlichen Steuermitteln aus den Provinzen und mit einer massiven Geldentwertung.

### 3.1.2 Judentum

*Überblick*: Im 2. Jh. bäumt sich das Judentum letztmalig gegen Rom auf. Die Folgen sind der Verlust Jerusalems und von Millionen Menschenleben, das Verbot jüdischen Kultlebens und eine Judenverfolgung unter Kaiser Hadrian (bis 138). Viele Juden emigrieren. Später wird die *halachá* in Gestalt der Mischna kodifiziert. Der jüdisch-christliche Trennungsprozess verfestigt sich.

Jüdische Diasporagemeinden entwickeln sich unter zelotischem Einfluss zu ständigen Unruheherden (⟶ 2.1.2f).[8] 115–117 proben Juden in Alexandria, Kyrene, Zypern, Judäa und Mesopotamien den Aufstand. Viele Römer

6 A.a.O., 132.
7 A.a.O., 174.
8 Zum Folgenden Dexinger 1988, 346f.

kommen ums Leben, bevor Trajan die Aufstände brutal niederschlägt (Cass 68,32,1–3).

Andauernde soziale Not, Hass auf die Römer und neue messianische Hoffnungen führen 132 zum Bar-Kosiva-Aufstand (Zweiter Jüdischer Krieg, 132–135; vgl. Just Apol. I 32,13). Auf das Gerücht hin, Kaiser Hadrian wolle Jerusalem zur Militärkolonie machen und auf dem Tempelberg einen Jupitertempel installieren, kommt es zum Partisanenkrieg unter Simon bar-Kosiva (*bar Kochba*, Num 24,17); er wird von den Römern mit fatalen Folgen niedergeschlagen: Mehr als eine halbe Million Juden werden getötet, unzählige versklavt (Cass 69,14,1; Hieron Ad Jerem. 31,15). Jerusalem wird geschleift und als *Aelia Capitolina* neu gegründet; Juden haben keinen Zutritt, Juden werden bis zum Tod Hadrians 138 verfolgt, viele sterben als Märtyrer, viele emigrieren. Die Provinzen Syrien und Palästina werden neu geordnet, der Name Judäa getilgt.[9] Das ist der Beginn der großen jüdischen Diaspora.

Antoninus Pius beendet die Verfolgung. Die jüdische Gemeinde darf im galiläischen Uscha ein Bildungszentrum eröffnen. Simeon ben Gamaliel II. (145–175) gründet ein neues Synhedrium, sein Sohn Jehuda ha-Nasi (175–217) verlegt beides nach Beth Schearim. Unter Rabbi Gamaliel II., Rabbi Aqiva und Rabbi Jischmael wird die *halachá* in Form der Mischna verschriftlicht (der Grundstock des späteren Talmuds). Das Torastudium wird zur Grundlage der gesamten Lebensordnung. Die Abgrenzung vom Christentum geht weiter (→ 3.3.4). Die verlorenen Verheißungsgüter bleiben Gegenstand messianischer Hoffnung.

### 3.1.3 Christentum

*Überblick*: Das 2. Jh. ist für die frühe Kirche eine Zeit kontinuierlichen Wachstums auch in höhere Bildungsschichten hinein. Ansonsten prägen permanente Rechtsunsicherheit sowie Konflikte mit Philosophen, Gnostikern und Irrlehrern die Epoche. Um 195 eskaliert der innerkirchliche Streit um einen einheitlichen Ostertermin.

9 Zur Wirkung des Bar-Kosiva-Aufstands auf das Verhältnis zum Christentum vgl. → 3.3.4.

### a) Hauptereignisse und Hintergründe

Ereignisse, die im Kontext der Auseinandersetzung mit außerchristlichen Weltanschauungen oder innerchristlichen Häresien stehen, werden in den entsprechenden Abschnitten dargestellt (→ 3.3; 3.4.4).

#### 1. Verfolgungen

Seit Nero (→ 2.3.1d) kommt es immer wieder zu Repressalien seitens der Bevölkerung und der Behörden gegen die Christen. Hintergrund sind antichristliche Klischees, gepaart mit sozialen und politischen Motiven (weiter → 3.3.1c).

#### 2. Kanonbildung

Die schnell wachsende Zahl apokrypher Jesuslegenden und Apostelerzählungen sowie der Trend zur Verschriftlichung der Jesustradition fördern die Sammlung verbindlicher Schriften. Möglicherweise spielen auch der Trennungsprozess vom mischnischen Judentum, die Abwehr gnostischer Lehren und der umstrittene „Kanon" des Markion (→ 3.2.3b) eine Rolle.[10] Markion stellt um 150 einen Kanon verbindlicher Schriften unter Ausschluss des AT vor, der neben einem von jüdischen Gedanken gesäuberten LkEv lediglich zehn bereinigte Paulusbriefe enthält.[11] Diese a-jüdische Sammlung provoziert eine grundsätzliche Reflexion über das Verhältnis zum AT (→ 3.4.5).

#### 3. Osterfeststreit

Das Osterdatum wird schon früh unterschiedlich bestimmt. Christen in Rom und Alexandria feiern Ostern immer sonntags (Tag der Auferstehung), Christen in Kleinasien, Syrien und Palästina am 14. Nisan, dem traditionellen jüdischen Passatermin („Quartodezimaner" wie Polykarp von Smyrna und Polykrates von Ephesos; vgl. Euseb H.e. V 24).[12] Der Streit spitzt sich unter Victor von Rom (ca. 189-198) zu. Er versucht, den Einfluss Roms auf

---

10 So die ältere These Hans von Campenhausens (1968). Zur Diskussion dieser These vgl. Metzger 1993, Janßen 2003, Oeming (2003) *vs.* Klinghardt (2003) sowie Greschat 2006.

11 Die so genannte „Bibel der Häretiker". – Anders rechnen Metzger 1993, 90–99, und Hengel 2008, 60, mit Vorformen eines kirchlichen Kanons in der frühkatholischen Amtskirche.

12 Ausführlich Hausammann 2001b, 115–117.

Kleinasien auszudehnen und dort das westliche Osterdatum einzuführen. Die Quartodezimaner weigern sich, worauf Bischof Victor sie kollektiv exkommuniziert. Auf energischen Widerstand des Irenäos und anderer nimmt Victor die Maßnahme wieder zurück; die beiden Ostertermine bestehen nebeneinander fort. Der Streit wird in Nikäa 325 vorläufig im Sinne Roms gelöst (→ 5.1.3a), aber erst im 6. Jh. endgültig beendet.

### b) Wachstum und Verbreitung

Im 2. Jh. verbreitet sich das Christentum kontinuierlich weiter. Schwerpunkte sind Gallien (Lyon), Nordafrika (Karthago) und Ägypten (Alexandria). Regional ist ein rasantes Wachstum zu beobachten; der Briefwechsel zwischen Trajan und Plinius d. J. (um 112) setzt viele Christen in Bithynien und Pontos voraus, und zwar nicht nur in Ballungszentren, sondern auch auf dem Land (Plinius d. J., Ep. X 96,9f.; → 3.3.1a).[13] Hierfür sprechen auch antichristliche Klischees und das Erfordernis apologetischer Schriften.[14] Die Kirche fasst, ausweislich konvertierter Philosophen wie Justin, auch in intellektuellen Schichten Fuß. Unter Kaiser Commodus finden sich Christen im kaiserlichen Hofpersonal. Commodus' Konkubine Marcia setzt sich für die Freilassung inhaftierter Christen in Sardinien ein (Hipp Ref. IX 12,10–12). Lediglich der Senatorenstand bleibt bis ins 3. Jh. weitestgehend unberührt.[15]

Aufgrund der enormen Zuwächse entwickelt sich eine differenzierte Organisationsstruktur (→ 3.4.1); die Gemeinden pflegen untereinander persönlichen und brieflichen Kontakt. Ökonomisch sind Christen in der Gesellschaft integriert und in vielen Berufssparten zu finden (Tert Apol. 42,13). Die Verbreitung des neuen Glaubens geht mehr und mehr auf Kosten des römischen Staatskults und seiner Bewirtschaftung. In Bithynien kommt es ca. 110 zu antichristlichen Pogromen, da die dortigen Tempel keinen Zulauf mehr haben. Tertullian bezeugt die christliche Infiltration des urbanen Lebens (Apol. 37,4); selbst das Militär sei betroffen.[16] Das alles forciert ab Mitte des 3. Jh. antichristliche Maßnahmen (→ 4.3.1d).

---

13 Gottlieb 1991, 57.

14 Schnelle 2019, 540–542, rechnet mit ca. 50.000 Christen im Reichsgebiet um 130.

15 Gottlieb 1991, 59f. – Laut Tert Apol. 37,4; Scap. 4,5 gibt es gegen Ende des 2. Jh. bereits christliche Senatoren.

16 Clem Protr. X 100,4; Tert Apol. 42,3; Coron. 1,1–3; 11,4b. Tert Idol. 19 polemisiert gegen den Militärdienst.

Jenseits des Römischen Reiches sind Christen in Edessa (Königreich Osrhoëne) bezeugt. Sie werden durch König Abgar VIII. (177–212) begünstigt. Bekannte Vertreter sind Julius Africanus und Bardesanes. Die Episode endet mit der Umwandlung der Osrhoëne in eine römische Provinz unter Caracalla (ca. 214).

## 3.2 Religionsgeschichtlicher Kontext

Neben dem römischen Staatskult und der Philosophie hat sich die Kirche des 2. Jh. vor allem mit gnostischen Schulen auseinanderzusetzen. Das strukturelle Verhältnis zum Judentum ist geklärt und tritt in den Hintergrund.

### 3.2.1 Römischer Staatskult

Der römische Staats- und Kaiserkult (→ 2.2.1b) lebt im 2. Jh. unverändert fort. Die Adoptivkaiser verstehen sich als göttlich legitimierte *pontifices maximi.* Nach ihrem Tod werden sie divinisiert (→ 3.1.1).

### 3.2.2 Philosophie

Im 2. Jh. nähern sich Stoizismus, Platonismus und Aristotelismus weiter einander an.[17] Neupythagoreer und Mittel- bzw. Neuplatoniker nehmen religiöse Elemente, Astrologie und Emanationslehre in ihr System auf. Hauptvertreter der Stoa sind Epiktet (ca. 55–135) und Kaiser Marc Aurel (121–180). Für die Trinitätstheologie bedeutsam ist der stoische Begriff der Hypostase (gr. *hypóstasis*), d. h. das in Einzeldingen verwirklichte Sein.[18] Den mittleren Platonismus repräsentieren Apuleius (ca. 125–175) und Kelsos (ca. 138–180). Die Axiome der Unwandelbarkeit Gottes und der strengen Trennung von göttlicher und menschlicher Sphäre werden für Justins Logoschristologie und die frühchristliche Trinitätslehre maßgeblich (→ 3.5.2). – Die Philosophen liefern den Apologeten und Kirchenvätern wichtige Impulse und Kategorien, ihre Glaubensgrundlagen in philosophischen Begrifflichkeiten zu formulieren.

17 Ritter 1982, 104; Rosenau 2005, 18.

18 Ritter 1982, 127. – Vgl. die theologische Adaption des Begriffs bei Justin (→ 3.5.1b).

### 3.2.3 Gnostizismus

*Überblick*: Der Gnostizismus (von gr. *gnósis*, Erkenntnis) ist, neben Judentum und Staatskult, die größte Herausforderung der Alten Kirche.[19] Er ist ca. gleich alt wie das Christentum[20] und hat jüdische, altiranische, platonische und christliche Wurzeln. Eine ausgeprägte Organisationsstruktur fehlt. Gleichwohl findet der Gnostizismus weite Verbreitung. Seine Blüte hat er zwischen dem 2. und 4. Jh. Im Kern lehrt er die Erlösung des Menschen durch Erkenntnis (gr. *gnósis*). Am Gnostizismus arbeiten sich viele Kirchenväter ab. Ihre Schriften und die gnostischen Textfunde von Nag Hammadi (1945–1948) sind die wichtigsten Quellen. Im Schnittfeld von Gnostizismus und Christentum entstehen in den ersten Jahrhunderten viele Schriften (EvThom, PistSoph, EvPhil, EvVer, DialSav u.a).

#### a) Lehre

Der Gnostizismus ist eine intellektuelle Weltanschauung.[21] Er kreist um eine dem Christentum ähnliche Erlösungslehre. Der Mensch ist als Teil des göttlichen Selbst Träger eines göttlichen Funkens (Seele); zu erlösen ist er aus der Gefangenschaft von Welt und Materie. Hierfür schickt Gott einen Mittler, um den Menschen die *gnósis* über sich selbst und den Erlösungsweg zu überbringen. Als Mittlerfigur gilt in der christlichen Gnosis Jesus Christus.[22] Ein Teil der Menschen (Pneumatiker) folgt seinem Ruf, ein weiterer Teil (Psychiker) wird umworben, ein dritter Teil (Hyliker) gilt als für die göttliche *gnósis* nicht zugänglich und somit verloren. Der Rückweg zum göttlichen Licht verläuft über Ausscheidung alles Materiellen (Askese) und fortschreitende *gnósis*. Wer diesen Weg geht, ist der materiellen Welt enthoben; darin gründet der Libertinismus als Gegenstück zur Askese.

---

19 Zu den Versuchen einer Definition vgl. Leppin 2021, 19f.

20 Möglicherweise ist 1 Tim 6,20f. (die „fälschlich so genannte Gnosis"; Ende 1. Jh.) bereits ein Reflex auf die sich ausbildende Geistesströmung. 1 Joh 4,1f. ist demgegenüber nicht antidoketisch, sondern gegen ein judaisierendes Christusverständnis gerichtet (→ 2.3.4c).

21 Zum Folgenden Hausammann 2001a, 59–94, sowie Öhler 2018, 307–313.

22 Weitere Erlösungsmittler sind Zarathustra, Adams dritter Sohn Seth und Poimandres.

Die Entstehung der Welt (Kosmogonie) wird, gemäß dem Dualismus von Geist und Materie, als „Betriebsunfall", ausgelöst durch einen abgefallenen Gott (Demiurg, atl. Schöpfergott), gewertet. Das erklärt die schlechte Qualität der Welt. Göttliches Lichtreich und Materie sind vermischt. Das Zeitalter des Logos bringt ihre Entmischung; der Mensch wird zur Lichtwelt zurückgebracht, die Materie in den Bereich der göttlichen Fülle (gr. *plḗroma*) zurückgeführt.

Die Gnostiker kennen statt einer Trinität „Äonen", d. h. verschiedene Aspekte Gottes und seiner Sphäre (Iren Haer. I 1,1f.). Damit ist das Axiom der Unteilbarkeit und Unveränderlichkeit Gottes gewahrt. Gott und Welt sind klar voneinander getrennt. Dem entspricht die doketische Christologie: Nur zum Schein (gr. *dokeín*) wurde Christus Mensch und starb auch nur zum Schein am Kreuz (→ 3.5.1).[23] Irenäos zitiert dazu Basilides wie folgt:

> „Der ungewordene und unnennbare Vater habe, da er ihre Verderbtheit sah, seinen erstgeborenen Nus – das sei der, der Christus genannt wird – gesandt, um die an ihn Glaubenden aus der Gewalt derer zu befreien, die die Welt gebildet hätten (sc. der Engel). Ihren Völkern aber sei er auf Erden als ein Mensch erschienen und habe Machttaten vollbracht. Darum habe er auch nicht [selbst] gelitten, sondern ein gewisser Simon aus Kyrene, den man gezwungen habe, an seiner Statt das Kreuz zu tragen. Den hätten sie unwissentlich und irrtümlich gekreuzigt, nachdem er von ihm [Jesus] verwandelt worden sei, so daß man ihn für Jesus hielt. Jesus aber habe Simons Gestalt angenommen und dabei gestanden und jene verlacht."[24]

Frauen wird einerseits eine hohe spirituelle Autorität, etwa als Offenbarungsempfängerinnen oder als Prophetinnen, zugesprochen;[25] andererseits teilt das gnostische Christentum die allgemeine Abwertung der Frauen: Die Frau, namentlich Eva, sei Ursache der beklagenswerten Trennung der Geschlechter (EvPhil). Die Erlösung der Frau sei nur durch „Vermännlichung" zu erreichen (EvThom 114). Emanzipation ist nur in Ansätzen erkennbar.[26]

---

23 Iren Haer. I 26,1 (gegen Kerinth) sowie Hipp Ref. VII 33. – Schon die Ignatiosbriefe setzen sich mit doketischer Christologie auseinander (IgnSm 5,2 u. a.).

24 Iren Haer. I 24,4 (Text aus Ritter 1994, 50).

25 Vgl. die Polemik bei Iren Haer. I 13,1–5; Tert Praescr. 41 (→ 3.4.6).

26 Ausführlich zum Thema Rudolph 1994, 229–293.

### b) Schulen und Hauptvertreter

Im 2. und 3. Jh. bildet der Gnostizismus folgende Schulen aus:

1. *Simon Magus und die Simonianer*[27]: Simon Magus ist samaritanischer Jude und Intellektueller („Pneumaträger") mit griechischer Bildung, wirkt in Samarien als „Zauberer" (41–54 n. Chr.) und wird von Philippus getauft; Simon möchte an Geistverleihung bzw. Handauflegung Geld verdienen („Simonie" = Ämterkauf; Apg 8,9–25), wird aus der christlichen Gemeinde ausgeschlossen und kommt später angeblich nach Rom. Simons bekannteste Schüler in Antiochia sind Menander (bis ca. 80 n. Chr.) und Satornil (bis ca. 130 n. Chr.). Die Simonianer sind vor allem in Samaria und in Rom ansässig; Originalschriften sind nicht überliefert.

*Lehre*: Simon nennt sich „Große Kraft Gottes" und befreit Helena, die „Erste Emanation Gottes" (gr. *énnoia*), aus der Gefangenschaft des Kosmos. Simon wird daher als Verkörperung des unbekannten Gottes angesehen. Satornil lehrt die Entstehung des Kosmos durch inferiore Engel und sieht in Christus die Erlöserfigur.

2. *Kerinth und Karpokrates*[28]: Kerinth, Zeitgenosse Polykarps von Smyrna, wirkt zwischen 100 und 120, Karpokrates von 120–140 in Kleinasien. Seine Schülerin Marcella gründet die Schule der *Marcellianer* in Rom. Deren Verbreitungsgebiet ist unbekannt, Originalschriften sind nicht überliefert.

*Lehre*: Kerinth und Karpokrates lehren den unbekannten, höchsten Gott und den niedrigen Demiurgen. Sie vertreten eine doketische Christologie. Karpokrates vertritt einen konsequenten Antinomismus bzw. Libertinismus und sieht in Jesus das Vorbild auf dem Weg zur Erlösung.

3. *Markion und die Markioniten*: Markion wird um 100 in Pontos geboren und um 144 aus der römischen Gemeinde ausgeschlossen. Er gründet eine unabhängige Gemeinde und stirbt ca. 160. Seine Zuordnung zum Gnostizismus ist unsicher.[29] Sein bekanntester Schüler ist der Alexandriner Apelles. Die Markioniten sind bis zum 4. Jh. vor allem in Italien und bis zum 5./6. Jh. in Syrien-Palästina beheimatet. Originalschriften sind nicht erhalten.

---

27 Quellen: Apg 8,9–25; Just Apol. I 26,1–3; Iren Haer. I 23; EpAp; Hipp Ref. VI 9–18; ActPetr; PsClem.

28 Quelle: Euseb H.e. IV 14,6.

29 Für Hausammann 2001a, 79, sprechen fehlende Esoterik und Allegorese gegen die Zuordnung.

*Lehre*: Markion stellt den guten Gott und Vater Jesu Christi, Schöpfer der unsichtbaren Welt, und den atl., inferioren Schöpfergott (Demiurg) einander gegenüber. Apelles sieht im Demiurgen einen gefallenen Engel des guten Gottes. Markion schafft einen ersten „christlichen“ Kanon heiliger Schriften (→ 3.4.5).

4. *Basilides und die Basilidianer*[30]: Basilides ist möglicherweise Schüler Menanders und wirkt zwischen 120 und 160 in Alexandria. Ägypten ist bis ins 4. Jh. das hauptsächliche Verbreitungsgebiet der Basilidianer. An verlorenen Originalschriften sind ein Evangelium und 24 Bände *Exegetica* dokumentiert.

*Lehre*: Basilides vertritt erst eine dualistische, später eine monistische Kosmogonie. Dualistisch ist die Weltentstehung durch Emanationen des „Vaters“ (Pleroma bzw. göttliche Fülle) und durch Urvermischung bzw. Urverwirrung des ursprünglich Getrennten. Anführer der untersten Engelklasse ist Abrasax / Abraxas (der Demiurg anderer Systeme). Jesus gilt als Emanation von Christus-Nous und hat die Mission, den materiellen Kosmos zu überwinden. Die Christologie ist doketisch (Simon von Kyrene starb anstelle von Jesus am Kreuz). – Monistisch ist die Vorstellung, Gott selber habe unabsichtlich die Welt erschaffen.

5. *Valentin und die Valentinianer*: Valentin stammt aus Unterägypten, kommt zur Zeit Markions nach Rom, wirkt dort bis ca. 160, später eventuell in Zypern.[31] Die Valentinianer leben in Syrien, Mesopotamien, Iran, Ägypten (östlicher Zweig, bis zum 4. Jh.; Hauptvertreter Markos und Theodotos) oder in Rom, Italien und Südgallien (westlicher Zweig, bis Ende 4. Jh., Hauptvertreter Ptolemaios und Herakleon). Den Valentinianern sind Schriften wie das Johannes-Apokryphon, das Evangelium der Wahrheit, das Philippusevangelium, die Exegese der Seele und die Sophia Jesu Christi zuzuordnen.

*Lehre*: Emanationen aus einem Uranfang bilden die göttliche Fülle (gr. *plḗroma*); sie besteht aus 30 göttlichen Mächten (gr. *aiónes*). Diese sind paarweise angeordnet („zwei erste Vierheiten“ = „erste Achtheit“) und erzeugen weitere Äonen bis hin zur Weisheit (gr. *sophía*), die für den „Sündenfall“ der Weltschöpfung sorgt. Christus und der Geist werden als Gegenmittel geschaffen. Sie führen zuerst die Sophia zurück, dann die

30 Quellen: Euseb H.e. IV 7,6–8; Clem Strom. VII 107.
31 Laut Markschies 2010, 90, gehört Valentin selbst ins Vorfeld gnostischer Systembildung.

Pneumatiker und einen Teil der Psychiker; die Hyliker sind verloren. Die Valentinianer gehören, wie Basilidianer und Markioniten, zum christlichen Gnostizismus bzw. zum gnostischen Christentum.

#### c) Fazit: Provozierender Impuls für die Kirchenväter

Der monotheistische Gnostizismus ist dem Christentum zum Verwechseln ähnlich. Die Fähigkeit, religiöse mit philosophischen Denkansätzen zu verbinden, die institutionelle Offenheit gnostischer Schulen, der intellektuelle Anspruch und die Wertschätzung von Frauen machen ihn zu einer attraktiven Alternative zur Mehrheitskirche. Insbesondere Markioniten, Basilidianer, Valentinianer und Manichäer sorgen für wichtige Impulse zur Schärfung der christlichen Theologie und der *regula fidei.* Konfliktfelder sind Kosmogonie, Kosmologie, Christologie, Anthropologie, Soteriologie, Ethik und die Schriftauslegung (→ 3.3.3; 3.4.5).[32]

## 3.3 Verflechtungen

Die Verflechtungen der Kirche nach außen (→ 2.3) bestehen im 2. Jh. weiter.

### 3.3.1 Verhältnis zum Staat

#### a) Römische Religionspolitik

*Überblick*: Eine in sich konsistente Religionspolitik ist im 2. Jh. nicht erkennbar. Ein intakter Staats- und Kaiserkult ist Teil der Staatsräson. Fremdkulte werden in der Regel dem Staatskult zugeordnet. Mit Juden- und Christentum, die den Staatskult verweigern, sind Konflikte vorprogrammiert. Gegen Ende des 2. Jh. bahnt sich ein programmatischer Wechsel in der Religionspolitik an.

32 „Christliche Gnosis drückt sich nicht in einem neuen Schriftenkanon aus, sondern in der spezifischen Interpretation alttestamentlicher und neutestamentlicher Quellen" (Janßen 2003, 46).

Fundament der römischen Religionspolitik ist die Stellung des Kaisers als *pontifex maximus* (→ 3.1.1). Der intensivierte Kaiserkult zieht den Bau neuer Kaisertempel nach sich. Die Wohlfahrt des Imperiums verdankt sich dem intakten Verhältnis zu den Staatsgöttern; das Kultleben ist Sache der Staatsräson. Krisen gelten als Symptom für ein gestörtes Kultleben. So führen Hungersnot, Krieg und Pest im Jahr 166/167 zu intensiven Opfer- und Sühnehandlungen unter Marc Aurel, dem *pontifex maximus*, um die Götter wieder milde zu stimmen.[33]

Die Religionspolitik ist im 2. Jh. weiterhin recht liberal; Kulte unterworfener Völker werden in der Regel dem Staatskult zugeordnet (Synkretismus; → 1.6.2). Unter den Adoptivkaisern finden Kybele-, Isis- und Mithraskult Eingang ins römische Kultleben; in Rom entsteht z. B. ein Isis- und Sarapistempel, in Damaskus ein Jupitertempel. Nicht integrierbar sind Juden- und Christentum, die beide den Staatskult verweigern. Konflikte sind vorprogrammiert (→ 3.1.2). Von Übergriffen gegenüber Christen berichtet Plinius d. J. (→ 3.3.1d). – Mit Septimius Severus (192–211) und seiner Gattin Julia Domna, einer syrischen Baals-Priesterin, ändert sich Roms Religionspolitik grundlegend.

### b) Die christliche Einstellung zum Staat

*Überblick*: Christliche Grundsatzkritik am Staat fehlt auch im 2. Jh. Nach außen hin stellen Apologeten die Staatsloyalität der Christen heraus, kirchenintern raten sie zur Distanznahme gegenüber dem gesellschaftlichen Leben.

Grundsatzkritik am Staat fehlt weiterhin, die Haltung innerer Distanzierung setzt sich fort. Diogn 5,1–10 propagiert eine vorbildliche, unauffällige Lebensführung. Demnach sollen sich Christen weder in Kleidung, Essen noch weitenteils im Lebenswandel von Nichtchristen unterscheiden. Sie sollen nicht durch neue Praktiken, sondern durch Verzicht auf bestimmte Praktiken auffallen. Demgegenüber betrachten sich die Christen unterein-

33 Bellen 2010, 142. – Zur Intensivierung christlicher Naherwartung im gleichen zeitlichen Kontext vgl. → 3.5.4.

ander als Fremde in der Welt mit himmlischem Bürgerrecht (Phil 3,20; Hebr 13,14; vgl. 1 Petr 2,11).

Gegen die christenfeindliche Stimmung entstehen an den Kaiser adressierte Apologien (Rechtfertigungsschreiben), welche die Staatsloyalität der Christen betonen (⟶ 3.6.2b). Adressaten sind Antoninus Pius, Marc Aurel und Commodus (⟶ 3.6.2b). Justin der Märtyrer (ca. 100–165) differenziert zwischen dem anzuerkennenden Staat und dem für Christen untragbaren Kaiserkult, aber auch zwischen Gott und Kaiser: Dem Kaiser gebühre Anerkennung und Gehorsam inkl. Gebet für sein persönliches Wohl und das des Staates; Anbetung aber gebühre Gott allein (Apol. I 17). Meliton von Sardes († ca. 180) stellt heraus, dass die Wohlfahrt des Staates den Gebeten der Christen zu verdanken sei; daher gebühre ihnen staatlicher Schutz (Euseb H.e. IV 26,7f.; vgl. Tert Apol. 30,4). Polemisch äußert sich dagegen Minucius Felix: Das römische Imperium sei nicht auf Frömmigkeit, sondern auf Raub und Mord gegründet (Oct. 25,1–7; vgl. Tatian, fr. 35,2).

Konsequente Distanznahme fordert gegen Ende des 2. Jh. Tertullian (Spect. 30,3): Zu meiden seien die Spiele der Römer, denn sie führten zur Verrohung und lenkten vom Glauben ab. Das größte Schauspiel sei das Jüngste Gericht. Weltliche Ämter dürften nur übernommen werden, wenn damit kein Götterkult verbunden ist; das sei aber kaum jemals der Fall (Idol. 17). Nach außen hin fordert Tertullian die Gleichbehandlung der Religionen bzw. „Religionsfreiheit" (lat. *libertas religionis*, Apol. 24,5f.).[34] Die Unterdrückung der Christen sei geradezu absurd.

### c) Außenwahrnehmung des Christentums

---

*Überblick*: Christen gelten als potenzielle Störenfriede und Unruhestifter. Die dem zuwiderlaufende christliche Ethik ändert daran nicht viel.[35] Christen gelten als abergläubisch und asozial, ihre Lehre als barbarisch,

34 Laut Leppin 2021, 349, ist dies der älteste Beleg für den Ausdruck Religionsfreiheit.

35 Vgl. die Mahnungen, die Obrigkeit anzuerkennen (Mk 12,13–17: Steuerfrage; 1 Tim 2,1f.; 1 Petr 2,11–17: vorbildliche Lebensweise; Röm 13,1–7; 1 Petr 2,11–17; 1 Clem 61,1: Anerkennung des Kaisers als Ordnungsmacht). – Weiter Öhler 2018, 296–298.

ihre Praktiken als magisch. Die Klischees münden in Repressalien und Verfolgungen (⟶ 3.3.1d).

Mit der weiteren Ausbreitung und dem Aufstieg in höhere Kreise rückt das Christentum mehr und mehr ins öffentliche Rampenlicht. Viele Menschen werten es als neuen Aberglauben (lat. *nova superstitio*); neue Lehren sind in der Antike aber grundsätzlich suspekt.[36] Weitere Vorwürfe sind Hass auf das Menschengeschlecht (lat. *odium humani generis*), Atheismus, Kannibalismus und Inzest.[37] Der hohe Frauenanteil in den Gemeinden ist ebenfalls Anlass zu antichristlicher Polemik.[38] Minucius Felix fängt die Stimmung ein:

> „Ihr dagegen lebt immer in Sorge und Angst, ihr haltet euch von allen Vergnügungen fern, auch von den anständigsten. Ihr besucht keine Schauspiele, nehmt an den Festzügen nicht teil, verschmäht die öffentlichen Speisungen; ihr verabscheut die Spiele zu Ehren der Götter, das Opferfleisch und den Opferwein der Altäre. So sehr fürchtet ihr die Götter, deren Dasein ihr doch leugnet![39]

Der Mittelplatoniker Kelsos (ca. 138–180) stellt in seiner Polemik[40] Christen als ungebildete, atheistische Barbaren dar, die massive Irrlehre verbreiten. Ihr exklusiver Monotheismus und ihre Nichtbeteiligung am öffentlichen Leben seien akut staatsgefährdend und Ursache des politischen und gesellschaftlichen Niedergangs (Tert Nat. I 9,3; Orig Comm. Mt. 39). Polemik verbreitet auch der Stoiker M. Cornelius Fronto (ca. 100–170).[41]

Der Satiriker Lukian von Samosata (ca. 120–180) wundert sich über die Martyriumsbereitschaft der Christen, die sich dem Glauben an ein ewiges Leben verdanke. Ihr „erster Gesetzgeber“ (Jesus) sei ein Sophist, der jede Form von (Privat-)Besitz abgelehnt habe (Peregr. 13). Der Bekennermut der Christen ist für Justin (den Märtyrer!) der Auslöser für seine Bekehrung (Apol. II 12,1). Die Ruhe und Gelassenheit der Märtyrer erinnern viele Menschen an gebildete Philosophen und lassen sie als ethische Vorbilder

36 Hier helfen in der Regel nur „Altersbeweise“, d. h. der Nachweis, dass die angeblich neue Lehre in Wahrheit die ältere und damit bessere ist (weiter dazu Erlemann 1998b).

37 Erlemann 2011, 140–144. – Zur antichristlichen Stimmung im 1. Jh. vgl. Hebr 10 und Offb 13. Offb 2,13 und apokryphe Märtyrerakten bezeugen erste Martyrien.

38 von Harnack 1924, 599, ausweislich Tatian, 32f.

39 Klage des Caecilius in Min Fel Oct. 12,5f. (Übersetzung Gottlieb 1991, 95).

40 Kelsos, „Wahres Wort“ (gr. *Alethés lógos*), zitatweise bei Orig Cels. überliefert (⟶ 4.3.2).

41 Zitiert bei Min Fel Oct. 8,3–10,2 (Text bei Ritter 1994, 33f.).

dastehen. Das wiederum führt zu antichristlicher Polemik durch Intellektuelle wie Kelsos, Fronto und Lukian.[42]

Gegen den Stimmungstrend stellt Plinius d. J. fest, dass die antichristlichen Klischees nicht zutreffen und die Christen eine harmlose Gruppierung sind. Gleichwohl geht er Anzeigen gegen Christen nach und wendet das geltende Recht gegen sie an (→ 3.3.1d). Eine positive Meinung über die Christen bezeugt auch der syrische Philosoph Mara bar Serapion (→ 1.3.4).

### d) Christenverfolgungen

*Überblick*: Im 2. Jh. kommt es immer wieder zu lokalen Übergriffen gegen Christen. Ein Motiv ist der „weiche" Kaiserkult, d. h. der nicht der vom Kaiser angeordnete, sondern von lokalen Behörden praktizierte Kaiserkult. Für ein Todesurteil genügt die Bezichtigung oder das Bekenntnis, Christ zu sein (*nomen ipsum*). Anonyme Anzeigen werden ab Trajan jedoch nicht mehr akzeptiert. Namhafte Märtyrer sind Ignatios von Antiochia, Polykarp von Smyrna und Justin der Märtyrer.

Übergriffe gegen Christen erfolgen im 2. Jh. punktuell auf Betreiben der lokalen Verwaltung oder auf private Anzeigen hin.[43] Die Kaiser werden nicht gegen die Gemeinden aktiv. Anders ist der „weiche" Kaiserkult für lokale Behörden im Osten des Reiches ein Motiv, Christen mit Sanktionen zu belegen und sie physisch zu bedrohen (→ 2.2.1b). So stirbt unter anderem Bischof Ignatios von Antiochia kurz nach 117 den Märtyrertod.

Ca. 110 kommt es zu Übergriffen gegen Christen in Bithynien.[44] Eine einheitliche juristische Position gibt es nicht. Die Korrespondenz zwischen

42 Leppin 2021, 372 ff.; vgl. Tert Apol. 50,13: Das Blut der Christen ist ein fruchtbringender „Same".

43 Zehn denkbare Motive privater Anzeigen listet Gottlieb 1991, 92–102, auf: Gleichsetzung von Christen mit Juden, Verweigerung des öffentlichen Lebens, Halsstarrigkeit, Unmoral und Überheblichkeit, Neuheitsvorwurf, aggressive christliche Rhetorik, Störung des Familienfriedens, Verdacht sittenwidriger Kulthandlungen, wirtschaftliche Nachteile und Vorwurf des Atheismus.

44 Zum Folgenden Öhler 2018, 291–293. Öhler sieht die Entstehung eines „Neromythos" in zeitlichem Zusammenhang mit den Darstellungen Suetons, Tacitus' und Plinius' d. J. ab 110.

Kaiser Trajan und dem bithynischen Statthalter Plinius d. J. belegt, dass anonyme Anzeigen an der Tagesordnung sind (Ep. X). Das Bekenntnis, Christ zu sein (lat. *nomen ipsum*), kann zur Todesstrafe führen. Trajan bestätigt diese Regelung, lehnt aber anonyme Anzeigen als Fahndungs- und Verurteilungsgrund ab (Trajanreskript; Plin Ep. X 96; Min Fel Ep. X 97). – Lokale Verfolgungen in Kleinasien gibt es auch unter Hadrian (123/124); das *nomen ipsum* reicht für eine Anklage aus (Just Apol. I 4), doch pocht der Kaiser auf ein ordnungsgemäßes Gerichtsverfahren und auf Beweise für gesetzwidriges Verhalten.[45]

Unter Marc Aurel kommt es in Smyrna (Izmir, 161) und Lugdunum (Lyon, 177) zu heftigen Nachstellungen und zahlreichen Martyrien. Prominentes Opfer ist Polykarp von Smyrna (161; MartPol 17f.). In Lyon fordert das Volk den Tod von Christen unterschiedlichen Standes. Der Statthalter Galliens lässt sich vom Kaiser die Todesurteile bewilligen und die Christen daraufhin am Fest des lokalen Kaiserkultes im Amphitheater von Lyon hinrichten (Euseb H.e. V 1). – Ca. 165 stirbt Justin der Märtyrer. 180 findet im nordafrikanischen Scillium ein Gruppenmartyrium statt. Trotz Loyalitätsbekundungen der Scillitaner besteht Statthalter Saturninus auf dem Vollzug des Kaiserkults. Die Angeklagten verweigern das und bekennen sich als Christen. Das bringt ihnen das sofortige Martyrium ein.[46] – Märtyrerakten bezeugen viele Prozesse und Martyrien (⟶ 3.6.3e). Allerdings scheuen viele Christen das Martyrium (Plin Ep. X 97,6). Diese Abgefallenen (lat. *lapsi*) werden im 3. Jh. zu einem großen Problem für die Kirche (⟶ 4.4.2c).

Von 180–202 können sich Christen relativ frei entfalten und verbreiten. Kaiser Commodus gilt sogar als Sympathisant des neuen Glaubens. Trotzdem flammt aufgrund der großen Pestepidemie ab 166 die apokalyptische Naherwartung in der Kirche wieder auf; OrSib 8,139–150 kündigt das baldige Ende des Römischen Reiches an und die antichristlichen Klischees reißen nicht ab:

> „Wenn der Tiber die Mauern überflutet, wenn der Nil die Felder nicht überflutet, wenn der Himmel sich nicht rührt, wenn die Erde sich bewegt, wenn eine Hungersnot, wenn eine Seuche wütet, gleich schreit man ‚Die Christen vor den Löwen!‘“[47]

---

45 Reskript Hadrians an den Statthalter Minucius Fundanus, ca. 125 (Gottlieb 1991, 91).
46 Martyrium der Scillitaner; Text bei Ritter 1994, 44f.
47 Tert Apol. 40,2 (Text aus Leppin 2021, 360).

### 3.3.2 Verhältnis zur Philosophie

*Überblick*: Die Philosophie stellt die Begrifflichkeiten zur Verfügung, innerhalb derer die Theologen ihre Lehrinhalte formulieren. Mithilfe philosophischer Kategorien bringen sie damit die Seriosität und den Wahrheitsanspruch des christlichen Glaubens zur Geltung. Die griechisch sprechende Theologie des Ostens betreibt über Jahrhunderte Theologie im Sinne philosophischer Spekulation.

Im 2. Jh. beginnen Diskurse zwischen Theologie und Philosophie. Philosophen interessieren sich für den christlichen Glauben, die einen in polemischer Abwehrhaltung, die anderen in aktiver Hinwendung. Die Apologeten (Justin, Tatian, Athenagoras u. a.) sind stark vom mittleren Platonismus geprägt (→ 3.2.2c). Der Platoniker Justin konvertiert zum Christentum, betreibt eine christliche Philosophenschule[48] und verknüpft philosophische und theologische Logos-Spekulation. Justin stellt das Christentum als älteste und beste Philosophie dar. Sein Dialog mit Tryphon (Dial., ca. 160) ist ein philosophischer Diskurs über theologische Themen. Auch Tertullian zeigt sich als rhetorisch versierter Philosoph.

Joh 1,14: Logos = Wort Gottes ↘
philosoph. Logos = Vernunft ↗
→ Logoschristologie: Christus als ewige Vernunft Gottes, präexistenter Schöpfungsmittler → Gotteserkenntnis; Erlösung

Mehr noch sind gnostisch-christliche Schulen von philosophischem Denken beeinflusst. Ihr Ziel ist die Erlangung philosophisch-theologischer Erkenntnis (gr. *gnósis*). Ihre Rede von einem Demiurgen als Schöpfergott und die doketische Christologie verdanken sich dem philosophischen Gottesbegriff und seiner Axiomatik. Karpokratianer, Valentinianer und andere Gruppen etablieren sich in der Manier zeitgenössischer Philosophenschulen und verehren Christus, Platon und Aristoteles gleichermaßen.[49] Der Kampf der Kirchenväter gegen den Gnostizismus ist immer auch eine Auseinander-

48 Leppin 2021, 175f. – Zu den Apologeten ausführlich Hausammann 2001a, 169–255.
49 Leppin 2021, 176–178.

setzung mit philosophischer Axiomatik. Tertullian polemisiert gegen die Philosophie als Mutter aller Häresien (Praescr. 7):

> „Das [sc. die Irrlehren] sind Menschen- und Dämonenfündlein, zum Ohrenkitzel [ersonnen und] der Erfindungsgabe der Weltweisheit entsprungen, die der Herr Torheit nannte, er, der gerade, was töricht ist vor der Welt, erwählte, damit auch die Philosophie selbst zuschanden werde [vgl. 1. Kor 1,27]. Ist sie doch die Grundlage der Weltweisheit [überhaupt], sie, die dreiste Deuterin der Natur Gottes und seiner Ratschlüsse. Und gerade die Häresien sind es, die ihre Ausrüstung von der Philosophie empfangen [...] Hüte man sich vor solchen, die ein stoisches, platonisches und dialektisches [aristotelisches] Christentum erfunden haben!“[50]

Von der Kenntnis und der Aufgeschlossenheit gegenüber dem Christentum zeugt der private Brief des syrischen Stoikers Mara bar Serapion (→ 1.3.4).

### 3.3.3 Verhältnis zum Gnostizismus

Zwischen Gnostizismus und Alter Kirche gibt es eine große Schnittmenge. Christlich-gnostische Gruppen bilden in Ägypten, Kleinasien und Rom ab dem 2. Jh. eine Grauzone. Für die Theologie der Kirchenväter sind vor allem Valentinianer und Basilidianer Impulsgeber. Sie verbinden christliche Erlösungslehre mit gnostischen Gedanken und begründen so ein esoterisch-gnostisches Christentum. Kern ihrer Lehre ist das von Christus ausgerichtete Geheimwissen über den Rückweg zum göttlichen Licht. Apokryphe Offenbarungen Jesu an die Jünger prägen ihr Schrifttum. Von der kirchlichen Theologie sind sie durch ihre negative Weltsicht, den Dualismus zwischen höchstem Gott und Schöpfergott, den Doketismus und die Selbsterlösung des Menschen durch *gnósis* unterschieden.

Der Konflikt mit gnostischen Lehren beeinflusst die Lehre der Kirchenväter ab Mitte des 2. Jh., insbesondere Justin den Märtyrer, Irenäos, Klemens von Alexandria, Tertullian und Origenes. Der Kanon des Gnostikers Markion (ca. 150) fördert die Zusammenstellung eines kirchlichen Kanons heiliger Schriften und eine theologische Klärung des Verhältnisses zum AT (→ 3.1.3a; 3.4.5).

50 Leicht gekürzter Text aus Ritter 1994, 67.

| | | |
|---|---|---|
| bibl. Erlösungsvorstellung | → | *regula fidei*: wahres |
| | gnost. Lehre: Doketismus; ↗ | Mensch- u. Gottsein |
| philosoph. Axiome ↗ | Gott *vs.* Demiurg | Christi.; atl.=ntl. Gott |

## 3.3.4 Verhältnis zum Judentum

Der Trennungsprozess setzt sich fort. Die Diskussion um die jüdischen Wurzeln des neuen Glaubens ist kontrovers. Die Mehrheit der Theologen bekennt sich zum AT und zur Heilsgeschichte Gottes mit Israel. Andere fordern eine scharfe Abgrenzung (Barn, Diogn, Markion). Generell werden „die Juden" für Jesu Tod verantwortlich gemacht; sie seien von Gott zugunsten der Christen enterbt (Substitutionslehre).[51] Did 8,1 nennt Juden pauschal Heuchler. Ignatios fordert eine klare Abgrenzung (IgnMagn 8,1; 10,3; IgnPhd 6,1), insbesondere von jüdischen Gebräuchen (Einhaltung des Sabbats: Ign Magn 9,1; Torastudium: IgnPhd 8,2) und von jüdischer Lebensweise (IgnMagn 10,3). Erstmals begegnet in IgnMagn 10,1–3 „Christentum" (gr. *Christianismós)* als Terminus der Selbstwahrnehmung.

Justin deutet das AT konsequent christologisch (Dial.). Speisegebote und Beschneidung nennt er Strafen Gottes für das verstockte Israel (Dial. 16,2). Verfolgungen seitens der Juden im Rahmen des Bar-Kosiva-Aufstands vermerkt er in Apol. I 31,6. Die Anfeindungen führen zu akuter Naherwartung (→ 3.1.2).

> „Denn ihr [Juden] habt den Gerechten getötet [Jak 5,6] und vor ihm seine Propheten [vgl. Jes 57,1; 1 Thess 2,15]. Und nun verwerft ihr die, die auf ihn hoffen, samt dem, der ihn gesandt hat, Gott […]. Denn ihr habt nicht das Recht, selbst Hand an uns zu legen, derentwegen, die jetzt die Gewalt innehaben [sc. die Römer]; wann immer aber ihr könnt, würdet ihr auch dies tun."[52]

Zugleich erfahren AT und Judentum hohe Wertschätzung als Grundlage der christlichen Botschaft. Laut Justin und Irenäos sprach Christus bereits durch die atl. Propheten; gegen eine antijüdisch-gnostische Sicht (Markion!) betont Irenäos die Einheit beider Testamente und des biblischen Gottes. Auch der *Canon Muratori* (um 200) bezeugt die positive Anknüpfung ans AT (→ 3.4.5).

---

51 Barn 4–7; 14; Justin, Dial 11; 18–21. Meliton spricht vom Gottesmord (*Perí Páscha* 72–99).

52 Justin Dial. 16,4. Leicht gekürzter Text aus Ritter 1994, 13.

## 3.4 Innerkirchliche Entwicklung

Im 2. Jh. bilden sich Ämter und Strukturen weiter aus (3.4.1). Die Theologie reflektiert das Gemeindeleben (3.4.2), bildet eine Glaubensregel und einen ersten ntl. Kanon (3.4.5). Häresien sorgen für Spannungen und Spaltungen (3.4.3; 3.4.4). Die Genderfrage bekommt durch deviante Gruppen neue Impulse (3.4.6).

### 3.4.1 Organisation

#### a) Funktionen und Ämter

*Überblick*: Der (Mon-)Episkopat löst im 2. Jh. die früheren Strukturen ab. Schon früh beansprucht der römische Bischof eine Vorrangstellung. Einen anerkannten römischen Primat gibt es jedoch erst im 5. Jh. (→ 6.4.1e).

**Phase 5: Vorrang des Episkopats**

Die *Didaché* (Apostellehre, ca. 100 n. Chr.) regelt die Organisation von Lehre und Gemeindeleitung.[53] Did 15,1f. empfiehlt die Einsetzung von Bischöfen und Diakonen (Plural!) zur Gemeindeleitung und zur Lösung innergemeindlicher Konflikte. Feste Ämter sind offensichtlich noch nicht überall etabliert (anders als etwa in Rom und Korinth; → 2.4.1a).

> „Wählt euch nun Bischöfe und Diakone, würdig des Herrn, gütige Männer, frei von Habsucht, wahrhaftig und bewährt. Denn auch sie leisten euch den Dienst von Propheten und Lehrern. Achtet sie also nicht gering […]."[54]

Die Gemeindeleitung durch einen einzigen Bischof (Monepiskopat) ist bei Ignatios (ca. 117) theoretisch angelegt; er sieht den Bischof als Nachfolger der Apostel, als Garanten der rechten Lehre und der Einheit der Kirche und sogar als Stellvertreter Gottes (IgnMagn 6,1; IgnSm 9,1; IgnEph 5,1). Seine

53 Zu Einleitungsfragen vgl. Wengst 1984, 3–63.
54 Did 15,1f.; zitiert aus Ritter 1994, 12.

zentrale Forderung ist die Unterordnung unter den Bischof.[55] Korrespondenzführer und Hauptliturgen (gr. *epískopoi*) nutzen ihren Bildungsvorteil und ihre Netzwerke, um ihre Position zu stärken, und degradieren die Presbyter zu einem nachgeordneten Gremium. Der Monepiskopat ist noch umstritten; das zeigt die Argumentation der Briefe:

> „Wer etwas ohne Bischof, Presbyterium und Diakon tut, ist nicht rein im Gewissen" (IgnTrall 2; vgl. IgnMagn 7,2).

Für Irenäos ist das Bischofsamt ein effizientes Mittel im Kampf gegen Irrlehren. Die apostolische Sukzession garantiere die Rechtgläubigkeit der Lehre (Haer. IV 26,2). Tertullian sieht im Bischof den Garanten der kirchlichen Einheit; wer gegen ihn opponiert, provoziere Spaltungen (Bapt. 17,3). Bei Tertullian begegnet erstmals der Vorgang der Bischofsweihe (Bapt. 17,1f.). – Schon früh beansprucht der römische Bischof eine Führungsrolle (Primat; → 2.4.1a).[56] Irenäos unterstützt das; alle Kirchen müssten mit der römischen übereinstimmen (Haer. III 3,2).

Euseb von Cäsarea und andere legen mit Petrus beginnende Bischofslisten vor. Sie sollen die lückenlose Sukzession und damit die Rechtgläubigkeit der Kirche im Unterschied zu Gnostizismus und anderen Häresien belegen. Die Listen sind zum Teil anachronistisch, denn ein Monepiskopat bildet sich erst im Laufe des 2. Jh. heraus.[57] Die in den Listen genannten Namen stammen aus der stadtrömischen Überlieferung und bezeichnen bedeutende Presbyter des 1. Jh. wie Linus, Anenklet und Clemens, die ersten Petrusnachfolger in Rom. Ihre Amtstätigkeit überschnitt sich möglicherweise zeitlich. – Grundsätzliche Kritik am Bischofsamt übt ApkPetr (kopt.) 9,5f. Der Text vergleicht die Bischöfe mit den Irrlehrern aus 2 Petr 2,17 („Brunnen ohne Wasser"), die kein Charisma vorweisen.

### b) Finanzierung

Mit dem Vordringen in höhere soziale Schichten verbessert sich die finanzielle Lage der Gemeinden. Laut IgnPol 4,3 können sie christliche Sklaven auslösen. Justin bezeugt regelmäßige, freiwillige Zuwendungen der Chris-

---

55 IgnEph 20,2; IgnMagn 6,1; IgnTrall 2,1; 7,2 u.ö. – Vgl. Hanson 1978, 535.

56 Erstmals fällt im Kontext der Ausführungen zum Monepiskopat die Bezeichnung „katholische Kirche" (gr. *katholiké ekklesía*, IgnSm 8,2).

57 Leppin 2021, 190, verweist auf konkurrierende Sukzessionslinien zwischen „katholischen" Amtsträgern und gnostischen Schulgründern.

ten für Gemeinschaftsaufgaben (Apol. I 67,6; vgl. Tert Apol. 39,5f.; 197). Lukian von Samosata (⟶ 3.3.1c) belächelt, wie Gemeinden in ihrer naiven Hilfsbereitschaft ausgenutzt werden.[58] Herm Sim IX 26,2 kennt das Problem der Unterschlagung von Gemeinschaftsmitteln. Markion, ein wohlhabender Reeder, soll sich mit einer hohen Summe in die römische Gemeinde eingekauft haben (⟶ 3.2.3b).[59]

### c) Überregionale Vernetzung

Ab Ende des 2. Jh. werden zu gegebenen Anlässen Bischofsversammlungen (Synoden bzw. Konzilien) einberufen, um allgemeine Angelegenheiten zu besprechen, Wahlen durchzuführen und über fällige Maßnahmen z. B. gegen Häretiker zu entscheiden (Tert Ieiun. 13,6-8). Die Synoden haben legislativen Charakter; sie festigen die bischöfliche Macht und setzen klare Regeln.[60] Das oberste Prinzip ist Einstimmigkeit, die das Wirken des Heiligen Geistes bezeugt. Protokolle und Beschlüsse werden den Einzelgemeinden brieflich mitgeteilt.[61] Die Synoden sind zunächst regional beschränkt, werden aber in der Folgezeit immer bedeutsamer. Ab 325 finden ökumenische, d. h. reichsweite Konzilien statt (⟶ 4.4.1c; 5.1.3a).

### d) Zentren und Machtverhältnisse

Die Kirche ist im 2. Jh. multilokal bzw. polyzentrisch organisiert. Allerdings nennt sich Ignatios „Bischof von Syrien“ (IgnRöm 2,2), was andere Bischöfe in Syrien ausschließt; von einem Bischof von Rom weiß Ignatios dagegen nichts. Das Fehlen zentraler Knotenpunkte wird durch intensive Kommunikation wettgemacht. Gegen Ende des 2. Jh. kann von einer vernetzten christlichen Welt gesprochen werden. Dies trägt wesentlich zum Erfolg des Christentums bei.

---

58 Lukian Peregr. 12f. – Peregrinos lässt sich als Wandercharismatiker während seiner Haft von einer sesshaften Gemeinde unterstützen.

59 Laut Leppin 2021, 328, erhielt Markion nach dem Gemeindeausschluss 200.000 Sesterzen zurück. Das wirft ein Licht auf die komfortable Finanzdecke der römischen Gemeinde.

60 Gottlieb 1991, 82.

61 Leppin 2021, 246f.

## 3.4.2 Gemeindeleben

*Überblick*: Das Gemeindeleben findet im 2. Jh. überwiegend im privaten Raum statt. Es entstehen Ordnungen für Gottesdienst, Taufe und Abendmahl, zum Teil in bewusster Abgrenzung vom Judentum (Sonntag als Feiertag, andere Fastentage, Oster- statt Passafest). Nur der Bischof darf taufen, die Kindertaufe bleibt umstritten. Das Abendmahl gilt als Sakrament, die Bußpraxis wird teilweise gelockert. Grabinschriften zeigen Fisch und Anker als christliche Symbole.

### a) Gottesdienst und Festkalender

Der Gottesdienst ist Mittelpunkt des Gemeindelebens. Er findet vorwiegend in Privathäusern statt; Kirchen gibt es noch keine.[62] Laut Hippolyt (Comm. Dan. 1,20) dient ein ungeweihter Funktionsraum als Treffpunkt. Die Zusammenkünfte im privaten Bereich schüren Argwohn, wie Minucius Felix (Oct. 32,1) belegt:

> „Glaubt ihr aber, dass wir verstecken, was wir verehren, wenn wir keine Heiligtümer und Altäre haben?"

Daher betont Tertullian, Christen feierten nicht im Verborgenen, sondern in der Öffentlichkeit (Fug. 3; weiter → 3.3.1c). – Einen täglichen Gottesdienst empfiehlt Did 4,2; 9–10.14. Ab dem 2. Jh. wird er als Danksagung (gr. *eucharistía*) gefeiert. Did macht auch Vorgaben für die liturgische Gestaltung. Die Gottesdienstordnung steht in der Tradition des synagogalen Gottesdienstes (Just Apol. I 65–67). Wichtige Gebete sind das Vaterunser, die Abendmahlsgebete (Did 9–10) und das „große Kirchengebet" (1 Clem 59–61). Gebete und Bekenntnisse werden frei formuliert; das ändert sich erst im 4. Jh. Gegen Ende des 2. Jh. ist die Gottesdienstordnung vorläufig abgeschlossen. Die Liturgie besteht aus einem öffentlichen Teil inkl. Schriftlesung, Predigt und Hymnen; dieser Teil steht auch Katechumenen, Pönitenten und Nichtchristen offen. Der zweite, nichtöffentliche Teil inkl. allgemeinem Kirchengebet und Abendmahl ist den Getauften vorbehalten.

---

62 Clem Strom. VII 29,3f. nennt die Christen als das eigentliche Heiligtum; der christliche Gott sei überall und nicht an Tempel gebunden. – Zum Thema vgl. Hausammann 2001b, 143–150.

Gefeiert wird am Sonntag bzw. Herrentag (gr. *heméra kyriaké*, zuerst bei Just Apol. I 67), dem Tag der Auferstehung und der Parusie Christi (IgnMagn 9,1; Barn 15,8f.).[63] Am Sonntag ist Fasten verboten (Tert Orat. 23,1f.). Fastentage sind Mittwoch und Freitag (in Abweichung von der jüdischen Praxis). Gefastet wird auch in allgemeinen Notzeiten (Tert Apol. 40,13ff.). Fasten dient laut Tertullian dem Training der Leidensfähigkeit (lat. *patientia*) und als Sühnegabe für Christus (Pat. 13,2f.).[64] – Mit der Zeit bildet sich ein christlicher Wochen- und Jahresfestkreis heraus. Das Passafest wird in das Osterfest umgewandelt (→ 4.4.2a).[65]

## b) Taufe und Abendmahl

### 1. Taufe

Die Taufe ist für den Eintritt in die Gemeinde unentbehrlich (Herm Vis VIII 3; Sim XVI).[66] Justin versteht die Taufe als Wiedergeburt bzw. als Akt der Erleuchtung und er beschreibt den Zusammenhang zwischen Taufe und Eucharistie (Apol. I 61,3.12; vgl. Did 9). Wer getauft ist, ist von Gott „versiegelt“ (2 Clem 7,6; 8,6; Herm Sim VIII 6,3; IX 16f.). Praktiziert wird die Taufe im Namen des dreieinen Gottes. Fasten und Gebet zur Vorbereitung sowie Sündenvergebung, Friedenskuss und Abendmahl sind Elemente des Taufakts (Apol. I 61–66). Handauflegung, Salbung und Paten gehören für Tertullian zum Taufinventar (Bapt. 7f.17f).

Herm Mand X 1,4 fordert den Abbruch sozialer Bindungen, um die innere Kehrtwende zu dokumentieren. Getauft wird bevorzugt zwischen Ostern und Pfingsten; beliebt ist die Osternacht als Termin der Parusie. Laut Ignatios und Tertullian darf nur der rechtmäßige Bischof taufen; lediglich für Nottaufen dürfen Laien einspringen (IgnSm 8,2; Tert Bapt. 17,1–3). Die Taufe wird überregional anerkannt. Tertullian erklärt durch häretische Bischöfe vollzogene Taufen jedoch für ungültig und fordert ihre Wiederholung (Bapt. 15; → 4.1.3a).

---

63 Laut Plin Ep. X 96 treffen sich die Christen regelmäßig am ersten Tag der Woche vor Tagesanbruch zu Gesang, Unterweisung und gemeinsamer Mahlzeit.

64 Zur frühchristlichen Fastenpraxis Hausammann 2001b, 131–137.

65 Hausammann 2001b, 117–130, bietet liturgische Texte zum Osterfest.

66 Zum Folgenden Heitmüller 1911, 26–39, und Hausammann 2001b, 138–143.

Did 1–7,4 gibt Einblick in die Inhalte eines judenchristlichen Taufkatechumenats. Für Tertullian gehören Fasten und Katechese zum Katechumenat dazu (Bapt.). Die Kindertaufe wird erstmalig bei Irenäos erwähnt; Tertullian spricht sich dezidiert gegen sie aus, um die Kinder nicht zu überfordern (Bapt. 18,4–6). Eine Ausnahme sei die Nottaufe. Die Erwachsenentaufe bleibt weiterhin die Regel; die Kindertaufe setzt sich erst im 6. oder 7. Jh. durch.

#### 2. Abendmahl

IgnEph 2 versteht das Abendmahl erstmals sakramental, als Vorgeschmack auf die künftige Seligkeit und als „Arznei zur Unsterblichkeit" (gr. *phármakon athanasías*), allerdings nur bei rechtem Gebrauch „innerhalb des Altarraums" (IgnTrall 7,2; 11,1). Justin gibt Einblick in die Ordnung des Abendmahls (Apol. I 67,3–5).

### c) Bußpraxis und Kirchenzucht

Grundsätzlich sind öffentliches Sündenbekenntnis, Buße und Reue der Weg zur Sündenvergebung (Did 15,3; Tert Paen. 9,3–6; vgl. 1 Joh 5,16). Die rigorose Bußpraxis des 1. Jh. wird zum Teil gelockert. Laut Herm ist eine einzige zweite Buße als besonderer Gnadenerweis Gottes denkbar (Herm Mand IV 3,1–7, Vis II 2,4f., Sim VI 2,3). Der Judenchrist Elchesai (ca. 110) gesteht die einmalige Vergebung von Todsünden zu; ähnlich äußert sich Hippolyt (Ref. IX 15,1–3). Für Ignatios, Irenäos und andere hat der Bischof die Freiheit, Sünden ohne Unterschied zu vergeben (IgnPhd 8,1; vgl. 2 Clem 8,3; Iren Haer. I 6,3; I 13,5.7). Klemens von Alexandria hält Sündenerkenntnis und Bereitschaft zur Reue als Bußleistung für ausreichend (Strom. VI 97,3f.). Demgegenüber verwahren sich die Montanisten gegen eine zweite Buße (Tert Pud. 1,10–13; vgl. ActJoh 107; → 3.4.4a; 3.6.3c). – Im Gefolge der Decischen Verfolgung (249/250) eskaliert die Bußfrage (Ketzertaufstreit; Novatianisches Schisma; → 4.1.3a; 4.4.4b).

#### d) Bestattung und Heiligenverehrung

Der Stellenwert von Bestattungen steigt (Tert Apol. 39,6). Christliche Gräber sind zuerst in Phrygien nachweisbar.[67] Grabinschriften zeigen das Akronym Fisch (IXΘYS), den Anker und Hinweise auf den richtenden Gott. Die Bestattungsrituale sind bescheiden gehalten und enthalten traditionelle Elemente wie Totenwaschung, Salbung und Aufbahrung.[68] Der Tod als Durchgangsstation zum ewigen Leben verbietet Feuerbestattungen.[69] Ignatios will nicht bestattet werden, um niemandem zur Last zu fallen (IgnRom 4,1f.). Tertullian beschreibt Werke der Barmherzigkeit an den Toten (Waschung, Wickeln in Tücher u. a.; An. 42) und Opfergaben (An. 51). – Die Anfänge des Reliqienkults reichen ins 2. Jh. zurück (MartPol 18,2f.).[70]

### 3.4.3 Ortsunabhängige Lebensformen

#### a) Frühchristliche Prophetie

Die *Didaché* bezeugt die Existenz charismatischer Apostel und Wanderpropheten und gibt Regeln für den Umgang mit ihnen vor (ca. 100; ⟶ 2.4.3a). Falsche Propheten sind auch im 2. Jh. ein Thema (Herm Mand XI 12f.). Ab ca. 150 erlebt die Prophetie eine Renaissance.[71] Zeugnisse sind das 5. Esrabuch (5 Esr), die frühchristlichen Sibyllinen (OrSib), das Buch des Elchesai[72] sowie Textfragmente der Montanisten (⟶ 3.4.4a).[73] Märtyrer gelten als besonders geistbegabt.[74]

---

67 Leppin 2021, 216, verweist auf das Grab des Apostels Philippus im phrygischen Hierapolis.

68 A.a.O., 119.

69 Min Fel Oct. 34,10; Tert An. 51,4. – Zum Folgenden Leppin 2021, 107–122.

70 Euseb H.e. V 24,2–7 zählt eine Reihe von Apostel- und Märtyrergräbern in Kleinasien auf (Text Leppin 2021, 219). Vgl. Hausberger 1985, 648. – Zu den Hintergründen des Märtyrerkults Hausammann 2001b, 22–37.

71 Erlemann 1995, 330.

72 Überliefert bei Hipp Ref. IX 13–17; X 29, bei Epiph Haer. 19.30 sowie bei Euseb H.e. VI 38.

73 Mehrere Zitate bieten Epiph Haer. 48 und Euseb H.e. V 16.

74 MartPol; *Perpetua et Felicitas*; Cypr Ep. 16,4 (Leppin 2021, 163).

## 3.4.4 Konkurrenzen und Spaltungen

Die Verfestigung kirchlicher Strukturen, der Rückgang des charismatischen Elements und die weitergehende Reflexion der Glaubensgrundlagen führen zu ersten Abspaltungen christlicher Gruppen.

### a) „Neue Prophetie" (Montanisten)

*Überblick*: Die Gruppe der „Neuen Prophetie" (Montanismus) bildet sich im 2. Jh. Ihr ekstatisches Auftreten, die starke Parusieerwartung, die rigoristische Ethik und ihre Kritik an kirchlichen Amtsstrukturen führen auf Betreiben des Modalisten Praxeas zu ihrer Häretisierung (ca. 198). Bekannte Vertreter sind Montanus, die Prophetinnen Maximilla und Priscilla sowie der späte Tertullian von Karthago.

Die „Neue Prophetie" (polemisch: Montanisten) ist eine aus Phrygien stammende, ab ca. 160 aktive Gruppe mit ekstatisch-prophetischem Auftreten und hoher Parusieerwartung (→ 3.4.3a; 3.5.4).[75] Montanus versteht sich als vom Heiligen Geist berufener Stellvertreter Gottes (Paraklet). Seine Lehre, insbesondere die akute Naherwartung und der ethische Rigorismus (keine Wiederheirat, strenges Fasten, radikale Bußforderung), orientiert sich am Ideal der „Urgemeinde". Montanus ruft zum zweiten Exodus aus der vergehenden Welt auf (172). Auf einem Berg versammelt, erwarten die Montanisten die Ankunft des himmlischen Jerusalems.

> „[Christus] kam zu mir ... in Gestalt einer Frau und in leuchtendem Gewand und legte in mich seine Weisheit und offenbarte mir, daß dieser Ort [sc. Pepuza in Phrygien] heilig sei und hierhin das himmlische Jerusalem herabkommen werde."[76]

Mit seiner Lehre untergräbt Montanus die Legitimität der bischöflichen Amtsstruktur. Daher berufen die kleinasiatischen Bischöfe eine antimon-

75 Ausführlich Hausammann 2001, 94–105; Schöllgen 2013; Erlemann 1995, 334f. (dort mit Textbelegen). Ausführlich berichtet Euseb H.e. V 16,7–17; 18,3 von der Gruppierung.

76 Vision der Prophetin Quintilla (oder Priscilla), Epiph Panar. 49,1 (Text aus Ritter 1994, 30).

tanistische Synode ein, die ebenfalls als geistinspiriert gilt (ca. 170). Als Schlichter des Streits fungiert Bischof Eleutheros von Rom. Irenäos, selbst ein charismatischer Kleinasiat, sympathisiert mit den Montanisten und empfiehlt Eleutheros, sie als rechtgläubig anzuerkennen, was er auch tut.

Nach dem Tod des Montanus leiten die Prophetinnen Maximilla und Priscilla die Gruppe. Sie bleibt bestehen, obwohl die erwartete Parusie nicht eintritt. Ein prominenter Sympathisant ist Tertullian; für ihn repräsentiert der Montanismus die Zeit des Heiligen Geistes, d. h. die letzte der drei heilsgeschichtlichen Perioden (AT – NT – Heiliger Geist). Nur der Montanismus erfülle alle biblischen Forderungen. Angeblich gründet Tertullian die Splittergruppe des Ultramontanismus bzw. Tertullianismus. – Ca. 198 werden die Montanisten durch Praxeas (→ 3.4.4c) als häretisch verurteilt und von Konstantin d.Gr. verboten.[77] Die Montanisten werden ab 407 in Phrygien verfolgt. Augustin (Haer. 86) berichtet von der Auflösung der Tertullianisten in Karthago im Jahre 428.[78]

### b) Monarchianer I: Adoptianer

*Überblick*: Dem strengen Monotheismus und dem philosophischen Gottesbegriff folgend, sprechen die Adoptianer allein Gott-Vater göttliche Allmacht zu. Jesus Christus ist für sie ursprünglich ein Mensch, den Gott in der Taufe adoptierte. Hauptvertreter des Adoptianismus sind Theodot der Gerber und (im 3. Jh.) Paul von Samosata. Die Lehre wird aus soteriologischen Erwägungen (die Menschheit kann nicht durch einen Menschen erlöst werden!) als häretisch eingestuft.

77 Euseb V.C. III 64f. – Endgültig verboten wird die Gruppe unter Justinian im 6. Jh.
78 Hausammann 2001a, 98.

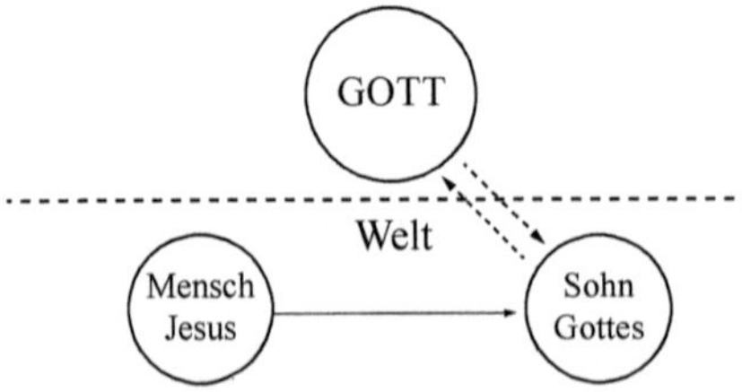


Die Adoptianer denken streng monotheistisch und bestreiten daher die Göttlichkeit Jesu Christi (→ 3.5.2):[79] Er sei als Mensch geboren und bei seiner Taufe aufgrund vorbildlicher Lebensführung von Gott adoptiert worden (vgl. Mk 1,9–11parr.). Nur Gott-Vater sei Gott, nur ihm komme göttliche Alleinherrschaft (gr. *monarchía*) zu; Adoptianer zählen daher wie die Modalisten zu den Monarchianern. Die Lehre berücksichtigt auch das philosophische Axiom der Unteilbarkeit Gottes.

Ca. 190 verbreitet der Gerber Theodot in Rom den Adoptianismus. Er nennt Christus einen gewöhnlichen Menschen (gr. *psilós* bzw. *koinós ánthropos*), der von Gott adoptiert und mit göttlicher Kraft (gr. *dýnamis*) ausgegestattet worden sei. Für diese Lehre wird Theodot von Bischof Victor von Rom exkommuniziert. Eine Renaissance erlebt der Adoptianismus im späten 3. Jh. (→ 4.4.4c).

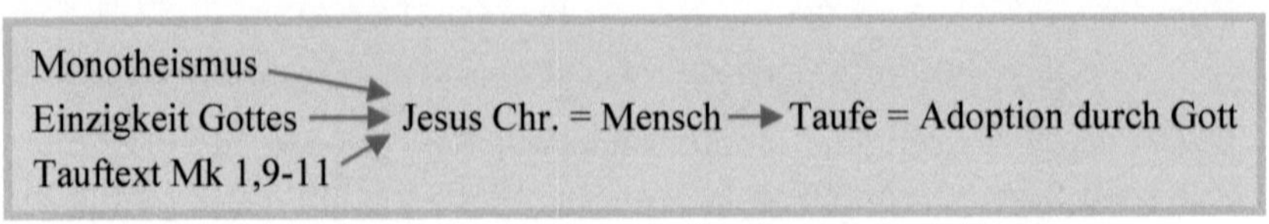


### c) Monarchianer II: Modalisten

*Überblick*: Auch die Modalisten betonen die Einzigkeit Gottes. Für sie sind Christus und der Geist lediglich Erscheinungsweisen (lat. *modi*) des einen (Vater-)Gottes. Die Quasi-Identität von Vater und Sohn und der inhärente Patripassianismus führen zur Ablehnung der Lehre (die Erlösung erforderte eine göttliche „Arbeitsteilung"; Gott kann nicht selbst am Kreuz gestorben sein!). – Hauptvertreter sind Noët und Praxeas sowie (im 3. Jh.) Sabellius.

79 Ausführlich dazu Hausammann 2001a, 140f., und Grillmeier 2013.

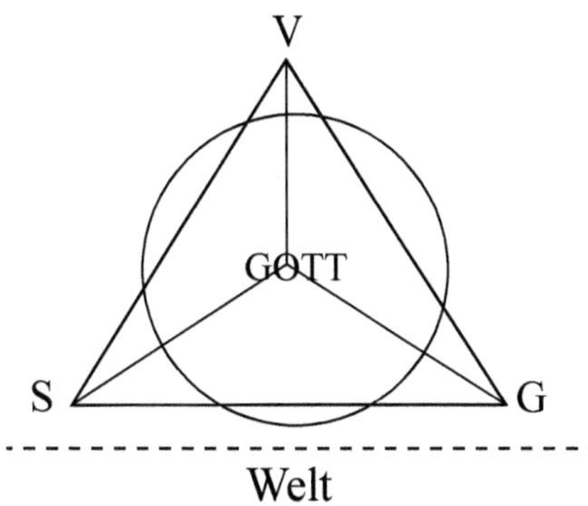


Auch die Modalisten denken monarchianisch.[80] Verbreitung finden sie etwa zeitgleich mit den Adoptianern. Sie sehen in Jesus Christus keine eigenständige göttliche Hypostase, sondern nur eine Erscheinungsweise (lat. *modus*) des einen (Vater-)Gottes. – Noët und Praxeas repräsentieren den frühen Modalismus. Noët wirkt gegen Ende des 2. Jh. in Smyrna. Er sieht in Christus die wirkliche Offenbarung Gottes, ja Gott selbst (Joh 10,30!). Das führt zum Patripassianismus, d. h. zur Lehre, dass am Kreuz Gott selbst gestorben sei und sich selbst auferweckt habe. Noëts Lehre genügt zwar den philosophischen Axiomen der Transzendenz, Unteilbarkeit und Monarchie Gottes, sie gilt jedoch als Häresie. – Noëts Schüler Praxeas wirkt etwa zeitgleich mit Theodot in Rom und beeinflusst die römischen Bischöfe Victor und Zephyrin:

> „Ich weiß einen Gott, Jesus Christus, und außer ihm keinen andern, der geboren ist und gelitten hat" (modalistisches Credo des Zephyrin, Hipp Ref. IX 11,3).

Bei Bischof Victor macht Praxeas gegen die Adoptianer Stimmung. Für ihn ist Gott welterfüllender Geist (gr. *pneúma*); er erfüllte den in Jesus inkarnierten Logos mit Geist. Am Kreuz gestorben sei nur die menschliche Seite Jesu Christi, nicht Gott selbst. So umgeht Praxeas den Vorwurf des Patripassianismus (Tert Prax. 29,3–5; → 4.4.4d). Trotzdem steht Praxeas mit seiner Lehre in Opposition zu Tertullian und Hippolyt von Rom.

Monotheismus ↘
Einzigkeit Gottes ► Sohn u. Geist = *modi* Gottes → Tod Christi = Tod Gottes?
Gott = Geist ↗

80 Zum Folgenden Hausammann 2001a, 136–140.

### d) Ebioniten

Die judenchristlichen Ebioniten bzw. Ebionäer entstammen der Jerusalemer „Urgemeinde" (→ 2.1.3a). Zentral ist die innerjüdisch akzeptable Erlösungslehre: Jesus brachte Erlösung durch Toraobservanz, nicht durch den Kreuzestod.[81] Die Ebioniten nehmen am jüdischen Kultleben teil, vollziehen tägliche Waschungen, feiern den Sabbat, betonen Jesu menschliche Seite und tradieren eigene heilige Schriften (EvHebr, EvEb, EvNaz, EvÄg). Sie feiern das Abendmahl und fordern Armut und Gütergemeinschaft nach Jerusalemer Vorbild. Das paulinische Gemeindemodell lehnen sie ab. – Mit ihrer Lehre und Kultpraxis gelten die Ebioniten als häretische Gruppierung. Euseb H.e. III 27 nennt sie in Verzerrung der Wortbedeutung (hebr. *ebioním*: Arme) „geistig arme Menschen".[82]

## 3.4.5 Bekenntnis- und Kanonbildung

### a) Glaubensregeln (*regulae fidei*)

Die Kirchenväter formulieren auf ntl. Grundlage griffige Glaubensformeln. Die *regula fidei* des Ignatios betont die historische Wahrheit der Inkarnation, des Todes und der Auferstehung Christi (IgnTrall 9; IgnEph 7,2). Abweichende Lehren wie der Doketismus (→ 3.2.3a) werden scharf verurteilt (IgnTrall 6–10).

Die Glaubensregel des Irenäos ist triadisch aufgebaut. Ihre antignostische Pointe ist die biblische Einheit Gottes. Ziele der Heilsökonomie seien die Zusammenfassung des Alls (gr. *anakephalaíosis pánton*) und die globale Verherrlichung Gottes. Irenäos betont die Gottheit Christi bei gleichzeitiger Einheit Gottes:

> „Der Vater ist also der Herr und der Sohn ist Herr; ebenso ist der Vater Gott und der Sohn Gott, denn was von Gott geboren ist, ist Gott. Auf diese Weise wird nach Wesen und Kraft seiner Natur *ein* Gott erwiesen; als Vollführer des Plans unseres Heils indes ist er sowohl Sohn als auch Vater. Denn da der Vater des Alls für die

81 Frank 1993, 16.
82 Wander 1994, 276, verweist auf archäologische Spuren eines palästinischen Judenchristentums bis ins 7. Jh. hinein.

Geschöpfe unsichtbar und unnahbar ist, bedurfte es für die, die zu Gott gelangen sollten, der Hinführung zum Vater durch den Sohn [...]"[83]

Die Glaubensregel stützt sich auf die durch lückenlose Sukzession der Bischöfe unverfälscht tradierte Lehre der Apostel (Haer. III 24,1 u. a.).[84]

### b) Kanonbildung

*Überblick*: Der ntl. Kanon entwickelt sich über Jahrhunderte. Auswahlkriterien sind Apostolizität, Alter, theologischer Gehalt und allgemeine Verbreitung (Konsenskriterium). Die Kanonizität von Hebr, 2 Petr und Offb ist lange Zeit umstritten. Ein allgemein verbindliches NT liegt erst Ende des 4. Jh. vor.

Der Kanon (gr. *kánon*, Richtschnur) ntl. Schriften kristallisierte sich über Jahrhunderte heraus und wurde dann einer Endredaktion unterworfen.[85] Jesus und die frühen Christen haben „Schriften und Propheten" der LXX als Schriftgrundlage. Die Gemeinden tradieren bis zur Mitte des 2. Jh. Briefe, Evangelien und weitere Schriften und setzen sie zu liturgischen und katechetisch-missionarischen Zwecken ein. Welche Schriften „heilig" bzw. verbindlich sind, ist nicht einheitlich festgelegt.[86] Für Gemeindefragen hilfreiche Schriften finden eher Verbreitung als solche, die nur in ihrem direkten situativen oder geographischen Kontext Aussagekraft haben. Auch sind die Schriften noch nicht sakrosankt, sondern können noch ergänzt und an neue Situationen angepasst werden.

---

83 Iren Epid. (Haer. I) 47; Text aus Ritter 1994, 54.

84 Auf die Sukzession rekurrieren auch Tertullian, Klemens, Hippolyt, Origenes (Hanson 1978, 537).

85 In Zusammenführung der kontroversen Thesen von Oeming 2003 und Klinghardt 2003. Nicklas 2023 relativiert im Anschluss an Markschies 2012 u. a. deutlich die Aussagekraft von Synoden und Kirchenväter-Auskünften und weist auf davon abweichende, plurale Einschätzungen und Verwendungsweisen ntl. Texte in der frühkirchlichen Praxis hin. – Weitere Literatur: Schneemelcher 1980 und von Campenhausen 1968.

86 Offb ist im Osten, Hebr im Westen lange Zeit umstritten. EvÄg steht in Alexandria in Geltung, Herm in Syrien.

Die erste Sammlung ntl. Schriften ist das Muratorische Fragment (*Canon Muratori*, vor 200?).[87] Er enthält die vier Evangelien und erkennt damit die Pluralität der Jesusüberlieferung ausdrücklich an. Dasselbe gilt für Christologie und Pneumatologie. Umstritten sind 2 Petr, Hebr und Offb; Herm ist Teil des Kanons. Hauptkriterium der Kanonizität ist die ökumenisch anerkannte, heilvolle Wirkung einer Schrift (Konsenskriterium). Weitere Kriterien sind die Autorschaft durch einen Apostel(-schüler) (Apostolizität), das damit implizierte hohe Alter und der theologische Gehalt.

### 3.4.6 Genderaspekte

Innergemeindliche Führungspositionen sind im 2. Jh. durchweg mit Männern besetzt; Frauen sind vom Klerus ausgeschlossen.[88] Genderdiskussionen finden nicht statt. Tertullian begründet die Inferiorität von Frauen mit dem Sündenfall Evas in Gen 3 (Cult. fem. I 1):

> „Daß das weibliche Geschlecht sich schmücke, verträgt sich nicht mit der Stellung, worin es durch den Sündenfall geraten ist."[89]

Lehren und Taufen seien nicht ihre Aufgaben (Bapt. 17; Virg. 9; vgl. 1 Kor 14,34). Tertullians Polemik lässt indes eine entgegengesetzte Praxis erkennen.[90] Liberaler äußern sich Klemens und Origenes unter Berufung auf 1 Tim 5,10.[91]

In einigen kirchlichen Gruppen genießen Frauen hohe charismatische Autorität. Die Prophetinnen Maximilla und Priscilla gehören zu den Gründungsfiguren des Montanismus (→ 3.4.4a).[92] In den Paulusakten (ActPaul) spielen Frauen eine Hauptrolle bei Mission und Taufe.[93] Überhaupt ist

---

87 Mit Löhr 2003, 23. – Text bei Hennecke/Schneemelcher 1968, 18 ff., und Ritter 1994, 58f. Diskussion bei Rothschild/Thompson 2023 sowie Verheyden 2023.

88 Ludolphy 1983, 436.

89 Text zitiert nach BKV online (https://bkv.unifr.ch/de/works/cpl-11/versions/uber-den-weiblichen-putz-bkv/divisions/3; letzter Zugriff 10.5.2023). – Vgl. Albrecht 1986, 190. Auch christlich-gnostische Kreise verwenden diese Argumentation; so führt EvPhil die Geschlechtertrennung auf die Schuld Evas zurück (Rudolph 1994, 292).

90 Tert Praescr. 41,5 (Leppin 2021,149; Wischmeyer 1992, 120).

91 Wischmeyer 1992, 120.

92 Ausführlich dazu Hausammann 2001, 97f.

93 von Harnack 1924, 598.

von einem hohen weiblichen Anteil in christlich-gnostischen Gemeinden auszugehen.[94]

## 3.5 Theologische Themen

Die Kirchenväter des 2. Jh. reflektieren vor allem Fragen der Christologie und der Trinitätslehre. Die Hauptimpulse dafür liefern Gnostiker und Monarchianer (→ 3.2.3; 3.4.4b.c). Auch Eschatologie, Martyriumstheologie und Schriftauslegung sind wichtige Themen. Diskurse mit Philosophen und Gnostikern dienen der Klärung der Glaubensgrundlagen nach innen. Nach außen führen sie zur Akzeptanz des Christentums in immer breiteren Bevölkerungsschichten.

### 3.5.1 Christologie

*Überblick*: Das Verhältnis von Gottsein und Menschsein in Jesus Christus und die Frage der Inkarnation sind christologische Hauptthemen. Die Autoren stellen, gegen den Doketismus, die Wirklichkeit von Inkarnation, Tod und Auferstehung Christi als heilsgeschichtlich notwendig heraus. Die Logoschristologie bietet eine philosophisch vermittelbare, nicht-personhafte Deutung Christi.

Die Klärung des Wesens und der Bedeutung Jesu Christi ist eine zentrale theologische Aufgabe jener Epoche. Das NT bietet uneinheitliche Auskünfte zu seiner Göttlichkeit und Menschlichkeit.[95] Die Diskurse mit Philosophen und Gnostikern (→ 3.3.2; 3.3.3) führen zu vielfältigen theologischen Modellen und Konzepten. Insbesondere das Ineinander von Gottsein und Menschsein in Jesus Christus scheint erklärungsbedürftig. Philosophisch-metaphysische Axiome[96] und jüdischer Monotheismus sind gegen die christliche Erlösungslehre abzuwägen.

94 Rudolph 1994, 229.
95 Erlemann 2012, 30–56.
96 Gott ist unteilbar einer, unvergänglich, leidensunfähig, unveränderlich und unvermischbar mit Materiell-Weltlichem u.a.

### a) Ignatios: Die Doppelnatur Jesu Christi

Ignatios von Antiochia betont die historische Wirklichkeit von Inkarnation, Kreuzestod und Auferstehung Christi (IgnSm 1,1; IgnTrall 9,1f.; → 3.4.5a). In ihm erschien Gott selbst in der Welt (IgnEph 7,2). Dank seiner doppelten Abkunft war Christus sowohl Fleisch und Geist, gezeugt und ungezeugt, leidensfähig und leidensunfähig, so Ignatios (ebd.). Das Konzept richtet sich gegen den Doketismus:

> „Seid also taub, wenn jemand zu euch redet ohne Jesus Christus, der aus dem Geschlecht Davids, aus Maria stammt, der wirklich geboren wurde, aß und trank, wirklich verfolgt wurde unter Pontius Pilatus, wirklich gekreuzigt wurde und starb vor den Augen derer, die im Himmel, auf Erden und unter der Erde sind, der auch wirklich von den Toten auferweckt wurde […].“[97]

### b) Justin: Christus als *lógos spermatikós*

Justin der Märtyrer verteidigt die Glaubwürdigkeit der christlichen Glaubenslehre, indem er den Logos von Joh 1,1 philosophisch, als ewige und überall wirkende Vernunft Gottes, deutet. Der präexistente, fruchtbare Logos (gr. *lógos spermatikós*; → 2.2.2a) Gottes inspirierte sowohl die atl. Propheten als auch die griechischen Philosophen, wie beispielsweise Sokrates. Das Christentum ist daher die älteste und beste Philosophie, so Justin.

### c) Irenäos: Ohne Menschwerdung keine Erlösung!

Irenäos von Lyon vertritt einen biblisch-heilsgeschichtlichen Ansatz: Gott musste sich in einen Menschen inkarnieren, um die Menschen erlösen zu können. Die Inkarnation schuf eine tiefe ethische Verbindung zwischen Gott und Mensch und umfasste Körper, Seele und Geist gleichermaßen; nur so konnte der Mensch als Ganzer erlöst werden. Für die Erlösung entscheidend waren der menschliche Gehorsam Jesu (freier Wille) und seine göttliche Befähigung zur Überwindung des Bösen, so Irenäos. Das Konzept ist gegen den gnostischen Doketismus gerichtet, der Inkarnation und Kreuzestod Christi leugnet (→ 3.2.3a).

---

97 Ign Trall 9; vgl. IgnSm2; 4,2 (→ 3.2.3a).

### d) Klemens: Der Logos vermittelt Gotteserkenntnis

Klemens von Alexandria deutet im Gefolge Justins den Logos von Joh 1,1 stoisch als Welt durchwaltende, göttliche Vernunft, als Vermittler zwischen Gott und Kosmos, als präexistenten Schöpfungsmittler, als Mensch gewordene, permanente (Selbst-)Offenbarung Gottes und als Heilslehre Jesu. Der Logos, so Klemens, vermittelt dem Menschen die entscheidende Gotteserkenntnis durch die Philosophie oder die Mosetora; beide weisen auf Gottes Offenbarung in Christus hin.

Klemens deutet die Sendung Christi als göttliche Erziehungsmaßnahme, um den Menschen zum Glauben, zur vollen Erkenntnis (gr. *gnósis*) und zur Vergöttlichung zu führen (Paid. I 3,3). Gnostisch-platonisch ist auch die Rede von der Befreiung des Menschen aus den Fesseln der Materie durch Jesu Blut. Soteriologisch entscheidend sei jedoch die Inkarnation als Akt, der den Erlösungsprozess in Gang setzte, so Klemens. – Vater und Sohn sind in diesem Modell als zwei Hypostasen unterschieden; der Sohn ist dem Vater untergeordnet (subordiniert).

### e) Tertullian: Inkarnation - ein philosophisches Paradox, aber ein soteriologisches Muss!

Auch bei Tertullian ist die Inkarnation Kern der Erlösungslehre. In ihr durchdrangen sich göttliches und menschliches Wesen, ohne sich dadurch aufzuheben. Daher sei Christus eine einzige Person in zwei Seinsweisen (lat. *unum, non unus*). Die Erlösung des Menschen war nur durch die wahre Inkarnation des Logos zu erreichen (antidoketisch). Die für Philosophen paradox klingende Vorstellung von Inkarnation und Kreuzestod des Logos (Phil 2,6–11; Prax. 27,11–13) ist für Tertullian Kern des Glaubens (Incarn. 5,4; → 3.7.5). Damit weist er den philosophischen Gottesbegriff mit seiner Axiomatik (Marc. II 27,6) und die modalistische Ansicht, Gott-Vater selbst sei Mensch geworden und am Kreuz gestorben (Patripassianismus), zurück. Laut Tertullian wurde nur der Logos, nicht Gott selbst, Mensch.

## 3.5.2 Trinitätstheologie

*Überblick*: Den Spagat zwischen Monarchianismus und Tritheismus schaffen die Theologen des 2. Jh. durch das Konzept heilsgeschichtlicher

Differenzierung (Justin, Irenäos, Tertullian) bzw. durch Subordination von Sohn und Geist (Justin, Irenäos). Klemens von Alexandria denkt Trinität philosophisch-spekulativ; das geht auf Kosten der Personhaftigkeit von Sohn und Geist (vgl. Origenes).

Die „Apostolischen Väter" greifen die trinitarischen Ansätze des NT auf und fokussieren das Verhältnis zwischen Gott-Vater und Jesus Christus; sie tun dies noch ohne philosophische Begrifflichkeiten. Dem Heiligen Geist kommt wenig Aufmerksamkeit zu, was an den leitenden Themenstellungen liegt.

### a) Justin: Monarchie des Vater-Gottes

Justins Trinitätslehre (Apol. II 6,1–3) ist nicht philosophisch-spekulativ, sondern heilsgeschichtlich ausgerichtet. Justin betont die Alleinherrschaft (gr. *monarchía*) des Vater-Gottes; Logos und Geist seien ihm subordiniert und keine eigenständigen „Personen".[98] Der Logos sei für Erlösung zuständig, der Geist Autor der atl. Prophezeiungen. – Nicht durchdacht werden bei Justin die innertrinitarischen Beziehungen und das Verhältnis zwischen Gott- und Menschsein Jesu Christi.

### b) Irenäos: Heilsgeschichtliches *joint venture*

Auch Irenäos von Lyon denkt heilsgeschichtlich: Mit der Weltschöpfung habe sich Gott in eine Dreiheit entfaltet. Logos und Geist gelten als die beiden Hände, mit denen Gott die Welt erschuf. Mit der Schöpfung des Menschen, so Irenäos, plante Gott dessen Entwicklung schon voraus und bereitete seine ewige Seligkeit vor. Der Heilsplan wurde durch Satan und den ungehorsamen Menschen durchkreuzt. Christus als „zweiter Adam" machte die Sünde des „ersten Adam" rückgängig. Er wurde wahrhaft Mensch, war gehorsam bis zum Tod und schenkte so den Menschen Gemeinschaft mit Gott, so Irenäos (Rekapitulationstheorie).

Der präexistente Sohn sei dem Wesen nach mit dem Vater identisch, ihm aber wie der präexistente, personhaft gedachte Geist subordiniert. Der Geist

98 Zur Vorstellung einer zweiten bzw. dritten Größe nach Gott (Apol. I 60,1–7) vgl. Plat Tim. 36b / 34b, in Verbindung mit Ps.-Plat Ep. 2,312e (Drecoll 2011, 81–83).

sei Gottes Sprachrohr in der Welt (vgl. die atl. Propheten) und führe die Menschen zur Gottesverehrung und zur Heiligung. Damit ergänze er das Erlösungswerk des Sohnes. – Innertrinitarische und streng christologische Fragen reflektiert Irenäos nicht, da sie bibeltheologisch irrelevant sind. Die Behauptung der Identität des Schöpfers mit dem Vater Jesu Christi, dessen Inkarnation und die Erlösung durch den Kreuzestod sind gegen die gnostische Lehre gerichtet.

### c) Klemens: Ewige Zeugung des Logos

Klemens von Alexandria denkt Trinität, anders als Justin und Irenäos, philosophisch-spekulativ. Er fasst Logos und Geist als unpersonhafte, oberste Kräfte Gottes.[99] Der Logos bzw. die Weltvernunft geht, so Klemens, durch ewige Zeugung aus Gott hervor. Der Geist gilt als Autor der biblischen Schriften, der die Menschen zur entscheidenden Erkenntnis führt (gr. *gnósis;* Strom. V 25,5):

> „Denn der Apostel weiß, daß geistig und erkenntniserfüllt der Schüler des von Gott geschenkten Heiligen Geistes ist, der der Geist Christi ist. ‚Ein natürlicher Mensch nimmt aber nicht auf, was vom Geiste kommt; denn es ist ihm eine Torheit.'"[100]

Mit diesem Modell wahrt Klemens das philosophische Axiom der Unveränderlichkeit Gottes und bereitet das trinitarische Modell des Origenes vor (→ 4.5.2c).

99 Kraft 1991, 98.
100 Text zitiert nach BKV online (https://bkv.unifr.ch/de/works/cpg-1377/versions/teppiche-bkv/divisions/743; letzter Zugriff 10.5.2023).

### d) Tertullian: Heilsökonomische Trinität

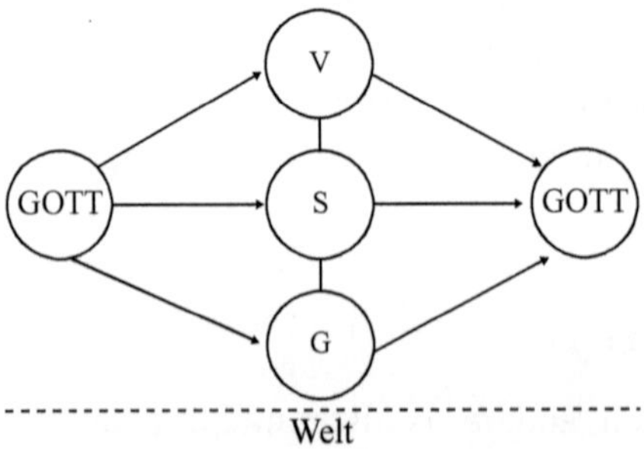


Tertullian setzt die heilsgeschichtlichen Konzepte von Justin und Irenäos fort und prägt den Begriff *trinitas* (Prax. 2,4).[101] Grundlage seines Modells ist die „ökonomische Trinität". Tertullian betont die heilsgeschichtliche Dynamik des einen Gottes, der sich je nach ökonomischer Notwendigkeit in unterschiedlichen Personen offenbare, ohne seine göttliche Substanz dadurch zu verändern (gegen den Modalismus). Demgemäß sei Trinität kein Wesensmerkmal Gottes, sondern markiere Gottes heilsgeschichtliche Dynamik. Nach Vollendung des Erlösungswerkes werde Gott wieder „alles in allem" sein (vgl. 1 Kor 15,28; gegen den Verdacht des Tritheismus). – Die begriffliche Unterscheidung des einen göttlichen Wesens (lat. *substantia*; gr. *ousía*) und der drei unterscheidbaren Personen (lat. *personae*; gr. *hypostáseis*) bereitet die weitere Trinitätstheologie vor.[102]

Das Verhältnis der drei *personae* zueinander umschreibt Tertullian mit den Bildern von Wurzel, Trieb und Frucht oder Quelle, Fluss und Strom bzw. Sonne und Strahl (Prax. 8,5–7). Geeint seien Vater und Sohn in ihrer Göttlichkeit (lat. *divinitas*) und in der Übereinstimmung ihres Willens (lat. *unitas concordiae*). – Das Modell wird dem heilsgeschichtlichen Denken, dem Monotheismus und dem philosophischen Axiom der Unveränderlichkeit Gottes gerecht.

## 3.5.3 Pneumatologie

Abgesehen von Überlegungen zum Geist im Rahmen der Trinitätstheologie (s. o.) bringt das 2. Jh. keinen eigenständigen Entwurf zur Geisttheologie

101 Von Tertullian stammt die älteste Schrift mit dem Titel „Über die Trinität" (lat. *De trinitate*).

102 Prax. 12,6f.; Unterscheidung der Personen (lat. *distinctio personarum*) bei gleichzeitigem Austausch der Substanz (lat. *communio substantiae*) bzw. Prax. 11,9: Differenzierung der Trinität (lat. *distinctio trinitatis*).

hervor.[103] Der Geist sorgt für Inspiration und Wahrheitserkenntnis. Das wird insbesondere in der frühchristlichen Prophetie hochgehalten. Propheten sehen sich als Geistträger, der Bischof ebenfalls (Did 11,7–11; Herm Vis I 1–3; IgnRöm 7,2; IgnPhd 7,1f). Der Geist ist Teil der göttlichen Trias (Just Dial. 32,2; 56,3). Nur er kann Gotteserkenntnis schenken (Just Dial. 4,1) und er ist Autor der atl. Schriften (→ 3.5.7a). Laut Tatian (ca. 160) garantiert der Geist ewiges Leben, wahre Erkenntnis und bleibende Verbindung zu Gott. Diese sei seit dem Sündenfall zerstört. Die eschatologische Sendung des Geistes mache den Menschen zum Pneumatiker, der dadurch seine Vollkommenheit zurückgewinnt.[104]

Klemens denkt ähnlich wie Tatian, sieht aber die geistgewirkte Vollkommenheit als zuvor nie dagewesene, neue Qualität an. – Irenäos betont die Präexistenz des Geistes. Er habe bereits im AT Gottes Heilsplan geoffenbart; ihn zu erkennen sei eine Sache inspirierter Schriftauslegung (→ 3.5.7a). Die Getauften, so Irenäos, sind dank des Geistes eine Neuschöpfung Gottes; so komme die unvollendete Schöpfung an ihr Ziel (Rekapitulationstheorie). – Tertullian sieht die Kirche insgesamt und im Besonderen die Synoden und den Bischof als geisterfüllt an. Die *regula fidei* bezeuge die Geistpräsenz (→ 3.4.5a).

## 3.5.4 Eschatologie

*Überblick*: Ein allgemeines Endzeitbewusstsein prägt auch das 2. Jh. Gesellschaftliche Repressalien und Naturkatastrophen geben apokalyptischer Naherwartung wellenartig Aufschwung. In Reaktion auf den Eindruck sich dehnender Zeit werden eschatologische Hoffnungen teilweise individualisiert und spiritualisiert. Jenseitsschilderungen kommen auf. All das motiviert eine Endzeitethik.

Die Parusie-Naherwartung setzt sich im 2. Jh. wellenartig fort.[105] Die Spätschriften des NT (Offb, Hebr, 1 Petr, 2 Petr) – sind vom Endzeitbewusstsein

103 Zum Folgenden Hauschild 1984.
104 A.a.O., 198.
105 Gegen den Trend der Forschung (vgl. u. a. Schnelle 2019, 402–413): Erlemann 1996a, 141–162.

getragen.[106] Die Frage des Zeitpunkts der Parusie wird jedoch relativiert (Apg 1,7f.; 2 Petr 3,8 u. a.). Skepsis gegenüber endzeitlichen Verheißungen wird konservativ-apokalyptisch begegnet.[107] Die jeweils lebende Generation gilt als potenziell letzte. Der im NT vereinzelt aufscheinende Zeitrahmen für das Endzeitszenario wird sukzessive erweitert, um die Verheißungen aktuell zu halten (ApkPetr 1–6; EpAp 23[34]). So bleibt das Bewusstsein wach, in der Endzeit zu leben, die mit Christus begonnen hat.[108] Ein Indiz für die anhaltende Naherwartung ist, dass sie Durchhalteethik plausibel begründet; das ändert sich erst langfristig. Der Eindruck der Verzögerung wird mit Gottes Heilsplan begründet (Herm Sim IX 5 ff.; X 4,4; vgl. OrSib 8,14).

Auch apokryphe Apokalypsen und Apostolische Väter bezeugen die Endzeitstimmung. Regelmäßig weisen sie auf den unbekannten, aber jederzeit möglichen Zeitpunkt der Parusie hin.[109] Die Gegenwart gilt als die Zeit, in der sich das künftige Schicksal entscheidet (Did 16,1–6; Barn 4,3; Just Apol. I 28,2; Dial. 39,2 u.a). Für die einzelnen Christen erfüllen sich die Verheißungen im Zeitpunkt ihres Todes (Individualisierung). – Christlich-gnostische Texte tendieren zur Spiritualisierung: Das Reich Gottes sei eine inwendige Größe (Lk 17,20f.; POxy 654; EvThom 3.51.113), der Weg dorthin ein Weg der Askese (EvThom 27; POxy 1).

Die Parusieerwartung verdichtet sich zur Osterzeit (EvNaz 26; EpAp 17[28]) sowie in Zeiten von Naturkatastrophen, Kriegen und Epidemien, wie etwa während des Bar-Kosiva-Aufstands (132–135; vgl. 5 Esr 2) und der großen Pestepidemie ab 166.[110] – Zum Thema der Naherwartung gesellt sich ausweislich ApkPetr (1. Hälfte 2. Jh.) ein vermehrtes Interesse an Jenseitsschilderungen:

> „Ich sah auch die Mörder und ihre Mitwisser, die in eine Schlucht voll von giftigem Gewürm geworfen waren, das sie quälte, so dass sie sich in ihrer Bestrafung wanden, von den Würmern wie von finsteren Wolken bedrängt. Die Ermordeten

---

106 Formeln wie „in diesen letzten Zeiten / Tagen“, vgl. 1 Petr 1,20; Hebr 1,2; Jud 18 usw.

107 2 Petr 3; 1 Clem 23,3–5; 2 Clem 11f.; MartJes 3,21ff. (Erlemann 1995, 325).

108 IgnEph 11,1; IgnSm 9,1; IgnMagn 6,1; 2 Clem 14,2; Barn 4,9; AscJes 9,13; 11,36–38.

109 Did 16,1; 1 Clem 23,3ff.; 2 Clem 12,1; Just Apol. I 51,8f.; Dial. 31,1 u.a.

110 EpAp 17[28]; OrSib 8,139–150 (Erlemann 1995, 319; → 3.3.1d). – Auch um 117 ist eine Welle apokalyptischer Naherwartung erkennbar (a. a. O., 331, ausweislich Elch frg. 7, EpAp [kopt.] 28).

aber standen daneben, sahen, wie schrecklich es ihren Mördern erging, und riefen: ‚Gott, gerecht ist dein Gericht!'"[111]

Die Rede vom jenseitigen Ausgleich ist Trost für die Opfer und Warnung an die Täter zugleich. Den Gerechten wird das Paradies in allen Farben geschildert (ApkPetr [gr.] 5). Klemens stellt sich einen jenseitigen Läuterungsort für noch zu rettende Seelen Verstorbener vor, die Vorform des Fegefeuers (Strom. VII 34,4).

### 3.5.5 Ethik

*Überblick*: Im Vordergrund steht die ethische Bewährung des Einzelnen, nicht die Änderung gesellschaftlicher Verhältnisse. Buß- und Leidensbereitschaft sowie Festhalten am Glauben sind angesichts antichristlicher Stimmung Tenor vieler Texte. Nach außen hin propagieren sie eine vorbildliche, unauffällige Lebensweise.[112] Ehe- und Sexualmoral sind restriktiv; Frauen gelten als inferiore Menschen. Wirtschaftsethik und Umgang mit Unfreien sind Dilemmathemen.

*a) Endzeit- und Leidensethik*

Apokryphe Apostel- und Märtyrerakten (→ 3.6.3e) reflektieren Leiden und Martyrium ethisch und theologisch. Grundlage ist die ntl. Leidensparänese (→ 2.5.5). In paulinischer Tradition (Röm 6,3–5; Phil 3,10–21) begründet Ignatios seine Martyriumsbereitschaft mit der *imitatio* Christi und der Hoffnung, nach dem Tod verherrlicht zu werden (IgnRöm 2,1f.; 4,1f.; 5,3 u.ö.). Leiden und Martyrium sind Zeichen wahrer Jüngerschaft (IgnRöm 6,1). Laut Tertullian kommen Märtyrer sofort ins Paradies (An. 55,4). – Ergänzt wird die Leidensparänese durch eine Ethik der Askese, besonders in häretisierten Gruppen.[113] Kritik am Martyrium als Krone christlicher Nachfolge übt Klemens von Alexandria: asketische Lebensführung sei dem Martyrium

111 ApkPetr (gr.) 10 (Übersetzung Berger/Nord 2021, 1206). ApkPetr (äth.) ist bis heute Teil des ntl. Kanons der äthiopischen Kirche.

112 Min Fel Oct. 12,6; Clem Paid. II 106,4; 107,2f.

113 So die Enkratiten, Markion, Satornil u. a. (Iren Haer. I 28,1). – Die Bezeichnung Enkratiten stammt vom gr. *enkráteia* und meint radikale Askese. – Vgl. weiter ActPaul; ActAndr Narr. 33.

gleichwertig (Strom. IV 43,4). In gnostischen Kreisen wiederum gilt das physische (und schnelle) Martyrium gegenüber lebenslanger Bemühung um Erkenntnis als unzureichend.[114]

*b) Ehe-, Sexual- und Geschlechterethik*
Die Geschlechterethik ist konservativ-patriarchal und mit Polemik gegen Frauen verbunden (Tert Cult. fem. I 1; Ux.; → 3.4.6). Die Gleichwertigkeit von Mann und Frau gilt nur vor Gott (so Clem Strom. IV 8). Sexualverkehr dient ausschließlich der Fortpflanzung und ist klaren Regeln unterworfen.[115] Erstrebenswert ist sexualasketische Virginität; weibliche Sexualität bedroht angeblich die spirituelle Reinheit (Herm Vis I 1f.; Mand IV 1). Homosexualität, Inzest, Päderastie und Prostitution werden abgelehnt.[116] Dasselbe gilt für Abtreibungen (ApkPetr 26).

Eheschließungen sind laut Ignatios vom Bischof zu genehmigen; als Sakrament gilt die Ehe noch nicht (IgnPol 5,2). Athenagoras und Klemens favorisieren Ehelosigkeit (Ath Leg. 33,2). Justin, Tertullian und Hippolyt warnen vor Ehen mit Nichtchristen.[117] Herm rät bei Untreue eines Partners zur Scheidung, verbietet aber die Wiederheirat. Witwen erlaubt Herm eine zweite Ehe (Mand IV 1,4–8; 4,1f.).

*c) Umgang mit Unfreien*
Ein respektvoller, fürsorglicher Umgang mit Sklaven wird angemahnt.[118] Getaufte Sklaven gelten als Geschwister (Aristides 15,5; vgl. Phlm 8–18). Grundsatzkritik an Sklaverei ist jedoch nicht erkennbar (Kol 3,22–24; 1 Petr 2,18–21). Hermas entstammt dem Sklavenstand und wird ein hochangesehener „Apostolischer Vater". Hochachtung gilt der Sklavin Blandina, die 177 das Martyrium in Lugdunum (Lyon) erleidet (Euseb H.e. V 1,17–19.37–42).

---

114 Leppin 2021, 377f., ausweislich TestVer 31,22–32,20. Leppin zieht auch eine Verbindung zum gnostischen Doketismus, in welchem das physische Leiden Christi geringgeschätzt wird.

115 Just Apol. II 2,1–6; Clem Paid. II 96,2–97,2. – Klemens polemisiert gegen die angebliche Praxis der Karpokratianer, Frauen als Teil der Gütergemeinschaft zu behandeln (Leppin 2021, 269f.).

116 Z.B. Did 2; ApkPetr 32; Tert Nat. I 16,14–19; Min Fel Oct. 28,10f. (zusammenfassend Leppin 278–285). In Fällen, in denen Sklavinnen oder Sklaven die Opfer sind, zeigt sich die römische Gesellschaft solchen Sexualpraktiken gegenüber tolerant.

117 Tert Ux. II 3f.; Ux. II 8,6-9 entwirft das Ideal einer christlichen Ehegemeinschaft. – Vgl. Hipp Ref. IX 12,24.

118 Barn 19,7; IgnPol; Clem Paid. II 33,1; Tert Apol. 39,6; vgl. Gal 3,26–28.

*d) Wirtschaftsethik*
Die Reichtumskritik setzt sich fort; Reiche werden nicht ins Reich Gottes eingehen (Herm Vis III 6,5–7). Wohltätigkeit ist der einzig legitime Umgang mit Besitz (Herm Sim V 3.7). Die Geizigen erwartet jenseitige Strafe (Did 1,5; ApkPetr 30f.). Radikal fordert Tatian Verzicht auf Einkommen (Or. 11). Geschäftemacherei, Geldgier und Lügen gingen Hand in Hand.[119] Klemens verbietet, Zinsen zu nehmen (Strom. II 84,4; vgl. ApkPetr 31). Das Schwurverbot unterbindet für Christen viele Geschäftstätigkeiten (Orig Cels. 8,65; vgl. Clem Paid. III 79,1f.).

*e) Öffentliches Auftreten*
Barn 19,3f. fordert eine vorbildliche, von Demut geprägte Haltung. Klemens formuliert Regeln für das öffentliche Auftreten: Christen sollen Gelassenheit und Frieden ausstrahlen (Paid. II 60), sowie auf prachtvolle Kleidung verzichten (Paid. II 108,5; 114,4). Frauen sollen sich verschleiern, um Verführung vorzubeugen (Paid. II 114,1; vgl. Tert Virg. 17). Der Besuch gemischter Bäder ist tabu (Paid. III 33,2). Tischregeln bietet Clem Paid. II 54,3–55,1. Tertullian fordert den Verzicht auf Schmuck (Cult. fem. I 1; ⟶ 3.4.6).

*f) Militärdienst*
Pazifismus ist im 2. Jh. kein ausgeprägtes Thema.[120] Tertullian verurteilt zu Beginn des 3. Jh. römische Kriegsführung nicht und fordert sogar Fürbitte für die römischen Soldaten. Seine Schrift *De corona militis* setzt Christen im Militärdienst voraus, mahnt aber dazu, den Beruf des Soldaten erst gar nicht zu ergreifen (Coron. 11) und nichtchristliche Symbole zu meiden. Die Unterscheidung von gerechtem und ungerechtem Krieg findet sich erst bei Origenes (⟶ 4.5.5).

### 3.5.6 Soteriologie

Erlösung ist das Leitmotiv von Christologie und Trinitätslehre (⟶ 3.5.1; 3.5.2). Nur Gott, nicht ein Mensch, kann die Menschheit erlösen (gegen den Adoptianismus). Die Inkarnation gilt als das entscheidende Heilsereignis (gegen den Doketismus). Im Erlösungswerk liegt die heilsökonomische Notwendigkeit einer göttlichen Trinität. – Seitens der Gläubigen sind die Teilnahme am Gemeindeleben (Taufe und Abendmahl als „Arznei zur

---

119 Herm Mand III 3,3–5; Sim VIII 8,2; Vis III 6,5.
120 Leppin 2021, 400f.

Unsterblichkeit“, IgnEph 2), Rechtgläubigkeit und *imitatio* Christi, gegebenenfalls bis zum Martyrium, sowie vorbildliches moralisches Verhalten Schritte hin zur Erlösung. Der paulinische Rechtfertigungsgedanke (→ 2.5.6) spielt in den Texten keine Rolle.

## 3.5.7 Sonstiges

### a) Schriftauslegung

Die atl. Schriften gelten als vom Geist inspiriert (1 Clem 45,2; Barn 9,2; vgl. 2 Tim 3,16). Schriftauslegung setzt die Inspiriertheit der Ausleger voraus (Just Apol. I 31,1 u. a.). Theophilos von Antiochia (ca. 170) und Irenäos von Lyon (nach 180) setzen die Inspirationslehre fort. Wer die Schrift inspiriert auslegt, erkennt in ihr den ewigen Heilsplan Gottes (Irenäos). – Das NT existiert zu jener Zeit noch nicht; Evangelien, Apostelbriefe usw. sind noch keine „heiligen“ Schriften und im Wortlaut noch veränderbar. Das AT wird christologisch, typologisch oder allegorisch ausgelegt. Damit partizipiert die Kirche an der hellenistisch-jüdischen Auslegungstradition Philos von Alexandria. Neben dem Wortsinn wird ein pneumatischer bzw. allegorischer Schriftsinn geltend gemacht; das wird mit dem Heiligen Geist als Autor aller biblischen Schriften begründet (Clem Strom.).[121]

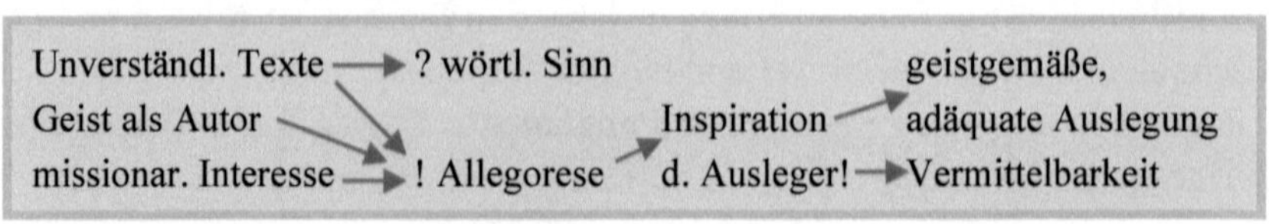


### b) Die Frage der zweiten Buße

Zu diesem theologischen Thema vgl. → 3.4.2c.

121 Das Werk *Stromateis* von Klemens bedeutet wörtlich „Teppiche“, die der Heilige Geist quer durch alle Bibeltexte gewoben hat; Allegorese ist somit pneumatologisch legitimiert.

## 3.6 Schrifttum

*Überblick*: Zu Beginn des 2. Jh. ist das NT noch nicht abgeschlossen. Die Paulusbriefe liegen als Sammlung vor, die anderen Schriften werden regional verbreitet und rezipiert. Der Wortlaut der Texte ist noch nicht sakrosankt, die Kanonisierung setzt erst später ein. Ab Mitte des 2. Jh. entstehen apologetische und dogmatische Schriften, welche die christliche Lehre systematisch ordnen und verteidigen. Unter dem Namen von Apostel(schüler)n entstehen Apokryphen.

### 3.6.1 Historiographische Werke

Auch für das 2. Jh. sind Eusebs Kirchengeschichte und Epiphanios' *Panarion* ergiebig. Methodisch zu berücksichtigen ist die tendenziöse Darstellung (→ 5.6.1). Über das Römische Reich geben Tacitus, Sueton, Cassius Dio, Herodianos (ab 180 n. Chr.) und Florus (*Epitome de Tito Livio*) Auskunft.[122] – Augenzeuge der Vorgänge ist der Judenchrist Hegesipp. Er schreibt fünf Bücher „Erinnerungen" (*Hypomnémata,* 174), die auszugsweise bei Euseb zitiert werden. Inhalt ist die christliche Überlieferung von den Aposteln bis zu seiner Zeit. Seine Bischofslisten belegen die Entstehung des Sukzessionsgedankens (Euseb H.e. III 11; 32,1f. u. a.) im Kontext apologetischer Widerlegung gnostisch-häretischer Lehrmeinungen.

### 3.6.2 Theologische Hauptschriften

Bis ca. 130 entstehen die Spätschriften des NT. Die Datierung ist im Einzelnen unsicher. Diskutiert werden das JohEv, Past, Jud und 2 Petr.[123] Im gleichen Zeitraum entsteht der Großteil der „Apostolischen Väter" (Quadratus-Fragment um 100, Ignatianen um 117, Hermas in den 120er Jahren, Polykarpbriefe um 130) und frühe Apokryphen (→ 3.6.3). Etwas später datieren die Apologien Justins, Tatians, Athenagoras' u. a. sowie Schriften der frühen Kirchenväter (→ 3.6.2c).

122 Vgl. den Überblick bei Bellen 2010, 122.
123 Für Berger/Nord 2021, 761, ist Tit die späteste ntl. Schrift (ca. 80 n. Chr.).

### a) Apostolische Väter

Parallel zu den ntl. Spätschriften entstehen die „Apostolischen Väter".[124] Sie stehen zu ihrer Zeit in hohem Ansehen als Bewahrer der unverfälschten apostolischen Lehre und bezeugen innerkirchliche Vorgänge, werden aber nicht kanonisiert. Zu nennen sind die beiden Klemensbriefe, die Ignatiosbriefe, die Briefe Polykarps, das Quadratusfragment, die „Apostellehre" (*Didaché*) und der Barnabasbrief. Die Sammlung enthält Gemeindebriefe, theologische Traktate, Kirchenordnungen und Predigten. Inhaltliche Schwerpunkte sind die *regula fidei*, Ethik und Gemeindedisziplin, die Sicherung der apostolischen Tradition, die Struktur der Kirche und Mahnung vor Irrlehren. Die Texte sind im Spannungsfeld zwischen Judentum, Gnostizismus und Philosophie zu verstehen, bezeugen aber keinen Dialog mit nichtchristlichen Gesprächspartnern. Sie dienen der Profilierung frühkirchlicher Glaubensinhalte und der Festigung kirchlicher Strukturen.[125]

### b) Apologetische Schriften

*Überblick*: Die Apologeten verteidigen den christlichen Glauben gegenüber Juden und Römern und klären über den wahren Wert der christlichen Lehre und über die staatstragende Rolle der Christen auf. Sie bezeugen das neue Selbstverständnis der Christen als eigenständige, bedeutende Gruppe in der Gesellschaft und als loyale Bürger des Römischen Reiches.

#### 1. Allgemein

Griechische Apologien bzw. Apologeten sind der Diognetbrief (70–135), das Quadratusfragment (gegen den Zeuskult Kaiser Hadrians, ca. 130),[126] Aristides von Athen (an Antoninus Pius, ca. 140/150),[127] Justin der Märtyrer

---

124 Der Begriff wird erstmals 1672 durch Jean-Baptiste Cotelier verwendet. Ausführlich dazu Hausammann 2001a, 1–54.

125 Zum Inhalt der einzelnen Schriften vgl. Schnelle 2019, 543–550. Zu 1 Clem → 2.4.1a, zu den Ignatiosbriefen → 3.4.1a, zu Barn → 3.3.4.

126 Schnelle 2019, 27: ca. 125 n. Chr.

127 Anders Schnelle 27: ca. 127 n. Chr. an Kaiser Hadrian.

(an Antoninus Pius und Marc Aurel, 150–165), Tatian („Oratio ad Graecos" [„Rede an die Griechen"], um 160), Athenagoras von Alexandria („Supplicatio pro Christianis" [„Bittschrift für die Christen"], an Marc Aurel und Commodus, 176–180), Theophilos von Antiochia („Ad Autolycum", Ende des 2. Jh.) und Meliton von Sardes. Lateinische Apologien schreiben Minucius Felix und Tertullian.[128]

Apologien (wörtlich: Verteidigungen) sind Petitionen an Behörden und den Kaiser, die Christen im Reich als loyale Staatsbürger wahrzunehmen und ihnen Schutz zu gewähren. Sie rücken christenfeindliche Klischees zurecht und stellen die christliche Lehre als die älteste und wertvollste dar. Dabei argumentieren sie philosophisch. Christen, so Justin, verehren den einen, wahrhaftigen Gott, Vater aller Tugenden und Jesu Christi (Apol. I 6,2). Die Trinität sei die vollendete Form der Gotteserkenntnis. Athenagoras erarbeitet als Trinitätsmerkmale Einheit, Gemeinschaft und Verschiedenheit sowie die Rede vom Geist als „Ausstrahlung Gottes". Dieses Modell ist für die weiteren Debatten wegweisend. Zugleich zeigen die Apologeten ein neues Selbstbewusstsein gegenüber Juden und Nichtjuden, vgl. Justins „Dialog mit Tryphon" (ca. 155) und das Kerygma Petri (→ 2.3.4c).

### 2. Justin der Märtyrer und Aristides

Justin durchdenkt die christliche Lehre in philosophischen Begriffen und stellt sie als die „einzig nützliche" Philosophie dar (Dial. 8).[129] Christus nennt er die präexistente und omnipräsente Vernunft Gottes (gr. *lógos;* Apol. II 6; vgl. Joh 1) als eigenständige göttliche Größe neben dem transzendenten Gott, Schöpfer der Welt und alles Guten.[130] Die Philosophen seien von dem in den atl. Propheten wirkenden, fruchtbaren Logos (gr. *lógos spermatikós*) mit Wahrheitserkenntnis inspiriert.[131] Die Inkarnation des Logos, so Justin, habe

---

128 Zu den Apologeten vgl. ausführlich Hausammann 2001a, 169–255.

129 Justins Hauptschriften sind zwei Bücher Apologien (Apol. I, adressiert an „Kaiser Antoninus Pius, den Senat und das römische Volk") und der fiktive Dialog mit dem Juden Tryphon (Dial).

130 Apol. I 60,1–7; Dial. 56,11; vgl. Plat Tim. 28c; 34 a/b. Platon begreift den Logos als innergöttliche Denkbewegung (gr. *lógos endiáthetos*) bzw. als aus Gott heraustretende Kraft (gr. *lógos prophorikós*). Justins Modell wird dem philosophischen Axiom der Unveränderlichkeit Gottes gerecht.

131 Apol. I 44; II 13; Dial. 56,11. Die Kategorie des *lógos spermatikós* ist stoischen Ursprungs (→ 2.2.2a). – Selbst Sokrates wird von Justin als Christ gewertet (Apol. I 46).

die ewige Vernunft Gottes endgültig geoffenbart und damit die Philosophie vollendet. Dazu Just Apol. II 13,3f.:

> „Jeder von ihnen [Stoiker, Dichter und Geschichtsschreiber] hat kraft seines Anteils an dem Samenkörner [der Wahrheit] austeilenden göttlichen Logos erkannt, was zu ihm in verwandtschaftlicher Beziehung steht, und [insoweit] wohl geredet; doch haben sie in den wichtigeren Fragen einander widersprochen und damit erwiesen, daß sie kein [tiefer] eindringendes [?] Wissen und keine unwiderlegliche Erkenntnis besitzen. (4) Was sich hingegen bei allen an zutreffenden Aussagen findet, das kommt uns Christen zu; denn wir verehren und lieben mit Gott den von ihm, dem ungewordenen und unaussprechlichen Gott, ausgegangenen Logos. Ist er doch um unseretwillen Mensch geworden, um als Genosse unserer Leiden Heilung zu wirken [...]."[132]

Antichristliche Klischees räumt Justin auf höchster intellektueller Ebene aus. Die christliche Lehre stellt er in positivem Licht dar (Apol. I 2–5), den Vorwurf der Staatszersetzung weist er zurück (Apol. I 11). Im Gegenteil: Die Christen seien die eigentlich staatstragende Gruppe im Imperium (Apol. I 12.17). Außerdem fordert Justin rechtsstaatliche Verfahren gegen angeklagte Christen (Apol. I 4,1–15). – Weiter zu Justin → 3.5.1b; 3.5.2a; 3.7.2.

Aristides von Athen (1. Hälfte des 2. Jh.) bezeichnet sich selbst als Philosoph und in seiner Apologie an Kaiser Antoninus Pius unter anderem die Christen als Stützen des Imperiums dar, die ständig für dessenFortbestand beten (Gebet *pro mora finis*, Apol. 16,6).[133] Gegenläufig dazu liest sich das kircheninterne Gebet um ein baldiges Weltende. Das Gottesbild des Aristides orientiert sich an den philosophischen Axiomen der Unvergänglichkeit, Unveränderlichkeit, Vollkommenheit, Unbedürftigkeit, Gestaltlosigkeit, Namenlosigkeit und Unteilbarkeit Gottes. Das beweist laut Aristides, dass die Christen den wahren Gott verehren (Apol. I 4).

### 3. Tertullian und Minucius Felix

Tertullian verfasst anlässlich des Edikts von Septimius Severus (202; → 4.3.1a) eine groß angelegte Verteidigung des christlichen Glaubens (*Apologeticum*), adressiert an die Statthalter der römischen Provinzen. Er betont das Gebet für Kaiser und Reich um Verzögerung des Weltgerichts (*pro mora*

---

132 Text aus Ritter 1994, 37.

133 Ähnlich argumentieren Just Apol. I 28,2; II 7,1; Hipp Comm. Dan. IV 5.12; Tert Apol. 30,4 u.a.

*finis*, Apol. 29–32).[134] Das Klischee, Christen praktizierten sittenwidrige Kulthandlungen, und den Vorwurf, ihre Lehre sei geschäftsschädigend für den Staatskult, rückt Tertullian zurecht (Apol. 39,14; 42,2–7). – Gegenüber Häretikern beruft sich Tertullian auf die durch Sukzession gesicherte, apostolische Überlieferung (Praescr. 32–38).

Der Lehrdialog *Octavius* des Minucius Felix (2./3. Jh.) ist ein wahrscheinlich fiktives Streitgespräch zwischen dem Christen Octavius und dem Platoniker Caecilius Natalis, in dem Minucius Felix als Schiedsrichter fungiert. Der Dialog endet mit der Konversion des Caecilius zum Christentum. *Octavius* ist ein Musterbeispiel der apologetischen Kontroverse mit nichtchristlicher Philosophie. Minucius Felix reflektiert philosophisch den christlichen Monotheismus und den Unsterblichkeitsglauben als Weg zur sittlichen Vollkommenheit dar. Um seine nichtchristliche Leserschaft zu überzeugen, bedient sich Minucius Felix philosophischer Sprache und verzichtet auf biblische und dogmatische Rekurse; nicht einmal Jesus Christus findet Erwähnung.[135]

Ungeklärt ist die Verhältnisbestimmung zwischen Tertullians *Apologeticum* und Minucius' *Octavius*. Beide Texte zeigen viele Gemeinsamkeiten und sind ungefähr gleich alt.

### c) Kirchenväter

*Überblick*: Die Schriften der Kirchenväter Irenäos von Lyon, Klemens von Alexandria und Tertullian von Karthago spiegeln die dogmatische und ethische Vielfalt des 2. Jh. wider. Im Fokus stehen Apologetik und Abwehr von Häresien. Beides dient der Klärung der Glaubensgrundlagen (Entwicklung von Glaubensregeln) und dem Diskurs mit gebildeten Schichten der Gesellschaft.

134 Erlemann 1995, 359 (hier auch Hinweise auf weitere Textstellen).
135 Gottlieb 1991, 42. – Zu Minucius Felix vgl. auch Hausammann 2001a, 250–255.

### 1. Irenäos von Lyon

Das Hauptwerk des Irenäos „Entlarvung und Widerlegung der fälschlich so genannten Gnosis“ (lat. *Adversus haereses*) dokumentiert die Auseinandersetzung mit dem Gnostizismus und anderen abweichenden Lehren im späten 2. Jh. In fünf Büchern[136] gibt Irenäos Einblick in Leben und Lehre zeitgenössischer Häresien. Er geht jeder gnostischen Gruppierung nach, ohne sie systematisch zu erfassen.[137] Der polemische Text ist für die Außenwahrnehmung des Gnostizismus bezeichnend. Von der gr. Urfassung sind im Gegensatz zur lat. Übersetzung nur Fragmente erhalten. – In diesem Kontext entwickelt Irenäos eine Glaubensregel (→ 3.4.5a) sowie biblisch fundierte christologische und trinitarische Konzepte (→ 3.5.1c; 3.5.2b). Herm und 1 Clem zählen für ihn zum ntl. Kanon. Weiter → 3.7.3.

### 2. Klemens von Alexandria

Klemens repräsentiert das gnostisch eingefärbte Christentum Alexandrias.[138] Seine um 200 auf Griechisch verfassten Hauptschriften sind „Mahnrede an die Griechen“ (gr. *Protreptikós*), „Der Erzieher“ (gr. *Paidagogós*) und „Teppiche“ (gr. *Stromáteis*). Im *Protreptikós* analysiert Klemens philosophische Begriffe und kehrt apologetisch die Attraktivität des Christentums hervor. *Paidagogós* enthält Vorgaben für christliches Verhalten, adressiert an Katechumenen. In *Stromáteis* schafft Klemens eine Synthese aus Theologie und Philosophie. Sie läuft auf die Überlegenheit der christlichen Offenbarung hinaus; antike Philosophenschriften seien Etappen auf dem Weg zur vollkommenen Erkenntnis. Außerdem enthält das Werk ethische Lehren und Beispiele allegorischer Schriftauslegung.

Weitere Texte des Klemens sind die *Excerpta ex Theodoto* (kommentierte Darstellung der gnostischen Lehre des Theodotos), die *Eclogae prophetae* (diverse Inhalte) und eine Predigt über Mk 10,17–27 unter dem Titel „Welcher Reiche gerettet wird“ (lat. *Quis dives salvetur*). – Weiter zu Klemens → 3.7.4.

---

136 Band I trägt den Titel „Darlegung der apostolischen Verkündigung“ (gr. *Epideixis*).

137 von Campenhausen 1967, 27, nennt dieses Vorgehen eine „Ketzerbestreitung, die aus Mangel an geistiger Überlegenheit nach jedem Argument greift, mit dem sich die Gegner verunglimpfen, verdächtigen und karikieren lassen.“ – Weiter zu Irenäos → 3.5.1c; 3.5.2b.

138 Ausführlich zu Klemens von Campenhausen 1967, 32–43, und Hausammann 2001a, 255–284.

### 3. Tertullian von Karthago

Ab 197 entstehen zahlreiche lateinische Schriften Tertullians. Zu den ältesten gehört das *Apologeticum* (→ 3.6.2b). Daneben schreibt Tertullian moralische Schriften wie „Vom Putz der Frauen" (*De cultu feminarum*, um 200), „Über die Spiele" (*De spectaculis*, vor 200) „An die Ehefrau" (*Ad uxorem*, ca. 207) und „Über die Verschleierung der Jungfrauen" (*De virginibus velandis*, ca. 211). In den Texten vertritt Tertullian eine rigoristische Ethik (→ 3.5.5).

An dogmatischen Schriften sind, neben dem *Apologeticum*, Abhandlungen „über die Taufe" (*De baptismo*) und „das Gebet" (*De oratione*, beide nach 200) sowie „Vom prinzipiellen Einspruch gegen die Häretiker" (*De praescriptione haereticorum*, ca. 204), „Gegen Markion" (*Adversus Marcionem*, ca. 207) und „Gegen Praxeas" (*Adversus Praxean*, ca. 213) zu nennen. Sie zeigen das Profil eines strenggläubigen Kirchenvaters, der mit der aus seiner Sicht zu laxen Kirche hadert und schließlich zum Montanismus abwandert (→ 3.4.4a; weiter → 3.7.5).

### d) Weitere Texte

Zu erwähnen ist hier der gegen 200 entstandene *Canon Muratori*, eine erste altkirchliche Zusammenstellung ntl. kanonischer Schriften (→ 3.4.5b).

## 3.6.3 Texte marginalisierter Gruppen

*Überblick*: Viele christliche Gruppen produzieren im 2. Jh. apokryphe Evangelien, Apostelakten, Apokalypsen und mehr. Die Texte belegen die Pluralität des frühen Christentums. Sie enthalten wertvolle historische und soziale Notizen, archaisch-apokryphe Jesusüberlieferungen und theologische Reflexionen abseits der Kirchenväter. Die Texte haben zum Teil unterhaltsamen Charakter, zum Teil dienen sie ethischen Zwecken. Apokryphen sind in der Regel schwer zu datieren.

### a) Apokryphe Evangelien

Apokryphe, gnostisch beeinflusste Evangelien enthalten zum Teil archaische Jesustraditionen. Das Thomasevangelium reicht im Kern wohl ins 1. Jh. zurück und enthält z. B. eine Legitimation des Herrenbruders Jakobus durch Jesus (EvThom 12; → 2.7.2) sowie eine spiritualisierte Eschatologie. Weitere Texte sind das „Geheime Markusevangelium" und eine Reihe judenchristlicher Evangelien, die den Ebioniten zugerechnet werden (alle um 140–150?; → 3.4.4d). Gnostische Evangelien wie das Evangelium der Wahrheit, das Philippusevangelium und das Evangelium der Maria (alle um 150–160?) sowie apokryphe Kindheitsevangelien (Protevangelium des Jakobus, Kindheitsevangelium des Thomas; beide um 160?) ergänzen das Tableau.[139] Inhalt der Letzeren sind Legenden über das Jesuskind. Die anderen Evangelien enthalten geheime Offenbarungen Jesu an bestimmte Jünger. Auch der „Brief der Apostel" (*Epistula Apostolorum*, ca. 170) ist inhaltlich ein Dialogevangelium mit geheimen, nachösterlichen Lehren Jesu an die Jünger. Der Text bietet eine aktualisierte Naherwartung in Reaktion auf die damals grassierende Pestepidemie.[140] – Ein eigenes Genre entwickelt der Justinschüler Tatian mit seiner Evangelienharmonie (*Diatessaron*, ca. 180). Der syrische Text versucht eine Synthese der kanonischen Evangelien auf Grundlage des JohEv mit dem Ziel, eine stimmige Biographie Jesu zu entwickeln. – Zuletzt sind zahlreiche ungeschriebene Jesusworte (gr. *Agrapha*) sowie einzelne Evangelienfragmente zu erwähnen, welche die apokryphe Jesusüberlieferung bereichern.[141]

### b) Apokryphe Briefe

Das gnostische Jakobus-Apokryphon (EpJac) enthält geheime Anweisungen Jesu an Petrus und Jakobus. Letzterer gilt als Nachfolger Jesu, der nach Ostern die zwölf Apostel aussendet. – ActPaul 3,1–3 (s. u.) enthält den sogenannten 3. Korintherbrief, der vom Konflikt um die wahre apostolische Lehre handelt.

---

139 Für Hartenstein 2013, 782, ist *terminus ante quem* für KThom eine Zitierung bei Irenäos (ca. 180). – Zum Verhältnis der christlich-gnostischen Schriften zu den kanonischen vgl. Janßen 2003. Demnach beziehen sich die christlich-gnostischen Evangelisten bewusst auf die kanonischen Evangelien und treten nicht in Konkurrenz zu ihnen (a. a. O., 41f.).

140 EpAp 17 (äth.) par. EpAp 28 (kopt.). – Ausführlich Erlemann 1995, 319f.

141 Vgl. die umfassende Textzusammenstellung bei Berger/Nord 2021, 1114–1202.

### c) Apokryphe Apostelakten

Diese Texte bieten Biographien einzelner Apostel. Verarbeitet sind eigenständige Traditionen kirchlicher Gruppen.[142] Die Texte haben erbaulichen Charakter. Nennenswert sind die Petrusakten (ActPetr), Paulusakten (ActPaul) und Andreasakten (ActAndr, alle 150–200?). Die Apostel werden zu ethischen Vorbildern stilisiert; insbesondere ihre Bereitschaft zum Martyrium wird hervorgehoben (ActPaul 2,3; ActAndr Narr. 33). Die Johannesakten (ActJoh, Ende 2. Jh.)[143] bezeugen eine rigoristische Haltung zur zweiten Buße (ActJoh 107; → 3.4.2c).

### d) Apokryphe Apokalypsen

Die Petrusapokalypse (ApkPetr, Mitte 2. Jh.?) enthält ausgiebige Jenseitsschilderungen (→ 3.5.4). Sie ist in der äthiopischen Kirche Teil des NT bis heute.

### e) Märtyrerakten

Märtyrerakten reagieren auf Verfolgungserfahrungen (→ 3.3.1d). Prominent ist das Martyrium des Polykarp (MartPol, um 155) mit seiner plastischen Schilderung kleinasiatischer Gerichtsverfahren gegen Christen.[144] Zu nennen sind auch der Martyriumsbericht der Gemeinde von Lyon (177) über das Martyrium von 48 Christen und das Martyrium der Scillitaner (um 180). – Im Mittelpunkt steht der vorbildliche Bekennermut der Angeklagten, die sich auch durch das Entgegenkommen der Behörden nicht von ihrem Ziel abbringen lassen. Die klaglos erduldete, oft brutale Hinrichtung durch Schwert, Bestien, Kreuzigung, Scheiterhaufen etc. steigert den Nimbus der Märtyrer. Das Martyrium wird geradezu zu einem Triumphzug des Glaubens stilisiert[145] (weiter → 3.5.5; 3.3.1d).

---

142 Erlemann 1995, 335–339.

143 Zu ActJoh vgl. insbesondere Spittler 2023.

144 Einen Auszug bietet Ritter 1994, 40. – Weitere Texte bei Hausammann 2001b, 37–58.

145 Eindrucksvolle Beispiele liefert Leppin 2021, 365–380.

#### f) Prophetische Schriften

Von den Montanisten sind Fragmente bei Epiphanios überliefert.[146] Weiterhin sind das 5. Esrabuch (5 Esr), die christlichen Sibyllinen (OrSib, Sammlung apokrypher Orakelsprüche mit teils apokalyptischem Inhalt) sowie das Buch des Elchesai zu nennen.[147] Letzteres ist fragmentarisch bei Hippolyt und Epiphanios überliefert und bezeugt die christlich-gnostische Täufergruppe der Elchesaiten (⟶ 4.2.3). Es enthält apokalyptische Prophezeiungen und eine eigenständige Sakramentenlehre.

### 3.6.4 Außerchristliche Quellen

Die Polemik des Mittelplatonikers Kelsos ist aus Origenes' Gegenschrift *Contra Celsum* (3. Jh.) bekannt. Die antichristliche Polemik des Stoikers M. Cornelius Fronto ist bei Minucius Felix überliefert (⟶ 3.6.2b; vgl. 3.3.1c). Satirische Äußerungen Lukians von Samosata finden sich in dessen Werk *Peregrinos.* – Dem Schriftwechsel zwischen Plinius d. J. und Kaiser Trajan (um 112) verdanken wir Einblicke in die Rechtspraxis bei Christenprozessen (⟶ 3.3.1d) und in das Gemeindeleben.

## 3.7 Steckbriefe

### 3.7.1 Ignatios von Antiochia

Ignatios (1./2. Jh.; genaue Lebensdaten unbekannt) ist einer der ersten Kirchenväter. Seine sieben Briefe an Christengemeinden Kleinasiens gehören zu den „Apostolischen Vätern". Sie spiegeln die Konflikte der Zeit um 117 wider. Ignatios fordert eine klare Abgrenzung vom Judentum (IgnPhd 5–9) sowie die Unterordnung unter Bischof und Apostel. Er betont das tatsächliche Leiden Christi und stellt sich damit gegen jegliche Form von Doketismus (IgnTrall 9–11; ⟶ 3.5.1).

---

146 Texte bei Ritter 1994, 29f.

147 Vgl. zu diesen Texten Erlemann 1995, 331ff.

### 3.7.2 Justin der Märtyrer

Der Philosoph Justin (Dial. 1,1f.; ca. 100–165) aus Flavia Neapolis (heute: Nablus) arbeitet nach seiner Konversion (vor 150) als christlich-philosophischer Lehrer und als Apologet in Rom (→ 3.6.2b). Sein „Dialog mit dem Juden Tryphon" (Dial.) ist eine apokalyptisch aufgeladene Invektive gegen den Messianismus des Bar-Kosiva-Aufstands (132–135; → 3.1.2). Die Naherwartung und ihre Infragestellung sind Kernelemente des Schreibens.[148] – Justins Apologie (Apol. I/II, ca. 150–155) ist an Kaiser Antoninus Pius adressiert (→ 3.6.2b). Justin stirbt unter Kaiser Marc Aurel ca. 165 den Märtyrertod.

### 3.7.3 Irenäos von Lyon

Irenäos (ca. 130–200) gilt als erster „katholischer" Kirchenvater. Der aus Galatien gebürtige Christ wird in seiner Heimat kirchlich ausgebildet. Aufgrund seiner Keltischkenntnisse wird er 177 Bischof der Gemeinde von Lugdunum (Lyon), eine Gründung ebenfalls keltisch sprechender, kleinasiatischer Christen. Sein Hauptwerk *Adversus haereses* (ca. 180) setzt sich intensiv mit dem Gnostizismus auseinander. Irenäos betont die Identität des biblischen Gottes und weist den Doketismus zurück. Durch seinen Tod habe Christus den Menschen Gemeinschaft mit Gott geschenkt (Rekapitulationstheorie; → 3.5.2b).

Als Kirchenpolitiker überzeugt Irenäos den römischen Bischof Eleutheros von der Rechtmäßigkeit des Montanismus (→ 3.4.4.a). Im Osterfeststreit (ca. 195 ; → 3.1.3a) vermittelt er zwischen östlicher und westlicher Kirche. Seine Werke sind für die Theologiegeschichte des 2. Jh. unverzichtbar. Seine Wirkungsgeschichte ist gleichwohl gering, vor allem wegen seiner fehlenden Systematik und seines fehlenden intellektuellen, philosophisch befriedigenden Niveaus.

148 Erlemann 1995, 342–344.

### 3.7.4 Klemens von Alexandria

Der Stoiker Titus Flavius Clemens (ca. 150–215) wird um 180 Christ.[149] Bis 202 lehrt er an der Katechumenenschule in Alexandria. Im Kampf gegen den Gnostizismus setzt er, anders als Irenäos, auf Gespräch statt auf Polemik. Im *Protreptikós* vermittelt er zwischen christlicher Lehre und Philosophie und stellt Erstere als älteste und beste Philosophie dar (→ 3.6.2c). Klemens entwickelt die Lehre vom mehrfachen Schriftsinn. Damit ist er ein früher Vertreter der Alexandrinischen Schule (→ 3.5.7a). Er vertritt eine liberale Ethik zwischen Zügellosigkeit und Askese, durch welche der erkennende Christ mit dem Logos bzw. mit Gott selbst verbunden wird (*Paidagogós*). In *Stromáteis* widmet sich Klemens Fragen christlicher Bildung und Erziehung. Als Ziel der Erziehung definiert er den erkennenden Christen („Gnostiker"), der den Lehrer nicht mehr nötig hat, weil er, durch den Logos mit Gott verbunden, Gottes Vertrauter ist. – Klemens gilt als der „unkirchlichste aller Kirchenväter".[150] Ca. 202 verlässt er Alexandria und stirbt um 215 in Kleinasien. Sein bekanntester Schüler ist Origenes (→ 4.7.2). – Zu Klemens' Christologie und Trinitätsauffassung vgl. → 3.5.1d und 3.5.2c.

### 3.7.5 Tertullian von Karthago

Tertullian (ca. 150 – nach 220) ist der erste lateinisch schreibende Kirchenvater.[151] Der römische Offizierssohn und Anwalt wird nach seiner Konversion (ca. 196) Katechumenenlehrer in seiner Heimatstadt Karthago. Apologetik (Gebet *pro mora finis,* Apol. 21,24ff.) und Polemik gegen Philosophen und Häretiker (besonders Praxeas und Markion) sind seine Hauptanliegen.[152] Die Philosophen, so Tertullian, beziehen ihre Erkenntnisse allesamt aus dem AT (Altersbeweis); ansonsten seien sie „Erzväter der Ketzer" (An. 3,1). Den Gnostikern wirft er Unwissen und Hybris vor, da sie die Grenze zwischen Gott und Mensch überschritten. Als Kontrapunkt gegen philosophisch-logische Spekulation formuliert er seinen Kernsatz:

---

149 Vgl. Méhat 1981, 103. Klemens' Hauptwerk ist kurz nach 200 anzusetzen (Drecoll 2011, 89). – Ausführlich zu Klemens vgl. von Campenhausen 1967, 32–43, und Hausammann 2001a, 255–284.

150 von Campenhausen 1967, 42.

151 Ausführlich von Campenhausen 1965, 12–36, und Hausammann 2001a, 220–250.

152 Hauptwerke Tertullians sind das *Apologeticum* (ca. 197), fünf Bände „Gegen Markion" und die „Prozesseinreden". Die Texte enthalten Richtlinien für ein christliches Leben in der Gesellschaft.

> „Ich glaube, weil es [scil. der heilvolle Kreuzestod Jesu] widersinnig ist“ (lat. *credo, quia absurdum*; Incarn. 5,4).

Damit markiert Tertullian den Glauben an Gott, der sich stets anders erweist, als man denkt. Das Kreuz ist bei ihm Symbol für das *absurdum*, das den Menschen zum Heil wurde. – Ein Markenzeichen Tertullians ist sein ethischer Rigorismus; er verbietet die Ehescheidung, stellt eine strenge Bußordnung auf, fordert die Absonderung der Glaubenden vom *social life* sowie Martyriumsbereitschaft. Die Getauften seien die endzeitliche *militia Christi*, die in der apokalyptischen Entscheidung zwischen Gut und Böse stünden. Seine moralischen Kernsätze lauten:

> „Wo das Verzeihen anfängt, da hört die Furcht auf“ (Pud. 16,14) und: „Wo die Furcht aufhört, da bleibt die Besserung aus“ (Paen 2,2).

Weltliches Treiben brandmarkt Tertullian als Beihilfe zum Götzendienst. Mit seiner Haltung entfernt er sich von der Amtskirche. Er entwickelt Sympathien für den Montanismus und polemisiert gegen die seiner Meinung nach laxe Amtskirche (→ 3.4.4a). Am Ende seines Lebens vertritt Tertullian möglicherweise einen radikalen Montanismus. Von Tertullian sind ca. 30 Schriften mit vielseitigen Themen erhalten (→ 3.6.2c). Zur Christologie und Trinitätslehre vgl. → 3.5.1e; 3.5.2d.

## 3.8 Ergebnis: Impulse und Reaktionen

Das Christentum wächst weiter in die Gesellschaft hinein und gerät in den Fokus intellektueller Schichten und der Politik. Rasantes Wachstum und flüchtiges Charisma führen zur Ausbildung hierarchischer Strukturen und zu Ordnungen des Gemeindelebens inkl. Gottesdienst, Taufe, Abendmahl und Buße. Am Ende stehen der Monepiskopat und die reichsweite Vernetzung der einzelnen Bistümer.

Der Trennungsprozess vom Judentum kommt unumkehrbar zu seinem Abschluss. Die Reaktionen aus Politik, Gesellschaft und Philosophie auf das Christentum sind ambivalent. Neben vielen Sympathien und Konversionen (Justin, Klemens) sind Abwehrreaktionen in Form von Polemik (Kelsos, Fronto, Lukian) und Repressalien erkennbar. Wiederholt kommt es zu Übergriffen der Bevölkerung und lokaler Behörden. Diese werden theologisch reflektiert (Martyriumsparänesen u. a.). Der Konflikt mit Judentum, Philosophie und Gnostizismus führt zur Klärung der Glaubensgrundlagen (*regulae fidei*, Kanon) und zur systematischen Darstellung der christlichen Lehre (Christologie, Trinitätstheologie u. a.). Aus apologetischen und missionsstrategischen Gründen bedienen sich viele Kirchenväter philosophischer Begrifflichkeit; die Theologie bekommt dadurch einen spekulativen Einschlag, der die Theologiegeschichte über lange Zeit prägt. Umgekehrt nimmt die Philosophie theologische Gedanken auf. Ethische Dilemmathemen wie Besitz, Beteiligung am öffentlichen Leben, Berufswahl, Ehe und Sexualität etc. führen zu kontroversen Diskussionen und ersten Abspaltungen (Montanisten, Ebioniten).

Die historischen Erfahrungen und theologischen Reflexionen begründen ein neues Selbstbewusstsein der Christen als einer eigenständigen, staatstragenden Gruppe und als der besten Philosophie und Religion überhaupt. Monotheismus, Hoffnung auf ewiges Leben und ausgleichende Gerechtigkeit im Jenseits, Ethik, kirchliche Strukturen, Fähigkeit zum Dialog und der sichtbare Bekennermut der Märtyrer tragen zum Erfolg des Christentums bei.

https://narr.kwaest.io/s/1226

## Kapitel 4: Das dritte Jahrhundert

| Datum | Politische Ereignisse | Alte Kirche | Sonstiges |
|---|---|---|---|
| *193–235* | *Ära der Severer* | | |
| **193–211** | **Kaiser Septimius Severus** | Wirken Tertullians u. Klemens' v. Al. | diverse Siege gegen Feindvölker |
| 202 | Edikt gegen Juden und Christen | ca. 200 Irenäos † Tertullian, *Apol.* | |
| **211–217** | **Kaiser Caracalla** | 215 Klemens von Alexandria † | ab 214 Krieg gegen die Parther |
| 212/213 | *Constitutio Antoniniana* | | ab 215 Wirken des Sabellius 216 Mani * |
| **218–222** | **Kaiser Elagabal** | 217–222 Kallist I. von Rom; nach 220 Tertullian † | Ende der tannaitischen Periode im Judentum |
| **222–235** | **Kaiser Severus Alexander** | ca. 225 Hippolyt, *Traditio Apostolica* | ab 231 Angriffe der Perser u.a. |
| *235–293* | *Ära der Soldatenkaiser* | | |
| **235–238** | **Kaiser Maximinus Thrax** | | 235 Sieg gegen Germanen u.a. |
| **238–244** | **Kaiser Gordian I., II. und III.** | | Einfall der Goten |
| **244–249** | **Kaiser Philippus Arabs** | | |
| 248–258 | | Cyprian Bischof von Karthago | 248 Tausendjahrfeier Roms |
| **249–251** | **Kaiser Decius** | ca. 250 *Romanum* | 249–170 Pest |
| 249 | | Opferedikt und Decische Verfolgung | 251 Sieg der Karpen und Daker |
| **251–253** | **Kaiser Gallus** | Ende d. Verfolgung; Novatian. Schisma | weitere Goteneinfälle |

| Datum | Politische Ereignisse | Alte Kirche | Sonstiges |
|---|---|---|---|
| **253–260** | **Kaiser Valerian** | 254 Origenes † | Angriffe der Perser und Goten |
| 254–257 | | Stephan I. von Rom Ketzertaufstreit | ca. 255–? Polemik d. Porphyrios |
| 257/258 | | allg. Opferedikt; Valerianische Verfolgung; 258 Cyprian und Novatian † | |
| **260–268** | **Kaiser Gallienus** | Ende d. Verfolgung | Erdbeben, Pest |
| **268–269** | **Kaiser Claudius Gothicus** | | Sieg gegen Goten |
| **270–275** | **Kaiser Aurelian** | | Sieg gg. Zenobia |
| **276–282** | **Kaiser Probus** | | |
| **284–305** | **Kaiser Diokletian** | | |
| **293–305** | *Tetrarchie*: **Kaiser Diokletian, Maximian, Constantius I. Chlorus, Galerius** | | ab 297 Verfolgung der Manichäer |

Das 3. Jh. ist die Zeit erster systematisch-theologischer Entwürfe (Klemens, Origenes) und großer Christenverfolgungen (Decius, Valerian, Diokletian). Dank einer straffen Organisation überlebt die Kirche diese Phase. Ruhephasen (210–250; 260–300) verhelfen ihr zu weiterer Ausbreitung und Konsolidierung. Der Diskurs mit Philosophie und Gnostizismus prägt die Theologie; der Diskurs mit dem Judentum tritt zurück. Im theologischen Fokus stehen Christologie, Trinitätstheologie und die Bußfrage. Die Parusieerwartung ist unvermindert hoch. Lehrdifferenzen sorgen für Spannungen mit Novatianern, Adoptianern und Modalisten.

## 4.1 Äußere Geschichte

Das Römische Reich durchlebt im 3. Jh. eine Phase innerer und äußerer Unruhen. Die Kaiser fordern daher die flächendeckende Einhaltung des

Staatskults ein (4.1.1). Das Judentum konsolidiert sich, treibt die Entwicklung des Talmuds voran, separiert sich weiter, verhält sich aber weitgehend politisch loyal (4.1.2). Die Kirche gerät durch Verfolgungen in ihre größte Krise, besteht sie aber dank gefestigter Strukturen und einer pragmatischen Lösung der Bußfrage (4.1.3).

## 4.1.1 Römisches Reich

*Überblick*: Das 3. Jh. gilt als Krisenzeit; militärische Erfolge und Verluste halten sich die Waage. Unter den Soldatenkaisern (ab 235) herrschen ständige innere Unruhen. Die Provinzen werden gegenüber Rom mächtiger, da sie mehrheitlich das Heer stellen und ihre Kulte nach Rom exportieren.[1] Die Jahrtausendfeier Roms (248) führt zur Besinnung auf die Grundlagen staatlicher Wohlfahrt. Ab 284 regiert ein Kaiserkollegium das Reich; es soll Rom zu alter Stärke zurückführen. Der römische Prinzipat wandelt sich zum spätantiken Dominat.

### a) Die Severer (193-235)

Die Severer regieren bis 235. Septimius Severus führt Kriege in Gallien (196/197), Mesopotamien (194–198) und Britannien bzw. Schottland (208–211). 202 erlässt er ein juden- und christenfeindliches Edikt (→ 4.3.1a). Sein Sohn Caracalla (211–217) zieht sich in Britannien hinter den Hadrianswall zurück; das sorgt dort für nachhaltige Ruhe. 213 besiegt er einfallende Alamannen, ab 214 kämpft er gegen die Parther; er wird 217 auf dem Feldzug ermordet. Unter seinem Prinzipat erhalten alle Freien im Reich das römische Bürgerrecht (*Constitutio Antoniniana*, 212/213; Cass 78,9,5); so integriert er die unterschiedlichen Völkerschaften und akquiriert auf diese Weise Steuereinnahmen im großen Stil:

> „...Er [Caracalla] war ein Freund der Verschwendung seinen Soldaten gegenüber..., alle übrigen aber pflegte er ringsum auszuziehen, auszurauben und aufzureiben, nicht zuletzt die Senatoren. Denn ... abgesehen davon, daß er alle seine Untertanen zu römischen Bürgern machte, angeblich als eine Auszeichnung, in

1 Glatzer 1981, 60.

> Wirklichkeit aber in der Absicht, dadurch seine Einkünfte zu mehren, da nämlich die Nichtbürger die Mehrzahl dieser [von ihm z.T. neu eingeführten] Abgaben nicht zu entrichten brauchten […].“[2]

Die großzügige Alimentierung des anwachsenden Militärs, Prachtbauten wie die Caracalla-Thermen und der Sarapistempel in Rom sowie öffentliche Schauspiele führen zur Geldentwertung.[3] Massive Steuererhöhungen sind die Folge.

Caracallas Cousin Elagabal (218–222), Baal-Priester aus Emesa, macht sich mit seinem Kultgebaren in Rom unbeliebt und wird 222 ermordet. Sein Cousin Severus Alexander (222–235) muss mehrere Grenzen verteidigen: im Osten gegen die Perser (ab 231), im Norden gegen Alamannen und Chatten (233). Den Soldaten ist der Kaiser zu zögerlich; sie ermorden ihn 235 mitsamt seiner Mutter. – Großen Einfluss wird den Kaisergattinnen, -müttern und -großmüttern zugeschrieben, allesamt syrische Baals-Priesterinnen oder -Gläubige. Dem Kaiser wird absolute Macht zugesprochen, so dass er über dem Gesetz steht (lat. *princeps legibus solutus*).[4]

## b) Die Soldatenkaiser (235-284)

235 akklamieren die in Mainz stationierten Soldaten Maximinus Thrax zum Kaiser. Er ist der erste Soldatenkaiser.[5] Er siegt gegen Germanen (235) sowie gegen Jazygen und Daker an der Donau (236). Maximinus verdoppelt den Militärsold, treibt hierfür massiv zusätzliche Steuern ein und geht zum Teil brutal gegen die Bevölkerung vor. Als Folge reichsweiter Empörung wird er 238 ermordet.

Ab 238 greifen erstmals Goten auf römisches Reichsgebiet über (untere Donau). Nach bürgerkriegsähnlichen Zuständen wird 244 Philippus Arabs Kaiser. Er begeht 248 die Tausendjahrfeier Roms, verbunden mit vielen Festlichkeiten und der Ausrufung eines neuen Millenniums.[6] Zeitgleich wird das Geld drastisch abgewertet; Germanen, Goten und Perser erhalten massive

---

2 Cass 77,9 (Text aus Ritter 1994, 86).
3 Bellen 2010, 184f.
4 A.a.O., 177.
5 Der Forschungsbegriff „Soldatenkaiser“ umfasst grob vereinfacht folgende Eigenschaften der Kaiser im 3. Jh.: niedrige soziale Herkunft, militärische Karriere, Ausrufung durch einen Heeresteil, Abhängigkeit der Regierung von militärischem Erfolg oder Misserfolg (vgl. Johne/Hartmann 2008, 1026f.).
6 A.a.O., 206.

Lösegeld- und Stillhaltemittel. Die Zeche zahlt die Provinzbevölkerung. Die prekäre Lage führt zu mehreren Usurpationsversuchen. Zusätzlich tragen eine reichsweite Pestepidemie (249–270) und militärische Rückschläge zum stetigen Niedergang Roms bei.

Decius, Heerführer gegen Daker und Goten, wird 249 von seinen Truppen zum Imperator ausgerufen. Er geht wegen seines Opferedikts als Christenverfolger in die Geschichte ein. Die Maßnahme ist jedoch erfolglos (→ 4.3.1d). Karpen und Daker schlagen die Römer vernichtend und plündern Thrakien (250/251); Decius stirbt auf dem Schlachtfeld. Sein Nachfolger Gallus (251–253) wird zu teuren Tributleistungen an die Goten verpflichtet. Diese dringen ab da regelmäßig tief auf den Balkan und nach Griechenland vor.

Unter Valerian (253–260) erlebt Rom eine weitere Geldentwertung sowie Angriffe durch Perser und Goten.[7] Auch Valerian lässt Christen verfolgen (→ 4.3.1d). Gegen Perserkönig Shapur I. unterliegen die Römer; Valerian stirbt in persischer Kriegsgefangenschaft. Unter seinem Sohn Gallienus (260–268) erobert Palmyras König Odaenathus Mesopotamien für Rom zurück (262). Unterdessen wirft Gallienus nach Norditalien eingefallene Germanen zurück (ab 259). 262 ereignen sich ein enormes Erdbeben mit Verwüstungen im gesamten Mittelmeerraum und eine neue Pestepidemie. Gegen Gallienus starten mehrere Usurpationsversuche (Odaenathus im Osten, Postumus im Westen); die Goten fallen erneut ins Reichgebiet ein (268). Da wird Gallienus von illoyalen Heerführern ermordet. Der Mitverschwörer Claudius Gothicus folgt ihm nach. Er besiegt 269 die Goten, angeblich infolge eines Gelübdes den Staatsgöttern gegenüber.[8] Im selben Jahr stirbt Claudius an der Pest.

Sein illyrischer Weggefährte Aurelian (270–275) sorgt an der Gotenfront nachhaltig für Ruhe, gibt aber die Reichsgebiete nördlich der Donau auf (271). Gegen die aufständische palmyrische Königin Zenobia, die den Ostteil des Imperiums kontrolliert, erringt er einen entscheidenden Sieg, den er dem römischen Gott *Sol Invictus* zuschreibt (271).[9] Aurelian kontrolliert nun wieder Ägypten, Kleinasien, Syrien und Gallien und stellt damit die

---

7 Die Perser zerstören Antiochia (253) und annektieren Armenien. 256 erobern sie Dura Europos. Die Goten plündern u. a. Chalkedon. Ein Reflex darauf ist der „Kanonische Brief" von Gregor Thaumaturgos, in dem er vielfache Übergriffe durch marodierende Goten schildert.

8 Bellen 2010, 231.

9 Vgl. die Legende zum Sieg Konstantins d.Gr. an der Milvischen Brücke (→ 5.1.1a).

Einheit des Reiches für kurze Zeit wieder her. Rom erhält eine neue Stadtmauer.[10] Der stadtrömischen Bevölkerung lässt Aurelian täglich gratis Nahrungsmittel ausgeben und tilgt im großen Stil Schulden.[11] Das deutet auf stabile Staatsfinanzen hin. Auf einem weiteren Gotenfeldzug fällt Aurelian einer Verschwörung zum Opfer (275).

Kaiser Probus (276–282) verfolgt die Utopie eines allgemeinen Reichsfriedens und spannt das Militär für zivile und humanitäre Zwecke ein.[12] Ab 277 fallen germanische Heere in Gallien ein; Probus schlägt sie, wie auch Vandalen und Burgunder in Rätien (277–279). Trotz der sichtbaren Erfolge wird er 282 vom unzufriedenen Militär ermordet. Seine Bilanz ist innen- wie außenpolitisch positiv.

### c) Die Tetrarchie (284-311)

Das entstandene Machtvakuum macht sich der illyrische Heerführer Diokletian zunutze (284–305). Er verteilt die Macht auf mehrere Schultern: Diokletian übernimmt die Osthälfte des Reiches (Residenz Nikomedia am Marmarameer), in Gallien wird der Illyrer Maximian Mitkaiser (286–305, Residenz Trier). Dank der Arbeitsteilung werden Germanen, Sarmaten, Sarazenen und Perser besiegt, Armenien wird römisches Klientelkönigtum (→ 4.1.3b). 293 kommen zwei Cäsaren hinzu, die zugleich als Nachfolger der Augusti vorgesehen sind: Der Illyrer Constantius I. Chlorus wird Cäsar von Gallien, Germanien und Britannien (Residenz Trier), sein Landsmann Galerius Cäsar von Dalmatien, Makedonien und Griechenland (Residenz Sirmium, ab 298 Thessaloniki). Maximian steht Italien, Rätien, Spanien und Afrika vor (Residenz Mailand), Diokletian hält in Nikomedia Hof. Das System der Tetrarchie ist damit komplett, die Einheit des Prinzipats bleibt durch die persönliche Autorität Diokletians gewahrt. Der römische Senat verliert seine staatstragende Funktion; der Prinzipat wandelt sich zum spätantiken Dominat, in dem der Kaiser seine Herrschaft losgelöst vom Senat begründet und ausübt.

Neben militärischen Erfolgen setzen die Tetrarchen städtebauliche Impulse, starten eine umfassende Provinzreform (die 50 Provinzen werden

---

10 Bellen 2010, 235f.

11 Zur Praxis der kaiserlichen Alimentierung der stadtrömischen Bevölkerung vgl. Brown 2018, 125–129.

12 Unter anderem lässt Probus brachliegende Landstriche rekultivieren und die Verkehrsinfrastruktur erneuern (A.a.O., 239f.).

auf ca. 100 neue Provinzen aufgeteilt) und eine nachhaltige Steuerreform (297). Regional unterschiedliche Maße und Münzen werden vereinheitlicht und Höchstpreise für Waren festgelegt; das alle kommt der Stabilität der Wirtschaft zugute.

Das 3. Jh. klingt mit einem Sieg gegen die Perser aus (298); vom Friedensvertrag profitieren die Römer 40 Jahre lang. Die besiegten Goten stellen als Verbündete Rom Truppen zur Verfügung.[13] Constantius I. Chlorus erobert 297 Britannien samt Londinium (London) zurück. Maximian befriedet in Nordafrika aufständische Beduinen (298). Rom erhält von Maximian ein umfangreiches Facelift.

### 4.1.2 Judentum

Mit dem Abschluss der Mischna endet die Zeit der Tannaiten (ca. 220). 220–428 ist die Zeit der Amoräer, d. h. der Mischna-Interpreten, in Palästina; in Babylon dauert sie bis 651.[14] Die von Rom anerkannten Patriarchen sind der politisch-religiöse Bezugspunkt aller Diasporajuden. Die prekäre wirtschaftliche Lage des Reiches schadet auch dem palästinischen Judentum. – Nach dem Sieg des Septimius Severus gegen den syrischen Statthalter Pescennius Niger (193) büßen die Samaritaner von Sichem-Nablus ihr Bürgerrecht ein.[15] Konflikte Roms mit den Parthern (ab 197) wecken messianische Hoffnungen (bJoma 10a). Jüdische Partisanen machen Rom zu schaffen. Das Lehrhaus in Tiberias hält sich jedoch politisch zurück (bBM 83b); dazu ein Zitat aus Sifre Dtn 11,12 (R. Eleasar ben Schimon):

> „Ein Buch und ein Schwert kamen zusammengebunden vom Himmel herab; wenn ihr die hier niedergelegte Tora erfüllt, so seid ihr vor dem Schwerte gerettet; wenn nicht, so werdet ihr durchs Schwert geschlagen."[16]

Caracalla verleiht den Juden das römische Bürgerrecht (*Constitutio Antoniniana*, 212/213). Im Gegenzug verpflichtet er sie zu Steuern und Naturallieferungen an das Heer. Sie setzen daraufhin das Sabbatjahr aus und erleichtern die Zehntsteuer. Severus Alexander verehrt neben Orpheus und Christus auch Abraham. Er erhält den Spitznamen „Syrischer Synagogenvorsteher

---

13 A.a.O., 264f.
14 Zum Folgenden Dexinger 1988, 347–350.
15 Zum Folgenden Glatzer 1981, 57–70.
16 A.a.O., 59.

und Hoherpriester“ (→ 4.3.1a). Ab ca. 250 ist die Wiederbesiedlung judäischer Städte erlaubt (außer Jerusalem). Juden kämpfen unter Valerian gegen die Perser; ca. 12.000 kappadokische Juden sterben.[17] Danach erleben sie, wie die Christen, eine Ruhephase. Unter Diokletian verhalten sie sich staatsloyal; sie sind, anders als Christen, vom Staatskult befreit. R. Abbahu von Cäsarea polemisiert in dieser Zeit gegen die christliche Lehre und scheidet die Samaritaner aus dem Synagogalverband aus (bChullin 6a). Ihre konsequente Absonderungspolitik bringt den Juden den Vorwurf der Menschenverachtung und der Verletzung sozialer Pflichten ein.

Viele Juden emigrieren in die bessergestellte Diasporagemeinde in Babylon.[18] Diese wird von einem Exilarchen geleitet und repräsentiert. Die jüdische Community Babylons steht unter dem besonderen Schutz der Perser und genießt religiöse Autonomie; so kann sie sich frei entfalten. Akademien entstehen zur Vermittlung rabbinischer Bildung. Ca. 220 wird die Mischna aus Palästina importiert; in den folgenden Jahrhunderten entsteht der Babylonische Talmud.

### 4.1.3 Christentum

*Überblick*: Ab 250 erlebt die Kirche heftige, staatlich organisierte Verfolgungswellen. In Reaktion darauf entbrennt eine intensive Diskussion um die zweite Buße und um die Legitimität von Ketzertaufen. In den Ruhephasen breitet sich die Kirche weiter aus und treibt die Klärung ihrer Glaubensgrundlagen voran.

#### a) Hauptereignisse und Hintergründe

##### 1. Verfolgungen

Das 3. Jh. bringt der Alten Kirche die härtesten Verfolgungen ihrer Geschichte; das Motiv liegt in der Staatsräson begründet (weiter → 4.1.3d).

17 A.a.O., 91.
18 Dexinger 1988, 348f.

## 2. Bußstreit

Die Frage postconversionaler Buße wird im 3. Jh. kontrovers diskutiert.[19] Hippolyt von Rom lehnt im Bußstreit die zweite Buße strikt ab (Ref. IX 15,1–3). Der liberale Bischof Kallist I. von Rom (217–222) hingegen lockert die strengen Ehegesetze, erlaubt das Konkubinat (Hipp Ref. IX 12,24) und lässt die Buße für sexuelle Vergehen zu (217). Der Streit führt zum Zerwürfnis, wenn nicht zu einem zeitweiligen Schisma (⟶ 4.7.1). Unter Hinweis auf Mt 18,18 bestätigt syrDid 17 die Bußkompetenz des Bischofs. Der Bußstreit mündet in den Ketzertaufstreit (⟶ 4.4.2c) und findet eine Fortsetzung im ersten Meletianischen Schisma (ab 305; ⟶ 5.4.4e).

## 3. Ketzertaufstreit

Schon Tertullian lehnt die Gültigkeit von Taufen ab, die durch häretische Bischöfe vollzogen werden, und fordert eine zweite Taufe (Bapt. 15). Nach 250 kommt es zwischen Stephan I. von Rom (254–257) und Cyprian von Karthago zum Konflikt um solche „Ketzertaufen", die während der Decischen Verfolgung durchgeführt wurden.[20] Stephan denkt pragmatisch und erkennt sie reichsweit an. Er fordert lediglich eine Bußzeit und eine erneute Handauflegung betroffener Täuflinge. Hierfür sieht er sich als Nachfolger Petri legitimiert (vgl. Mt 16,18). Cyprian schreibt:

> „Während wir zum Konzil versammelt waren, teuerste Brüder, haben wir euer Schreiben gelesen, welches ihr an uns gerichtet habt mit der Anfrage, ob die bei Häretikern und Schismatikern scheinbar Getauften getauft werden müßten, wenn sie zur *einen* katholischen Kirche kommen ... [Unsere Ansicht hierüber] ist nicht neu, sondern längst von unseren Amtsvorgängern mit Bestimmtheit ausgesprochen und auch von uns beibehalten worden ... Wir glauben nämlich und halten es für gewiß, daß niemand draußen, außerhalb der Kirche, getauft werden kann, da nur eine einzige Taufe in der heiligen Kirche eingesetzt ist ... [vgl. Jer. 2,13; Spr, 9.17]. Nun aber muß das Wasser zuvor vom Priester gereinigt und geweiht werden, damit er durch sein Taufen die Sünden des Täuflings abwaschen könne ... [Ex. 36,25f.]. Allein, wie kann jemand das Wasser reinigen und weihen, der selbst unrein ist und in dem der Hl. Geist nicht wohnt? Sagt doch der Herr im Buche Numeri [19,22]: 'Was immer der Unreine anrühren wird, wird unrein

19 Hausammann 2001b, 67–79.
20 A.a.O., 79-85.

> sein.' Oder wie kann der Taufende einem anderen die Vergebung der Sünden erteilen, wenn er selbst außerhalb der Kirche steht und sich [darum] seiner eigenen Sünden nicht entledigen kann?"[21]

Cyprian fordert eine erneute Taufe, da es außerhalb der rechtmäßigen Kirche kein Heil gebe (lat. *non salus extra ecclesiam*; → 4.5.3). Nach gescheiterten Vermittlungsversuchen beruft er 256 ein Konzil mit 87 Bischöfen ein, um die Ketzertaufe zu verurteilen. Daraufhin kündigt Stephan die Kirchengemeinschaft mit Nordafrika und beschimpft Cyprian als Antichristen. Die Valerianische Verfolgung unterbricht den Konflikt; Cyprian erleidet 258 das Martyrium. Seine restriktive Haltung hat in Nordafrika 50 Jahre Bestand; sie wird erst während des Donatistenstreits verworfen. In Rom jedoch wird die „Ketzertaufe" als Sakrament, das *ex opere operato* gilt, anerkannt (→ 5.4.4b). Darüber kommt es 251 zum Novatianischen Schisma (→ 4.4.4b).

### b) Wachstum und Verbreitung

Zwischen 210 und 250 kann sich die Kirche relativ ungestört weiterentwickeln. Der christliche Glaube fasst in allen Provinzen und sozialen Schichten Fuß. Restriktionen im Berufsleben gibt es kaum.[22] Die Kaisermutter Julia Mammäa soll um 230 Hörerin des Origenes gewesen sein:

> „Inzwischen hatte sich der Ruf des Origenes überallhin dermaßen verbreitet, daß er selbst Mammaea, der Mutter des Kaisers [Severus Alexander, 222–235], zu Ohren drang. Überaus gottesfürchtig, wie sie war, setzte sie alles in Bewegung, um einer Begegnung mit diesem Mann von Angesicht zu Angesicht gewürdigt zu werden und eine Probe seiner allseits bewunderten Einsicht in die göttlichen Dinge zu erlangen. Während sie sich nun in Antiochien aufhielt, ließ sie ihn unter militärischem Geleit zu sich kommen. Origenes weilte einige Zeit bei ihr und stellte sein Können vielfältig unter Beweis, dem Herrn zum Ruhm und der Leistungsfähigkeit [seiner] göttlichen Schule zur Ehre, ehe er eilends wieder zu seiner gewohnten Tätigkeit zurückkehrte."[23]

---

21 Cyprian, Ep. 70,1 (Text aus Ritter 1994, 95).

22 Gottlieb 1991, 57.67, und Leppin 2021, 333, zählen Berufe auf, die Christen nicht ausüben sollten (vor allem künstlerische Berufe, Zuhälterei und Magie). Ebendiese Berufe haben auch im nichtchristlichen Umfeld ein schlechtes Ansehen (Cic Rep. 4,10; Tac Ann. I 77,4).

23 Euseb H.e. VI 21,3f. (Text aus Ritter 1994, 76).

Die Kirche ist gut organisiert und bildet gleichsam eine autonome Zone im Reich. Um 250 gibt es ca. 100 Bischöfe in Italien, ca. 200 in Nordafrika und dementsprechend viele Gemeinden.[24]

Die Ruhephase endet mit dem Opferedikt unter Decius (→ 4.3.1d). Damals gibt es unter den Christen bereits Senatoren, Ritter und Angehörige des kaiserlichen Hofes (lat. *Caesariani*).[25] Nach dem Tod Valerians (260) beginnt eine lange Ruhephase. Bis zur Diokletianischen Verfolgung (ab 303) kann sich die Kirche erneut festigen und weiter ausbreiten. Allerdings ist Christsein an sich (lat. *nomen ipsum*) weiterhin strafbar.

Die militärischen Erfolge Diokletians führen im späteren Verlauf zur Christianisierung Armeniens (Einsetzung des später zum Christentum konvertierten Königs Tiridates III. als römischer Klientelkönig 298; weiter → 5.1.3).

## 4.2 Religionsgeschichtlicher Kontext

### 4.2.1 Römischer Staatskult

Der Staatskult ist eine Konstante des Imperiums auch im 3. Jh. Die Religionspolitik der Severer sorgt für eine Steigerung des Synkretismus. Sie etablieren den syrischen Baalskult in der Hauptstadt (→ 4.1.1a). In der flächendeckenden Einhaltung der Kultordnung sehen Decius, Valerian und Diokletian die Grundlage staatlicher Wohlfahrt (→ 4.3.1a).

### 4.2.2 Philosophie

Der Neuplatonismus, vertreten durch Plotin (205–270), Porphyrios und Jamblichos, entwickelt eine hierarchische Drei-Prinzipien- bzw. Hypostasen-Lehre. Gott als transzendentes, eigenschaftsloses Überseiendes bzw. Übergutes ist die höchste Hypostase. Darunter steht der göttliche Geist (gr. *nous*) als sein vollkommenes Abbild.[26] Hierzu ein Zitat aus Plotin, Enn. III 5,3,1:

---

24 Gottlieb 1991, 53.

25 Bellen 2010, 220 (→ 4.3.1d). – Leppin 2021, 408, vermutet jedoch Christen nur in Einzelfällen innerhalb der gesellschaftlichen Elite.

26 Geist und Weltseele emanieren aus Gott, ohne dass sich dieser verändert (Plotin, Enn. V 4,2,3).

„Eine Wirklichkeit (*hypóstasis*) und ein Wesen (*ousía*) sind jeweils geringer als das Wesen, das es / sie hervorgebracht hat, ist aber dennoch eine ‚Wesenheit'".[27]

Der Geist setzt die Ideen und die Weltseele (gr. *pneúma*) als unterste göttliche Hypostase aus sich heraus. Diese erschafft die nach den Ideen gestaltete, materielle Körperwelt. Somit gibt es keinen Dualismus zwischen Gott und Materie. Ziel des Menschen ist es, durch Askese und mystische Versenkung in Kontakt mit Gott zu kommen und vergöttlicht zu werden (Enn. V 2,1–6; 2,2,7). – Diese Verschiebung gegenüber dem älteren Platonismus schafft eine Brücke zur altkirchlichen Christologie (→ 4.5.1). Die Hierarchisierung des Göttlichen beeinflusst die Trinitätstheologie (→ 4.5.2). Der neuplatonische Erlösungsweg fließt auch in die gnostische Soteriologie ein (→ 3.2.3a). – Der Epikureismus liefert das Apathie-Axiom als Impuls für die Trinitätslehre.

### 4.2.3 Gnostizismus

Zur Lehre und zu den seit dem 2. Jh. bestehenden Gruppierungen des Gnostizismus vgl. → 3.2.3. Im 3. Jh. entstehen weitere gnostische Gruppen:

a) *Mani und die Manichäer*[28]: Mani wird 216 geboren, ist ursprünglich Elchesait, wird von Bardesanes beeinflusst und hat schon früh Gottesvisionen. Er wird als „Paraklet", „Sohn Zarathustras" und „Buddha der Zukunft" verehrt. Das Verbreitungsgebiet des Manichäismus erstreckt sich von China bis Spanien. Originalschriften sind das „Buch der Riesen", das „Buch der Geheimnisse", die „Kephalaia" sowie der koptische Psalter.

Der Manichäismus ist ein äußerst anpassungsfähiges synkretistisches System; Hauptmerkmal ist ein ausgeprägter Dualismus (gutes Prinzip *vs.* böses Prinzip, Nord *vs.* Süd), der sich in einem Kampf des Südreichs gegen das Nord-/Lichtreich sowie in der Vermischung beider manifestiert. Die Kosmogonie dient der Erlösung des gefangenen „Urmenschen". Mani lehrt eine sukzessive Befreiung des Lichts aus der Finsternis mit Hilfe von „Lichtboten" (frühere Religionsstifter und Mani). Aufgabe des Menschen ist es, sich Erlösungswissen anzueignen, um den Erlösungsvorgang in Gang zu setzen. Der straff organisierte Manichäismus entwickelt sich zu einer Weltreligion der Antike. In ihr herrscht faktisch eine Zweiklassengesellschaft (Erwählte und Hörer, Zweistufenethik).

---

27 Text aus Ritter 1982, 127.

28 Quelle: Aug Conf. III.; Ausführlich Hausammann 2001, 83–94.

b) *Die Mandäer bzw. Sabäer*: Die Mandäer (von aram. *manda* = Erkenntnis) führen sich auf eine ostjordanische Täufersekte (Elchesaiten?) zurück. Ihr heutiges Verbreitungsgebiet ist der Südirak (ca. 15.000 Mitglieder vor dem islamistischen Terror des IS). Originalschriften aus dem 3./4. Jh. sind der „rechte und der linke Ginza" sowie das „Buch der Tierkreiszeichen".

Die Mandäer lehren einen Dualismus zwischen der Welt des Lichts und der Finsternis (Nord/Süd). Die Lichtwelten entstanden aus Emanationen des höchsten Wesens. Der Finsternisherrscher Ptahil gilt als Weltschöpfer. Er wird von *manda d'haiji* gefesselt und verdammt. Der physische Tod gilt als „Tag der Befreiung", an dem die Seele durch feindliche Planetensphären hindurch zu Gott zurückkehrt. Die Taufe ist das mandäische Zentralsakrament. Erlösungsmittel sind Gnosis und Riten (Taufe und Seelenmessen). Askese wird abgelehnt. Die Mandäer sind die einzige heute noch existente gnostische Gruppierung.

c) *Sonstige* (Ophiten, Sethianer/Archontiker, Naassener, Elchesaiten, Paulikianer, Bogomilen, Katharer): Die Sethianer leben im 3./4. Jh. im syrisch-palästinischen Raum, aus den Reihen der Elchesaiten stammt möglicherweise Mani.[29] Die Paulikianer leben im 8. Jh. in Mazedonien, die Bogomilen auf dem Balkan und die Katharer im 11. Jh. in Norditalien und Südfrankreich.

## 4.3 Verflechtungen

### 4.3.1 Verhältnis zum Staat

*Überblick*: Die anhaltende Christenpolemik bereitet der entscheidenden Machtprobe zwischen Staat und Kirche den Boden. Rom fordert die Christen zur Beteiligung am staatlichen Opferkult auf. Die anschließenden Verfolgungsmaßnahmen scheitern letztlich an der gefestigten Organisation der Kirche. Die Kirche zeigt sich nach außen staatsloyal, rät jedoch kirchenintern zur Distanznahme.

29 Leppin 2021, 386.

## a) Römische Religionspolitik

202 erlässt Septimius Severus ein antijüdisch-antichristliches Edikt. Dieses verbietet reichsweit, Mission zu betreiben, Jude oder Christ zu werden. 204 ruft der Kaiser unter öffentlicher Huldigung der Staatsgötter ein neues Zeitalter aus. Caracalla und Elagabal forcieren einen Kultsynkretismus, verschonen aber die Kirche. Caracalla erbaut einen Sarapistempel auf dem Quirinal (Maximus, Hist. Aug. Carac. 9,10). 218 wird Elagabal, ein Baals-Priester, Kaiser; Baal wird höchster Gott Roms, jedoch nur bis zum Tod Elagabals 222 (Cass 80,21,2). Severus Alexander reinstalliert den alten Staats- und Kaiserkult und sieht sich als von Jupiter selbst auserwählt. Mithras-, Isis- und Sarapiskult integriert er in den Staatskult. Für Juden gelten in jener Zeit die gleichen Privilegien wie vor dem Bar-Kosiva-Aufstand (→ 3.1.2). Hadrians Beschneidungsverbot wird auf Proselyten beschränkt.

Von 211–250 kann sich die Kirche weitgehend ungehindert in allen Provinzen und Schichten, bis an den kaiserlichen Hof, ausbreiten (→ 4.1.3b). Mitte des 3. Jh. setzt eine rigoristische Religionspolitik ein. Hintergrund ist der allgemeine Niedergang Roms. Kaiser Decius sieht die Grundlage für das Staatswohl im korrekten Kultbetrieb, erlässt 250 ein allgemeines Opferedikt und überwacht die Durchführung rigoros (*diciplina publica;* Euseb H.e. VI 41,1). Damit möchte Decius die Staatsgötter wieder günstig stimmen. Die Verweigerung des allgemeinen Opferzwangs führt zu kaiserlichen Strafmaßnahmen gegen Christen (→ 4.3.1d). – Eine staatliche Opferbescheinigung (lat. *libellum*) kann wie folgt beantragt werden:

> „An die zur Überwachung der Opfer gewählte Kommission von Aurelia Charis aus dem Dorfe Theadelphia. Immer habe ich den Göttern geopfert und ihnen meine Verehrung bezeugt, und auch jetzt brachte ich in eurer Gegenwart gemäß der Verordnung Trank- und Tieropfer dar und kostete vom Opferfleisch, und ich bitte euch, mir das zu bescheinigen. Lebt wohl."[30]

Nach Decius ändert sich die Religionspolitik ständig. Gallus nimmt das Edikt zurück. Valerian lässt gezielt christliche Amtsträger verfolgen. Unter Gallienus erhält die Kirche ihre konfiszierten Güter wieder. Möglicherweise will Gallienus auf diese Weise den inneren Frieden im Reich wiederherstellen.[31]

---

30 Papyrus Michigan 3,158, um 250 (Text bei Molthagen 1975, 61f.).

31 So Bellen 2010, 221.

Die Kaiser Claudius Gothicus und Aurelian führen ihre militärischen Erfolge auf die Huld der Staatsgötter zurück, ohne gegen die Kirche vorzugehen. Lediglich der Tempel für *Sol Invictus*, den neuen höchsten Staatsgott, zeugt von der Einstellung der Kaiser. Diokletian und Maximian erwählen sich Jupiter bzw. Herkules als Schutzgötter.[32] Die 293 installierte Tetrarchie hat den Nimbus einer Götterfamilie.[33] Auch Diokletian sieht im einheitlichen Staatskult den Garanten staatlicher Wohlfahrt. Manichäer (ab 297) und Christen (ab 303) werden um der Staatsräson willen verfolgt. Es ist der letzte und radikalste Versuch, die Kirche als religiösen Störfaktor auszuschalten (→ 5.3.1d).

### b) Die christliche Einstellung zum Staat

Was die Bekleidung öffentlicher Ämter angeht, äußert sich Klemens liberaler als Tertullian; allerdings verlangt er die Einhaltung hoher ethischer Standards (Strom. VII 16,4). Origenes empfiehlt den Christen, auf öffentliche Ämter zu verzichten, da sie ihre eigene Polis (die Gemeinde) besäßen (Cels. 8,75). Zugleich dokumentiert er die staatsloyale Haltung der Kirche im 3. Jh. Demnach ergänzen staatliche Gesetze und Steuern die ethischen Vorgaben der Apostel (Comm. Rom. 9,28.30). Auch wenn Christen nicht Militärdienst leisten, zeigten sie sich doch durch ihre Fürbitten als loyale Bürger (Cels. 8,73; vgl. Tert Apol. 30,4)..

### c) Außenwahrnehmung des Christentums

Die Außenwahrnehmung der Christen ist weiterhin überwiegend negativ. Der Neuplatoniker Porphyrios nennt die Christen *expressis verbis* staatszersetzende Atheisten. Maximinus Thrax macht Christen in Kappadokien 235 für mehrere Erdbeben verantwortlich und lässt sie vom Provinzstatthalter brutal verfolgen. Die negative Stimmung bereitet der Decischen Verfolgung den Boden (→ 4.3.1d).

Mit Kelsos setzt sich Origenes in seiner Schrift *Contra Celsum* auseinander. Er schafft einen zeitlichen und sachlichen Zusammenhang zwischen dem Christusereignis und der *Pax Romana* unter Augustus (→ 2.1.1e). Die Kluft zwischen Gesellschaft und Kirche dokumentiert er in Hom. Mt.

32 A.a.O., 245.
33 A.a.O., 248.

15,25: Christen müssten mit ihrer Herkunftsfamilie brechen, um eine neue Familie zu gewinnen, unter anderem mit Bischöfen und Presbytern als neuen Eltern.[34]

### d) Christenverfolgungen

Aus Gründen der Staatsräson fordert Kaiser Decius 250 ein allgemeines Bittopfer für die Staatsgötter. Das soll die Prosperität des Reiches wiederherstellen. Christen verweigern sich und werden systematisch verfolgt. Decius, Valerian und Diokletian scheitern mit ihrer Doktrin; die Kirche lässt sich nicht zerschlagen.

Unter Septimius Severus (193–211) kommt es zu lokalen Verfolgungen. Viele Christen werden inhaftiert und zum Tode verurteilt.[35] 202 verbietet Septimius Severus per Edikt den Übertritt zum Christentum. In Nordafrika und Alexandria kommt es daraufhin zu einer Verfolgungswelle.[36] Klemens von Alexandria flieht nach Kleinasien. Perpetua und Felicitas sterben in der Löwenarena von Karthago den Märtyrertod.[37] Ab 211 erlebt die Kirche eine längere Ruhephase mit der Möglichkeit weiterer Konsolidierung und Ausbreitung (→ 4.1.3b).[38]

Die Tausendjahrfeier Roms 248 ist für den nachfolgenden Kaiser Decius Anlass zu einer selbstkritischen Bestandsaufnahme.[39] Der militärischen Bedrohung des Reiches begegnet er 249 mit einem allgemeinen Opferedikt. Die Christen beschuldigt er nicht des *nomen ipsum*, sondern, die gute Bezie-

34 Leppin 2021, 260.

35 An sie ist Tertullians Schrift *Ad Martyres* (197) adressiert.

36 Für die altkirchliche Geschichtsschreibung ist Septimius Severus nach Nero, Domitian, Trajan und Marc Aurel der fünfte Verfolgungskaiser (Bellen 2010, 189, ausweislich Oros Hist. VII 17,4).

37 Die *Passio Perpetuae et Felicitatis* ist eine der bedeutendsten Märtyrerakten der Zeit (→ 4.5.5).

38 Unterbrochen wird diese Phase durch eine lokale Christenverfolgung in Kappadokien (235; kritisch dazu Hausammann 2001b, 13). Maximinus Thrax gilt daher als der sechste Christenverfolger unter den römischen Kaisern (Bellen 2010, 207, ausweislich Oros Hist. VII 19,1).

39 Zum Folgenden Gottlieb 1991, 102–107.

hung zu den römischen Staatsgöttern zu stören. Die daraus resultierende Verfolgung hat eine neue Qualität: Nicht Moral oder Religion, sondern Staatsräson (lat. *salus publica*) ist das treibende Motiv. Wer sich dem Opfergebot verweigert, muss mit dem Martyrium rechnen. Als Erstes statuiert Decius am römischen Bischof Fabian ein Exempel. Viele Christen werden inhaftiert, verbannt, gefoltert oder ermordet. An den Folgen der Folterungen stirbt Origenes (Cass 52,36,1f.; vgl. Euseb, H.e. VI 41,1ff.). Cyprian von Karthago geht in den Untergrund. Die antichristlichen Klischees heizen die Stimmung zusätzlich auf. Staatlich unterstützt, kommt es zu Pogromen durch die Bevölkerung. Zahllose Christen fallen vom Glauben ab, befolgen das Dekret oder besorgen sich illegal ein *libellum*. Das alles lässt die Bußfrage neu aufflammen (→ 4.1.3a; 4.4.2c).

Ende 250 endet die Verfolgung. Politische Erfolge bleiben jedoch aus (→ 4.1.1b). Unter Gallus hat die Kirche (mit Ausnahme der stadtrömischen Gemeinden) Ruhe. Für Valerian sind die Christen an Pest und militärischen Niederlagen schuld. 257 zwingt sein Edikt Kleriker, Adlige und kaiserliche Hofbeamte zum Opferkult. Wer sich verweigert, wird verbannt. Das Abhalten von Gottesdiensten ist unter Todesstrafe verboten (Euseb H.e. VII 11,2–11). Nur Laien bleiben verschont, sofern sie keine Gottesdienste besuchen. So sollen Laien eingeschüchtert, Kleriker liquidiert und die Missionsarbeit verunmöglicht werden.

Ab 258 werden Kirchengebäude und Friedhöfe konfisziert, Kleriker auch ohne konkreten Anlass mit dem Tod bedroht (Cypr Ep. 80,1). Cyprian wird 257 verbannt und 258 wie Sixtus II. von Rom zum Tod durch das Schwert verurteilt. Dionys von Alexandria muss in die Verbannung (Euseb H.e. VII 11,20). Christlichen Senatoren und Rittern drohen Enteignung, Zwangsarbeit und Verbannung (Cypr Ep. 80,1; → 4.1.3b). – Nach dem Tod Valerians werden die Edikte zurückgenommen; die Kirche kann sich in einer 40jährigen Ruhepause erholen. Diokletian versucht ab 303, die Kirche endgültig zu zerschlagen (weiter → 5.3.1d).[40]

### 4.3.2 Verhältnis zur Philosophie

Der theologisch-philosophische Diskurs setzt sich fort. Die Theologen möchten den Philosophen die Logik der christlichen Lehre beweisen. Hierfür

40 Christen werden auch in Persien und Armenien verfolgt. Unter anderem wird Candida am Hof des Perserkönigs Vahram als Christin enttarnt, gefoltert und hingerichtet.

arbeiten sie Trinitätslehre und Christologie in philosophischen Kategorien auf. Hippolyt von Rom lehrt Theologie in der Manier antiker Philosophen (ca. 230). Die Alexandriner Klemens und Origenes zeigen eine Nähe zu gnostisch-philosophischer Spekulation. Klemens erteilt philosophisch klingende Ratschläge für ein gottgefälliges, gelingendes Leben. Origenes, Schüler des Neuplatonikers Ammonios Sakkas, führt eine christliche Philosophenschule in Alexandria. Der spekulative Einschlag seiner Dogmatik, etwa in der Trinitätsfrage (→ 4.5.2), führt zu ihrer späteren Ablehnung. Es dauert mehrere Generationen, bis sich die Theologie von philosophischen Kategorien und Begrifflichkeiten löst.

### 4.3.3 Verhältnis zum Gnostizismus

Die gnostische Lehre bleibt ein Hauptangriffspunkt für die Kirchenväter. Die Alexandriner Klemens und Origenes sind gnostisch beeinflusst. Sie versuchen eine Synthese von Theologie und Philosophie. Deviante Gruppen wie Modalismus und Adoptianismus arbeiten dem Gnostizismus zu, indem sie den Gedanken einer heilsgeschichtlichen Trinität ablehnen, die Personhaftigkeit von Sohn und Geist (Modalisten) oder die Gottheit des Sohnes überhaupt bestreiten (Adoptianisten). In der Einheit des biblischen Gottes sind sich indes alle Kirchenväter einig.

### 4.3.4 Verhältnis zum Judentum

Die Auseinandersetzung mit dem Judentum tritt in den Hintergrund. Gleichwohl gibt es Berührungsflächen und Konfliktpunkte. Tertullian und Origenes bezeugen offene Grenzen zwischen Synagoge und Kirche um 200.[41] Das Edikt des Septimius Severus (202) trifft beide Religionsgemeinschaften gleichermaßen. Der Kaiser erneuert das Proselytenverbot von Antoninus Pius; der Übertritt zum Christentum bleibt verboten. Anders als die Christen sind Juden von der allgemeinen Opferpflicht befreit. Der Rabbiner R. Abbahu aus Cäsarea polemisiert zum Ende des 3. Jh. hin gegen die christliche Lehre (→ 4.1.2).

---

41 Leppin 2021, 48.

# 4.4 Innerkirchliche Entwicklung

Staatliche Repressalien fördern die Optimierung kirchlicher Leitungsstrukturen (4.4.1). Die liturgischen Ordnungen werden verfeinert; die Bußpraxis wird kontrovers diskutiert, erste christliche Friedhöfe entstehen (4.4.2). Die Prophetie setzt sich fort (4.4.3). Streit und Spaltungen sind Folge divergierender Auffassungen zu Christologie, Trinität und Bußfrage (4.4.4). Die Kanonbildung ist im Fluss (4.4.5), die Stellung der Frauen ändert sich kaum (4.4.6).

## 4.4.1 Organisation

### a) Funktionen und Ämter

*Überblick*: Unter dem Druck staatlicher Repressalien verfestigen sich die kirchlichen Leitungsstrukturen. Laien erscheinen als eigenständige Gruppe. Die Kirche gewinnt immer mehr finanziellen Gestaltungsspielraum.[42] Erste Kirchenräume sind bezeugt, Konzilien gewinnen an Bedeutung. Der Primat Roms ist stark umstritten; Alexandria, Antiochia und Karthago sind wichtige Zentren.

Gnostische und andere Häresien geben Impulse für die Ausbildung des Kirchenbegriffs und klarer Amtsstrukturen. Die *Traditio Apostolica*[43] beschreibt um 225 Funktion und Weihe kirchlicher Amtsträger. Bischof, Presbyter und Diakone, aber auch Lektoren, Subdiakone, Exorzisten, Witwen und Jungfrauen sind gelistet. Der Bischof wird vom Klerus und den Laien abgegrenzt. Priester werden von Priestern geweiht; das untermauert die Abgrenzung juristisch (→ 2.4.1a). syrDid 5f. und 9 vermitteln das Bild vom Bischof als Abbild Gottes, König und Richter.

Laut Cyprian garantiert der in der Sukzession der Apostel stehende, ordinierte Bischof die Ordnung, Heiligkeit und Einheit der „katholischen“

42 Hausammann 2001b, 156–168, unterrichtet über weitere Tätigkeitsfelder der Kirche.

43 Hausammann 2001b, 109, vermutet Hippolyt von Rom als Autor. Weiter dazu a. a. O., 151–156.

(allumfassenden) Kirche und die Wahrheit des Glaubens. Der Episkopat fuße auf der von Christus gestifteten Bedeutung der Kirche als Braut Christi und als Mittlerin des Heils.[44] Verwaltung und Wirkung der Sakramente sowie die Bußpraxis seien an die Amtsgewalt des Bischofs gebunden (Mt 16,19; → 4.4.2c). Amtshandlungen häretischer Bischöfe seien unwirksam; diese Vorgabe ist in Zeiten staatlicher Verfolgung eine wichtige Orientierung. Dem Bischof nachgeordnet ist eine Hierarchie von Presbytern, Diakonen und Lektoren. „Priester" (gr. *hiereús*, lat. *sacerdos*) ist, in Anlehnung an den römischen Staatskult, eine neue offizielle kirchliche Amtsbezeichnung.[45] Auch die Idee des Zölibats kommt auf. Der Zölibat soll die Reinheit der Kleriker bei liturgischen Tätigkeiten und bei Amtshandlungen garantieren.[46]

### b) Finanzierung

Für das 3. Jh. sind erste kirchliche Funktionsräume bezeugt (→ 4.4.2a). Der Klerus wird bezahlt.[47] Beides setzt beträchtliche Finanzmittel voraus. Sie stammen aus freiwilligen Abgaben der Gemeindeglieder (→ 3.4.1b), aber auch aus Schenkungen und Erbschaften.[48] Gemeinschaftskassen und die Finanzierung des Klerus bezeugt Cyprian (Ep. 1,1; 34,4; 39,5), der auch den Missbrauch der Finanzmittel reflektiert (Laps. 6). Bedürftigkeit ist für Origenes das Kriterium für eine gerechte Mittelverteilung (Comm. Mt. Ser. 61). Für die Verwaltung der Finanzmittel trägt der Bischof die Verantwortung (so syrDid 8). Laut Euseb ist Rom die reichste Kirche des Westens und in der Lage, 1500 Witwen und Hilfsbedürftige zu versorgen.[49]

### c) Überregionale Vernetzung

Tertullian bestimmt den Zweck von Konzilien in Ieiun. 13,4 folgendermaßen:

> „Außerdem werden in den griechischen Ländern an bestimmten Orten jene Versammlungen aus allen Kirchen, die man Konzilien nennt, abgehalten, durch

---

44 Cypr Unit. 6. – syrDid 7 propagiert den Monepiskopat für den Osten des Reiches. Das Procedere einer Bischofswahl beschreibt Cypr Ep. 55,8.

45 Hanson 1978, 539–541, verweist auf Tertullian, Hippolyt, syrDid und Cyprian.

46 Der Zölibat wird in der westlichen Kirche mit der Zeit für alle Kleriker verpflichtend, im Osten nur für den höheren Klerus.

47 Leppin 2021, 210–213. Hanson 1978, 543, verweist auf Tert Ieiun. 18 und syrDid 8.

48 Leppin 2021, 207.

49 Euseb, H.e. VI 43,11 (Hinweis bei Brown 2018, 90.

die sowohl alle wichtigeren Dinge gemeinschaftlich verhandelt werden, als auch eine Repräsentation der gesamten Christenheit in ehrfurchtgebietender Weise gefeiert wird. Wie angemessen ist dies, sich unter dem guten Wahrzeichen des Glaubens von allen Seiten um Christus zusammenzuscharen!"[50]

Ab 250 gibt es unter dem Eindruck der Decischen Verfolgung (→ 4.3.1d) auf Initiative Cyprians vermehrt Synoden in Nordafrika. Neben Häresien stehen Themen wie der Osterfeststreit (→ 3.1.3a), die Frage illegitim gespendeter Sakramente (→ 4.1.3a) und der Umgang mit abgefallenen Christen (lat. *lapsi*) auf der Tagesordnung. Synoden können auch auf Antrag einzelner Gemeinden und Personen einberufen werden. Die von möglichst vielen Amtsträgern getragenen, einstimmigen Ergebnisse sind für die betroffenen Parteien kirchenrechtlich bindend.[51]

### d) Zentren und Machtverhältnisse

Rom, Alexandria, Antiochia und Karthago entwickeln sich zu bedeutenden Bischofssitzen. Das theologisch-philosophische Zentrum in Alexandria bringt hochkarätige Kirchenväter wie Klemens und Origenes hervor. Karthago ist die Heimat von Tertullian und Cyprian. Bis Anfang des 3. Jh. ist Edessa Zentrum der syrischen Kirche (Bardesanes, Julius Africanus). Demgegenüber verliert Jerusalem ab dem Bar-Kosiva-Aufstand an Bedeutung; eine Renaissance erlebt die Stadt unter Konstantin d.Gr. (→ 5.4.1d). Rom steht seit Petrus und Paulus in hohem Ansehen; schon Irenäos und Cyprian zitieren die Lehrautorität des römischen Bischofs. Allerdings zeigt gerade der Auftritt Cyprians, dass er in dieser Frage nicht eindeutig ist (→ 4.1.3a).

### e) Entwicklung des römischen Primats

Cyprian begründet den Primatsanspruch des römischen Bischofs so:

> „Es gibt nur *einen* Gott und *einen* Christus und *eine* Kirche und *einen* Stuhl, der auf Petrus durch das Wort des Herrn gegründet ist" (Cypr. Ep. 43,5; vgl. Unit. 4).

Die Gemeinde Roms sei die führende (lat. *ecclesia principalis*; Ep. 59,14); von ihr gehe die priesterliche Einheit aus. Der römische Bischof sei Erster unter

---

50 Text zitiert nach BKV online (https://bkv.unifr.ch/de/works/cpl-29/versions/uber-das-fasten-gegen-die-psychiker-bkv/divisions/14; zuletzt aufgerufen 11.5.2023).

51 Gottlieb 1991, 82.

Gleichen (lat. *primus inter pares*). Die östlichen Bischöfe lehnen dies ab (→ 5.4.1d).

## 4.4.2 Gemeindeleben

*Überblick*: Im 3. Jh. werden liturgische Ordnungen verfeinert; über Kindertaufe und zweite Buße wird heftig diskutiert. Erste christliche Friedhöfe entstehen.

### a) Gottesdienst und Festzeiten

Bis zum Beginn des 3. Jh. finden die Gottesdienste in relativ freier Form statt. Hippolyts *Traditio Apostolica* gibt um 225 feste liturgische Formen und Regeln für die kirchliche Praxis vor. Das fördert die Entwicklung fester Gebete (z. B. Hochgebet) und einheitlicher Bekenntnisse. Trad. Ap. und syrDid unterscheiden Sonntags-, Fasten-, Gebets- und Taufgottesdienste sowie Lehrversammlungen und diakonische Agapefeiern.[52] – Für Gottesdienste stehen spezielle Funktionsräume (gr. *ekklesíai*) zur Verfügung.[53] Laut Origenes (Hom. Ex. 12,2) ist der Kirchenraum Teil eines größeren Gebäudekomplexes. Eine präzise Raumbeschreibung bietet syrDid 12: Die Längsachse ist nach Osten ausgerichtet, die Sitzordnung erfolgt nach Rang und Geschlecht. Frühestes archäologisches Zeugnis ist die Kirche von Dura Europos. Sie bietet um 240 Raum für ca. 75 Personen und ein Baptisterion. Ab 260 sind vermehrt öffentlich sichtbare Kirchen bezeugt, wie etwa die Kirche in Nikomedia gegenüber dem Kaiserpalast (Lact Mort. Pers. 12,3; → 5.3.1d).

Statt der Pflicht zu allgemeiner Sonntagsruhe gibt es Appelle, den Gottesdienst zu besuchen (syrDid 13 und Tert Orat. 23,1f.); Fasten ist sonntags verboten.

52 Hausammann 2001b, 143–150.
53 Leppin 2021, 125, erwähnt für 201 einen „Tempel der Christen“ in Edessa.

### b) Taufe und Abendmahl

Cyprian verbindet mit der Taufe Entsühnung, Sündenvergebung, Geistverleihung und Neugeburt (Donat. 4). Zur Taufe sind alle Menschen zugelassen mit Ausnahme von Bordellwirten, Prostituierten, Malern, Bildhauern, Schauspielern, Zauberern und Soldaten. Der Taufe geht spätestens ab dem 3. Jh. ein Katechumenat voraus (Trad. Ap. 16); die Taufe selbst wird vom Credo und vom Kreuzschlagen als symbolischer Absage an Satan begleitet.[54] Im 3. Jh. kommt es über die Frage der autorisierten Amtsträger zum Ketzertaufstreit (→ 4.1.3a). – Anders als Tertullian favorisieren Origenes und Cyprian die Kindertaufe; sie soll möglichst früh von Sünde befreien.[55] – Zum Abendmahl tritt die Opfervorstellung (Cypr Testim. I 16). Diakone sorgen für den ordentlichen Ablauf (syrDid 12). Die Teilnahme für Sünder und *lapsi* ist umstritten (Tert Apol. 39,3f.; → 4.1.3a).

### c) Bußpraxis und Kirchenzucht

Während der Verfolgungen wird die Frage der zweiten Buße zur Überlebensfrage. Cyprian propagiert einen pragmatischen und differenzierten Umgang mit dem Problem. Diese Haltung sichert der Kirche letztlich das Überleben.

Es gibt fünf Varianten frühchristlicher Bußpraxis: *Erstens*, Kirchenzucht bei Sünden (Mt 18,17); *zweitens*, Kirchenausschluss bei schweren bzw. Todsünden (1 Kor 5,1–5); dazu gehören nach späterer Ansicht Mord, Ehebruch, Hurerei und Apostasie; *drittens*, Verweigerung der zweiten Buße nach Apostasie (Hebr 6,4; 1 Joh 5,16); *viertens*, Ermöglichung einer zweiten Buße (→ 3.4.2c) und *fünftens*, Einrichtung des (lebenslangen) Standes der Pönitenten (Cyprian).

---

54 Leppin 2021, 95; Yarnold 2001, 677. – Laut Trad. Ap. 19 gilt im Extremfall das Martyrium als Taufersatz.

55 Orig Comm. Rom. 5,9; Trad. Ap. 21. – Cypr Ep. 64,3–5 spricht von möglichst früh zu vollziehender „geistlicher Beschneidung". Gegen die Kindertaufe votiert Tertullian in Bapt. 18,4–6.

Die Decische Verfolgung setzt eine Diskussion um die Bußpraxis in Gang. Die frühere, rigoristische Haltung könnte den Bestand der Kirche gefährden. Eine allzu liberale Praxis hingegen ginge auf Kosten der Glaubwürdigkeit der christlichen Lehre. In dieser Situation vermittelt Cyprian zwischen liberalen Presbytern Karthagos und konservativen Theologen in Rom wie Novatian (Laps. 7–11; → 4.7.3). Über diesem Streit kommt es zum Novatianischen Schisma (→ 4.4.4b).

Cyprian favorisiert ein kasuistisches Vorgehen: *Lapsi* werden grundsätzlich als Pönitenten wieder aufgenommen. Je nach Schwere der Apostasie gibt es Auflagen: „Opferer" (*sacrificati*) werden nicht wieder zugelassen, „Weihrauchstreuer" (*turificati*) lediglich vom Abendmahl ausgeschlossen. „Bestecher" und „Unterschriftenschmuggler" (*libellatici* und *acta facientes*) dürfen auf volle Wiederaufnahme hoffen. Der Bischof hat die Bußkompetenz (Ep. 55,13f.). Mit diesem Grundsatz stellt sich Cyprian gegen Novatian und „Bekenner" im eigenen Bistum, welche die Bußkompetenz für sich selbst reklamieren. Cyprian geht es um die Stärkung des Episkopats und damit der kirchlichen Einheit; seine Position setzt sich auf einer zeitnahen Synode durch. – In der Folge entwickelt sich zwischen Karthago und Rom der Ketzertaufstreit (→ 4.1.3a).

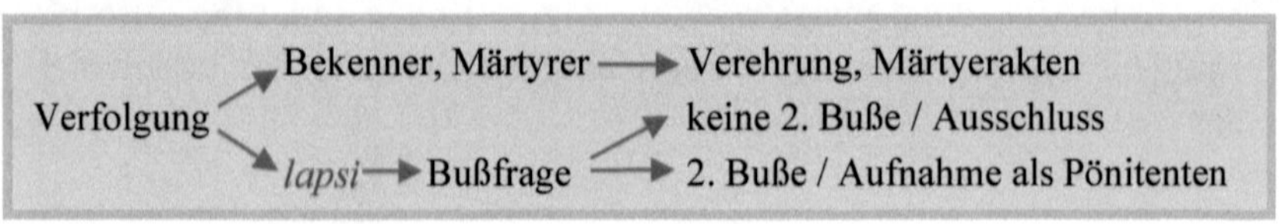


## d) Bestattung und Heiligenverehrung

Das Inventar christlicher Grabinschriften erweitert sich. Bezeugt ist die Hoffnung auf Totenauferstehung.[56] Ein Gottesdienst mit Gebeten und Gesängen begleitet das Begräbnis, das eine Sache der ganzen Gemeinde ist (Cypr Ep. 1,2; Orig Cels. 8,30; vgl. Aug Civ. Dei I 13). Cyprian nennt Opfergaben für die Toten (Ep. 66).

An der Via Appia entsteht unter Bischof Zephyrin (198–217) ein erster christlicher Friedhof (Kallixt-Katakombe).[57] Hier werden römische Bischöfe, aber auch mittellose Christen beigesetzt (Orig Cels. 8,30). Die Gräber werden

56 Leppin 2021, 111–113.
57 A.a.O., 115f.

aufwändiger gestaltet, zum Teil finden Sarkophage Verwendung.[58] Für das 3. Jh. ist die *Triklia*, eine Verehrungsstätte für Petrus und Paulus in Rom, bezeugt.[59] Spuren eines frühen Reliquienkults zeigt der Bericht über das Martyrium Cyprians (ActCypr 4).

Das Gedenken an Märtyrer umfasst die Begehung des „Geburtstags", d. h. des Jahresgedächtnisses des Martyriums am Grab des Heiligen.[60] Man versucht, sich möglichst in der Nähe eines Heiligengrabes bestatten zu lassen. Ab 260 ist das Gebet zu den Heiligen bezeugt, die zu Patronen der Lebenden avancieren. Der Reliquienkult erwächst aus dem Bedürfnis, einen Patron vor Ort in die Gemeinde zu „importieren". Neben Märtyrern werden auch Bekenner (*confessores*) wie Hippolyt von Rom und Gregor Thaumaturgos († um 270) zu den Heiligen gezählt.

### 4.4.3 Ortsunabhängige Lebensformen

#### a) Frühchristliche Prophetie

Christliche Prophetie gibt es weiterhin. Cyprian sieht sich als geistbegabten Propheten (Ep. 16,4). Polemisch berichtet er von einer wirkmächtigen, aber falschen, von Dämonen geleiteten Prophetin in Kleinasien (Ep. 75,7–13).

### 4.4.4 Konkurrenzen und Spaltungen

*Überblick*: Möglicherweise führt bereits der Bußstreit in Rom um 217 zu einem Schisma (→ 4.1.3a). Der Ketzertaufstreit sowie Dispute um christologische und trinitarische Fragen gefährden ebenfalls die Einheit der Kirche.

#### a) Antiochener *vs.* Alexandriner

Die Traditionsschulen in Alexandria und Antiochia konkurrieren in Fragen der Trinitätslehre, Christologie und Schriftauslegung. Alexandria hat eine

58 Bellen 2010, 191; Leppin 2021, 121.
59 Leppin 2021, 216f.
60 Zum Folgenden Hausberger 1985, 649f.

lange hermeneutische Tradition, die seit Philo die Allegorese als angemessene Form der Schriftauslegung versteht. Diese Tradition wird von Klemens und Origenes weitergeführt. Grundlage ist die pneumatische Autorschaft der biblischen Texte, die eine nicht-wörtliche Auslegung ermöglicht, ja fordert. Die Antiochener hingegen beschränken sich auf den Literalsinn der Texte (→ 4.5.7a). Dogmatisch versuchen die Alexandriner, neuplatonisches, gnostisches und biblisch-heilsgeschichtliches Denken in Ausgleich zu bringen (→ 4.5.1; 4.5.2).

### b) Novatianer

Im Gefolge der Decischen Verfolgung kommt es in Rom zum Schisma über die Bußfrage (→ 4.1.3a; 4.4.2c).[61] Der konservative Theologe Novatian spricht sich rigoros gegen die Möglichkeit einer zweiten Buße aus; die Gewährung von Gnade für *lapsi* sei allein Sache Gottes, nicht die eines Bischofs. Damit stellt er sich gegen Bischof Cornelius (251–253), der das Bußrecht für sich reklamiert (vgl. Mt 18,18):

> „Novat[ian]us, ein Presbyter der römischen Kirche, hatte sich hochmütig gegen diese [sc. in der Verfolgung Schwachgewordenen] erhoben, so, als bestünde für sie gar keine Hoffnung auf Rettung mehr, selbst wenn sie alles leisteten, was zu echter Umkehr und ungeheuchelter Buße gehört, und wurde so zum Urheber einer eigenen Sekte: derer, die sich in geistiger Aufgeblasenheit die ‚Reinen' nannten. Daraufhin versammelte sich in Rom eine stattliche Synode von 60 Bischöfen und einer noch weit größeren Anzahl von Presbytern und Diakonen; auch berieten sich in den Provinzen die Bischöfe der verschiedenen Gegenden in gesonderten Zusammenkünften über das, was zu tun sei. Sie alle faßten den Bschluß, Novat[ian]us samt denen, die ... sich seiner lieblosen und ganz und gar unmenschlichen Ansicht beizupflichten entschieden, aus der Kirche auszuschließen, die ins Unglück gestürzten Brüder dagegen mit den Heilmitteln der Buße zu heilen und zu pflegen."[62]

Während in Karthago dank der Vermittlung Cyprians ein Kompromiss gefunden wird, wird Novatian 251 in Rom exkommuniziert und gründet die unabhängige Gemeinschaft der Novatianer. Sie wird von Kaiser Konstantin 336 verboten (→ 5.3.1a), hat aber bis ins 7. Jh. hinein Bestand.

---

61 Zum Folgenden Hausammann 2001b, 91–101.

62 Euseb H.e. VI 43,1f. (Text aus Ritter 1994, 91).

## c) Monarchianer I: Adoptianer

Der Adoptianismus (→ 3.4.4b) erlebt durch Paul von Samosata eine Renaissance. Paul ist 260–268 Bischof von Antiochia, Hofbeamter der Königin Zenobia von Palmyra und Gegenspieler des Origenisten Malchion.[63] Paul versteht Jesus als Menschen, in welchem der göttliche Logos „von außen kommend" als unpersönliche Kraft (gr. *an-hypóstatos dýnamis*)[64] wirksam wurde. Die Rede von „Sohn" und „Geist" weise metaphorisch auf die Inspiriertheit des Menschen Jesus hin.

Paul wird für seine häretisch eingestufte Lehre auf der Synode von Antiochia 268 abgesetzt und exkommuniziert.[65] Hauptargument ist die heilsgeschichtliche Soteriologie: Die Menschheit kann nicht von einem Menschen erlöst werden! – Der Grundgedanke, Jesus sei ein nachträglich vergotteter Mensch, wird im 5. Jh. von Nestorios wieder aufgegriffen (→ 6.4.4d).

## d) Monarchianer II: Modalisten / Sabellianer

Der bedeutendste Modalist ist der Libyer Sabellius, seit ca. 215 führender Kopf der Modalisten in Rom.[66] Er setzt den Modalismus von Noët und Praxeas fort. Er wirkt unter den Bischöfen Zephyrin (199–217) und Kallist I. (217–222). Sabellius sieht in Sohn und Geist „Schauspielermasken" (gr. *prósopa*) des einen (Vater-)Gottes und etabliert den Ausdruck „Sohnvater" (gr. *hyiopátor*), um die Identität von Vater und Sohn zu markieren (Einhypostasenlehre). Für seine Opposition gegen Hippolyt (→ 4.7.1) wird er 220 exkommuniziert. Das Hauptargument lautet: Das NT kennt keine modalistische Gleichsetzung von Vater, Sohn und Geist und Gott kann nicht am Kreuz gestorben sein. Gleichwohl bilden die Modalisten ein wichtiges Gegengewicht zur spekulativen Drei-Hypostasen-Lehre des Origenes.

Nach seiner Exkommunikation zieht sich Sabellius nach Libyen zurück. Um den Sabellianismus entzündet sich von 257–260 der Streit der Dionyse

63 Ausführlich dazu Hausammann 2001a, 161–167.

64 In Abgrenzung zu Origenes, der im Logos eine personhafte, göttliche Hypostase sieht (→ 4.5.2c). – Vgl. Euseb H.e. VII 27,2; 30,11.

65 Ausführungen über seinen unwürdigen Lebenswandel bis hin zum bewusst inszenierten Personenkult sollen ihn zusätzlich diskreditieren (Leppin 2021, 201f., ausweislich Euseb H.e. VII 30,7–14).

66 Hipp Ref. IX 11f. – Die Informationen über Sabellius sind laut Drecoll 2011, 89, unsicher.

(Dionys von Alexandria *vs.* Dionys von Rom).[67] Während Ersterer den Modalismus verurteilt, zeigt Dionys von Rom Verständnis für ihn. – Im 4. Jh. heißen Modalisten wie Markell von Ankyra und Kyrill von Alexandria auch Sabellianer.

### 4.4.5 Bekenntnis- und Kanonbildung

#### a) Glaubensregeln und Symbole

Tertullians Glaubensregel (Prax. 2,1–3; um 220) ist triadisch gegliedert und vertritt eine ökonomische Trinitätslehre. Tertullian weist den Modalismus zurück und unterscheidet zwischen *einer* göttlichen Substanz und *drei* göttlichen Gestalten (→ 3.5.2). – Das altrömische Symbol (*Romanum*, Mitte 3. Jh.) ist der Vorläufer des Apostolikums und ebenfalls triadisch aufgebaut (→ 4.6.2b):

> „Ich glaube an Gott, [den Vater] den Allmächtigen; und an Jesus Christus, seinen eingeborenen Sohn, unseren Herrn, der geboren wurde aus [dem] Hl. Geist und Maria der Jungfrau, der unter Pontius Pilatus gekreuzigt und begraben wurde, am dritten Tage auferstand, aufgefahren ist in die Himmel, sitzt zur Rechten des Vaters, von dannen er kommt zu richten Lebende und Tote; und an den Hl. Geist, eine heilige Kirche, Vergebung der Sünden, Auferstehung des Fleisches [und ein] ewiges Leben."[68]

#### b) Kanonbildung

Die Entwicklung zur Bibel aus AT und NT beginnt im 2. Jh. (→ 3.4.5b).[69] Feste Bestandteile des NT sind schon früh die vier Evangelien (Tert Marc. IV 2; Prax. 20). Die katholischen Briefe und Offb sind noch umstritten. Klemens unterscheidet zwischen kanonischen und apokryphen Schriften (Strom. III 93,1). Er zählt 14 Paulusbriefe (incl. Hebr), 1 Petr und 1 Joh zum Kanon.

Origenes unterscheidet drei Kategorien von Schriften: a) die allgemein anerkannten (gr. *homologúmena*, inkl. Offb), b) die häretischen (gr. *pseúdai*,

---

67 Ausführlich dazu Hausammann 2001a, 155–161.

68 Text aus Ritter 1994, 106, Markschies 2012 und Nicklas 2023. Letztere verweisen auf eine äußerst komplexe Entwicklung, die durch die Statements der Kirchenväter nicht annähernd repräsentiert wird.

69 Zum Folgenden Schneemelcher 1980, 40–43, Greschat 2006.

z. B. EvÄg) und c) die umstrittenen Schriften (gr. *amphiballómena*), zu denen er 2 Petr und Herm zählt (vgl. Euseb H.e. VI 25). AT und NT sind für ihn aufgrund der pneumatischen Autorschaft ein einziges Buch. Ein explizierter Kanon heiliger Schriften entsteht erst im 4. Jh. (→ 5.4.5). Cyprian erkennt 1 Petr und Offb an, aber Hebr nicht. Ende des 3. Jh. bezeugt die Handschrift $P^{72}$ 1/2 Petr und Jud als kanonische Schriften. Insgesamt sind große lokale Unterschiede feststellbar, was die kanonische Dignität einzelner Schriften anbelangt.

### 4.4.6 Genderaspekte

Während der altkirchliche Klerus patriarchal bestimmt ist, zeigt der christliche Gnostizismus eine Hochschätzung von Frauen als Offenbarungsempfängerinnen und Prophetinnen.[70] Dasselbe gilt für andere christliche Gruppen.[71] Für den Osten bezeugt syrDid 3,12 Diakoninnen, die bei Frauentaufen und in der Frauenseelsorge auftreten. Cyprian kennt Paula (Ep. 42), Optat von Mileve Lucilla als lehrende Frau (Donat. I 16). Ansonsten werden Priesterinnen als „heidnisch" abgelehnt.[72] Frauen sollten lieber Wolle weben als Kinder taufen (syrDid 3,7). Const. Ap. 24–28 begründet die Inferiorität der Frauen mit einem apokryphen Herrenwort.[73]

## 4.5 Theologische Themen

Christologie, Trinitätslehre, Ekklesiologie und Bußfrage sind zentrale theologische Themen des 3. Jh. Die Lehre verarbeitet historische Diskurse und Konflikte (Gnostizismus, Philosophie, Verfolgungen); das dient der Klärung der Glaubensgrundlagen. In Alexandria werden Theologie und Philosophie synthetisiert.

---

70 Cypr Ep. 75,10f. berichtet über eine Prophetin, die in den 230er Jahren in Kleinasien wirkt und Sakramente spendet (Leppin 2021, 149). Vgl. auch den gnostischen Brief des Ptolemaios an Flora sowie Iren Haer. I 12,3f. (Rudolph 1994, 228 ff.).

71 Wischmeyer 1992, 116, und Albrecht 1986, 230, verweisen auf die bedeutende Rolle von Frauen um Hippolyt, Paul von Samosata und Donatus. – Hipp Comm. Dan. 1 setzt Frauen als Leserinnen voraus. Rudolph 1994, 229, nennt Marcellina, die in Rom die Lehren des Karpokrates verbreitet (ausweislich Iren Haer. I 26,6).

72 Const. Ap. 3,9, unter Verweis auf Artemis-, Dionysos- und Mysterienkulte sowie Vestalinnen.

73 Wischmeyer 1992, 123.

## 4.5.1 Christologie

*Überblick*: Im Mittelpunkt stehen Fragen der Inkarnation (wurde Gott wirklich Mensch? Wurde wirklich Gott Mensch?). Umstritten sind der Wirkungsgrad der Inkarnation (betraf sie den Menschen ganz oder nur teilweise?) und die Effekte auf Gott-Vater (wer hat gelitten, wer ist am Kreuz gestorben?). Als Modelle entwickeln sich Logos-Mensch-Christologie und Logos-Sarx-Christologie.

### a) Origenes: Logos-Mensch-Christologie

Die Inkarnation betrifft laut Origenes den Menschen mit Leib, Geist und Seele (Logos-Mensch-Christologie); nur so sei die Erlösung des ganzen Menschen möglich.[74] Das heilsgeschichtlich-soteriologische Argument verbindet er mit dem philosophischen Axiom der Unvermischbarkeit von Göttlichem und Menschlichem (Plat Symp. 203a; vgl. Tim. 306), indem er die präexistente Seele Christi als Vermittlerin zwischen beiden Polen annimmt (Princ. II 6,3). Die Inkarnation habe die Vereinigung und Vermischung der Seele Christi mit dem Logos bewirkt. In der Konsequenz sei der Mensch Jesus vergöttlicht worden (Cels. 3,4).

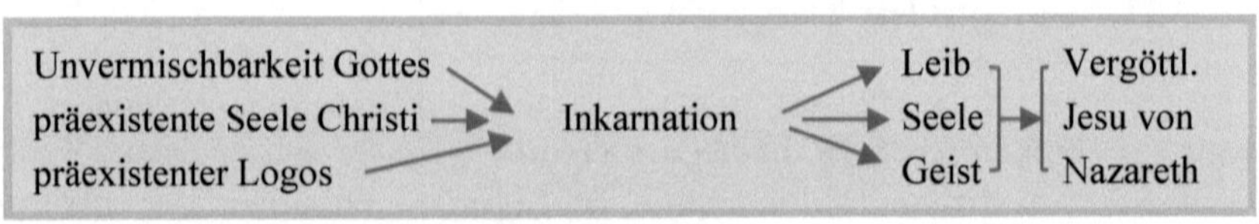


### b) Malchion: Logos-Sarx-Christologie

Der Origenes-Schüler Malchion (2. Hälfte 3. Jh.) negiert die Annahme einer präexistenten Seele Christi, um dem Missverständnis eines zweiten präexistenten Christus-Logos vorzubeugen: Die Seele Christi sei in der Inkarnation durch den Schöpfungs-Logos ersetzt worden. Gemäß dieser Logos-Sarx-Christologie vereinigte sich der Logos lediglich mit dem unbeseelten Fleisch (gr. *sárx*) Jesu Christi. Dieses Modell wird später von

74 Orig Princ. II 8,4; IV 2,4 u.ö. – Gregor von Nazianz greift das Argument auf (→ 5.5.1c).

Apollinaris aufgegriffen und weitergeführt. – Die beiden vorgestellten Modelle prägen die die weitere Debatte (⟶ 5.5.1).

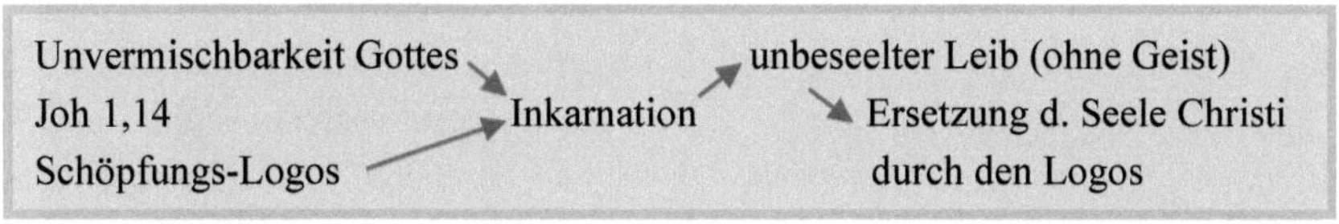


## 4.5.2 Trinitätstheologie

*Überblick*: Die trinitätstheologischen Debatten bewegen sich zwischen der Betonung der Einheit (Monarchianismus) und der Dreiheit Gottes (Origenismus). Eckpunkte bilden Philosophie und Heilsökonomie. Die trinitarische berührt die christologische Frage: Ist der Sohn Gott wie Gott-Vater oder Teil der Schöpfung? Origenisten und Monarchianer stehen sich unversöhnlich gegenüber.

### a) Hippolyt von Rom: Neuschaffung des Menschen

Hippolyt von Rom (Ref. X 33f.) sieht, beeinflusst von Stoa und Platonismus, im Logos das erste, präexistente Erzeugnis des Vaters, dessen innere Überlegung (*lógos endiáthetos*), den göttlichen Schöpfungsmittler und die „erleuchtende Stimme des Vaters“ (*lógos prophorikós*).[75] Die Erzeugung und die Sendung des Sohnes dienen der Neuschaffung (lat. *recapitulatio*) des alten Menschen. Diese Lehre bringt Hippolyt den Vorwurf des Ditheismus ein. – Der Heilige Geist verbürgt für Hippolyt die Wahrheit der Lehre (⟶ 5.5.3).

### b) Monarchianer: Nur Gott-Vater ist Gott!

Monarchianer betonen die Einheit in der Dreiheit. Nur Gott-Vater sei Gott zu nennen. Der Sohn ist entweder adoptierter Mensch (Adoptianer) oder, wie der Geist, eine Erscheinungsweise Gottes (Modalisten). Weiter dazu ⟶ 3.4.4b.c; 4.4.4c.d.

75 Zum Folgenden Markovich 1986, 385f.

### c) Origenes: Drei Hypostasen, ein göttliches Wesen

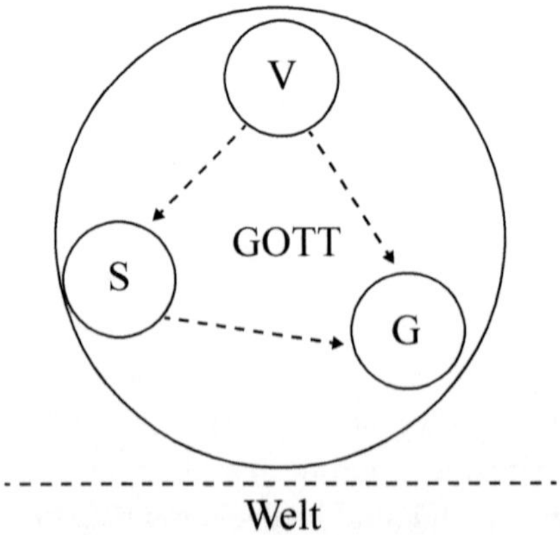


Origenes synthetisiert Theologie und neuplatonische Philosophie, um den christlichen Glauben als die bessere Philosophie zu erweisen (→ 3.3.2). Sein Gottesbild ist vergleichsweise nicht-personhaft, abstrakt: Gott sei Weltenschöpfer im Sinne eines absoluten, unveränderlichen Geistes, der immerzu Vernunft (Logos) aus sich heraus erschafft (Princ. I 2,4; → 4.5.1). Dieses Konstrukt bedient das Axiom der Unveränderlichkeit Gottes.

Der „Sohn" ist als göttliche Vernunft (gr. *lógos*) Ausfluss (gr. *apórrhoia*) der Herrlichkeit Gottes (Princ. I 2,9; ausweislich Weish 7,25). Die Sendung des Sohnes in die Welt, so Origenes, diente der „Wiederherstellung aller Dinge" (gr. *apokatástasis pánton*), sprich dazu, die Menschen mittels Erkenntnis (gr. *gnósis*) aus dem Gefängnis der Materie zu erlösen und zu ihrem göttlichen Ursprung zurückzubringen. Hier zeigt sich der gnostische Einschlag seiner Erlösungslehre.

Im Gegensatz zu Tertullian und den Monarchianern vertreten die Origenisten eine Drei-Hypostasen-Lehre: Gott sei nicht nur phasenweise, sondern dem Wesen nach trinitarisch (immanente, nicht ökonomische Trinität; → 3.5.2d). Der eine Gott entfalte sich in drei unterscheidbare, nicht zu trennende göttliche Wesenheiten (gr. *hypostáseis*) mit je eigenem „Zuständigkeitsbereich" (gegen die Modalisten; Comm. Joh. 2,10 u. a.). Origenes vergleicht die Trinität mit einem „nicht reißende[n], dreifach geflochtene[n] Seil, an dem die ganze Kirche hängt und von dem sie zusammengehalten wird" (Hom. Ex 9,3).

Die Hypostasen unterscheiden sich, so Origenes, im Wirkungsgrad. Das impliziert eine innertrinitarische Hierarchie: Gott-Vater wirke im gesamten Kosmos; ihm komme daher die höchste Position zu. Der Sohn wirke bei den Menschen, denen er Vernunft und Erkenntnis bringt, der Geist nur bei den Heiligen, die er zur Einhaltung des göttlichen Willens anleitet. Alle drei

Hypostasen seien gleichewig, Sohn und Geist aber Gott-Vater subordiniert.[76] Gemeinsam bewirkten sie das Erlösungswerk, die Wiederherstellung aller Dinge. Die Trinität gehört für Origenes daher zum Wesen Gottes und ist heilsnotwendig (Princ. I 3,5; vgl. 1 Petr 1,3):

> „Hier scheint es mir am rechten Orte zu seyn, nach der Ursache zu fragen, warum der, welcher durch Gott wiedergeboren wird zur Seligkeit, sowohl des Vaters, als des Sohnes, wie des heiligen Geistes bedarf, und derselben nicht theilhaftig würde ohne die drei, auch nicht des Vaters oder des Sohnes innewerden kann, ohne den heiligen Geist."[77]

Das Modell trägt den philosophischen Axiomen der Unveränderlichkeit, Unteilbarkeit und Transzendenz Gottes Rechnung. Damit bringt Origenes den christlichen Glauben philosophisch denkenden Menschen nahe. Von den Monarchianern wird das Modell als (tendenziell) tritheistisch erachtet; das weist Origenes unter Hinweis auf die Subordination zurück. Vater und Sohn seien gleichewig, aber nicht gleichrangig.[78] Der Sohn stehe zum Vater wie ein Lichtstrahl zur Lichtquelle, wie ein Abbild zum Urbild. Als solcher habe er dasselbe göttliche Wesen (gr. *ousía*) und den gleichen Willen wie der Vater (Cels. 8,12). Der Sohn verbindet Gott und Welt und ist der Prototyp der Ebenbilder Gottes (Princ. I 17,104).

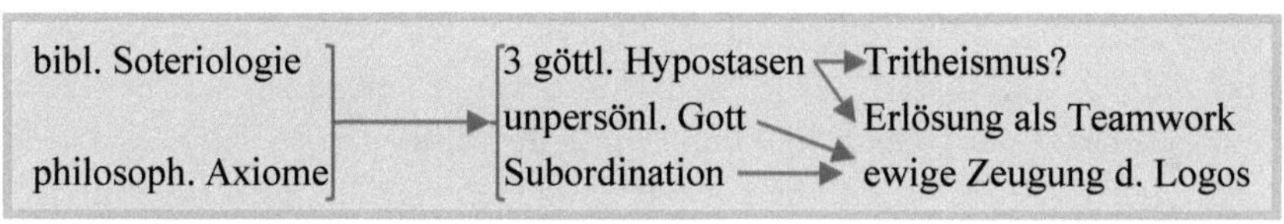


Das Modell des Origenes wird von seinen Schülern unterschiedlich weiterentwickelt (→ 4.5.2d). Aufgrund der gnostischen Tendenzen und des latenten Tritheismus wird es jedoch langfristig häretisiert (→ 6.5–6).

76 Das Subordinationsmodell und die Begriffe *hypóstasis* und *ousía* sind von Plotin beeinflusst.

77 Zitiert nach BKV online (https://bkv.unifr.ch/de/works/cpg-1482/versions/uber-die-grundlehren-der-glaubenswissenschaft-bkv/divisions/43; letzter Zugriff 11.5.2023). Im Text folgt eine Beschreibung der spezifischen Tätigkeiten der drei subordinatorisch angeordneten Hypostasen.

78 Princ. II 2,17f.; ausweislich Joh 1,1–7. – Es gab keine Zeit, in der der Christus-Logos nicht existierte (Princ. IV 4,1; vgl. I 2,4). Diese Bestimmung wird von Arios angefochten (→ 5.4.4c).

### d) Origenisten: Streit um die Subordination

Die Origenisten eint ihr Bekenntnis zu drei göttlichen Hypostasen sowie ihre Frontstellung gegen Monarchianismus und Arianismus. Darüber hinaus gibt es gewichtige Unterschiede in der Frage der innertrinitarischen Verhältnisse.

#### Rechts-Origenisten: Keine Subordination

Die „Rechts-Origenisten" betonen die Gleichrangigkeit der drei Hypostasen (gegen das Subordinationsmodell). Bedeutende Vertreter sind Alexander von Alexandria und sein Nachfolger Athanasios. Alexander betont gegen Arios die Göttlichkeit Christi. Beide seien unwandelbar und ewig, der Sohn eine eigenständige Hypostase, Abbild des göttlichen Urbildes.

#### Origenistische Mittelpartei: Geringe Subordination

Die origenistische „Mittelpartei" schwächt das Subordinationsmodell ab: Der Sohn sei lediglich insofern subordiniert, als er, die „Ikone des Vaters", diesem *logisch* nachgeordnet sei. Ansonsten teile der Sohn alle Eigenschaften des Vaters. Vertreter sind Euseb von Nikomedia und Euseb von Cäsarea.

#### Links-Origenisten: Klare Subordination

Die „Links-Origenisten" steigern den Subordinationsgedanken: Der Sohn und erst recht der Geist seien nachrangig gegenüber Gott-Vater. Das rückt sie in die Nähe der Monarchianer, mit dem Unterschied, dass sie Sohn und Geist aus Gründen der Heilsökonomie als Teile des einen göttlichen Wesens (gr. *ousía*) anerkennen. Vertreter sind Malchion, Lukian von Antiochia und Dionys von Alexandria. Letzterer prägt den Begriff *homooúsios* (wesensgleich) für das Verhältnis von Vater und Sohn, der in Nikäa zum Leitbegriff wird (→ 5.1.3a).[79] Lukians Schüler Arios überschreitet eine „rote Linie" des Origenismus, indem er das göttliche Wesen für den Vater reserviert und im Sohn einen Teil der Schöpfung sieht (→ 5.4.4c).

79 Dionys definiert den Begriff als „aus dem gleichen Geschlecht" bzw. „aus der gleichen Natur stammend", um modalistischen Missverständnissen vorzubeugen (Hausammann 2001a, 159).

Origenes →
- → Rechts-Orig.: keine Subordination (Sohn u. Vater gleichewig)
- → Mittelpartei: etwas Subordination (Sohn ist Ikone des Vaters)
- → Links-Orig.: klare Subordination → Arios: Sohn ist nicht Gott!

### 4.5.3 Pneumatologie

Hippolyt von Rom sieht den Geist als die personifizierte Wahrheit und den Autor seines Werkes an (Prooem. 6f.; Ref. X 34,1f.). Der Geist könne durch sein bloßes Erscheinen jegliche Häresie vernichten (Ref. X 5).[80] Der Bischof ist für Hippolyt der herausgehobene Geistträger und daher zu Sündenvergebung, Taufe usw. autorisiert.[81] Cyprian und syrDid begrenzen die Geistpräsenz auf den Raum der katholischen Kirche (*non salus extra ecclesiam*; → 4.5.7b). Origenes erkennt im Geist den Autor der Bibeltexte; von daher entwickelt er die Lehre vom mehrfachen Schriftsinn (→ 4.5.7a). Der Geistbesitz resultiere nicht aus der Taufe an sich, sondern aus einem sittlich reinen Verhalten der „Heiligen". Erkennbar werde der Geistbesitz im ethischen Lebenswandel und in pneumatischer Erkenntnis.

### 4.5.4 Eschatologie

Die apokalyptische Grundstimmung hält, bedingt durch Verfolgungswellen und andere Katastrophen, an (Cypr Fort. praef. 1f.; Mort. 25). Hippolyt deutet Dan 12,7.11 auf zeitgeschichtliche Ereignisse und auf das Kommen des Antichrists (Comm. Dan. 4,54–57). Übersteigerte Endzeiterwartungen und -berechnungen lehnt er ab (Comm. Dan. 4,18f.) und entwickelt die Schöpfungswochenanalogie als Modell endzeitlicher Selbstverortung: Die Geburt Christi sei nicht das Ende der Weltzeit, sondern der Beginn der letzten apokalyptischen Phase („Halbwoche").[82] Die Parusieerwartung bleibt, der Zeithorizont weitet sich jedoch.

---

80 Markovich 1986, 386.

81 Zum Folgenden Hauschild 1984, 199.

82 Vgl. EvBarth und Julius Africanus, *Chronographia* (um 220): Die Geburt Jesu datiert ins Jahr 5500 ab der Weltschöpfung; die Parusie Christi ist nach der letzten Halbwoche, sprich um 500, zu erwarten (Erlemann 1995, 321.349–352).

## 4.5.5 Ethik

*Überblick*: Die Dilemmathemen und Lösungsansätze des 2. Jh. setzen sich fort. Die Martyriumsparänese motiviert die Leidensbereitschaft der Verfolgten mit strahlenden Vorbildern und der Aussicht auf jenseitigen Lohn. Manche Sklaven gelten als Glaubensvorbilder. Cyprian und syrDid fordern Distanz vom öffentlichen Leben. Die Haltung zu Militärdienst und Askese ist ambivalent.

*a) Leidens- und Martyriumsethik*
Die staatlichen Verfolgungen steigern den Bedarf an Martyriumsparänese. Ein Vorbild malt die *Passio Perpetuae et Felicitatis* (nach 203) vor Augen: Die Leidensbereitschaft der schwangeren Sklavin Felicitas ist größer als die Sorge um ihr Kind.[83] Perpetua bricht mit ihrer Familie, selbst mit ihrem Säugling, um den Weg der Nachfolge zu gehen. Zusammen werden sie wegen des *nomen ipsum* verurteilt und den Tieren vorgeworfen. – Hippolyt deutet das Martyrium von Taufanwärtern als Bluttaufe, welche die Wassertaufe überflüssig mache (Trad. Ap. 19,29). Cyprian stellt in seinem Abschiedsbrief an die Karthager (258) das Martyrium als bischöfliche Pflicht heraus (Ep. 81,1). In seiner Todesbereitschaft und Souveränität inkl. Bruch mit der Heimat und der eigenen Familie wird er zum Vorbild für viele.[84] Cyprian erwartet für sich die Krone des Lebens. Der bald danach eintretende Tod des zuständigen Prokonsuls wird als Strafe Gottes gedeutet.

*b) Ehe-, Sexual- und Geschlechterethik*
Enkratiten, ActThom und andere sehen in Askese ein Merkmal christlichen Lebens. Laut ActThom 121 trinken Enkratiten z. B. beim Abendmahl Wasser statt Wein. Hieraus entwickelt sich das frühe Mönchtum (⟶ 5.4.3a). Cyprian lehnt innereheliche Askese als Gefährdung des Seelenheils der Partner ab (Ep. 4.2).

*c) Umgang mit Unfreien*
Sklaven werden in der Gemeinde höhergeschätzt als außerhalb. Spirituelle Autorität beweist die Sklavin und Märtyrerin Felicitas (s. o.). Bischof Kallist

83 Zum Folgenden Leppin 256–259.290.
84 Leppin 2021, 197f.259. Vgl. auch ActCypr 5.

I. von Rom stammt wohl aus dem Sklavenstand; das zeigt, dass zu jener Zeit die soziale Herkunft kein Hinderungsgrund für eine klerikale Karriere ist.[85]

*d) Öffentliches Auftreten und Wirtschaftsethik*

Cyprian ruft die Christen auf, öffentliche Bäder um der Keuschheit willen zu meiden (Virg. 19; vgl. syrDid 3). Außerdem fordert er freiwilligen Besitzverzicht und Wohltätigkeit (Eleem. 19). Fürsorge gegenüber Waisen mahnt syrDid 17 an.

*e) Militärdienst*

Ein weiteres Dilemmathema jener Zeit ist die Frage des Militärdienstes. Hippolyt ruft christliche Soldaten zum Widerstand gegen Tötungsbefehle auf (Trad. Ap. 16). Die Einlassung dokumentiert die Verbreitung des Christentums im römischen Militär. Origenes weist auf den Widerspruch zwischen christlichem Tötungsverbot und der römischen Ideologie vom gerechten Krieg hin (Cels. 8,73):

> „Im folgenden ermahnt uns Celsus, ‚wir sollten dem Kaiser beistehen mit aller Kraft, mit ihm für das uns abmühen, was recht ist, für ihn kämpfen und, wenn die Not es forderte, mit ihm ins Feld rücken und mit ihm seine Truppen anführen'. Darauf haben wir zu sagen, daß wir zu rechter Zeit den Herrschern ‚beistehen', und zwar sozusagen mit göttlicher Hilfe, da wir ‚die Waffenrüstung Gottes' anlegen. Und dies tun wir, gehorsam dem Apostelwort, das so lautet: ‚Ich ermahne euch nun zuerst, zu vollziehen Bitten, Gebete, Fürbitten, Danksagungen für alle Menschen, für Könige und für alle Obrigkeiten.' Und je frömmer jemand ist, um so mehr richtet er durch seine den Herrschern geleistete Hilfe aus, auch mehr als die Soldaten, die zur Feldschlacht ausziehen und so viele von den Feinden vernichten, als sie imstande sind."[86]

Eine pazifistische Grundhaltung ist jedoch auch im 3. Jh. nicht erkennbar.[87]

### 4.5.6 Soteriologie

Origenes lehrt die Wiederherstellung aller Dinge (gr. *apokatástasis pánton*). Er deutet Apg 3,21 im Sinne einer Allversöhnung, die auch die geläuterten

---

85 Leppin 2021, 299–301.

86 Zitiert nach BKV online (https://bkv.unifr.ch/de/works/cpg-1476/versions/gegen-celsus-bkv/divisions/635; letzter Zugriff 11.5.2023).

87 Leppin 2021, 400f.

Seelen der Sünder, ja selbst Satan einschließe. Die Lehre wird später von Gregor von Nyssa und Hieronymus aufgegriffen (→ 5.5.6). Der Geist ist für Origenes eine eschatologische Heilsgabe. Er schenke den Christen die Fähigkeit zur Entweltlichung und Heiligung, um so zu Vollkommenheit und Erlösung zu kommen. Hieraus entwickeln sich Askese, Mystik und Mönchtum (→ 5.4.3a).[88]

### 4.5.7 Sonstiges

#### a) Schriftauslegung

Die alexandrinische Lehre vom mehrfachen Schriftsinn wird von Origenes verfeinert. Er unterscheidet somatische, psychische und pneumatische Exegese. Der allegorische Sinn macht biblische Texte auch gebildeten Nichtchristen verständlich und ihren Wahrheitsanspruch glaubhaft. Der Geist schenkt durch ein tiefgründiges, allegorisches Textverständnis Erkenntnis der Wahrheit; diese ist jedoch nur Pneumatikern zugänglich. – Demgegenüber beharrt die Antiochenische Schule auf dem Literalsinn der Texte. Vertreter im 3. Jh. sind der Adoptianer Paul von Samosata und der Links-Origenist Lukian von Antiochia, Lehrer des Arios.

#### b) Ekklesiologie

Die Lehre von der Kirche erhält bei Cyprian und syrDid exklusivistischen Charakter: Da der Heilige Geist an die Kirche und die rechtmäßigen Amtsträger gebunden ist, gebe es kein Heil außerhalb der Kirche (lat. *non salus extra ecclesiam*). Das führt bei Cyprian zur Nichtanerkennung von „Ketzertaufen" (→ 4.1.3a).

## 4.6 Schrifttum

*Überblick*: Der Diskurs mit Philosophie und Gnostizismus setzt sich fort. Es entstehen weitere christlich-gnostische Schriften und Apokry-

88 Hauschild 1984, 199.

phen, dazu Märtyrerakten, bischöfliche Lehrschreiben, Synodalakten und liturgische Texte. Ende des 3. Jh. beginnt die christliche Kirchengeschichtsschreibung im großen Stil.

## 4.6.1 Historiographische Werke

Die römische Geschichtsschreibung des Senators Cassius Dio endet mit dem Jahr 229.[89] Von 180 bis 238 führt die „Kaisergeschichte seit dem Tode des Marcus" des Freigelassenen Herodian. L. Marius Maximus, enger Vertrauter von Septimius Severus, setzt die Kaiserbiographien Suetons von Nerva bis Elagabal fort. Die *Skythika* des Dexippos schildern die Germanenkriege (238–274). Beide Werke sind in Zitaten Anderer überliefert.

Für die christliche Geschichtsschreibung und unsere Kenntnis der verschiedenen Häresien liefern die Kirchengeschichte Eusebs und das *Panárion* des Epiphanios von Salamis die meisten Details (beide 4. Jh.; → 5.6.1).

## 4.6.2 Theologische Hauptschriften

### a) Kirchenväter und Kirchenordnungen

Um 225 entsteht Hippolyts[90] Kirchenordnung *Traditio Apostolica*. Der Text bietet eine erste grundsätzliche, überregionale Regelung des Gemeindelebens. Geregelt werden der Ablauf von Gemeindefeiern (Taufe, Eucharistie, Eulogien, Handauflegung) sowie Ämter und Dienste. Der Text unterstreicht die Autorität des Bischofs und grenzt ihn von Klerus und Laien ab. Der Text soll helfen, die apostolische Überlieferung gegen Irrlehren einzuprägen und einzuhalten.

Ebenfalls in die 1. Hälfte des 3. Jh. datiert die *syrische Didaskalie* (syrDid); auch diese Kirchenordnung hat überregionale Geltung.[91] Der Inhalt ist Trad. Ap. vergleichbar (→ 5.6.2b). Der Text bescheinigt dem Bischof umfassende Amtsbefugnisse, dokumentiert unterschiedliche Gottesdienstformen, gibt liturgische und ethische Anweisungen, schildert die Architektur eines Kirchenraums. In Genderfragen sind beide Ordnungen konservativ-patriarchal

89 Zum Folgenden Bellen 2010, 202.296.
90 So u. a. Hausammann 2001b, 109.
91 Hausammann 2001b, 110–113. – Hanson 1978, 539, datiert syrDid um 250.

ausgerichtet. Einen exklusivistischen Kirchenbegriff vertritt syrDid (→ 4.5.7b).

#### b) Bekenntnisse (Symbole)

Eine Etappe auf dem Weg zu verbindlichen Glaubensbekenntnissen ist das altrömische Glaubensbekenntnis (*Romanum*; → 4.4.5). In dem triadischen Symbol sind Aussagen über Gott-Vater knapp gehalten. Haftpunkt des 2. Glaubensartikels ist die Kreuzigung Christi unter Pontius Pilatus. Der Heilige Geist wird mit Kirche, Sündenvergebung, Auferstehung und ewigem Leben verknüpft.

### 4.6.3 Texte marginalisierter Gruppen

An christlich-gnostischen Schriften sind die ActThom (um 230) hervorzuheben. Der syrische Urtext handelt von Thomas, einem fiktiven Zwillingsbruder Jesu, der von Gott gezwungen wird, nach Indien auszuwandern. Thomas ist Wundertäter, fordert radikale sexuelle Enthaltsamkeit auch in der Ehe (Enkratismus; ActThom 11f.). ActThom 34 wendet sich gegen die zweite Buße.

Die Pseudoclementinen (PsClem)[92] dokumentieren die anhaltende Parusieerwartung. Diese begründet die Mahnung, kirchliche Leitungsaufgaben ordnungsgemäß auszuüben. PsClem Rec III 26 erklärt das Ausbleiben der Parusie mit der noch nicht erreichten Zahl an Märtyrern. – Die Schrift „Fragen des Bartholomäus" (EvBarth) bietet einen Dialog des Auferstandenen mit Bartholomäus über den Abstieg Christi ins Totenreich (lat. *descensus ad inferos*) und belegt das Aufkommen der Schöpfungswochenanalogie im 3. Jh. (→ 4.5.4). Die *Passio Perpetuae et Felicitatis* (nach 203) ist eine wirkmächtige Märtyrerakte (→ 4.5.5).

92 PsClem sind in ihrer Grundschrift ins 3. Jh. zu datieren (mit Kinzig 1991, 371).

# 4.7 Steckbriefe

## 4.7.1 Hippolyt von Rom

Hippolyt von Rom (ca. 170–236) ist der letzte griechisch schreibende Theologe im Westen.[93] Er lehrt die Präexistenz und Göttlichkeit des Christus-Logos. Sabellius bezichtigt ihn dafür des Ditheismus. Bischof Kallist I. exkommuniziert beide Kontrahenten. Seine Wahl zum Gegenbischof und die Gründung einer rigoristischen Sondergemeinschaft führen 235 zu Hippolyts Verbannung nach Sardinien. Er muss in einem Bergwerk arbeiten und stirbt wenig später an den Strapazen.

Hippolyts zehn Büchern „Widerlegung aller Häresien" (gr. *Philosophoúmena*) verdanken wir wichtige Kenntnisse über den Gnostizismus. Weitere Themengebiete sind die Eschatologie („Vom Antichrist", „Weltchronik") und die Ordnung der Kirche (*Traditio Apostolica*; → 4.6.2a). Hippolyts Danielkommentar ist der älteste erhaltene christliche Kommentar zu einer biblischen Schrift.

## 4.7.2 Origenes

Geboren in Alexandria als Sohn gebildeter christlicher Eltern, wird der Philosoph und Theologe Origenes (ca.185–254) Leiter der unabhängigen Katechetenschule in Alexandria.[94] Seine umstrittene Synthese philosophischer und theologischer Gedanken kostet ihn die Stellung (230). Origenes siedelt nach Cäsarea am Meer über, lässt sich zum Priester weihen, gründet seine eigene Katechumenenschule und stirbt ca. 254 an den Folgen der unter Decius erlittenen Foltern (→ 4.3.1.d).

Origenes entwirft die erste Dogmatik des Christentums (gr. *Perí Archón*, lat. *De Principiis*), dargestellt in platonischen Kategorien zu apologetischen Zwecken. Die Synthese aus Theologie und Philosophie bietet die begriffliche Grundlage für die späteren Trinitätsdebatten. Die materielle Welt ist laut Origenes eine Schöpfung der Geister, die sich von Gott entfernt hatten. Zur Strafe wurden sie in menschliche Körper eingeschlossen. Die Erlösung bzw.

---

93 Zum Folgenden Hausammann 2001a, 129–154.

94 Philosophischer Lehrer des Origenes ist der Platoniker Ammonios Sakkas, der Lehrer Plotins. – Informationen über Origenes' Leben bietet Euseb H.e. VI. – Ausführlich zu Origenes von Campenhausen 1967, 43–60, sowie Hausammann 2001a, 284–333.

der Weg des Menschen zu Gott erfolge über spezielle Erkenntnis, Heiligung und Askese (→ 4.5.6). Die Erlösung findet immer wieder statt (zyklisches Geschichtsbild). Die Bibel hält Origenes für verbalinspiriert; er propagiert einen dreifachen Schriftsinn (literarisch-wörtlich, psychisch-moralisch, allegorisch-geistlich; → 4.5.7a). Origenes' radikale ethische Haltung führt angeblich zur Selbstkastration im Jugendalter.

Origenes' trinitätstheologisches Modell (→ 4.5.2c) wirkt über mehrere Generationen nach, wird aber langfristig als häretisch eingestuft. Kaiser Justinian erklärt ihn 543 wegen seiner gnostisierenden Tendenzen (Kosmogonie, Erlösungsmythos) und des latenten Tritheismus offiziell zum Ketzer. Seine Lehre vom mehrfachen Schriftsinn wirkt ebenso wie seine Allversöhnungslehre weiter fort.

### 4.7.3 Novatian

Der Tertullianschüler Novatian (ca. 200–258) wendet sich in seiner Hauptschrift *De Trinitate* (ca. 250) gegen Monarchianismus und Origenismus.[95] Christus sei von Gott-Vater zu unterscheiden (Trin. 27,6), aber kein subordinierter Logos, sondern aus Gott-Vater hervorgegangene, göttliche Substanz (Trin. 31). Das passt nicht recht zur personhaften Vorstellung des Christus-Logos (Trin. 27,6). Bekanntheit erlangt Novatian durch ein von ihm ausgelöstes Schisma über der Bußfrage (→ 4.4.4b). Novatian stirbt unter Valerian ca. 258 den Märtyrertod.

### 4.7.4 Cyprian von Karthago

Caecilius Cyprianus wird ca. 205 in Karthago als Sohn nichtchristlicher, wohlhabender Eltern geboren und in Philosophie und Rhetorik ausgebildet.[96] Ca. 245 lässt er sich aufgrund der überzeugenden christlichen Tugenden taufen. Im Christentum sieht er die Rettung der moralisch verdorbenen Welt. Cyprian orientiert sich an der rigorosen Ethik Tertullians (→ 3.7.5). 248/249 wird er Bischof in Karthago. Während der Decischen Verfolgung flieht er in den Untergrund; das bringt ihm Kritik ein, obwohl er weiterhin seine bischöfliche Verantwortung wahrnimmt.

---

95 Ausführlich zu Novatian Hausammann 2001b, 91–101.

96 Zum Folgenden von Campenhausen 1965, 37–56, und Hausammann 2001b, 58–91.

Nach der Verfolgung vermittelt Cyprian im Bußstreit (→ 4.1.3a). Er engagiert sich für die Einheit der Kirche, fördert Konzilien und gemeinsame bischöfliche Stellungnahmen, um ihr Überleben in der Verfolgung zu sichern (→ 4.4.1c). Der Ketzertaufstreit zeigt ihm die Grenzen auf (→ 4.1.3a). Mit seinem Widerstand gegen Roms Bischof Stephan I. wird er zum Urbild des unabhängigen Bischofs der frühkatholischen Zeit.[97] Cyprian stirbt 258 unter Valerian den Märtyrertod.

## 4.8 Ergebnis: Impulse und Reaktionen

Historische Erfahrungen und theologische Diskurse geben der Kirche auch im 3. Jh. Impulse. Die Verfolgungswellen fordern zu Diskussionen über die Bußpraxis und zur Optimierung der kirchlichen Strukturen heraus. Theologischer Pragmatismus und der Monepiskopat sichern der Kirche das Überleben in dieser kritischen Phase. Märtyrer werden zu ethischen Vorbildern; die anhaltende Parusieerwartung motiviert eine Ethik der Leidensbereitschaft, des Durchhaltens und der Distanzierung vom öffentlichen Leben.

Die Diskurse mit gnostischen und anderen devianten Lehren führen zur Präzisierung der Glaubensgrundlagen. In Christologie und Trinitätslehre stehen sich Monarchianer und Origenisten gegenüber; der Konflikt zieht sich bis ins 4. Jh. hinein. Antichristliche Polemik und Klischees zwingen die Theologie weiterhin zu Apologetik. Am Ende des Jahrhunderts steht die Alte Kirche strukturell und theologisch gefestigt da und ist in allen Gesellschaftsschichten verankert – eine gute Grundlage, um den letzten Machtkampf mit dem Staat zu überstehen.

https://narr.kwaest.io/s/1225

97 von Campenhausen 1965, 53.

## Kapitel 5: Das vierte Jahrhundert

| Datum | Politische Ereignisse | Alte Kirche | Sonstiges |
|---|---|---|---|
| **–305** | **Kaiser Diokletian** | ab 300 Mönchtum | |
| 303–305/ 311) | | Opferedikt und Diokletian. Verfolgung | |
| **306–312** | **Kaiser Konstantin d.Gr. und Kaiser Maxentius** | Donatistischer Streit | 311 Kaiser Galerius † |
| 311/312 | 312 Schlacht an der Milvischen Brücke | 311 Toleranzedikt von Nikomedia | |
| **312–324** | **Kaiser Konstantin d.Gr. und Kaiser Licinius** | 313 Edikt v. Mailand; ab 318 Arian. Streit | um 320 Jamblichos † |
| 324 | *Römisches Reich vereint* | 328-373 Athan. v. Al. | |
| **324–337** | **Kaiser Konstantin d.Gr.** | **325 1. ökum. Konzil von Nikäa** | 336 Arios † |
| 337 | *Reichsteilung* | Eustathios v. Ant. † | |
| **337–340** | **Kaiser Konstantin II. (W)** | 340 Euseb v. Cäs. † | |
| **337–350** | **Kaiser Constans (W)** | 346 Pachomios † | |
| **337–361** | **Kaiser Constantius II. (O)** | ab 350 Pneumatomachen; 351–357 Sirmische Formeln; 360: 2. Meletian. Schisma | 338 Judenaufstand in Palästina |
| 353 | *Römisches Reich vereint* | | |
| **361–363** | **Kaiser Julian Apostata** | Restaurationspolitik | |
| 364 | *Reichsteilung* | | Neuarianer |
| **364–375** | **Kaiser Valentinian I. (W)** | 366–384 Damasus I. | 374 Markell † |
| **364–378** | **Kaiser Valens (O)** | 367 39. Osterfestbrief 373 Athanasios † | ab 374 Völkerwanderung |

| Datum | Politische Ereignisse | Alte Kirche | Sonstiges |
|---|---|---|---|
| **375–383** | **Kaiser Gratian (W)** | 382 *Decretum Gelasianum* | 378 Schlacht von Adrianopel |
| **379–392** | **Kaiser Theodosios I. (O)** | 379 Basilios d. Gr. †<br>389 Gregor v. Naz. † | Verbot des Donatismus |
| 380 | | Edikt *Cunctos Populos* | Verbot des Manichäismus |
| 381 | | **2. ökum. Konzil von Konstantinopel** | |
| **383–392** | **Kaiser Valentinian II. (W)** | 385 Mailänder Kirchenstreit | 387 Taufe Augustins |
| 392 | *Römisches Reich vereint* | 382ff. *Vulgata*<br>392 Apollinaris von Laodikea † | |
| **392–395** | **Kaiser Theodosios I.** | | Verbot antiker Kulte |
| 395 | *Reichsteilung* | 394 Gregor v. Nyssa † | ab 395 Hunnen- u. Goteneinfall |
| **395–423** | **Kaiser Honorius (W)** | 397 Ambrosius von Mailand † | Zerstörung von Tempeln |
| **395–408** | **Kaiser Arkadios (O)** | | |

Im 4. Jh. verbessert sich die Lage der Kirche grundlegend. Verfolgung, Toleranzedikt und Erhebung zur Reichskirche markieren die Entwicklung. Die trinitarische Frage wird verbindlich geklärt und der Arianismus zurückgewiesen (325 Nikäa, 381 Konstantinopel). Die Konzilien dokumentieren die neue Verflechtung von Staat und Kirche. Christologische und pneumatologische Debatten nehmen Fahrt auf. Interne Konkurrenzen bedrohen die Einheit der Kirche und damit die Staatsräson, denn theologische Kontroversen sind ab der Konstantinischen Wende immer auch ein Politikum. – Das Mönchtum entwickelt sich als alternative Lebensform, im Manichäismus bekommt der Gnostizismus neuen Aufwind.

# 5.1 Äußere Entwicklung

Unter Diokletian, Konstantin d.Gr. und Theodosios I. konsolidiert sich das Römische Reich. Doch hinterlässt die Völkerwanderung deutliche Spuren: Fremdvölker fallen immer wieder ins Reich ein (5.1.1). Das Judentum sieht sich seitens des Staates starken Repressalien ausgesetzt (5.1.2). Die Alte Kirche überdauert die Diokletianische Verfolgung und erhält eine nie zuvor erlebte, privilegierte Stellung. Mit dem Kaiser im Rücken kann sie ihre Infrastruktur großzügig ausbauen und offene theologische Fragen auf reichsweiten Konzilien klären (5.1.3).

## 5.1.1 Römisches Reich

*Überblick*: Im 4. Jh. entwickelt sich das Reich von stabilen Zuständen unter Diokletian zu zwei eigenständigen Reichsteilen, die permanent durch Fremdvölker bedrängt werden. Die eigentliche Macht geht in Westrom an nichtrömische Hofbeamte über. Ostroms Arrangementversuche mit den Goten scheitern letztlich.

### a) Die Tetrarchie und Konstantin d.Gr. (300-337)

Diokletians Tetrarchie (ca. 293–305) stockt das römische Militär erheblich auf; 59 statt zuvor 39 Legionen stehen unter Waffen (Lact Mort. pers. 7,2). Das 4. Jh. beginnt mit Kämpfen an der Donaufront (Karpen, Sarmaten u. a., 301–304). Die Grenzen werden aufwändig durch Limes und Kastelle abgesichert. 305 treten Diokletian und Maximian turnusgemäß ab – ein einmaliger Vorgang in der Geschichte des Prinzipats – und überlassen den neuen Augusti Constantius I. Chlorus und Galerius die Macht. Neue Cäsaren werden Maximinus Daja und Valerius Severus. Diokletian geht als wichtiger Erneuerer des römischen Imperiums, aber auch als brutaler Christenverfolger in die Geschichte ein.

Nach Constantius' Tod 306 putschen sein Sohn Konstantin und Maximians Sohn Maxentius und stürzen damit das System der Tetrarchie; Valerius Severus muss 307 abdanken.[1] Mit dem Tod des Galerius 311 und dem

1 Bellen 2016, 4.

Konkurrenzgebaren der Co-Herrscher endet die Tetrarchie. Siege gegen die Franken (306) und die nachhaltige Sicherung des Rhein-Limes begründen den Erfolg Konstantins. 312 findet die entscheidende Schlacht gegen Maxentius an der Milvischen Brücke vor Rom statt. Der Legende nach hat Konstantin vor der Schlacht eine Christusvision und bringt das Christusmonogramm auf den Schilden seiner Soldaten an.[2] Maxentius ertrinkt im Tiber, Konstantin zieht triumphal in Rom ein. Seinen Sieg schreibt er dem „Schöpfer aller Dinge" zu.

313 besiegt Konstantin die Franken und Licinius seinen Konkurrenten Maximinus Daja – ein für die Zukunft der Kirche wichtiger Sieg. Der Friede zwischen Konstantin und Licinius hält bis 316. Zwei Söhne Konstantins (Crispus und Konstantin II.) und der Sohn des Licinius werden 317 Cäsaren. 323 und 332 fallen die Goten erneut an der unteren Donau ein. Konstantin wehrt sie ab, die Goten müssen den Römern Truppen für weitere Feldzüge zur Verfügung stellen.

Licinius verfolgt wieder Christen, wird aber 324 von Konstantin vernichtend geschlagen und 325 hingerichtet. Als Alleinherrscher verlegt Konstantin seine Residenz nach Byzanz. Er baut die Stadt großzügig aus und benennt sie 330 in Konstantinopel um. Ehrgeizige Baumaßnahmen finanzieren sich zum Teil aus geplünderten Schätzen nichtchristlicher Tempel (Libanius, Or. 30,6; Euseb V.C. III 54,1–7). Die Einwohner Konstantinopels erhalten Steuerbefreiung und kostenlose Brotverteilung. Die Stadt kann damit sozial und kulturell mit Rom mithalten.[3]

325 beruft Konstantin das Konzil von Nikäa ein und setzt mit dem *homooúsios*-Begriff eine trinitarische Kompromissformel durch (→ 5.1.3a). 334 überfällt Perserkönig Shapur II. das christliche Armenien. Konstantin plant, das Klientelkönigtum, und damit die armenische Kirche, zu verteidigen. Während der Kriegsvorbereitungen stirbt er (337). Er wird auf dem Totenbett von Euseb von Nikomedia getauft, bei der Apostelkirche in Konstantinopel beigesetzt und (deutungsoffen) divinisiert.

---

2 Euseb V.C. I 28–32, kolportiert den Ausspruch Christi „Unter diesem Zeichen wirst du siegen" (lat. *in hoc signo vinces*). Vgl. Lact Mort. pers. 44,1–12 (Text bei Ritter 1994, 121).

3 Bellen 2016, 37.

## b) Die Dynastie Konstantins (337-363)

**Verwandtschaftstafel zu den spätantiken Dynastien**

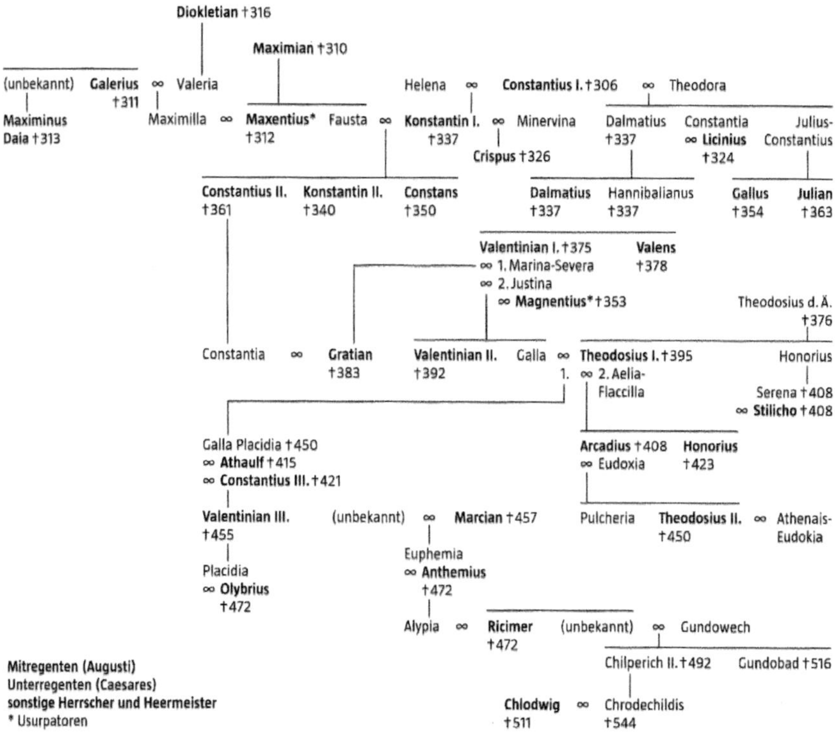


Konstantins Söhne teilen das Reich auf: Konstantin II. regiert 337–340 in Gallien, Constans 337–350 in Italien, ab 340 im gesamten Westen, Constantius II. beherrscht 337–361 den Osten.[4] In den Machtkämpfen zwischen den Brüdern fällt Konstantin II. gegen Constans (340), der das Territorium seines Bruders übernimmt. Das bedeutet die faktische Teilung des Reiches in eine Ost- und eine Westhälfte inkl. widerstreitender kirchenpolitischer Haltungen (→ 5.3.1a).

4 Die Augusti räumen bei Amtsantritt mehrere Mitbewerber aus dem Weg (Bellen 2016, 53f.). Ausführlich zum Thema des Abschnitts Hausammann 2001b, 248–289.

Siege gegen die Franken (341/342), die Britannier (343) und Perser (343–346) deutet Constans propagandistisch gegen nichtchristliche Kulte (→ 5.3.1a). 350 wird Constans ermordet. Ab 353 ist Constantius II. Alleinherrscher und verlegt seine Residenz von Antiochia nach Sirmium und Mailand. Die Abwehr von nach Oberitalien und Gallien übergreifenden Alamannen und Germanen delegiert er an seinen Cousin und späteren Kaiser Julian („Apostata", d. h. Abtrünniger; 355). Kämpfe gegen Quaden und Sarmaten (Donaugrenze), Juthungen (Rätien, heutige Schweiz) und Perser markieren eine erfolgreiche Außenpolitik. Constantius' Religionspolitik führt zu den „Sirmischen Formeln" (→ 5.1.3a; 5.3.1a).

360 wird der militärisch erfolgreiche Julian von seinen Truppen in Paris zum Augustus ausgerufen. Um seinen Machtanspruch gegen Constantius durchzusetzen, opfert er den alten Göttern. Constantius' Tod (361) macht ihn zum Alleinherrscher. Julian versucht, den alten Staatskult wiederherzustellen; das scheitert an seinem frühen Tod (363; → 5.3.1a). Beliebt macht sich Julian beim Volk durch großzügige Schuldenerlasse, Armenfürsorge und den Ausbau der Verkehrsinfrastruktur. Sein Feldzug gegen Perserkönig Shapur II. endet in einem Desaster;[5] Armenien und die von Diokletian gewonnenen Provinzen in Mesopotamien gehen verloren. Julian selbst fällt auf dem Schlachtfeld (Juni 363).

### c) Die Anfänge der Völkerwanderung (ab 364)

Nach Kaiser Jovian (363/364) werden Valentinian I. (Westen, Residenzen Mailand und Trier, 364–375) und sein Bruder Valens (Osten, Residenzen Konstantinopel und Antiochia, 364–378) gleichberechtigte und weitgehend eigenständige Kaiser. Valentinian hat ab 365 gegen Franken, Alamannen und Schotten zu kämpfen und baut Rhein- und Donau-Limes aus.[6] Ab 374 drücken die Hunnen von Zentralasien aus Quaden, Sarmaten und Goten über die Donau auf römisches Reichsgebiet. Die Völkerwanderung führt 476 zum Ende Westroms (→ 6.1.1a):

5 Unter anderem wird Kirchenvater Ephraem der Syrer aus Nisibis vertrieben (Bellen 2016, 107).

6 A.a.O., 117.

„Die Hunnen stießen auf die Alanen, die Alanen auf die Goten, die Goten auf die Taifalen und Sarmaten [...] und es ist noch kein Ende.“[7]

Als Wohltäter Roms führt Valentinian I. die von Augustus eingeführte Armenfürsorge weiter, baut die ärztliche Versorgung aus und hält Roms Bausubstanz in Schuss.[8] – Valens schließt 369 mit Gotenkönig Athanarich einen Freundschaftsvertrag. Die Völkerwanderung entwickelt jedoch in der Folgezeit eine fatale Eigendynamik, die zu wachsenden Konflikten mit den Donauvölkern und 378 zur Niederlage gegen die Goten führt. Ausgehungerte Goten ziehen marodierend und plündernd durch Thrakien. Mit Reitertruppen der Hunnen und Alanen verbündet, schlagen sie die Römer bei Adrianopel vernichtend; Valens und unzählige Soldaten fallen. Die Goten suchen nahezu alle nördlichen Provinzen heim; der Niedergang Westroms ist eingeläutet. Der Einfluss nichtrömischer Hofbeamter nimmt unter Gratian (375–383) und Valentinian II. (383-392) zu; die eigentlichen Machthaber sind Merobaudes, germanischer Heerführer des Kindkaisers Valentinian II., und Ausonius, gallischer Prätorianerpräfekt und Erzieher Gratians.

Gratian und Valens' Nachfolger Theodosios I. (379–395) schließen einen Ansiedlungsvertrag mit Gotenkönig Fritigern; das befriedet die Donaugrenze fürs Erste (382). Die arianischen Goten bilden nun einen autonomen Staat im Reichsgebiet und werden Bundesgenossen der Römer.[9] Armenien wird zwischen Ostrom und Persien aufgeteilt (387). Innenpolitisch glänzt Theodosios I. durch den prachtvollen Ausbau Konstantinopels zum „neuen Rom“.

Nach der Ermordung Gratians (383) fällt die Macht in Westrom an Justina, Arianerin und Mutter des minderjährigen Valentinian II., sowie an Bauto, einen fränkischen Offizier, und an Bischof Ambrosius von Mailand. 392 stirbt Valentinian II. in Vienne. Theodosios I., nun Alleinherrscher, residiert bis zu seinem Tod in Mailand. Ihm folgen seine Söhne Honorius (395–423, Residenz Mailand) und Arkadios (395–408, Residenz Konstantinopel). Für die Kindkaiser führen ranghohe Staatsbeamte (Rufinus und Eutropios im Osten; Stilicho im Westen) sowie Kaisergattin Eudoxia (Ostreich, gestorben 404) die Regierungsgeschäfte.

---

7 Ambr Expos. in Luc. 10,10; zitiert bei Bellen 2016, 137. Lat. Vorlage verifiziert unter http://monumenta.ch/latein/text.php?tabelle=Ambrosius&rumpfid=Ambrosius,%20Expositio%20Evangelii%20secundum%20Lucam,%2010&nf=1 (letzter Zugriff 18.5.2023).

8 Zum Folgenden Bellen 2016, 131–136. Zur Armenfürsorge Brown 2018, 185–189.

9 Der Bund wird 392 zwischen Gotenkönig Alarich und dem römischen Oberbefehlshaber Stilicho, einem Vandalen, erneuert (Bellen 2016, 147.171).

Das 4. Jh. endet mit dem Einfall von Goten und Hunnen in den Balkan, in Kleinasien und in den Peloponnes (395–397). Der Bund mit Alarich und die Kooperation von Ost- und Westreich erweisen sich als fragil. Arkadios erneuert 397 den Bund mit Alarich; das fördert die Integration der Westgoten ins Ostreich.[10] Eutropios vertreibt die Hunnen aus Syrien, Mesopotamien und Armenien.

Die Infiltration germanischer und gotischer Kräfte in die Machtzentrale setzt sich fort. 400 zwingt der Gote Gainas den Kaiser, ihn zum Oberbefehlshaber Ostroms zu machen. Gainas besetzt Konstantinopel und übt ein Schreckensregiment aus. Bei seinem Rückzug im selben Jahr werden 7000 Goten, die Asyl in einer Kirche suchen, mitsamt der Kirche von der wütenden Bevölkerung verbrannt.

Der Westen geht währenddessen unter Stilicho an die Rückgewinnung und religiöse Erneuerung Nordafrikas (ab 398; → 5.4.4b). – Der Erfolg germanischer, gotischer, vandalischer und hunnischer Kräfte verdankt sich großer sozialer Unzufriedenheit der Provinzbewohner. Landbesitzer müssen sich gegen feindliche Übergriffe selbst verteidigen, der Staat ist dazu nicht

10 Alarich erhält Reichsgebiet in Makedonien und wird zum Heermeister ernannt (a. a. O., 179).

in der Lage. In der Folge operieren regionale Milizen unabhängig vom römischen Heer.[11]

## 5.1.2 Judentum

Das Edikt von Mailand 313 sichert auch den Juden Religionsfreiheit zu.[12] Ab 336 dürfen sie allerdings keine Überläufer zum Christentum verfolgen, keine nichtjüdischen Sklaven beschneiden und keine Mischehen eingehen; für Übertretungen verhängen die Söhne Konstantins sogar die Todesstrafe; die Bekehrung zum Judentum wird mit Enteignung geahndet (C. Th. XVI 8,6f.; 9,1f.). Die Maßnahmen werfen ein Licht auf die antijüdische Haltung des Staates. Konstantin nennt die Juden „Mörder der Propheten und des Herrn“ (Euseb V.C. IV 27.1) und isoliert sie im Reich. Als Reaktion kommen neue messianische Hoffnungen auf.[13]

Die Truppen Constantius' II. verhalten sich auf dem Perserfeldzug (ab 338) gegenüber Juden übergriffig und provozieren damit einen Aufstand, der brutal niedergeschlagen wird. Sepphoris, Tiberias, Akko und Lydda werden zerstört.[14] Hoffnungen auf eine Rückkehr nach Jerusalem mithilfe der Perser sind damit zerschlagen. (PesR 8). Das jüdische Geistesleben in Palästina kommt zum Erliegen. Viele Gelehrte emigrieren nach Babylon (⟶ 4.1.2). Die palästinische Community sinkt zur Bedeutungslosigkeit herab.

Kaiser Julian (361–363) begünstigt die Juden, um der Kirche zu schaden. Den *fiscus judaicus* hebt er auf. Im Gegenzug sollen die Juden für Staat und Kaiser beten. Der geplante Wiederaufbau des Jerusalemer Tempels scheitert an Julians Tod. – Die Juden profitieren von der Religionstoleranz der Kaiser Jovian, Valens und Valentinian I. (Theodt H.e. IV 25); diese erkennen die jüdische Gerichtsbarkeit an. Das Edikt *Cunctos Populos* (380) trifft die Juden hart (⟶ 5.3.1a). Nur aus theologischen Gründen bleiben sie von Verfolgung verschont und dürfen ihre Religion ausüben. Trotzdem werden auch Synagogen zerstört oder in Kirchen umgewandelt. In der Folge wandern viele palästinische Juden ins Perserreich ab.

---

11 A.a.O., 183–185.

12 Zum Folgenden Glatzer 1981, 71ff.

13 Dexinger 1988, 348.

14 Glatzer 1981, 77, ausweislich Socr H.e. II 33; Soz H.e. IV 7,5 u. a. – In den genannten Städten entwickeln sich zuvor die Gemara und ein differenziertes Schulwesen (Dexinger 1988, 348).

### 5.1.3 Christentum

#### a) Hauptereignisse und Hintergründe

*Überblick*: Die Kirche durchlebt im 4. Jh. eine umstürzende Entwicklung von massiver Unterdrückung hin zur Erhebung zur Staatsreligion. Theologische Debatten sind ab Nikäa ein Politikum; die Staatsräson verlangt eine einheitliche Lehre. Das erfordert nicht nur in der Trinitätslehre ein Ringen um theologische Konsense.

**1. Verfolgungen**

Von 303–311 erlebt die Kirche unter den Kaisern der Tetrarchie die letzte und härteste Verfolgungswelle. Nach dem Toleranzedikt des Galerius (311) enden die Repressalien; sie flammen zeitlich und lokal begrenzt unter Licinius (um 320) und Julian (361–363) wieder auf. Ansonsten genießt die Kirche den Status als anerkannte Religion im Römischen Reich (ab 313) bzw. als Staatsreligion (380). Aufgrund der Verfolgung entsteht der Donatistische Streit (→ 5.4.4b).

**2. Das Konzil von Nikäa (325)**

*Überblick*: Das Konzil von Nikäa klärt unter Aufsicht des Kaisers reichsweit verbindlich die Frage des Ostertermins sowie die trinitarische Frage im Sinne der Wesensgleichheit von Gott-Vater und Sohn. Formal ist damit die Einheit der Kirche wiederhergestellt, wenn auch nicht auf Dauer.[15]

15 Ausführlich zum Thema Hausammann 2003, 22–36.

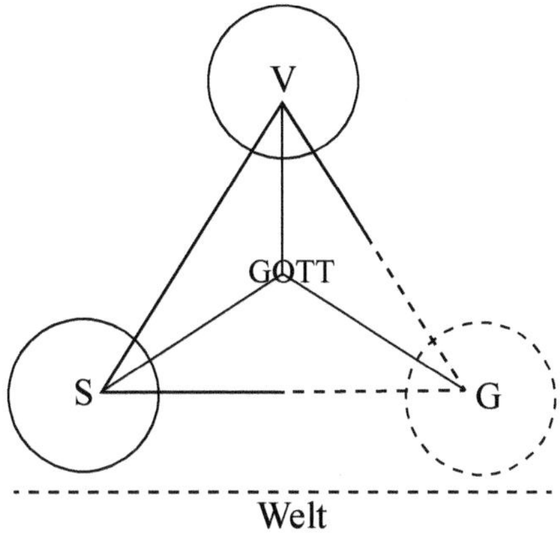


Auf den Arianischen Streit hin (→ 5.4.4c) versammeln sich 325 in Nikäa (heute Iznik bei Nikomedia) auf kaiserliche Initiative 318 meist östliche Bischöfe. Den Vorsitz führen Silvester I. von Rom und Alexander von Alexandria. Die Debatten um Trinitätslehre, Ostertermin und innerkirchliche Machtverhältnisse (→ 5.4.1d; 5.5.2) dauern zwei Monate. Trinitätstheologisch betonen Arios, Euseb von Cäsarea und Euseb von Nikomedia die Subordination des Sohnes unter den Vater bzw. die Geschöpflichkeit Christi (Arios). Die Modalisten Eustathios von Antiochia, Markell von Ankyra und Ossius von Córdoba sowie der Rechts-Origenist Alexander von Alexandria betonen die Gleichrangigkeit und Gleichewigkeit von Vater und Sohn.

Laut Eustathios ist Christus weder Teil der Schöpfung noch göttliche Hypostase, sondern nur wesenhaft mit dem Vater verbunden (gr. *synousía*). Für Markell hat Gott kein trinitarisches Wesen (gegen Origenes); die Trinität sei eine zeitweilige, heilsökonomisch bedingte Erweiterung. In Sohn und Geist sieht Markell unpersönliche Gottesprädikate (gegen Tertullian; → 3.5.2d). Für diese Ansicht wird er in Konstantinopel 381 posthum verurteilt. – Alexander von Alexandria († 328) betont im Gegenzug die Gleichewigkeit und Gleichrangigkeit der drei göttlichen Hypostasen. Diese philosophisch nicht vermittelbare Ansicht bringt ihn und seinen Nachfolger Athanasios in eine Außenseiterposition (→ 5.5.2b; 5.7.3).

Der von Konstantin eingebrachte,[16] antiarianische Kompromissbegriff *homooúsios* (→ 4.5.2d) wird aufgrund seiner Unschärfe von den meisten Synodalen akzeptiert. Die Bedeutungsnuancen *wesensähnlich, wesensgleich* und *wesensidentisch* prägen die nachnikänischen Debatten. Im Kontext Nikäas ist der Begriff antiarianisch definiert: Der Sohn stamme aus dem Wesen des Vaters, nicht „aus dem Nichts". Er sei gezeugt, nicht geschaffen (gr. *gennetheís, ou poietheís*), „wahrhaftiger Gott aus wahrhaftigem Gott" (→ 5.4.5a). Der Arianismus wird verdammt.

---

16 So Theodt H.e. I 12,8. – Der Begriff ist keine Erfindung Konstantins, sondern wurde bereits früher entwickelt (→ 5.4.2d); vgl. Drecoll 2011, 92–95.

Der Ostertermin wird reichsweit auf den Sonntag nach dem ersten Vollmond nach der Tag- und Nachtgleiche im Frühjahr festgelegt.[17]

> „So siegte der einheitliche Glaube und für das Osterfest einigten sich alle auf denselben Zeitpunkt. Besiegelt wurden nun auch schriftlich durch die Unterschrift eines jeden die gemeinsamen Beschlüsse. Nachdem das vollbracht war, sagte der Kaiser, er habe damit seinen zweiten Sieg über den Feind der Kirche errungen, und richtete Gott deshalb ein Siegesfest aus."[18]

*Fazit*: Nikäa ist eine Wendemarke der Kirchengeschichte. Das Nicänum schreibt reichsweit bindend die Göttlichkeit Christi fest. Die Theologie folgt damit heilsgeschichtlich-biblischen Argumenten und stellt sich gegen philosophisch-spekulative Vorgaben. Erstmals nimmt ein Kaiser Einfluss auf die Diskussionen und macht einen Lösungsvorschlag. Ein Schisma ist damit fürs Erste abgewendet, doch die Debatten gehen unvermindert weiter. Arianer, Links-Origenisten und Modalisten lehnen die Gleichrangigkeit von Vater, Sohn und Geist ab. Arios wird 327 vom Kaiser rehabilitiert, was vor allem bei Athanasios auf Widerstand stößt.

### 3. Von Nikäa nach Serdika (325-342)

Von Nikäa bis zum Tod Konstantins (337) gibt es vier trinitätstheologische Fraktionen: (1) Arianer, (2) die im Osten dominierende, ariosfreundliche Mittelpartei der beiden Eusebe, (3) die Rechts-Origenisten unter Athanasios sowie (4) die Modalisten um Markell.[19] Arios lehnt das *homooúsios* ab, die anderen bestimmen es im Sinne von *wesensähnlich* bzw. *willenseins* (Mittelpartei), *wesensgleich* (Athanasios) oder *wesensidentisch* (Modalisten). Die Fraktionen verketzern sich gegenseitig als „arianisch" bzw. „modalistisch". Die Debatten sind zugleich kirchenpolitische Rangkämpfe der Patriarchate.[20] Rom und Alexandria koalieren gegen die „arianische" Mittelpartei der Patriarchate Antiochia und Jerusalem. Die Kaiser Constans und Constantius II. sind sich ebenfalls uneins (→ 5.3.1a).

---

17 Gegen die Quartodezimaner und in Abgrenzung zum Judentum; Euseb V.C. III 18,1–3; → 3.1.3a (vgl. Bellen 2016, 34). – Auf den Konzilien von Antiochia (341), Laodikea (364) und Konstantinopel (381) werden die Quartodezimaner endgültig häretisiert und gebannt.

18 Euseb V.C. III 14 (Text aus Leppin 2021, 251).

19 Zum Folgenden vgl. auch Hausammann 2003, 37–65.

20 So ist die in Nikäa, canon 6, festgelegte Vorrangstellung Roms umstritten. Der Konflikt bricht auf, als Rom dem abgesetzten Markell von Ankyra Asyl gewährt (→ 5.4.1d).

Die Mittelpartei weicht auf der *Kirchweihsynode von Antiochia* 341 mit der „Zweiten Antiochenischen Formel" das Nicänum auf.[21] Sie spart den umstrittenen Begriff *homooúsios* aus; das wird von Rom und Alexandria als arianisch abgelehnt. Im Gegenzug verurteilt die Mittelpartei ihre Kritiker Euseb von Emesa (ca. 295-359) und Kyrill von Jerusalem (ca. 350–386) als „Arianer" bzw. „Modalisten". Diese wiederum nennen den Sohn das „genaue Ebenbild (gr. *aparállaktos eikón*) des Vaters" und sprechen von einer „symphonischen Übereinstimmung" zwischen den trinitarischen Personen.[22] – Aufgrund der Vorgänge berufen die Kaiser 342 ein ökumenisches Konzil in Serdika (heute Sofia) ein. Das Konzil scheitert, es kommt zur gegenseitigen Häretisierung der zerstrittenen Fraktionen.[23]
Hintergrund des Streits ist ein griechisch-lateinisches Sprachproblem: Der Begriff *hypóstasis* (Wesenheit) ist missverständlich, da er in den Debatten nicht klar gegen den gr. Begriff *ousía* (Wesen) abgegrenzt wird. So entsteht bei lateinischen Theologen der Eindruck, die östlichen Kollegen sprächen von drei göttlichen Substanzen bzw. Göttern. Die Lateiner verwenden stattdessen die Begriffe *substantia* (Wesen) und *persona* (Person) und sehen Vater und Sohn in *una substantia* (Substanz) geeint. Das wiederum verstehen die Griechen als Modalismus. Für die Auflösung der west-östlichen Sprachverwirrung sorgen die west-östlichen Exulanten Athanasios von Alexandria und Hilarius von Poitiers (ca. 310–367)[24] sowie die drei „großen Kappadokier" (→ 5.5.2c).

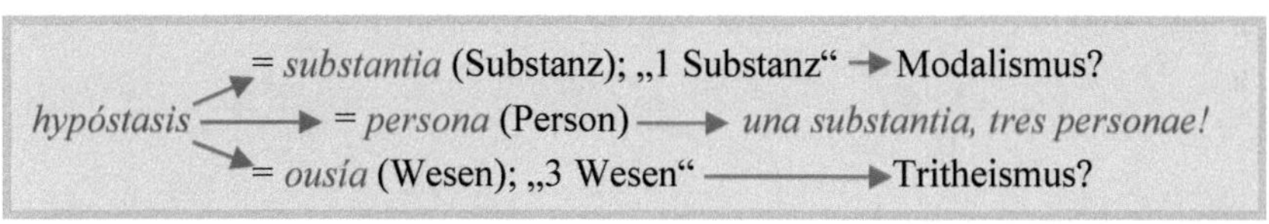


21 Zitiert bei Athan Decr. Nic. 22.

22 Ritter 1982, 187f. Die „Symphoniker" vermeiden im Gefolge die missverständlichen Begriffe *hypostáseis* und *ousía* und verwenden stattdessen die Begriffe „Personen" (gr. *prósopa*) und „Gegebenheiten" (gr. *prágmata*) der einen Gottheit. Origenistisch ist die Rede von der Subordination von Sohn und Geist unter den Vater („Langzeiliges Credo" von 345).

23 Theodt H.e. II 8,39ff. – Häretisiert werden unter anderem Athanasios und Julius von Rom.

24 Athanasios befindet sich 335–337 in Trier und 339–345 in Rom im Exil. Hilarius, Opfer der homöischen Politik Constantius' II., verbringt seine Exilszeit von 356–360 in Phrygien.

## 4. Von Sirmium nach Alexandria (351-362)

Die Rückkehr Kaiser Constantius' II. zum Arianismus, die Einsetzung „homöischer" Hofbischöfe (→ 5.3.1a) und die Dekretierung der „Sirmischen Formeln" zur Arianisierung der Lehre (351–357; → 5.5.2b) führt die Mittelpartei und die Rechts-Origenisten zu einer antiarianischen Koalition zusammen.[25] Die „Sirmischen Formeln" geben die „*Ähnlichkeit* des Sohnes mit dem Vater in allen Dingen" (gr. *hómoios to patrí katá pánta*; Athan Sirm. 8) als neue Reichstheologie vor. Dagegen leisten die Antiarianer Widerstand. Die Restaurationspolitik Kaiser Julians (361–363) und die Bildung radikal-arianischer Gruppen unter Aëtios († ca. 367) und Eunomios (335–ca. 393) intensivieren den Widerstand noch.

Die Neuarianer (auch Eunomianer, Anhomöer oder Heterousiasten)[26] vertreten den neuplatonischen Gottesbegriff (Gott ist eine streng transzendente, nicht-personhafte Größe).[27] Die etwa zeitgleich auftretenden Pneumatomachen (Geistbekämpfer) sprechen dem Heiligen Geist die Göttlichkeit ab. Beides provoziert den Widerstand der Antiarianer. Die Mittelpartei (jetzt: *Homö*-usianer[28]) definiert den *homooúsios*-Begriff im Sinne von Wesens*gleichheit*.[29] Dies und das Bekenntnis der Homöusianer zur Göttlichkeit des Geistes ermöglichen es Athanasios, die Rede von drei Hypostasen zu akzeptieren. Die Synode von Alexandria (362) besiegelt die Koalition gegen die homöischen Hofbischöfe und die Neuarianer.

## 5. Von Alexandria bis zum Edikt *Cunctos Populos* (362-380)

Zwischen 362 und 378 findet eine grundlegende Begriffsklärung statt.[30] Initiativ werden die Neunikäner oder „großen Kappadokier" Basilios von

---

25 Zum Folgenden vgl. auch Hausammann 2003, 65–80.

26 Gr. *anhómoios* (unähnlich), gr. *heterooúsios* (von unterschiedlichem Wesen). Die Neuarianer schreiben das Merkmal der Ungezeugtheit (gr. *agennesía*) nur Gott-Vater, nicht dem Sohn, zu.

27 Epiph Panar. 76,11f.; Greg Nyss Eunom. I 151–154. – Victorinus (ca. 285– nach 362) identifiziert die Trinität mit den neuplatonischen Größen Sein, Leben und Denken (Ritter 1982, 217f.).

28 Von gr. *hómoia ousía* (gleiches Wesen). Zu den Homöusianern zählen Basilios von Ankyra (ca. 334–nach 364), Georg von Laodikea (ca. 331–361) und Eustathios von Sebaste (ca. 300–377).

29 Vater und Sohn seien „auch dem Wesen nach gleich" (gr. *hómoios kaí kat' ousían*) – gegen die im arianischen Sinne missverständliche Auslegung als wesens*eins* bzw. willens*eins* (Synodalschreiben von Ankyra 358. Quelle: Epiph Panar. 73,2–11.12–23).

30 Zum Folgenden ausführlich Hausammann 2003, 80–134.

Neocäsarea, Gregor von Nazianz und Gregor von Nyssa (→ 5.7.6). Dieses Trio definiert *hypóstasis* im Sinne von „Person“ (gr. *prósopon*; lat. *persona*) und grenzt den Begriff damit gegen *ousía* (Wesen[skern], lat. *substantia*) ab. Für die Trinität prägen sie die Formel „Ein Wesen[skern] – drei Personen“ (gr. *mía ousía – treis hypostáseis*). Vater, Sohn und Geist sind substanziell wesensgleich, so ihre Definition von *homooúsios.* Missdeutungen wie „symphonische Wesensgleichheit“ oder Wesensidentität weisen sie ab. Die Betonung des einen, gemeinsamen göttlichen Wesenskerns macht die Rede von drei Hypostasen für die Lateiner akzeptabel. Auch Bischof Meletios von Antiochia (→ 5.4.4e) stimmt zu. Damit ist die Grundlage für das Konzil von Konstantinopel (381) gelegt.

Am 27. Februar 380 erlässt Kaiser Theodosios I. das Edikt *Cunctos Populos* (an alle Völker), welches die „Anbetung der einen Gottheit in gleichartiger Majestät des Vaters, Sohnes und Geistes“ reichsweit verbindlich macht (→ 5.3.1a). Damit wird die Nikänische Kirche zur Staatskirche. Der Arianismus wird verboten und mit Sanktionen belegt.[31] – Ambrosius von Mailand erklärt den Kaiser 386 zum einfachen „Sohn der Kirche“ ohne theologische Entscheidungsbefugnis, aber mit der Verantwortung für die äußere Wohlfahrt der Kirche (→ 5.3.1a).[32]

---

31 Gegen die arianische Mehrheit in Konstantinopel geht Theodosios mit Waffengewalt vor. Ihre Kirchen werden katholisiert (Bellen 2016, 148f., ausweislich Greg Naz Carm. 11,1325–1341).

32 In der Folge muss der Kaiser für begangene Vergehen wie jeder Getaufte Buße tun (Frank 1993, 85f.; Hausammann 2001b, 284–286).

## 6. Das Konzil von Konstantinopel (381)

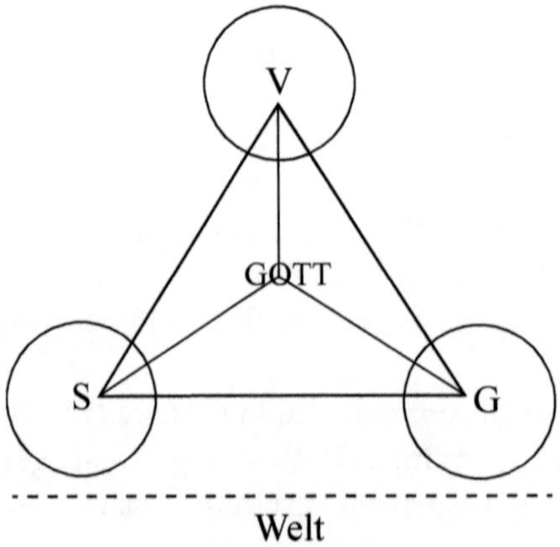


Theodosios beruft 381 ein ökumenisches Konzil nach Konstantinopel ein, um sein Edikt durch die Kirche bestätigen zu lassen.[33] Wie in Nikäa 325 bleiben die ca. 150 östlichen Bischöfe weitgehend unter sich; Neuarianer und Modalisten (Neosabellianer) werden nicht eingeladen. Das Konzil beschließt mit großer Mehrheit das Nicäno-Constantinopolitanum. Deviante Bekenntnisse werden häretisiert. Damit ist der Arianische Streit offiziell beendet. Die westlichen Bischöfe unter Damasus I. von Rom (366–384) und Ambrosius von Mailand (339–397) verweigern noch längere Zeit ihre formelle Zustimmung zum neuen Credo und dringen auf ein reichsweites Konzil in Rom als wichtigstem Bischofssitz. – Der Arianismus lebt bei Goten und Vandalen weiter.

## 7. Fazit: Ein gewaltiger Aufstieg und ein anti-arianischer Konsens

Die langen trinitätstheologischen Debatten finden in Konstantinopel 381 ihr Ende. Das Konzil bestätigt das Nicänum und ergänzt es um Aussagen über die Göttlichkeit des Geistes. Arianismus und Modalismus werden abgelehnt und mit ihnen der philosophische Gottesbegriff. Die biblisch-heilsgeschichtliche Ausrichtung der Theologie setzt sich damit durch. Vorbereitet wird die Lösung von Athanasios und den drei „großen Kappadokiern", aber auch vom Kaiser als weltlichem Oberhaupt der Kirche. Die Einigung dient der Staatsräson und ist daher ein Politikum.

33 Zum Folgenden Hausammann 2003, 134–142.

## b) Wachstum und Verbreitung

Um 300 finden sich Christen in allen sozialen Schichten und im Militär.[34] Bezeugt sind christliche Ratsherren, Statthalter, Ritter und Senatoren, besonders aber deren Ehefrauen.[35] Diokletian hat es mit christlichen Palastangestellten zu tun, die angeblich die Kaiserresidenz in Brand setzen.[36] – In Spanien und Britannien gibt es um 300 ca. 50 Bischöfe und Gemeinden, in Gallien 41.[37] Die Kirche ist ein großer Wirtschaftsfaktor; das zeigt die Ablehnung des Toleranzedikts durch viele Städte. Für sie behindert die ökonomische Zurückhaltung der Christen das Wirtschaftsleben. So vertreiben sie sie aus Städten wie Nikomedia und Antiochia.[38]

Konstantin fördert durch zahlreiche Maßnahmen wie den Bau von Basiliken Mission und Ausbreitung der Kirche (⟶ 5.3.1a; 5.4.2a). Er macht Werbung für sie, ohne Zwang auszuüben. – Unter Gregor Thaumaturgos entwickelt sich eine armenische Reichskirche; sie wird permanent durch die Perser bedroht. Armenier nehmen am Konzil von Nikäa teil (⟶ 5.4.1c). Möglicherweise wird auch Georgien nach 300 christlich. Am Konzil von Konstantinopel (360) nimmt Bischof Wulfila teil. Wulfila trägt ab ca. 340 das Christentum zu den Goten nördlich der Donau. Deren Christianisierung wird durch einen Friedensschluss 369 gefördert (Theodt H.e. IV 37,1–3). Christenverfolgungen durch den nichtchristlichen Gotenkönig Athanarich sind die Folge (⟶ 5.3.1d). Viele Goten sind arianisch und transportieren den Arianismus weiter. Die arianischen Vandalen verdrängen die katholische Kirche Nordafrikas (⟶ 5.4.4c; 6.3.1d). Die Mönchsbewegung in Gallien verbreitet das Christentum auch auf dem Land (⟶ 5.4.3a).

34 Gegen Christen im Militär wendet sich Lact Inst. VI 20,16 (unter Berufung auf den Dekalog).
35 Leppin 2021, 405–407. Laut Trad. Ap. 16 begehren hohe Beamte die Taufe.
36 Bellen 2010, 259.
37 Gottlieb 1991, 53.
38 Bellen 2016, 8.

## 5.2 Religionsgeschichtlicher Kontext

### 5.2.1 Römischer Staatskult

Der traditionelle Staats- und Kaiserkult erlebt im 4. Jh. eine wechselvolle Geschichte. Einschneidend ist die Konstantinische Wende ab 311. Sie gipfelt im Verbot der antiken Kulte durch Theodosios I. (391/392). Doch in der Bevölkerung hat der Staatskult noch einen starken Rückhalt. Es gibt weithin latenten Widerstand gegen die Kirche, insbesondere in der Stadtaristokratie Roms.[39] Julian Apostatas Erfolg zeigt, dass die Stellung der Kirche noch nicht gesichert ist (→ 5.3.1a).

Nach diesem Intermezzo ist die Kirche unangefochten. Ihre Erhebung zur Reichskirche (380) läutet das Ende des Staatskults ein. Nichtchristen droht der Verlust des Bürgerrechts. Göttertempel wie der Zeustempel von Apameia und der Sarapistempel von Alexandria werden geschlossen oder zerstört (Theodt H.e. V 22,3–6). Hauskulte sind verboten. 391/392 wird auch der Besuch von nichtchristlichen Tempeln und damit jeglicher Götterkult reichsweit verboten.[40]

Das führt zu Protesten der nichtchristlichen Bevölkerungsteile. Nach dem Tod Valentinians II. (392) stellt der Präfekt der Prätorianergarde, Nikomachos, die alten Kulte (Magna Mater, Mithras, Isis) und den Victoria-Altar im Senatsgebäude wieder her; Hercules und Jupiter gelten als Schicksalsgötter.[41] Doch schon 394 siegt Theodosios I. im Zeichen des Kreuzes über das weströmische Heer; er begnadigt die nichtchristlichen Senatoren und fordert sie zur Taufe auf (Aug Civ. Dei V 26). Das ist das faktische Ende des römischen Staatskults (→ 5.2.1).

Honorius säubert Nordafrika vom Staatskult. Die Tempel und Götterstatuen in Karthago werden 399 zerstört (Aug Civ. Dei XVIII 54), andere Tempel umgewidmet. Die ländliche Provinzbevölkerung („Dörfler", lat. *pagani*, als neue Bezeichnung der Nichtchristen) hält freilich noch lange an den alten Bräuchen fest.[42]

39 Bellen 2016, 68f.; Wischmeyer 1992, 115.

40 Plepelits 1999, 359.

41 Bellen 2016, 170f. – Zum Streit um den Victoria-Altar vgl. auch Brown 2018, 180f.

42 A.a.O., 126f.

## 5.2.2 Philosophie

Bedeutendster Vertreter des Neuplatonismus im 4. Jh. ist der Porphyrios-Schüler Jamblichos († um 320). Er lehrt in Apameia und kritisiert die Lehren Plotins und des Porphyrios. Innovativ ist sein Konzept der Theurgie als Möglichkeit der Kontaktaufnahme zum Göttlichen.[43] Die Theologisierung der Philosophie lässt die Einbindung des Polytheismus zu. Auch religiöse Praxis wird ein integratives Element. Später entstehen mehrere neue Schulen auf dem Boden des Neuplatonismus.

Der Neuplatonismus teilt unter Kaiser Konstantin das Schicksal aller nichtchristlichen Kulte und Ideologien: Die 15 polemischen Bücher *Adversus Christianos* (→ 5.3.2) des Porphyrios († vor 305) werden vernichtet. Kaiser Julian (361–363) wiederum sieht sich als Philosoph im Geiste Marc Aurels und huldigt neuplatonischem Denken. Er verfolgt die Idee einer philosophischen Erneuerung des alten Staatskults. Kaiser Valens geht im Gegenzug gegen östliche Philosophenschulen vor und lässt neuplatonische Schriften verbrennen (371; → 5.3.1a).

## 5.2.3 Gnostizismus

Der Manichäismus ist seit Diokletian eine verfemte Religion.[44] Um 380 ist er freilich in weiten Teilen des Reiches präsent. Valentinian I. geht an die Vertreibung der „unehrenhaften" Manichäer. Ihr spanisches Oberhaupt, Priscillian, wird in Trier 385/386 wegen Magie und Manichäismus verurteilt und hingerichtet – ein Vorspiel der späteren Inquisition. Auch in Persien wird ebenfalls der Manichäismus verfolgt. – Valentinianer und Basilidianer sind ebenfalls für das 4. Jh. bezeugt. Die Basilidianer unterhalten magische Zirkel in Unterägypten.

43 Hager 1994, 345.
44 Bellen 2016, 161.

## 5.3 Verflechtungen

### 5.3.1 Verhältnis zum Staat

#### a) Römische Religionspolitik

*Überblick*: Nach dem Scheitern Diokletians sehen Galerius und Konstantin die einzige Möglichkeit, die Staatsräson zu sichern, in einer religionspolitischen Kehrtwende. Galerius erlässt 311 ein Toleranzedikt, Konstantin folgt 313 mit einem Edikt, das der Kirche uneingeschränkte Religionsfreiheit zugesteht. Das eröffnet der Kirche ungeahnte Möglichkeiten; im Gegenzug akzeptiert sie die staatliche Oberherrschaft. Bis zur Erhebung zur Staatsreligion im Jahre 380 betreiben die Kaiser eine unverlässliche und uneinheitliche Religionspolitik.

##### 1. Die Konstantinische Wende

305 endet die große Christenverfolgung im Westen; im Osten wird sie unter Maximinus Daja fortgesetzt (Euseb Mart. Palaest. 4,8; → 5.3.1d).[45] Galerius beendet sie kurz vor seinem Tod. Sein Toleranzedikt von Nikomedia (311) bilanziert das Scheitern der Verfolgung (Lact Mort. pers. 34):

> „Und da die meisten [sc. Christen] auf ihrem Vorsatze verharrten und wir sahen, daß sie weder den Göttern den gebührenden Dienst und die schuldige Verehrung erwiesen, noch auch den Gott der Christen verehrten, so haben wir in Anbetracht unserer mildesten Schonung und im Hinblick auf unsere immerwährende Gepflogenheit, allen Menschen Verzeihung zu gewähren, diese unsere bereitwilligste Nachsicht auch auf die Christen ausdehnen zu müssen geglaubt, so daß sie von neuem Christen sein und ihre Versammlungsstätten wieder herstellen dürfen, jedoch so, daß sie nichts wider die öffentliche Ordnung unternehmen."[46]

---

45 Zum Folgenden vgl. auch Hausammann 2001b, 187–247.

46 Auszug zitiert nach BKV online (https://bkv.unifr.ch/de/works/cpl-91/versions/von-den-todesarten-der-verfolger-bkv/divisions/35; letzter Zugriff 11.5.2023).

Die Staatsräson (lat. *salus publica*) gebiete es, die Wohlfahrt des Reiches nicht mehr gegen die Kirche, sondern mit ihr und dem christlichen Gott zu sichern.[47] Die Kirche erhält den Status einer erlaubten Religion (lat. *religio licita*); damit ist die rechtlose Zeit der Kirche zu Ende. Die Christen werden als Teil der öffentlichen Ordnung in gesellschaftliche Verantwortung genommen; sie sollen ihren Kult wiederaufnehmen und für das Staatswohl beten.

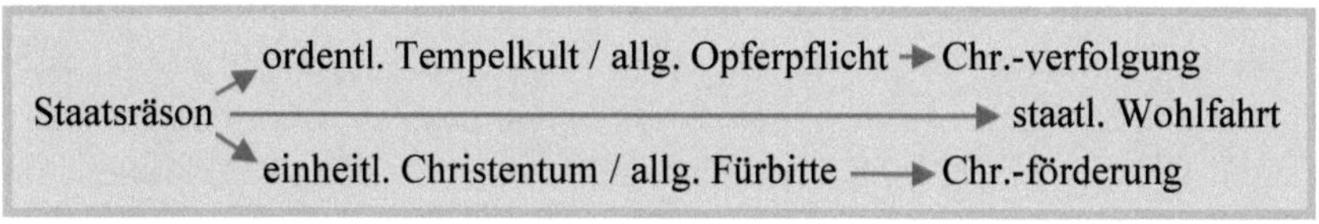


Opponierende Städte erreichen Ende 311 weitere Verfolgungsmaßnahmen durch Maximinus Daja (→ 5.3.1d), der sich von Jupiter persönlich eingesetzt sieht.[48] Nach dem Sieg Konstantins an der Milvischen Brücke (→ 5.1.1a) erlässt er 313 in Mailand ein Edikt, das der Kirche uneingeschränkte Religionsfreiheit zuerkennt:

> „Als wir, ich, Constantinus Augustus, wie auch ich, Licinius Augustus, uns glücklich zu Mailand eingefunden hatten, um alles, was mit der öffentlichen Wohlfahrt und Sicherheit zu tun hat, zu erörtern, glaubten wir, es sei unter den Fragen, von denen wir uns einen Nutzen für die Mehrheit versprachen, vor allem die der Gottesverehrung einer Neuregelung bedürftig, d. h. wir sollten allen, den Christen wie allen übrigen, die Freiheit und Möglichkeit geben, derjenigen Religion zu folgen, die ein jeder wünscht, auf daß, was an Göttlichem auf himmlischem Sitze thront, uns und allen Reichsangehörigen gnädig und gewogen sein möge. Daher hielten wir es für heilsam und ganz und gar angemessen, diesen Entschluß zu fassen, daß es schlechterdings niemandem unmöglich gemacht werden dürfe, sich der Religionsausübung der Christen oder der ihm sonst am ehesten zusagenden Religion zu ergeben, damit die höchste Gottheit, deren Religionsdienst wir in freier Hingabe nachleben, uns in allem ihre gewohnte Gunst und Gnade erzeigen könne."[49]

---

47 Gottlieb 1991, 17.
48 Maxentius: von *Roma Aeterna*, Konstantin: von *Sol Invictus* eingesetzt (Bellen 2016, 9).
49 Lact Mort. pers. 48,2–12 (leicht gekürzter Text aus Ritter 1994, 124).

Sämtliche Kirchengüter werden zurückerstattet. Im Gegenzug macht der Kaiser seinen Einfluss auf die Kirche geltend. Damit ist die die Konstantinische Wende vollzogen. Diese erscheint nicht als Teil einer systematischen Religionspolitik, sondern als situativ bedingte Maßnahme.

## 2. Gleichstellung von Christentum und Staatskult

An die Stelle des monopolistischen Staatskults tritt die Gleichberechtigung der Religionen. Konstantin hält an *Sol Invictus* als Schutzgottheit fest; die *summa divinitas* bleibt bedeutungsoffen.[50] 320 weiht Konstantin eine erste christliche Basilika in Rom ein (*San Giovanni in Laterano*). Weitere Basiliken folgen in Nikomedia, Antiochia und anderswo (→ 5.4.2a). Das macht die Gleichstellung der Kirche mit dem Staatskult sichtbar. Die Jerusalemer Grabeskirche wird 335 eingeweiht.[51] Rom bleibt vorerst die Zentrale des alten Staatskults; christliche Kirchen werden vornehmlich an den Außengrenzen der Stadt errichtet.[52]

Die Einführung der allgemeinen Sonntagsruhe und die rechtliche Absicherung von Erbschaften an die Kirche bezeugen deren neuen Status und fördern ihre Ausbreitung (→ 5.1.3b). Der missionarische Impetus des Kaisers schlägt jedoch, gegen die propagierte Religionsfreiheit, mehr und mehr in Gewalt um. Konstantin lässt nichtchristliche Tempel im Osten plündern und verwendet deren Schätze zur Finanzierung von Bauvorhaben (→ 5.1.1a). Alte Kultstätten wie die Abraham-Eiche in Mamre bei Hebron lässt er planieren und mit christlichen Gotteshäusern überbauen (Euseb V.C. III 51–53; → 5.3.4).

## 3. Der Kaiser als *pontifex maximus* der Kirche

Mit der Konstantinischen Wende avanciert der Kaiser zum *pontifex maximus* der Kirche. Er möchte im Sinne der Staatsräson die Einheit der Kirche erhalten (Euseb V.C. II 65,2). Seine Weisungen sind kirchenpolitisch bindend; das zeigt sich erstmals in Nikäa 325 (→ 5.1.3a). Die von Konstantin protegierte Konsensformel der *homousía* des Sohnes mit dem Vater ist jedoch aufgrund

---

50 Bellen 2016, 15.

51 Euseb V.C. III 31,1f. – 360 wird die von Konstantin geplante Hagia Sophia in Konstantinopel eingeweiht.

52 Bellen 2016, 32f.

einer wankelmütigen Religionspolitik nach Nikäa und innerkirchlicher Konkurrenzen äußerst fragil.

Die Einheit der Kirche zerbricht unter anderem an der Weigerung Athanasios' von Alexandria, Arios zu rehabilitieren. Konstantin beruft 335 eine Synode nach Tyros ein; Athanasios wird exkommuniziert und nach Gallien verbannt.[53] Die Modalisten Eustathios, Ossius und Markell werden ihrer Ämter enthoben; Novatianer, Donatisten und andere Opponenten gegen das Nicänum werden 336 verboten. Im Gegenzug wird Arios dank Fürsprache der origenistischen Mittelpartei rehabilitiert (Konzil von Jerusalem 335).[54] Das alles sind Maßnahmen, um im Sinne der Staatsräson die kirchliche Einheit zu sichern.

Die Verquickung politischer und religiöser Interessen wird beim Feldzug gegen die Perser (335) offenkundig: Konstantin tritt als Verteidiger der Kirche auf, die Kirche soll den Krieg mit Gottesdienst und Gebet unterstützen.[55] Doch Konstantin stirbt bereits vor dem Feldzug (337). Er empfängt auf dem Totenbett von Euseb von Nikomedia die Taufe. Seine Söhne betreiben eine uneinheitliche Religionspolitik. Innerkirchlich führt das Recht des Kaisers, Bischöfe ein- und abzusetzen, zu heftigen Debatten über das Verhältnis zum Staat (→ 5.4.1e).

#### Exkurs: Die „Konstantinische Schenkung"

Die Taufe Konstantins durch einen ariosfreundlichen Bischof führt bei den Nikänern des Westens in der Folgezeit zur Legende, der Kaiser sei bereits durch Bischof Silvester I. von Rom (314–335) getauft worden (Silvesterlegende). Der römische Bischof habe als Gegenleistung den Primat über die anderen Bischöfe und weltliche Macht über Rom und die westlichen Provinzen zugesprochen bekommen („Konstantinische Schenkung"). Unter anderem aus dieser Legende speist sich der Primatsanspruch des mittelalterlichen Papsttums.

### 4. Gegenbewegungen

Konstantins Mitkaiser Licinius unterbindet infolge des Arianischen Streits in Alexandria bischöfliche Versammlungen (320/321; → 5.4.4c) und betreibt

---

53 Dies wird durch eine Intrige Eusebs von Nikomedia bewirkt (a. a. O., 44).

54 Bereits ein Jahr später stirbt Arios in Konstantinopel (→ 5.7.2).

55 Bellen 2016, 42f.

im Osten eine antichristliche Religionspolitik inkl. kleinerer Verfolgungen in Kleinasien (Euseb H.e. X 8,15). Kaiser Julian rehabilitiert die alten Staatsgötter, denen er seinen Prinzipat zuschreibt (Amm XXII 2,2). Das Studium der griechischen Kultur und des Neuplatonismus bringt ihn vom Christentum ab. Er sieht sich vom Sonnengott Helios beauftragt, die Welt zu lenken, und erlässt nach seiner Amtsübernahme 361 ein Restitutionsedikt des Inhalts, die alten Tempel wiederherzustellen und für den Opferkult zu öffnen. Julian profitiert von innerkirchlichem Streit und von der Unzufriedenheit der konservativen Landbevölkerung. Antichristliche Pogrome im Osten sind die Folge (→ 5.3.1d). Julian ist *pontifex maximus* des Staatskults und ein Förderer der Philosophie in Schülerschaft Marc Aurels (Libanius, Or. 12,80; Ep. 758,2; → 3.1.1). Er sorgt in der Kirche für Unruhe, indem er die Donatisten rehabilitiert und Athanasios erneut ins Exil schickt (→ 5.4.4b).[56] Christliche Rhetoren werden durch philosophisch geprägte Lehrer ersetzt (Rhetorenedikt 362); dies stößt auf ein geteiltes Echo.[57] – Julians Nachfolger Jovian, Valens und Valentinian I. kehren zur Religionspolitik Konstantins zurück.

### 5. Uneinheitliche Religionspolitik

Constans (Westreich) und Constantius II. (Ostreich) betreiben eine uneinheitliche Religionspolitik, was sich in der Fraktionierung der theologischen Positionen spiegelt (→ 5.4.1d).[58] Konstantin II. unterstützt Athanasios, der sich seit 335 im Exil in Trier befindet, und betreibt seine Wiedereinsetzung in Alexandria. Das Unternehmen scheitert nach kurzer Zeit; Athanasios flieht auf Druck der arianisch gesinnten Kollegen. Die Einsetzung eines anderen Bischofs führt zum Protest des Athanasios und zum Eingreifen des Antiarianers Julius von Rom (Konzil von Rom, 340; → 5.4.1c)[59] und des Kaisers Constans, der sich damit gegen seinen ariosfreundlichen Bruder Constantius II. positioniert. Bischöfliche und kaiserliche Interessen fließen ineinander und erzeugen konkurrierende Glaubensbekenntnisse.

---

56 A.a.O., 90.

57 Kritik üben Libanius, Ammian und Gregor von Nyssa (in zwei Reden „Gegen Julian"; a. a. O., 91). – Das Rhetorenedikt macht „sittliche Eignung" im Sinne des alten Staatskults zur Voraussetzung des Lehrerberufs. Das bringt viele christliche Lehrer dazu, ihren Beruf aufzugeben.

58 Zum Folgenden vgl. auch Hausammann 2003, 37–85.

59 Zum Folgenden Bellen 2016, 55–71. Hauptgegner ist Euseb von Nikomedia, jetzt Bischof von Konstantinopel.

Ein von beiden Kaisern zur Klärung der Lage einberufenes ökumenisches Konzil in Serdika scheitert (⟶ 5.1.3a). Die westlichen Bischöfe appellieren an Constantius, sich aus Kircheninterna herauszuhalten und die Verfolgung der Nikäner zu unterbinden. Constans droht seinem Bruder mit Krieg, sollten die abgesetzten Bischöfe nicht wiedereingesetzt werden (345). Athanasios wird daraufhin rehabilitiert, gegen den erklärten Willen der arianischen Bischöfe im Osten.

346 wird das Ende der nichtchristlichen Kulte per Gesetz verfügt. Vergehen werden unter Todesstrafe gestellt. Motiv ist einmal mehr die Staatsräson. Propagiert wird diese Ideologie durch den Rhetor Firmicus Maternus.

Constantius II. setzt arianische („homöische") Hofbischöfe ein,[60] dekretiert die „Sirmischen Formeln" und sorgt so reichsweit für eine Renaissance des Arianismus (⟶ 5.1.3a). Der Wille des Kaisers wird zum verbindlichen kirchlichen Rechtsspruch (lat. *canon*) erklärt; wer sich widersetzt, wird verbannt (Athan Hist. Arian. 33,7).[61] Dasselbe gilt für die Annahme der „Sirmischen Formeln" (360, Konzil von Konstantinopel; ⟶ 5.5.2b). Gegen die kaiserliche Einmischung in kircheninterne Angelegenheiten regt sich zunehmend Widerspruch.[62] Athanasios, einmal mehr abgesetzt (Konzil von Mailand, 355), setzt sich nach Ägypten ab.

Julian Apostata rehabilitiert die Staatsgötter, allerdings ohne nachhaltigen Erfolg (s. o.). Der konfessionelle Gegensatz der Reichsteile verstetigt sich unter Valens (Osten, Arianer) und Valentinian I. (Westen, Nikäner). Valens geht teilweise gewaltsam gegen die Nikäner vor. Lediglich Athanasios bleibt bis zu seinem Tod 373 verschont. Sein Nachfolger wird von Valens' Gnaden der Arianer Lucius. In Neocäsarea duldet Valens Basilios als Bischof (370). Im Westen herrscht eine tolerante Religionspolitik (Amm XXX 9,5). Valentinian I. hält sich aus innerkirchlichen Fragen heraus; nur in der Donatistenfrage greift er ein (⟶ 5.4.4a).

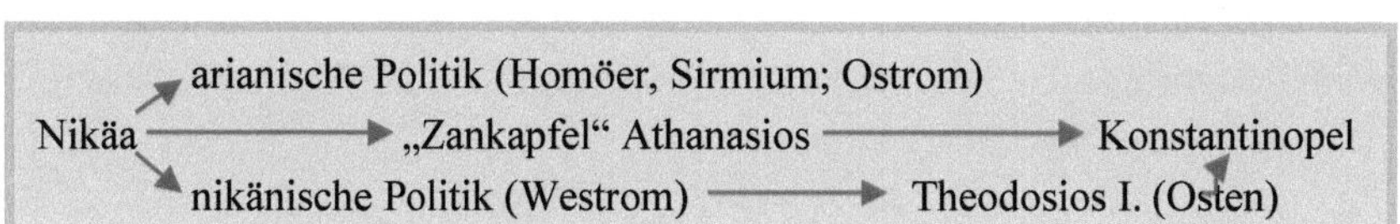


60 Unter anderen Eudoxios von Konstantinopel und Akakios von Cäsarea.

61 Unter anderem werden der römische Bischof Liberius, ein Fürsprecher des Athanasios, und Bischof Hilarius von Poitiers verbannt (⟶ Punkt 3).

62 Bischof Hosius von Córdoba hält Constantius Mt 22,21 vor, kann sich aber nicht durchsetzen.

## 6. Der Weg zur Reichskirche

Konstantin begreift die Kirche als staatstragende Macht und fördert sie auf allen Ebenen. In Armenien wird sie schon früh Reichskirche (→ 5.1.3b).[63] Konstantin schränkt den Kult an nichtchristlichen Tempeln ein und schafft den Kaiserkult ab. Bischöfliche und staatliche Gerichtsbarkeit werden gleichgestellt; die Bischöfe avancieren zu Stellvertretern des Kaisers (Soz H.e. I 9,5).

> „Ein Richter wird entsprechend seiner Amtspflicht darauf achten müssen, daß, wenn an ein Bischofsgericht appelliert wird, dies stillschweigend toleriert werden muß; auch ist, wenn jemand den Wunsch geäußert hat, eine Streitsache auf das christliche Gesetz zu verlagern und sich an jenes Gericht zu halten, dem Folge zu leisten, selbst wenn die [Behandlung der] Streitsache vor dem [betreffenden] Richter bereits begonnen hat; schließlich hat, was von diesen [sc. den bischöflichen Richtern] entschieden worden ist, als höchstinstanzliche Entscheidung zu gelten ..."[64]

Konstantins Gesetzesreform steht unter dem Vorzeichen christlicher Moralvorstellungen.[65] Constantius II. sieht sich sowohl als *pontifex maximus* als auch als Herrscher über die gesamte Welt (lat. *dominus orbis totius;* Amm XV 1,3). In der Konsequenz reklamiert er für sich die Oberhoheit über alle kirchlichen Angelegenheiten („Cäsaropapismus").

Nach dem Intermezzo unter Kaiser Julian setzt sich die Integration der Kirche in die römische Gesellschaft und Verfassung fort. Die Kaiser Jovian und Valentinian I. lassen den Menschen freie Religionswahl. Jeweils zum Osterfest begnadigt Valentinian Strafgefangene; Osterfest und Kaiserfest fließen ineinander. Für den Hofpädagogen Ausonius ist das kaiserliche Dreigestirn Valentinian, Valens und Gratian das irdische Abbild der himmlischen Trinität.[66] – Im Osten geht Valens gegen Magier und Philosophenschulen vor. 371 lässt er in Antiochia magische, astrologische und neuplatonische Schriften im großen Stil verbrennen; Astrologie wird 373 unter Todesstrafe gestellt.[67]

---

63 Zum Folgenden auch Hausammann 2003, 80–154.

64 C. Th. I 27,1 (Text aus Ritter 1994, 125f.).

65 Bellen 2016, 48.

66 Ausonius, Gedicht „Osterverse" (a. a. O., 126).

67 A.a.O., 122.

Theodosios I. verzichtet bei seinem Amtsantritt 379 auf den Titel *pontifex maximus* und damit auf seine priesterliche Vorrangstellung im alten Staatskult. 380 erlässt er im Alleingang das Dekret *Cunctos Populos* (An alle Völker):

> „Alle Völker, über die wir ein mildes und maßvolles Regiment führen, sollen, so ist unser Wille, in der Religion verharren, die der göttliche Apostel Petrus, wie es der von ihm kundgemachte Glaube bis zum heutigen Tage dartut, den Römern überliefert hat und zu der sich der Pontifex Damasus wie auch der Bischof Petrus von Alexandrien, ein Mann von apostolischer Heiligkeit, offensichtlich bekennen; d. h. daß wir gemäß apostolischer Weisung und evangelischer Lehre *eine* Gottheit Vaters, Sohnes und Hl. Geistes in gleicher Majestät und heiliger Dreifaltigkeit glauben. Nur diejenigen, die diesem Gesetz folgen, sollen, so gebieten wir, katholische Christen heißen dürfen; die übrigen aber, die wir für toll und wahnsinnig halten, haben den Schimpf ketzerischer Lehre zu tragen. Auch dürfen ihre Versammlungsstätten nicht als Kirchen bezeichnet werden. Endlich soll sie vorab die göttliche Vergeltung, dann aber auch unsere Strafgerechtigkeit ereilen, die uns durch himmlisches Urteil übertragen worden ist."[68]

Damit wird das Nicänum reichsweit verbindliches Symbol. Gegen Arianer, Donatisten und christliche Apostaten verhängt Theodosios I. harte Sanktionen (→ 5.4.4).[69] Das kommt einem reichsweiten Glaubenszwang gleich. Frühere Toleranzedikte sind passé.[70] Das Konzil von 381 bestätigt die kaiserliche Religionspolitik. Die Nikänische Kirche ist fortan die einzig legitime Kirche im Reich.

Im Westreich agiert Kaiser Gratian analog. Er verzichtet 376 auf seine Stellung als *pontifex maximus* der alten Kulte und entzieht deren Priesterschaft die angestammten Privilegien, den Victoria-Altar entfernt er aus dem Senatsgebäude in Rom. Hierin zeigt sich symbolisch der neue Status der Kirche. Die Maßnahme stößt auf den Widerstand zahlreicher nichtchristlicher Senatoren unter Leitung des Rhetors Symmachus. Gratian lässt sich jedoch nicht beirren.[71] 383 übernimmt er Theodosios' antihäretische Verfügungen, ganz gleich, ob es Juden, Manichäer oder Anhänger des Staatskults betrifft.

---

68 C. Th. XVI 1f. (Text aus Ritter 1994, 178f.).

69 Bellen 2016, 152.

70 Hausammann 2001b, 282f. – Gratian rehabilitiert 378 alle verbannten Bischöfe und garantiert allen christlichen Gruppen außer Eunomianern, Modalisten und Manichäern Religionsfreiheit.

71 Bellen 2016, 153; Brown 2018, 180–183

„Allen denen, die der Irrtum der verschiedenen Häresien plagt, d. h. den Eunomianern, Arianern, Makedonianern, Pneumatomachen, Manichäern, Enkratiten, Apotaktiten, Sakkophoren und Hydroparastaten, ist es generell untersagt, sich in welchen Kreisen auch immer zu versammeln [...] und, öffentlich oder privat, in einer Weise zu betätigen, welche der katholischen Frömmigkeit schaden könnte. Wenn es aber jemanden geben sollte, der sich über so augenscheinliche Verbote hinwegsetzt, dann ist es allen, die an der Pflege und Schönheit des rechten Gottesdienstes Freude finden, gestattet, [einen solchen Gesetzesübertreter] aufgrund [entsprechender] Übereinkunft aller Gut[gesinnt]en zu vertreiben."[72]

Somit werden reichsweit Nichtchristen kriminalisiert; ihnen wird *de facto* das römische Bürgerrecht entzogen. Selbst Hauskulte sind verboten; Tempel werden geschlossen oder zerstört (→ 5.3.1a).

Der Versuch Valentinians II. und seiner arianischen Mutter Justina, in Mailand eine katholische Kirche in eine arianische umzuwidmen, führt zum Mailänder Kirchenstreit (385), den Bischof Ambrosius gewinnt. Zeitgleich kann die Kirche nicht verhindern, dass in Trier Priscillian, Anführer der spanischen Manichäer, hingerichtet wird (→ 5.3.3).[73] Wegen eines Massakers an der Zivilbevölkerung Thessalonikis (390) droht Ambrosius Theodosios die Exkommunikation an und ruft ihn zur Buße auf.[74] Das öffentliche Schuldeingeständnis des Kaisers ist ein weiterer Sieg der Kirche. Umgekehrt hält Ambrosius auf Bitte des Theodosios einen Dankgottesdienst für den Sieg über Nikomachos (→ 5.2.1) und kurze Zeit später die Trauerfeier für Theodosios.[75] In dieser stilisiert ihn Ambrosius zum „allerchristlichsten Kaiser" (lat. *christianissimus imperator*) – der christliche Ersatz für die Divinisierung früherer Kaiser (Ambr Obit.). Mit Theodosios I. und Ambrosius wird die enge Verbindung von Staat und Kirche unauflöslich.

## 7. Der Staat und das Judentum

Das Verhältnis des Staates zum Judentum bewegt sich im 4. Jh. zwischen grundsätzlicher Toleranz und restriktiven Maßnahmen (weiter dazu → 5.1.2).

72 C. Th. XVI 5,11 (Text aus Ritter 1994, 183).
73 Bellen 2016, 161.
74 Frank 1993, 85f.; Hausammann 2001b, 284–286.
75 Bellen 2016, 174.

### b) Die christliche Einstellung zum Staat

Das Konzil von Elvira (Conc. Elv. 1.59) bezeugt für den Beginn des 4. Jh. notwendige Abgrenzungsmaßnahmen: Getauften, die weiterhin dem Tempelkult nachgehen, wird mit Exkommunikation bzw. einer langjährigen Bußzeit gedroht.[76] Die Einstellung zum Staat ändert sich ab 313 grundlegend. Laktanz und Euseb von Cäsarea bezeugen eine positive Haltung dem Kaiser gegenüber; die soziale Abgrenzung wird zurückgenommen. Der Kaiser wird aufgrund seiner Religionspolitik und seines Vorgehens gegen häretische Gruppen verteidigt. Laktanz und Euseb (V.C. IV 5) halten sogar Lobreden auf Konstantins militärische Erfolge.

### c) Außenwahrnehmung des Christentums

Für Diokletian sind die Christen Staatsfeinde Nr. 1, da sie den staatlichen Opferkult boykottieren und dadurch die Wohlfahrt des Staates gefährden; außerdem stellen sie die göttliche Legitimation des Kaisers in Frage. Das führt zu ihrer Verfolgung (303; → 4.3.1d). Ideologisch vorbereitet wird das durch den Neuplatoniker Porphyrios und seine 15 polemischen Bücher „Gegen die Christen" (*Adversus Christianos*, ca. 290). Porphyrios resümiert:

> „Jetzt aber wundert man sich, wenn in unserer Stadt [Rom?] seit so vielen Jahren die Seuche wütet, da sich kein Besuch des [Heilgottes] Asklepios und der übrigen Götter mehr ereignet hat; denn seitdem Jesus [göttliche] Ehren empfängt, hat man nichts mehr davon wahrgenommen, daß Götter auch nur ein einziges Mal öffentlich hilfreich eingegriffen hätten."[77]

Auch Sossian Hierokles, Statthalter Bithyniens, polemisiert im Vorfeld gegen die Christen.[78] Mit den Hassreden setzen sich literarisch-apologetisch Laktanz und Euseb von Cäsarea auseinander (→ 5.6.1).

Viele Städte des Imperiums sehen in den Christen Bremsklötze der wirtschaftlichen Entwicklung; daher verweigern sie ihre Zustimmung zum Toleranzedikt (311; → 5.3.1a). Noch zur Zeit Kaiser Julians (361–363) ist die Position der Kirche umstritten. Julian betätigt sich in antichristlicher Polemik („Gegen die Galiläer", 362/363); Jesus und die Christen seien im Vergleich mit den antiken Philosophen ungebildete Menschen. Ansonsten

---

76 Leppin 2021, 103.
77 Porphyrios, Fr. 80 (Text aus Ritter 1994, 110).
78 Laktanz nennt ihn einen „Urheber und Ratgeber bei der Verfolgung" (Mort. pers. 16,4).

aber fördert der Staat die Kirche und nimmt sie als staatstragende Macht in die politische und soziale Pflicht.

### d) Christenverfolgungen

Diokletian und seine Nachfolger versuchen letztmalig, die Kirche zu zerschlagen. Ihr Ziel ist es, die politische Einheit und damit die Stärke des Reiches wiederherzustellen. Hierfür schalten sie, wie Decius und Valerian (→ 4.3.3d), alle illoyalen Kräfte aus. Insbesondere die Kirche mit ihrem stets wachsenden Einfluss soll zu den „Sitten und Gewohnheiten der Vorfahren", das heißt: zum allgemeinen Opferkult, zurückgeführt werden (Lact Mort. pers. 34,3).

Auslöser der Verfolgung ist laut Laktanz (ca. 250–320) eine misslungene Eingeweideschau zur Erforschung der Zukunft (298). Sie scheitert angeblich an der Bekreuzigung beteiligter Christen; sie sollen auch für falsche Orakelsprüche verantwortlich sein (Lact Mort. pers. 10,3).[79] 303 erlässt Diokletian einen allgemeinen Opferbefehl, um sich der Loyalität des Militärs zu vergewissern. Christliche Militärs verweigern sich (Euseb H.e. VIII 2–6; Lact Mort. pers. 12–15).[80] Daher sollen Kirche und Klerus endgültig zerschlagen werden. Kirchen werden zerstört, heilige Schriften vernichtet, Christen entrechtet, enteignet und inhaftiert, Kleriker liquidiert und der Opferzwang wird mittels Folter durchgesetzt.

Zuerst wird die Kirche von Nikomedia, unweit der kaiserlichen Residenz, zerstört.[81] Der dortige Bischof erleidet mit vielen anderen Christen im Reich das Martyrium. Wie im 2. Jh. (→ 3.3.1d) genügt das christliche Bekenntnis (lat. *nomen ipsum*) als Anklagegrund. Unterstützt werden die Maßnahmen von den Mitkaisern Galerius und Maximian, während Constantius I. Chlorus lediglich Kirchen zerstören lässt. Viele Christen schwören in ihrer Not dem Glauben ab und opfern; andere geben freiwillig heilige Schriften heraus (*traditores*). Viele bleiben aber auch standhaft (*confessores*).[82]

---

79 Gottlieb 1991, 110, nennt als zweiten Auslöser der Maßnahmen die Befragung des Apollonorakels von Milet. Apoll habe die Christen für falsche Orakelsprüche verantwortlich gemacht.

80 Hausammann 2001b, 17, rechnet mit insgesamt vier Edikten zwischen 303 und 305.

81 Bellen 2010, 259.

82 Beispiele a. a. O., 260f., und bei Leppin 2021, 380–392. – Die Herausgabe heiliger Schriften in Kirchen Nordafrikas führt zum 1. Meletianischen und zum Donatistischen Schisma (→ 5.4.4b.e).

Die Verfolgung dauert bis zum Abtritt Diokletians (305). Mangels Erfolgs hört sie im Westen auf; die Kirche Roms erhält ihre Besitztümer zurück. Im Osten geht sie unter Galerius und Maximinus Daja weiter (Edikte 306/309); zeitweise flammt sie auch nach dem Toleranzedikt des Galerius 311 wieder auf (→ 5.3.1a).

Ab 311 werden Christen vor allem jenseits der Reichsgrenzen verfolgt. Die armenische Kirche wird permanent von den Persern bedroht (→ 5.1.3b). Christen werden in Persien auch aus Konkurrenz zum (christlichen) Römischen Reich exekutiert.[83] Christliche Goten fliehen vor Verfolgung durch die eigenen Landsleute unter Bischof Wulfila ca. 345 über die Donau ins römische Reichsgebiet.[84] Sie finden in Nikopolis ihr neues Zentrum. Der nichtchristliche Gotenkönig Athanarich verfolgt ab 369 erneut christliche Stammesgenossen, die daraufhin Kaiser Valens um Aufnahme ins oströmische Reichsgebiet bitten (Soz H.e. VI 37,12; → 5.1.2).

Das Bekenntnis Kaiser Julians zum alten Staatskult und sein Restitutionsedikt (361) führen zwar zu keiner systematischen Verfolgung, aber immerhin zu vereinzelten Ausschreitungen der antichristlichen Bevölkerungsteile gegen Christen (Theodt H.e. III 7). Den Klerikern werden nichtchristliche Priester gegenübergestellt, der Staatskult wird bevorzugt. Die Kirche und der Klerus verlieren sämtliche Privilegien, kirchliche Gruppierungen werden gegeneinander ausgespielt. Christen werden als „Gottlose" bzw. „Galiläer" gelabelt, die Nichtchristen hingegen als „Gottesfürchtige". Christen werden, ähnlich wie unter Nero (→ 2.3.1d), für den Brand des Apollontempels von Antiochia verantwortlich gemacht und dafür belangt (Amm XXII 13,1f.). Mit dem frühen Tod Julians (363) endet dieser letzte Versuch, die Kirche zu zerschlagen. Julians Nachfolger Jovian stellt die alten, kirchenfreundlichen Zustände wieder her.

### 5.3.2 Verhältnis zur Philosophie

Die 15 Bücher „Gegen die Christen" (*Adversus Christianos*, ca. 290) des Neuplatonikers Porphyrios sind ein spätes Beispiel antichristlicher Polemik. Kaiser Julian greift sie auf („Gegen die Galiläer", 362/363). Umgekehrt geht Kaiser Valens 371 massiv gegen Philosophenschulen vor (→ 5.3.1a). Jamblichos' Konzept der Theurgie und die Aufnahme religiöser Praxis ins

---

83 Leppin 2021, 376.
84 Bellen 2016, 73.

philosophische System (→ 5.2.2) verschärfen die Konkurrenz zum Christentum. Zu Konflikten kommt es im 4. und 5. Jh. immer wieder zwischen radikalen Philosophen, Juden und Christen, besonders in Alexandria (415; → 6.3.2).

Im 4. Jh. emanzipiert sich die Theologie von den axiomatischen Vorgaben der Philosophie. Die drei Kappadokier setzen sich intensiv mit dem Neuplatonismus Plotins auseinander.[85] Der Theologe Victorinus übersetzt die Werke Plotins und Porphyrios' und macht sie so Ambrosius und Augustin zugänglich (→ 6.3.2).

Die Orientierung am philosophischen Gottesbegriff wird aus soteriologischen Überlegungen heraus fallengelassen. Nicht Unteilbarkeit und Leidensunfähigkeit, nicht strenge Transzendenz und Unveränderlichkeit Gottes seien für Trinitätstheologie und Christologie entscheidend, sondern die Erlösung des Menschen und der gesamten Schöpfung. Die philosophisch denkenden Modalisten und Arianer werden häretisiert. Nachträglich fällt auch das spekulativ-theologische Modell des Origenes dem neuen Denken zum Opfer.

### 5.3.3 Verhältnis zum Gnostizismus

Nach der Konstantinischen Wende setzt sich die Kirche endgültig gegen die gnostische Konkurrenz durch. Die von Konstantin propagierte Gleichberechtigung der Religionen hält nicht lange an. Toleranzedikte und Verbote wechseln sich ständig ab. Schlussendlich fallen auch gnostische Gruppen unter die kaiserlichen Sanktionen. 380/383 wird auch der Manichäismus faktisch verboten (→ 5.2.3). – Ein Grenzgänger zwischen Kirche und Gnostizismus ist der Kirchenvater Augustin von Hippo, der um 380 dem Manichäismus beitritt (→ 6.7.8). – Die Valentinianer haben laut Ambrosius in Kallinikon einen Tempel, der von aufgebrachten Mönchen 388 niedergebrannt wird (Ambr Ep. 40.42). Das bezeugt ihre Existenz in Mesopotamien gegen Ende des 4. Jh.

### 5.3.4 Verhältnis zum Judentum

> „Noch zu Beginn des 4. Jahrhunderts fühlte man sich bemüßigt zu untersagen, dass Gläubige, ja Kleriker mit Juden speisten" (Conc. Elv. 50).

85 Hager 1994, 361.

Das Zitat bezeugt enge Kontakte zwischen Kirche und Judentum bis zum Beginn des 4. Jh. Ein weiteres Beispiel ist die gemeinsame Pflege des Abraham-Heiligtums im Hain von Mamre bis zu Konstantins Zeiten (⟶ 5.3.1a). Im Kontrast dazu steht die übliche gegenseitige Polemik (⟶ 4.3.4). Das Edikt von Mailand 313 bringt eine juristische Gleichstellung; Christen und Juden sind von der Kaisersteuer befreit.[86] In Palästina nimmt die Zahl jüdischer Siedlungen ab, christliche nehmen zu, ebenso wie das Pilgerwesen (⟶ 5.4.3b). Cäsarea am Meer ist geistiges Zentrum des Juden- und Christentums gleichermaßen. Dort werden im 4. Jh. die vorhandenen Mischna-Kommentare zum Talmud zusammengefasst.

Mit der Festlegung des Ostertermins in Nikäa 325 wird eine der letzten kultischen Verbindungen zwischen östlichen Christen und Juden gekappt.[87] Juden dürfen Konvertiten zum Christentum nicht mehr verfolgen (C. Th. XVI 8,1–5). Die Maßnahmen zeigen die antijüdische Haltung Kaiser Konstantins; er gibt den Juden die Schuld am Tod Jesu.[88] Seine Gesetze (⟶ 5.3.1a) tragen zur weiteren jüdisch-christlichen Entfremdung bei. 388 brennen Christen die Synagoge und einen Tempel der Valentinianer von Kallinikon am Euphrat nieder (Ambr Ep. 40.42). Der Kaiser verlangt die Bestrafung des dortigen Bischofs. Ambrosius von Mailand widerspricht und stellt das christliche über das staatliche Gesetz (Ep. 40,11).

## 5.4 Innerkirchliche Entwicklung

### 5.4.1 Organisation

*Überblick*: Der Monepiskopat ist unumstritten. Nach 313 erhalten die Bischöfe weitreichende Privilegien. Sie konkurrieren und kooperieren mit dem Kaiser auf mehreren Ebenen. Dieser fördert die Kirche großzügig. Auf Konzilien werden zentrale Themen verhandelt; einstimmige Ergebnisse kommen nicht zustande. Der Primatsanspruch Roms setzt sich allmählich durch; Konstantinopel rückt auf Platz 2 der Patriar-

86 Zum Folgenden Dexinger 1988, 348–350.

87 Zum Folgenden Glatzer 1981, 71ff.

88 Glatzer 1981, 72, sieht dahinter eine antijüdische Kampagne der den Staat beherrschenden Kirche.

chats-Hierarchie vor. Ost- und Westkirche entfernen sich analog zur Aufteilung des Reiches in zwei selbständige Organisationseinheiten.

### a) Funktionen und Ämter

Der Arianische Streit ab ca. 314 zeigt die immer noch unscharfen Kompetenzbereiche von Bischof und Presbytern.[89] Die Einladungsliste zum Konzil von Nikäa lässt erkennen, dass der Episkopat in allen Provinzen etabliert ist. Die Bischöfe verfügen nunmehr über umfangreiche Privilegien, zum Beispiel Immunität gegenüber weltlichen Gerichten (C. Th. XVI 2,2):

> „Alle, die der Verehrung Gottes Religionsdienste widmen, d. h. die sog. Kleriker, seien von allen rechtlichen Dienstleistungen völlig befreit, damit sie nicht durch frevelhafte Mißgunst einiger von ihren göttlichen Obliegenheiten abgehalten werden."[90]

Die bischöfliche ist mit der staatlichen Gerichtsbarkeit gleichgestellt (→ 5.3.1a). Das Procedere der Bischofswahl ist ein Dauerthema auf Konzilien.[91] Die Kaiser machen von ihrem Recht, Bischöfe per Edikt ein- oder abzusetzen, reichlich Gebrauch. Constantius II. weitet dieses Recht auf alle kirchlichen Angelegenheiten aus (Cäsaropapismus). Ambrosius von Mailand setzt sich gegen Kaiser Theodosios I. durch, kooperiert aber auch mit ihm (→ 5.4.2c).

### b) Finanzierung

Mit dem Mailänder Edikt (313) erhält die Kirche sämtliche Besitztümer zurück; sie hat damit eine solide finanzielle Basis. Der Kaiser lässt zahlreiche Kirchen bauen (→ 5.3.1a). Bischöfe und Patriarchen besitzen beträchtliche finanzielle Macht. Das von Konstantin gewährte Privileg der Steuerfreiheit für den niederen Klerus hat bis 360 Bestand; Constantius II. nimmt es angesichts des anwachsenden Klerus zurück. Das Vermögen der Kirche bleibt hingegen steuerfrei. Ab Kaiser Valentinian I. werden die staatlichen Zuschüsse erheblich zurückgefahren. Andererseits werden mehr und mehr

89 Leppin 2021, 191.
90 Text aus Ritter 1994, 125.
91 Kaiser Justinian (527–565) unterwirft das Procedere einer verbindlichen Gesetzgebung.

Angehörige der Oberschicht Christen und sorgen für ein sattes finanzielles Polster der Gemeinden, insbesondere in den Provinzen.[92]

### c) Überregionale Vernetzung

Die konziliare Struktur ist um 300 reichsweit etabliert. Konstantin benutzt Konzilien, um die Einheit der (Staats-)Kirche zu fördern (→ 5.1.3a). Er selbst beruft Konzilien ein, führt als *pontifex maximus* den Vorsitz und gibt die Richtung vor. Das Prinzip der Einstimmigkeit dient auch der Staatsräson. Diese Entwicklung forciert die Kirche selbst, indem konkurrierende Gruppen den Kaiser als Schlichter anrufen und ihm damit Verantwortung und Kompetenz auch für theologische Fragen übertragen (→ 5.4.1a). – Armeniens Kirche wird durch eine Kirchenordnung eng mit der Reichskirche verbunden (ca. 345).[93]

### d) Zentren und Machtverhältnisse

Das starke Wachstum der Kirche führt zur Ausdifferenzierung überregionaler Hierarchien. Die Bischöfe der östlichen Provinzhauptstädte beanspruchen die Kompetenz, Bischofswahlen zu bestätigen, provinzweite Konzilien einzuberufen und die Bußpraxis zu kontrollieren.[94] In Nikäa bestätigt Konstantin die herausragende Position der Patriarchate Rom, Alexandria und Antiochia, da deren Einflussbereich die Grenze einer Provinz überschreite (325). Jerusalem wird aufgrund seiner Tradition den genannten drei Patriarchaten gleichgestellt.

Das Konzil von Konstantinopel (381) gleicht die kirchliche Diözesanordnung an die staatliche an. Damit werden die Bischöfe der fünf Provinzhauptstädte Rom, Konstantinopel, Antiochia, Jerusalem und Alexandria zu übergeordneten Metropoliten bzw. Patriarchen. Das *Decretum Gelasianum*[95] stellt Rom an Platz 1 der Hierarchie vor Konstantinopel und Antiochia. Alexandria, bislang auf Rang 2, wird durch das Dekret herabgestuft.[96] Rom

92 Brown 2018, 92–94.100.
93 Bellen 2016, 64.
94 Im Westen setzt diese Entwicklung erst gegen Ende des 4. Jh. ein (a. a. O., 34).
95 Das Dekret geht auf Damasus I. zurück und wird im 5. Jh. durch Papst Gelasius überarbeitet.
96 Bellen 2016, 150.

weist Konstantinopels neue Position zurück, da das dortige Patriarchat keine christliche Tradition vorzuweisen habe.

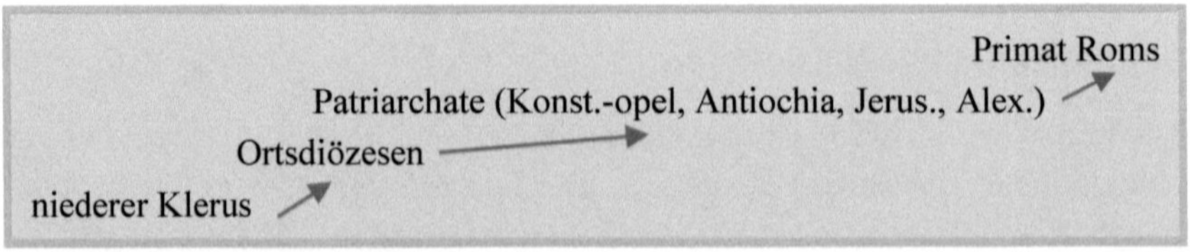


### e) Entwicklung des römischen Primats

Bischof Julius von Rom pocht unter Hinweis auf seinen Primatsanspruch auf die Rehabilitierung des Athanasios (341; Athan Apol. c. Arian. 35,3–5). Constantius II. möchte mithilfe des römischen Bischofs Liberius Athanasios erneut absetzen. Vorgänge wie diese festigen die Sonderstellung des römischen Patriarchats (Konzil von Mailand 355).[97] Das Konzil von Konstantinopel (381) bestätigt Roms Primat gegenüber den östlichen Patriarchaten; diese bestreiten Roms Vorrangstellung. So lehnen sie die Bitte des römischen Bischofs Damasus I. ab, nach 381 ein allgemeines Konzil in Rom abzuhalten. Die beiden Reichsteile driften nicht nur politisch, sondern auch kirchlich und theologisch immer weiter auseinander.

Ambrosius von Mailand unterstützt den Primatsanspruch Roms. Er nennt 381 die Kirche Roms das „Haupt der römischen Welt" (lat. *caput orbis Romani;* Ep. extra collect. 5[11],4). Damit stellt er den „Papst" nominell auf eine Stufe mit dem Kaiser. – Ambrosius und Damasus I. von Rom berufen sich zur Begründung des Primats auf Mt 16,18 und auf die Martyrien von Petrus und Paulus in Rom. Die beiden Apostel erhalten herausragende Denkmäler. Überhaupt gibt Damasus I. durch eine intensive Bautätigkeit der Hauptstadt ein christliches Gepräge.

## 5.4.2 Gemeindeleben

*Überblick*: Ab Konstantin finden Gottesdienste in öffentlichen Kirchbauten statt. Das liturgische Inventar erweitert sich. Im Westen wird Latein liturgische Sprache. Fastenzeiten, ein geregelter Ostertermin und das

97 A.a.O., 67.

Weihnachtsfest ergänzen das Kirchenjahr. Der Taufe geht ein längeres Katechumenat voraus. Bußpraxis und Kirchenzucht werden zum kirchenpolitischen Mittel zur Durchsetzung der eigenen Lehrmeinung. Der Reliquienkult für Heilige und Märtyrer nimmt Aufschwung.

### a) Gottesdienst und Festzeiten

Konstantin setzt mit dem Bau von Basiliken und Rundbauten Impulse für die kirchliche Architektur und Mission (→ 5.1.3b). Christen feiern nunmehr ihre Gottesdienste öffentlich.[98] Die Basiliken sind zum Teil prachtvoll ausgestattet. Liturgische Geräte und Gefäße, Kodizes und liturgische Gesänge gibt es schon im 3. Jh., liturgische Gewänder ab dem 4. Jh.[99] Bilder werden als „heidnisch" eingestuft (Iren Haer. I 25,6) und sind in Spanien um 300 verboten (Conc. Elv. 36).

Mit dem Auseinanderdriften von Ost- und Westkirche emanzipiert sich die westliche Kirche auch praktisch-liturgisch vom Osten. Damasus I. von Rom (366–384) führt Latein als liturgische Sprache ein. Zur Begründung zitiert er Paulus' Kritik an unverständlicher Glossolalie (1 Kor 14). Die dazu nötige Bibelübersetzung ins Lateinische (*Vulgata*) übernimmt Hieronymus, ein umfassend gebildeter Theologe aus Dalmatien (382-406).

Kaiser Konstantin verfügt die Einhaltung der Sonntagsruhe[100] und sorgt für einen reichsweit einheitlichen Ostertermin (→ 5.1.3a). Am Sonntag solle kein Gerichtsstreit ausgetragen werden; Freilassungen sind jedoch erlaubt. Die Sonntagsruhe gilt indes nicht für die ländliche Bevölkerung (C. Th. II 8,1).

> „Alle Richter, Stadtleute und Handwerker, welches Gewerbe sie auch immer ausüben, sollen an dem verehrungswürdigen Tag der Sonne ruhen. Dagegen mögen die Landleute frei und ungehindert der Bestellung ihrer Felder nachgehen ..., damit nicht die ihnen durch Vorsorge des Himmels gebotene Gelegenheit mit dem [für Ernte und Weinlese] günstigsten Augenblick [ungenutzt] verstreicht."[101]

98 Bradshaw 1995, 40f.
99 Leppin 2021, 46.130–132. Hier findet sich auch eine detaillierte Beschreibung der Kirchen.
100 In Übereinstimmung mit dem traditionellen Tag des *Sol Invictus*.
101 C Iust. 3,12,2 (Text aus Ritter 1994, 125).

Erstmals für 354 ist die Feier des Weihnachtsfestes bezeugt, zuerst in Rom, dann auch im Osten des Reiches. Es tritt an die Stelle des alten *Sol-Invictus*-Festes. Ab dem 4. Jh. gelten die 40 Tage vor Ostern als große Fastenzeit.

### b) Taufe und Abendmahl

Dem Konzil von Elvira zufolge findet um 300 an jedem dritten Sonntag im Monat Gottesdienst mit Abendmahl statt. Ab dem 4. Jh. gibt es feste Zulassungskriterien zur Taufe. Das mehrjährige Pflichtkatechumenat wird von einem Kleriker durchgeführt und verantwortet (Orig Cels. 3,51; Cypr Ep. 29,2 u. a.). Es wird von Exorzismen begleitet; Credo und Sündenbekenntnis sind Teile des Taufritus.[102] Die Salbung symbolisiert die Abwehr Satans, die Einpfropfung in Christus und den Empfang des Geistes.[103] Täuflinge tragen ein weißes Hochzeitsgewand (Greg Naz Or. 40,25; Ambr Myst. 34; vgl. Offb 3,4f.). – Die Kindertaufe wird gängige Praxis (Conc. Elv. 1); Gregor von Nazianz beschränkt sie auf Notfälle (Or. 40,28).

Die Taufe ist mit der Erstkommunion verbunden.[104] Das Anwachsen der Taufbewerber führt zur Trennung von Kirchengemeinde (inkl. Katechumenen) und Kommunikanten (Getaufte). Mahnungen zu einem würdigen Empfang der Gaben unter Hinweis auf die Realpräsenz Christi tragen der Entwicklung Rechnung (Aphrahat Dem. 12,9; vgl. ActThom 29). Das Abendmahl wird zu einer exklusiven Veranstaltung für würdige Getaufte.

### c) Bußpraxis und Kirchenzucht

Die von Cyprian entwickelte Bußpraxis findet weiterhin Anwendung. Menschen, die unter Verfolgung vom Glauben abfallen, heilige Schriften ausliefern oder Bußbescheinigungen erschwindeln, können unter Auflagen in die Kirchengemeinschaft zurückkehren (→ 4.4.2c; 5.3.1d). Nach der Diokletianischen Verfolgung kommt es darüber zum Donatistischen Streit in Nordafrika (→ 5.4.4b). Ausnahmen formuliert Conc. Elv. 2,6f.:

> „Wenn jemand einen anderen mittels eines Zaubers umbringt, was ohne Götzendienst nicht geschehen kann, dann soll ihm keine Kommunion mehr gewährt

---

102 Kyr Jer Catech. 1,5; 5,12; 18,32. Vgl. Greg Naz Or. 40,28; Tert Bapt. 20,1.

103 Kyr Jer Catech. Myst. 2,3; 3,1–4 (vgl. Röm 11,24; Greg Nyss Or. 40,15).

104 Zum Folgenden Kretschmar 1977.

werden, solange er lebt." Und: „Wenn ein Christ, nachdem er einmal Ehebruch begangen hat, nach Ablauf der festgesetzten Fristen und nach Ableistung der Buße von neuem zum Hurer geworden ist, dann soll ihm die Kommunion vorenthalten bleiben bis zu seinem Lebensende."[105]

Bischof Ambrosius von Mailand verhängt 390 unter Androhung der Exkommunikation einen Bußaufruf an Kaiser Theodosios I. (→ 5.3.1a). Überhaupt sind Exkommunikation, Amtsenthebung und Verbannung gängige Mittel der Kirchenzucht zur Sanktionierung abweichender Lehrmeinungen. Oft kommt es zu gegenseitigen Verurteilungen, etwa auf dem Konzil von Serdika 342 (→ 5.1.3a).

### d) Bestattung und Heiligenverehrung

Unter Konstantin entstehen viele Stätten zur Verehrung verstorbener Heiliger und Märtyrer. Ein Beispiel ist die Grabeskirche in Jerusalem. Hier werden materiale Überbleibsel aus der Kreuzigung Jesu als Reliquien verehrt. Damasus I. errichtet in Rom Denkmäler für Petrus und Paulus. Ein Vorgängerbau des heutigen Petersdoms entsteht um dieselbe Zeit.

Weltliche und kirchliche Würdenträger können in ihren Amtsgewändern bestattet werden; die Toten werden auf eine Bahre gelegt und erdbestattet.[106] Hieronymus bezeugt Blumenschmuck (Ep. 66,5). Gebete, Psalmen und Gesänge begleiten die Zeremonie. Const. Ap. 8 bietet einen detaillierten Ablauf inkl. Totenmesse, Gedächtnisfeiern und gottesdienstlichen Jahresgedenken.

Reliqienkult und Heiligenverehrung entwickeln sich weiter. Heilige werden als Patrone der Gemeinden angerufen, ihre Reliquien in die Ortsgemeinden gebracht. Das Pilgerwesen geht den umgekehrten Weg (→ 5.4.3b). Manche Heilige werden überregional verehrt. Es entstehen Heiligenkalender. Zu den herausragenden Heiligen zählen Cyprian, Felicitas und Perpetua,[107] aber auch Bekenner und vorbildliche Asketen wie der hl. Antonios, Basilios d.Gr. und Martin von Tours († 397). Bekenner und Asketen bilden bis heute die größte Gruppe anerkannter Heiliger. – Besonders als Heilige verehrt wird ab dem Konzil von Ephesos (431) die Gottesmutter Maria. Sie erhält noch im 5. Jh. in Rom eine eigene Basilika und ab dem 7. Jh. gleich vier eigene Marienfeste (Verkündigung, Himmelfahrt, Geburt und Reinigung).

---

105 Texte aus Ritter 1994, 116.
106 Greg Naz Or. 7,20; Ambr Exc. 1,36 (vgl. zum Folgenden Merkel 1980, 743f.).
107 Hausberger 1985, 649, ausweislich der *Depositio martyrum* (354).

## 5.4.3 Ortsunabhängige Lebensformen

*Überblick*: Asketische Eremiten, Mönche und Klöster sind neue alternative christliche Lebensformen. Ihre Leitmotive sind mystische Erfahrungen und der Wille, die Kirche zurück zu ihren Anfängen zu führen. Besonders das Armutsideal ist eine Provokation für die gut situierte, üppig ausgestattete Reichskirche. Pilgerwesen und Reliquienkult dienen zur Erbauung und mystischen Erfahrung.

### a) Entstehung des Mönchtums

Um 300 leben zuerst in Ägypten asketische Eremiten, Vorläufer des Mönchtums.[108] Herausragende Gründerfigur ist der koptische Christ Antonios († 356). Er nimmt Mt 19,21 wörtlich und verteilt seinen Besitz an die Armen. Er lebt abgeschieden auf dem Sinai und wirkt als Ratgeber für viele Christen. Die Eremiten sind bereits 320 in Ägypten stark verbreitet.[109] Sie treibt ein stark mystisches Motiv an: Askese gilt als Weg zu intensiver Gotteserfahrung und -begegnung.

Der Asket Pachomios († 346) führt viele Eremiten in klösterliche Lebensgemeinschaften (lat. *coenobia*) mit verbindlichen Lebensregeln zusammen und begründet damit das Mönchtum. Die koptische *Regula Pachomii* verpflichtet die Mönche zu sexueller Askese, demütigem Gehorsam, Gebet und Arbeit (vgl. den späteren mönchischen Grundsatz *„ora et labora"*). Zeitgleich entstehen erste Frauenklöster unter Leitung von Pachomios' Schwester Maria. – Ägyptische Mönche gewähren dem abgesetzten Athanasios Unterschlupf und schützen ihn vor Nachstellungen (355). Ihnen widmet Athanasios eine Pachomios-Biographie (*Vita Pachomii*).

Um 350 gibt es Klöster in Ägypten, Palästina, Syrien und Mesopotamien.[110] Eustathios von Sebaste fördert Klöster in Pontos, Paphlagonien und Kleinarmenien. Eustathios orientiert sich an Gal 3,28. Das lässt ihn soziale Normen brechen, was zum Verbot seiner Gemeinschaft führt. Daraufhin organisiert Basilios von Neocäsarea das Mönchtum in Kleinasien. Er führt

108 Die Ursprünge liegen in asketischen Kreisen der Kirche (→ 3.4.4). Ausführlich zum Thema Hausammann 2003, 155–356.

109 Bellen 2016, 23.

110 Zum Folgenden Bellen 2016, 73f.127.

Eremitentum und Klöster zusammen und entwickelt ca. 360 verbindliche Mönchsregeln inkl. Gelübde, Gehorsam gegenüber Gottes Geboten und Askese. Die Mönchsregeln wirken auf die Regeln des Benedikt ein.[111] – In Syrien prägt Ephrem der Syrer († 373) von Edessa aus das Mönchs- und Asketentum.[112] In Gallien gründet Martin von Tours ca. 370 das Kloster Marmoutier.[113] Das Klosterwesen dient der Missionierung der bis dahin weitestgehend nichtchristlichen Landbevölkerung Galliens (→ 5.1.3b).

#### b) Entstehung des Pilgertums

Mit dem Bau zahlreicher christlicher Kirchen im Heiligen Land (z. B. Geburtskirche in Bethlehem, Grabeskirche in Jerusalem) entwickelt sich das Pilgerwesen. Von Euseb von Cäsarea stammt ein erster Reiseführer für Pilger.

### 5.4.4 Konkurrenzen und Spaltungen

*Überblick*: Im 4. Jh. entstehen weitere innerkirchliche Konkurrenzen und Schismata. Hauptstreitpunkte sind die Bußfrage (Donatisten), die Trinitätslehre (Arianer, Pneumatomachen) sowie regionale Machtfragen (Meletianer). Die devianten Lehren werden auf den Konzilien von Nikäa und Konstantinopel verurteilt.

#### a) Antiochener *vs.* Alexandriner

Ein „Dauerbrenner“ ist die Rivalität zwischen den Patriarchaten von Alexandria und Antiochia mitsamt den dazugehörigen Schulen. Die Rivalität bezieht sich auf die christologische Frage (Antiochia ist dyophysitisch, Alexandria monophysitisch; → 5.5.1) und auf die Schriftauslegung (Antiochia favorisiert den Literalsinn, Alexandria den mehrfachen Schriftsinn; → 5.5.7). Die Rivalität führt im 5. Jh. zum großen christologischen Streit (→ 6.5.1; 6.4.4a).

---

111 Hausammann 2003, 262–271.
112 A.a.O., 195–227.
113 A.a.O., 333–342.

### b) Donatisten

Nach Ende der Diokletianischen Verfolgung (→ 5.3.1d) kommt es in Karthago zur Spaltung über der Frage, ob ein Bischof, der heilige Bücher an die Behörden auslieferte (ein *traditor*), Amtshandlungen vornehmen darf. Donatus, Wortführer der Kritiker, strebt eine reine Kirche der Heiligen an und lässt von abgefallenen Bischöfen Getaufte nochmals taufen. Donatus bringt mehr als 200 Bischöfe Nordafrikas hinter sich.[114] Er appelliert an den Kaiser, den Streit zu schlichten. Dieser bekommt es zum ersten Mal mit einem Schisma zu tun. Er kommt der Bitte nach, um die Einheit der Kirche wiederherzustellen (→ 5.3.1a). Das von Konstantin einberufene Konzil verurteilt Donatus (313). Auf dessen energischen Einspruch hin beruft er ein zweites Konzil nach Arles ein (314), welches die Verurteilung bestätigt und die Donatisten unter Verfolgung stellt (bis 321). 347 scheitert Kaiser Constans mit einem Vermittlungsversuch an Donatus, der sich gegen die kaiserliche Einmischung verwahrt.[115] Im Gegenteil: Donatus provoziert einen Waffengang mit kaiserlichen Legaten, der mit einer vernichtenden Niederlage der Donatisten endet. Ihre Kleriker werden verbannt, ihre Kirchen katholisiert (Konzil von Karthago 348). Die Donatisten gehen in den Untergrund.

Kaiser Julian holt im Zuge seiner Restaurationspolitik die donatistischen Bischöfe aus dem Exil und gibt ihnen ihre Kirchen zurück (361). Damit treibt er einen Keil zwischen die kirchlichen Fraktionen Nordafrikas; das soll die Kirche insgesamt schädigen (→ 5.3.1). – Valentinian I. verbietet die donatistische Wiedertaufe (373); Gratian erklärt 379 die Donatisten zu einer nichtchristlichen Gruppierung und lässt sie dementsprechend verfolgen.

### c) Arianer

318 provoziert der alexandrinische Presbyter Arios mit seiner These, „Es gab eine Zeit, da er [d. h. der Sohn] nicht war“ (gr. *én pote hóte ouk én*), einen Konflikt mit seinem Ortsbischof Alexander.[116] Dieser, ein Rechts-Origenist, besteht auf der Gleichewigkeit und Gleichrangigkeit von Vater und Sohn; anders habe der Sohn Gott-Vater nicht offenbaren und die Welt nicht erlösen

114 Bellen 2016, 22.

115 A.a.O., 58.

116 Zum Arianischen Streit vgl. auch Hausammann 2003, 1–22.

können. Das Credo des Arios (ca. 320) zeigt den Einfluss des platonischen Gottesbegriffs:

> „Wir anerkennen einen Gott, der allein ungeworden, ewig, anfangslos, wahrhaftig, unsterblich, weise, gut, [...] unveränderlich und unwandelbar ist."[117]

Mit dieser Formel bedient Arios die philosophischen Axiome der Aseität (Selbstverursachung), Leidensunfähigkeit, Unteilbarkeit und Transzendenz Gottes. In der Konsequenz bestreitet er die Göttlichkeit des Sohnes und stellt das origenistische Subordinationsmodell infrage. Der Sohn sei Teil der Schöpfung, wenn auch deren allererster, und seinerseits Mittler der weiteren Schöpfung. Daher gibt es, so Arios, auch keine Trinität; „Sohn" und „Geist" seien keine Personen, sondern innergöttliche Eigenschaften.[118] Vater und Sohn seien sich dem Wesen nach völlig unähnlich (gr. *anhómoios*),[119] die (willentliche, nicht wesenhafte) Einheit mit dem Vater habe der Sohn durch nachhaltige ethische Bewährung erlangt.[120]

| | | |
|---|---|---|
| Links-Origenismus | Sohn „geworden" | Nikäa: Sohn „gezeugt" |
| Vater/Sohn *anhómoios* | 1. Teil d. Schöpfung | Vater/Sohn *homooúsios* |
| philosoph. Axiome | nur 1 (Vater-)Gott! | wahrer Gott v. wahrem G. |

Unterstützung findet Arios bei Euseb von Nikomedia († 341), Mitschüler des Links-Origenisten Lukian von Antiochia. Alexander exkommuniziert Arios 320. Aufgrund der Eskalation des Konflikts beruft Kaiser Konstantin 325 das nikänische Konzil ein, um die Einheit der Kirche wiederherzustellen (→ 5.1.3a).

Bis 381 dominieren die Arianer das Ostreich; das Nicänum setzt sich nur im Westen und in Alexandria durch; erst in Konstantinopel wird es reichsweit durchgesetzt. Der Arianismus lebt bei den Goten und Vandalen weiter (→ 5.1.3b). Theodosios I. verhängt antiarianische Sanktionen: Sie dürfen sich nicht mehr Kirche nennen und müssen ihre Kirchengebäude an die „Orthodoxen" abtreten.[121] Goten und Vandalen tragen den Arianismus

117 Leicht gekürzter Text aus Ritter 1994, 132.
118 Mit dieser Auffassung rückt Arios in die Nähe der Modalisten (→ 4.4.4d).
119 Daher nennen sich die radikalen Arianer der nächsten Generation Anhomöer (→ 5.1.3a).
120 Mit dieser Auffassung steht Arios in der Nähe der Adoptianer (→ 4.4.4c).
121 Bellen 2016, 148.

in ihre Siedlungsgebiete und sorgen dort für innerkirchliche Unruhe. In Nordafrika gewinnt er unter Vandalenkönig Geiserich die Oberhand; der verbietet dort zeitweise den Katholizismus (442–474; → 6.3.1).

### d) Pneumatomachen

Die Pneumatomachen bzw. Tropiker sind eine Gruppe von Homöusianern, die ab ca. 350 die Göttlichkeit des Heiligen Geistes in Zweifel ziehen (→ 5.5.3).[122] Im Sinne des Subordinationsprinzips gestehen sie zwar dem Sohn Göttlichkeit zu, nicht aber dem Heiligen Geist. Sie verstehen ihn als Gabe und Kraft Gottes (vgl. 1 Tim 5,21; Hebr 1,14). Das im 3. Glaubensartikel knappe Nicänum („Wir glauben an den Heiligen Geist") lässt diese Deutung zu (Greg Naz Ep. 102). 358 stellt sich Athanasios der Lehre entgegen (Ep. ad Serap.). Didymos der Blinde, Exeget aus Alexandria, schließt sich mit dem Traktat *De Spiritu Sancto* an. Unter demselben Titel reflektiert Basilios von Neocäsarea die Pneumatologie grundsätzlich. Sein Leitmotiv ist die Praxis der Anbetung von Vater, Sohn und Geist. Das Konzil von Konstantinopel 381 unterstreicht die Gleichrangigkeit aller drei „Personen".

### e) Meletianer

360 entsteht in Antiochia das regional begrenzte, zweite meletianische Schisma.[123] Der homöische Bischof Meletios wird 360 nach Armenien verbannt. Für ihn wird der Arianer Euzoios Bischof (360–378). Etwa zeitgleich wird Paulinos von Lucifer von Calaris als nikänischer Gegenbischof installiert. Athanasios stellt sich hinter Paulinos und unternimmt mit seinem *Tomus ad Antiochenos* einen Vermittlungsversuch (362).[124] Meletianer und Arianer verbünden sich jedoch gegen Athanasios und Paulinos, so dass der Vermittlungsversuch scheitert (Soz H.e. II 21,3). Unter Valens muss

122 Zu ihnen zählen Makedonios I. von Konstantinopel und Eustathios von Sebaste. – Zum Folgenden Hausammann 2003, 115-129.

123 Das Schisma ist vom ersten, hier nicht dargestellten, Meletianischen Schisma in Ägypten ab der Diokletianischen Verfolgung zu unterscheiden; dieses stellt eine Fortsetzung des Bußstreits im 3. Jh. dar (→ 4.1.3a). Die „Kirche der Märtyrer" des rigoristischen oberägyptischen Bischofs Meletios von Lykopolis hat in Ägypten bis ins 5. Jh. Bestand (vgl. Hausammann 2001b, 101–104).

124 Der *Tomus ad Antiochenos* ist ein Lehrschreiben des Athanasios, das es Paulinos und Meletios ermöglichen soll, der Rede von drei Hypostasen zuzustimmen. Vgl. Hausammann 2003, 82–84.

Meletios erneut ins Exil (365–367 und 371–378). Danach wird er Wortführer der Neunikäner und 381 Vorsitzender des Konzils von Konstantinopel. Meletios stirbt während der Verhandlungen; den Vorsitz übernimmt Gregor von Nazianz, Bischof von Konstantinopel (→ 5.7.6). – Das Meletianische Schisma dauert noch bis ca. 413, da keine Partei freiwillig den Bischofssitz räumt.

## 5.4.5 Bekenntnis- und Kanonbildung

### a) Glaubensregeln und Symbole

Im 4. Jh. entstehen die ersten ökumenischen Bekenntnisse (Symbole). Das Nicänum unterstreicht, gegen das deviante Bekenntnis des Arios, die göttliche Wesensgleichheit von Vater und Sohn. Es lautet:

> „Wir glauben an *einen* Gott, den Allmächtigen, Schöpfer all des, das sichtbar und unsichtbar ist; und an *einen* Herrn Jesus Christus, den Sohn Gottes, der als Einziggeborener (gr. *monogenés*) aus dem Vater gezeugt ward, d. h. aus dem Wesen des Vaters, Gott von Gott, Licht von Licht, wahrhaftiger Gott aus wahrhaftigem Gott, geboren, nicht geschaffen, eines Wesens mit dem Vater (gr. *gennethénta ou poiethénta, homooúsion to patrí*), durch welchen alles geworden ist, sowohl was im Himmel wie was auf Erden ist, der um uns Menschen und um unseres Heiles willen herabgestiegen und Fleisch geworden ist, der Mensch ward, litt und am dritten Tage auferstand, aufgefahren ist gen Himmel [und] kommen wird, um Lebende und Tote zu richten; und an den heiligen Geist. Die aber sagen: ‚es gab eine Zeit, da er nicht war', und: ‚ehe er geboren ward, war er nicht', und: ‚aus Nichtseiendem ist er geworden', oder die behaupten, er sei aus einer anderen Hypostase oder Wesenheit (gr. *ousía*) [als der des Vaters] oder der Sohn Gottes sei [geschaffen oder] wandelbar oder veränderlich, die verdammt die katholische und apostolische Kirche."[125]

Das Nicäno-Constantinopolitanum (381) ergänzt das Nicänum um einen ausführlicheren dritten Glaubensartikel und sichert so die Dignität des Heiligen Geistes als eigenständiger, gleichrangiger „Person" der Trinität ab. Damit wird die Verurteilung des Arianismus bekräftigt; auch die Pneuma-

125 Text aus Ritter 1994, 136.

tomachen werden als häretisch eingestuft und ausgeschieden (→ 5.4.4.c+d). Der dritte Artikel lautet:

> „Und an den Hl. Geist, den Herrn, der da lebendig macht, der vom Vater ausgeht, der mit dem Vater und dem Sohn zugleich angebetet und gepriesen wird, der durch die Propheten geredet hat; an eine heilige katholische und apostolische Kirche. Wir bekennen eine Taufe zur Vergebung der Sünden; wir warten auf die Auferstehung der Toten und das Leben der zukünftigen Welt."[126]

#### b) Kanonbildung

Vom „Alten und Neuen Testament" ist erstmals im 59. Kanon des Konzils von Laodikea (363) die Rede.[127] Einen expliziten „Kanon" heiliger Schriften bietet zuerst der gegen Meletianer und Homöer gerichtete 39. Osterfestbrief des Athanasios (367).[128] Den vorläufigen Abschluss der Entwicklung im Westen bilden das *Decretum Gelasianum* (382) und die Synode von Hippo Regius (393). Seither gelten die 27 Schriften des NT als kanonisch.[129]

### 5.4.6 Genderaspekte

Witwen bleibt auch nach Nikäa (canon 19) die Ordination verwehrt. Damit sind Frauen weiterhin vom Klerus ausgeschlossen. Das einzige Amt ist das der Diakonin, das ab dem 4. Jh. im Osten bezeugt ist. Im Westen sind Diakoninnen dagegen kein Teil des Klerus.[130] Anspruch haben Frauen nur auf finanzielle Unterstützung (Const. Ap. III 2,1; VIII 1; 25,2). Anders ist das zum Teil in schismatischen Gruppen. Hingegen etabliert sich ab dem 4. Jh. das Bild von Maria als Urbild der Virginität; idealisiert wird das Bild der Hausfrau (ausweislich Tit 2,4f.).[131]

---

126 Text aus Ritter 1994, 179f. – Vgl. zum Thema Hausammann 2003, 139–142.

127 Dem Konzilsbeschluss entsprechend dürfen einzig die kanonischen Schriften des Alten und Neuen Bundes in der Kirche verlesen werden (gr. *móna ta kanoniká tes kainés kai palaíes diathékes*).

128 Text bei Hennecke/Schneemelcher 1968, 30. Vgl. Greschat 2006, 59.

129 Die syrische Kirche hält bis ins 5. Jh. das *Diatessaron* und 3 Kor aus den ActPaul (→ 3.6.3b) für kanonisch und lehnt Offb ab. Die Reihenfolge der ntl. Schriften ist bis heute uneinheitlich.

130 Ludolphy 1983, 437. Nicklas 2023 rechnet mit einer fortdauernden Entwicklung auch nach dem 4. Jh.

131 Albrecht 1986, 217.

## 5.5 Theologische Themen

Neben der Verfolgungsproblematik dominieren im 4. Jh. christologische, pneumatologische und Trinitätsdebatten. Sie gipfeln im Arianischen Streit und in der Auseinandersetzung mit den Pneumatomachen.

### 5.5.1 Christologie

*Überblick*: Logos-Sarx-Christologie und Logos-Mensch-Christologie konkurrieren weiterhin. Das erstgenannte Modell bedient die philosophischen Axiome der Unvermischbarkeit von Göttlichem und Menschlichem und der Leidensunfähigkeit Gottes, das zweite Modell ist der Soteriologie verpflichtet. Das soteriologische Argument gibt für die drei „großen Kappadokier" den Ausschlag.

#### a) Arios und Eustathios: Nicht Gott hat gelitten!

Arios wendet sich mit der Logos-Sarx-Christologie gegen die Rede von der Göttlichkeit Jesu Christi. Da Gott, philosophisch betrachtet, leidensunfähig ist, könne das, was sich mit dem menschlichen Leib Jesu verband und am Kreuz litt, nicht wahrer Gott gewesen sein (Athan Apol. c. Arian. 3,26ff.). Vielmehr sei der Logos in den unbeseelten Leib (gr. *sóma ápsychon*) Jesu inkarniert worden und konnte so die Menschen erlösen. – Eustathios von Antiochia (→ 5.1.3a) sieht in Jesus Christus einen inspirierten, Gott in sich tragenden Menschen (gr. *ánthropos theophóros*; Eustathios fr. 42 u.ö.; vgl. Joh 1,14). Der in Jesus Christus einwohnende Logos sei zwar Mensch geworden, nicht aber mit dem leidenden Menschen Jesus eins geworden. Damit übernimmt Eustathios das Apathie-Axiom und bleibt, was die Göttlichkeit Jesu Christi betrifft, vage.

### b) Apollinaris: Logos-Sarx-Christologie

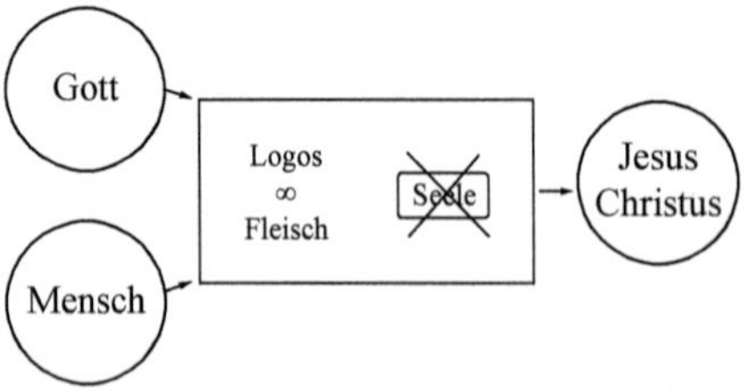


Apollinaris von Laodikea ist der klassische Vertreter der Logos-Sarx-Christologie. Sein Ausgangspunkt ist ebenfalls das Axiom, wonach sich Gott nicht mit einem Menschen verbinden könne (Plat Symp. 203a). Der Logos habe sich einzig mit dem Fleisch Jesu verbunden (gr. *lógos sarx egéneto,* Joh 1,14). Damit vermeidet Apollinaris ein spannungsvolles Nebeneinander von menschlich-vergänglichem und göttlich-unvergänglichem Geist (gr. *nous*).[132] So nennt Apollinaris Jesus Christus „Gott im Fleisch" bzw. „fleischgewordenen Geist" (gr. *theós / nous énsarkos*). Das zielt gegen Arios' Lehre von der Geschöpflichkeit des Sohnes sowie gegen nichtchristliche Polemiker wie Kelsos und Porphyrios (Apod. fr. 14.51).

In Apollinaris' Modell spielt der menschliche Körper (gr. *sarx*) die Schlüsselrolle im Erlösungsprozess: Da die Sünde laut Röm 6f. an Leib und Gliedern des Menschen ansetzt, müsse in ebendiesem Teil auch die Erlösung erfolgen. Das Fleisch Jesu ist für Apollinaris willenloses Werkzeug des Logos. Die physische Einung (gr. *hénosis*) von Logos und Sarx habe die Vergöttlichung des Fleisches Jesu bewirkt, so dass von einer einzigen, göttlichen Natur und Wirksamkeit (gr. *enérgeia*) Jesu Christi zu sprechen sei. Die Erlösung durch Inkarnation formuliert Apollinaris in einem 363 an Kaiser Jovian gerichteten Glaubensbekenntnis so:

> „Wir bekennen, ... daß (ein und) derselbe Sohn Gottes und Gott sei nach dem Geist, Menschensohn hingegen nach dem Fleisch; daß dieser eine Sohn nicht aus zwei Naturen bestehe: einer anbetungswürdigen und einer nicht anbetungswürdigen, sondern eine Natur des Gott-Logos sei, wie sie Fleisch geworden ist (gr. *mía phýsis tou theoú lógou sesarkoméne*) und angebetet wird zusammen mit seinem Fleisch in einer Anbetung."[133]

Daraus folgt für Apollinaris, dass der Sohn wie der Vater anzubeten ist. Nachfolger findet Apollinaris in Kyrill von Alexandria (→ 6.7.3) und Phi-

132 Apoll Ep. ad Julian. fr.150; vgl. Ps.-Athan c. Apoll 1,2 u.a.
133 Apoll Ep. ad Iovian. 1 (Text aus Ritter 1982, 233).

loxenos von Mabbug (ca. 440–523). Die Monophysiten des 5. Jh. werden auch Apollinaristen oder Eutychianer genannt (⟶ 6.5.1). Apollinaris' Lehre wird in Konstantinopel 381 auf Betreiben Gregors von Nyssa als häretisch verurteilt.

### c) Die Kappadokier: Logos-Mensch-Christologie

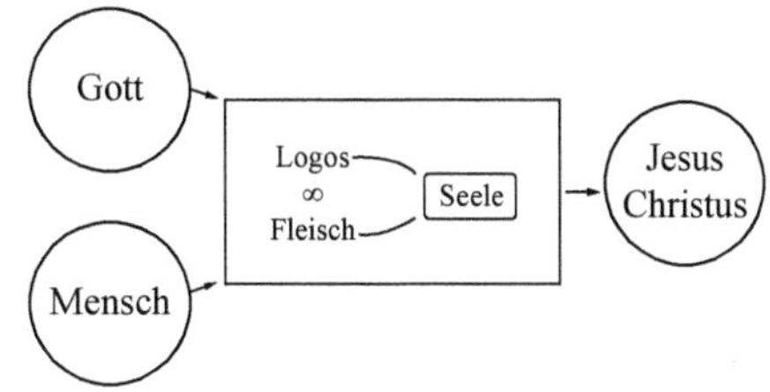


Im Gegenzug zu Arios und Apollinaris argumentieren die „großen Kappadokier" soteriologisch: Der Mensch kann nur als ganzer erlöst werden, wenn er als ganzer in die Inkarnation einbezogen war (Logos-Mensch-Christologie).[134] In Jesus Christus konkurrieren demnach zwei Intellekte (gr. *nous*) miteinander. Dieses logische Problem wird erst im 7. Jh. mit der Zweiwillenlehre gelöst.[135] Jedoch wiegt es für die Kappadokier weniger schwer als das soteriologische Argument.

### d) Fazit: Gott wurde wirklich Mensch, Jesus Christus war wirklich Gott!

Die Lösung der Kappadokier lautet: Die Inkarnation brachte eine substanzielle Verbindung des göttlichen Logos mit dem ganzen Menschen Jesus von Nazareth. Die wirkliche, vollständige Inkarnation des wahren Gottes ist *conditio sine qua non* der Erlösung des Menschen! Damit werden Doketismus (⟶ 3.2.3a) und Logos-Sarx-Christologie (Arios, Apollinaris) zurückgewiesen. Ungelöst bleiben Fragen, die das Wie der Inkarnation und des Verhältnisses von Göttlichkeit und Menschlichkeit in Jesus Christus betreffen (⟶ 6.5.2).

134 Greg Naz Ep. 101. – Vgl. Irenäos ⟶ 3.5.1c; Origenes ⟶ 4.5.1a.
135 Dazu Erlemann 2012, 148–150.

## 5.5.2 Trinitätstheologie

*Überblick*: In der Trinitätslehre setzt sich die Auffassung von der Gleichewigkeit und Gleichrangigkeit der drei göttlichen „Personen" gegen modalistische, arianische und origenistische Vorstellungen durch. Die Symbole von Nikäa und Konstantinopel markieren damit die Emanzipation der Theologie von den Vorgaben des philosophisch-ontologischen Gottesbegriffs mit seiner Axiomatik.

### a) Vornikänische Positionen

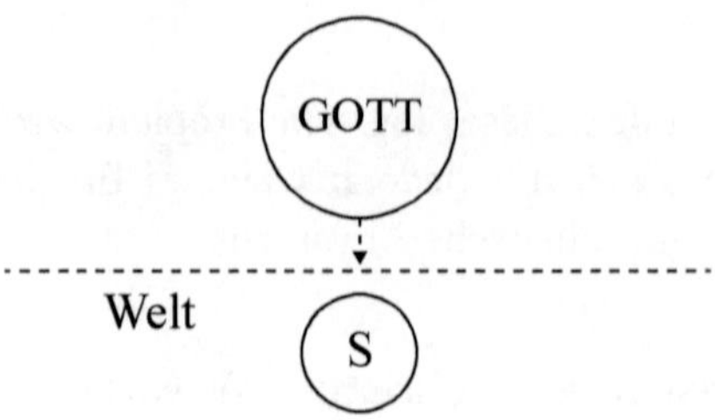


In der Trinitätslehre des späten 3. Jh. stehen Origenisten und Modalisten gegeneinander (→ 4.5.2b.d). Mit der übersteigerten Subordinationslehre (der Sohn ist nicht göttlich!) des Arios eskaliert die Debatte. Das führt zur Einberufung des nikänischen Konzils (→ 5.1.3a).

Monarchianer: Betonung der Einheit in der Dreiheit (Modalismus)
*versus*
Origenisten: Betonung der Dreiheit in der Einheit (Hypostasenlehre)

### b) Nachnikänische Positionen

Nach 325 steht der Begriff *homooúsios* im Zentrum der Debatte (→ 5.1.3a). Die unklar definierten Begriffe *hypóstasis* und *ousía* sorgen für Missverständnisse. Das führt zu innerkirchlichen Zerwürfnissen, aber auch zu begrifflichen Klärungen und theologischen Grundsatzentscheidungen (→ 5.4.4). Athanasios ist der wichtigste Impulsgeber. Er profiliert den Begriff *homooúsios* über Jahrzehnte hinweg gegen alle Verwässerung. In seinen „Reden gegen die Arianer" (ca. 335–360) weist er den Gedanken der Geschöpflichkeit des Sohnes ab; die Erlösung des Menschen sei nicht anders als durch die Inkarnation des wahren Gottes denkbar.

Im Gegenzug dekretiert Constantius II. mit den „Sirmischen Formeln" (360; entwickelt in der Residenzstadt Sirmium) die Einheit der Lehre im arianischen Sinne. Er ersetzt den umstrittenen Begriff *homooúsios* (wesensgleich, wesensidentisch, wesensähnlich) durch den Begriff *homoioúsios* (wesensähnlich) bzw. *hómoios* (ähnlich) zur arianischen Verhältnisbestimmung von Vater und Sohn:

> „Weil das Wort ‚Wesen' (*ousía*) von den Vätern in Einfalt angenommen wurde, dem Volk aber unbekannt ist und Ärgernis erregt, da es die [hl.] Schriften nicht enthalten, darum schien es uns richtig, seinen Gebrauch abzuschaffen; es soll unter gar keinen Umständen der Begriff ‚Wesen' jemals mehr mit Bezug auf Gott verwendet werden, weil sich die Schriften nirgendwo auf ein ‚Wesen' des Vaters und des Sohnes beziehen. Vielmehr bezeichnen wir den Sohn als dem Vater in allen Dingen ähnlich (*hómoios ... to patrí katá pánta*), wie es auch die heiligen Schriften erklären und lehren."[136]

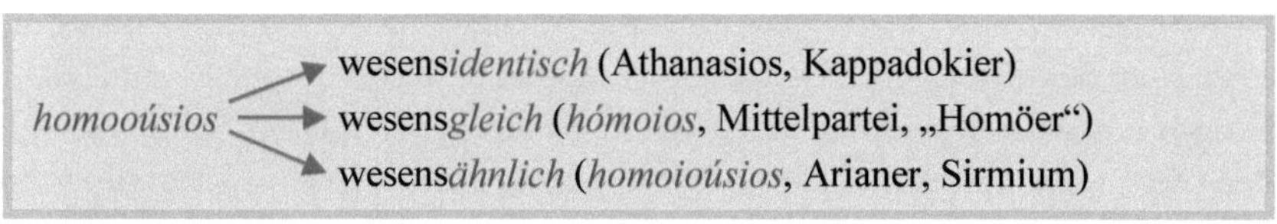


Gegen diese Formeln und die dahinterstehende Mittelpartei („Homöer") besteht Athanasios auf dem Verständnis des *homooúsios* im Sinn substanzhafter, nicht nur begrifflicher Einheit von Vater und Sohn (lat. *una substantia*); beide seien gleichewig und gleichrangig und daher beide in ihrer göttlichen Würde anzubeten. Den missverständlichen Begriff *hypóstasis*, von seinen Gegnern synonym mit gr. *ousía* (Wesen) verwendet, spitzt er im Sinne des lat. *persona* (Person) zu.

Gegen Modalisten wie Markell von Ankyra hält Athanasios an der Differenzierung dreier „Personen" fest, die gemeinsam die Erlösung bewirkten. Gegen die Pneumatomachen betont er die eigenständige Rolle des Geistes als diejenige göttliche Kraft, die das Christusgeschehen in der Kirche vergegenwärtigt und damit das Einswerden der Gläubigen mit Vater und Sohn

136 Athan Synod. 8 (aus dem 4. Bekenntnis von Sirmium vom 22. Mai 359). Text aus Ritter 1994, 156.

ermöglicht. Die Formel *una substantia – tres personae* bildet die Grundlage der antiarianischen Allianz ab 362 und der theologischen Reflexionen der drei „großen Kappadokier".

### c) Die Synthese der „großen Kappadokier"

Als Reaktion auf den radikalen Arianismus des Eunomios († ca. 395) geht Basilios von Neocäsarea an die Klärung der semantischen Grundlagen des Nicänums. In seinem Traktat „Gegen Eunomios" betont er die gleiche göttliche Natur von Vater und Sohn (Ep. 236,6).[137] Beide seien ungezeugt und gleichewig[138] und damit wesenseins (gr. *homooúsios*). Das wird auf den Geist übertragen (→ 5.4.4d). Die Rede von der „Vaterschaft" Gottes ist, so Gregor von Nazianz, nicht als exklusives Wesensmerkmal, sondern relational, als metaphorische Umschreibung der intensiven Nähe zum Sohn aufgrund der Wesensgleichheit beider, zu verstehen (Or. 29,16).

Weitergehend definiert Gregor die strittigen Begriffe *hypóstasis* und *ousía* neu und grenzt sie voneinander ab. So entsteht die trinitätstheologische Formel „ein Wesen (gr. *ousía*) – drei unterscheidbare Personen bzw. Realisierungen des einen Gottes (gr. *hypostáseis*)". Die drei „Personen" haben laut Gregor bestimmte Eigenheiten: Gott-Vater ist ungezeugt, der Sohn gezeugt, der Geist geht aus dem Vater hervor.[139] Alle Wirkungen und Handlungen Gottes gehen Gregor von Nyssa zufolge von der gesamten Trinität aus; Trinität gehöre als „unzusammengeschüttete Einheit" (gr. *asýnchytos hénosis*) zum Wesen Gottes dazu (Greg Nyss Ep. 3,8 u.ö.). Die trinitätstheologische Formel der drei Kappadokier lautet:

> „Die Gottheit ist eines in Dreien und die Drei sind eines, drei, in denen die Gottheit ist, bzw. um es genauer zu sagen: die, die Gottheit sind" (Greg Naz Or. 39,11).

Auch die Subordinationslehre weisen die Kappadokier ab: Die drei „Personen" seien in ihrem Wesen unterschiedslos (gr. *homooúsios*) und damit

---

137 „Gegen Eunomios" ist eine Auftragsarbeit auf Grundlage der Synode von Lampsakus 364.

138 Greg Naz Or. 29,4 (das Licht ist ewig und hat doch seinen Ursprung in der Sonne); vgl. die Rede von der ewigen Zeugung des Logos bei Klemens und Origenes (→ 3.5.2c; 4.5.2c).

139 Anders das spätere *Filioque* („vom Vater und vom Sohn"). – Greg Naz Or 25,16; 31,8 (vgl. Joh 15,26). – Für Gregor von Nyssa besteht das Spezifikum des Vaters in seiner Unendlichkeit.

gleichrangig. Chronologische Abstufungen (zuerst war der Vater, dann der Sohn) seien wegen des a-chronischen Charakters des Zustands vor der Schöpfung haltlos: Die Ewigkeit kenne kein Vorher oder Nachher. So bleibe für den Vater lediglich eine logische, aber keine zeitliche Priorität vor Sohn und Geist.[140] Mit dieser Präzisierung gelingt den Kappadokiern die Synthese zwischen subordinatorischer Drei-Hypostasen-Lehre und koordinatorischem, biblisch-heilsgeschichtlichem Denken.

### d) Das Nicäno-Constantinopolitanum

Dank dieser theologischen Vorarbeit kommt das Konzil von Konstantinopel (381) zu einem tragfähigen und aussagekräftigen Symbol. Es bestätigt das Nicänum und ergänzt es um Auskünfte über den Geist und die Kirche (→ 5.4.5a). Seither gilt die Trinität als Wesensbestandteil Gottes (gegen die „ökonomische Trinität" Tertullians und der Modalisten) und Sohn und Geist als dem Vater in allen Belangen gleichrangige göttliche „Personen" (gegen Arianer und Origenisten). Das Lehrschreiben von Konstantinopel bestätigt den Geist von Nikäa, nämlich

> „zu glauben an den Namen des Vaters und des Sohnes und des Hl. Geistes, so nämlich, daß eine Gottheit, Macht und Wesenheit des Vaters, Sohnes und Hl. Geistes und ebenso gleiche Ehre, Würde und gleichewige Herrschaft geglaubt wird in drei ganz vollkommenen Hypostasen oder drei vollkommenen Personen …".[141]

Anerkennung erhält das Symbol etwas zeitlich versetzt auch durch die westlichen Bischöfe; ökumenische Geltung erhält es auf dem Konzil von Chalkedon 451.

### e) Fazit: Entscheidung für eine biblisch-heilsgeschichtliche Trinitätstheologie

Das 4. Jh. führt die Trinitätstheologie zu einer grundlegenden und langfristig tragfähigen Klärung. Die Formel von Konstantinopel ist die gemeinsame Grundlage der Trinitätslehre seither. Sie weist modalistische und arianische Positionen mitsamt ihren philosophischen Axiomen zugunsten des biblisch-heilsgeschichtlichen Zeugnisses zurück. Am Ende steht das klare

140 Greg Naz Or. 29,8. Greg Nyss Hex.; vgl. Dünzl 2002, 100f.
141 Theodt H.e. V 9,11 (Text aus Ritter 1982, 213).

Bekenntnis zu Vater, Sohn und Geist als drei unterscheidbaren, aber in einem göttlichen Wesen verbundenen, gleichrangigen göttlichen „Personen" (gr. *mía ousía – treis hypostáseis,* lat. *una substantia – tres personae*). Der Gedanke der „unzusammengeschütteten Einheit" (gr. *asýnchytos hénosis*) zur Umschreibung der Einigkeit und Einzigkeit Gottes ist ein wichtiger Impuls für die christologischen Debatten des 5. Jh. (→ 6.5.1).

### 5.5.3 Pneumatologie

*Überblick*: Die in Nikäa und in der Folgezeit umstrittene göttliche Dignität des Heiligen Geistes wird in Konstantinopel gegen Arianer und Pneumatomachen im Sinne der Gleichrangigkeit des Geistes mit Vater und Sohn entschieden. Das entspricht der Schlüsselrolle des Geistes beim trinitarischen Erlösungswerk.

Das Nicänum nennt zwar im Schlusssatz den Heiligen Geist, führt seine trinitarische Stellung und Funktion aber nicht aus. Ab ca. 350 bestreiten Geistbekämpfer (Pneumatomachen) die Göttlichkeit des Geistes unter Hinweis auf unpersonhafte Züge im NT (der Geist als Wind, Energie, Kraft oder Gabe; → 2.5.3; 5.4.4d). Auslöser der Debatte sind das charismatische Mönchtum, die Pneumatologie des Neuarianers Eunomios und die liturgische Frage der Anbetung Gottes. Markell von Ankyra (→ 5.7.7) sieht im Geist eine nicht-personhafte Eigenschaft Gottes, Euseb von Cäsarea sieht ihn dem Vater und dem Sohn subordiniert (Eus Praep. ev. XI 20). Eustathios von Sebaste (ca. 300–377) begründet den Standpunkt so:

> „Man darf den Heiligen Geist nicht Vater und Sohn beiordnen, weil er [beiden] seiner Natur (gr. *phýsis*) nach fremd ist und an Würde (gr. *axía*) nachsteht.[142]

Als Gabe Gottes bzw. Vermittler göttlicher Gaben sei der Geist geschöpflich und somit nicht als Gott zu verehren. Das provoziert den Widerspruch des Athanasios. Er beruft sich auf personhafte Züge des Geistes im NT (der Geist als Paraklet, als Lenker der Weltmission) und auf das gemeinsame Wirken der drei Hypostasen; daher sei der Geist wie der Sohn *homooúsios* mit dem Vater zu nennen (Athan Ep. ad Serap. 1,1; 3,5). Auf der Synode von

142 Basil Spirit. X 24 (Text aus Ritter 1982, 196).

Alexandria 362 macht Athanasios das Ja zur Göttlichkeit des Geistes zur Bedingung für kirchliche Gemeinschaft.

Für Basilios von Neocäsarea und Gregor von Nazianz erschließt sich die Gleichrangigkeit des Geistes mit Vater und Sohn aus seiner universalen Wirkung. Seine Funktion bestehe in der Vollendung von Schöpfung und Erlösung.[143] Daher gebühre ihm göttliche Anbetung. Basilios fasst seine Auffassung so zusammen:

> „Wir glauben an den Vater, Sohn und Heiligen Geist und werden getauft auf den Namen des Vaters und des Sohnes und des Heiligen Geistes. Deshalb trennen wir niemals den Tröster von der Verbindung mit dem Vater und dem Sohn. Denn unser Denken, das vom Heiligen Geist erleuchtet ist, blickt zum Sohn auf und schaut in ihm wie in einem Bild den Vater."[144]

Die Position der Kappadokier findet ihren Niederschlag im Nicäno-Constantinopolitanum (381). Die göttliche Gleichrangigkeit des Geistes mit Vater und Sohn wird festgeschrieben. Konstitutiv ist die Rede vom „Ausgehen" (gr. *ekpóreusis*) des Geistes aus dem Vater.[145] Homöusianer und Pneumatomachen gelten damit als widerlegt. Sie gehen teils in den Arianern, teils in den Nikänern auf.

## 5.5.4 Eschatologie

Das Edikt von Mailand 313 markiert für die damalige Theologie den Anbruch einer neuen, eschatologischen Ära. Die Einweihung der Grabeskirche (335) sieht Euseb von Cäsarea als Auftakt zum Bau des „neuen Jerusalems" (vgl. Offb 21,2), das zusammen mit dem 330 eingeweihten Konstantinopel, dem „neuen Rom", das alte Rom ablösen soll. Das Edikt *Cunctos Populos* (→ 5.3.1a) beendet die endzeitliche Grundstimmung des Christentums. Die Gegenwart gilt ab da als die tausendjährige Phase messianischer Wonnen nach dem Ende des alten Äons (Chiliasmus).[146] Eschatologische Erwartungen fehlen im 4. Jh. zwar nicht ganz, sie motivieren jedoch keine Endzeitethik mehr (vgl. ApkThom). Diese Funktion übernehmen Jenseitsschilderungen wie in Apk-

---

143 Greg Naz Or. 34,12. – In Or. 12,1 nennt Gregor den Geist unmissverständlich Gott (372).

144 Basilios Ep. 226. Text aus Pauli 2002, 67.

145 Die Lateiner ergänzen später „und aus dem Sohn" (lat. *filioque*), ohne damit eine Subordination des Geistes unter Vater und Sohn zu verbinden (vgl. dazu Ritter 1982, 211f.).

146 ApkPaul 21; vgl. Euseb H.e. III 39,12; Aug Civ. Dei XX.

Paul (Ende 4. Jh.).[147] Die eschatologische Erwartung wird individualisiert; der Hinweis auf den individuellen Tod ersetzt den Hinweis auf das Endgericht als Motiv ethischen Handelns.

### 5.5.5 Ethik

*a) Ehe-, Sexual- und Geschlechterethik*

Athanasios stuft eine asketische Lebensführung als dem Martyrium gleichwertiges Zeugnis ein (Ant. 47). Bischof Methodios von Olympos († ca. 311) hingegen schätzt Keuschheit höher als Martyriumsbereitschaft. Christus sei der Bräutigam christlicher Jungfrauen.[148] Im Mönchtum wird Askese zum Lebensideal. Der syrische Asket Aphrahat predigt Geschlechtertrennung, Fasten, Beten und Verzicht auf alles Weltliche als Vorbereitung auf die Parusie (Dem. 6,4–8).

Die Gleichwertigkeit von Frau und Mann gilt weiterhin allein vor Gott.[149] Die Ehe dient für Johannes Chrysostomos allein der Fortpflanzung (Virg. 19). Laktanz ermahnt Ehepartner zu gegenseitiger Treue; Ehebruch sei nicht automatisch der Frau anzulasten (Inst. VI 24–29). Conc. Elv. 15 warnt eindringlich vor Mischehen.[150] Nach 313 werden diese jedoch als innerfamiliäre Missionsmöglichkeit verstanden. Verboten bleiben aber Mischehen mit nichtchristlichen Priestern und Juden (Conc. Elv. 17). – Päderastie wird weiterhin scharf verurteilt (Conc. Elv. 71).

*b) Umgang mit Unfreien*

Konstantin d.Gr. erleichtert die Freilassung von Sklavinnen und Sklaven im kirchlichen Kontext; eine Grundsatzkritik an Sklaverei ist jedoch nicht erkennbar.[151] Conc. Elv. 5 formuliert im Kontext der Bußvorschriften:

> „Wenn eine Herrin, von rasendem Zorn getrieben, ihre Sklavin mit einer Peitsche dermaßen schlägt, daß diese innerhalb von drei Tagen ihren Geist aufgibt, und es unklar ist, ob ihr Tod beabsichtigt war oder nicht, dann soll sie nach 7 Jahren wieder zur Kommunion zugelassen werden, falls es sich um Mord, und nach 5

---

147 Erlemann 1995, 328–330.
148 Leppin 2021, 233.317.
149 Ludolphy 1983, 436, ausweislich Chrys Serm. 2,2 und der Gregore von Nazianz und Nyssa.
150 Hintergrund sind häufige Konflikte in solchen interreligiösen Beziehungen (Gülzow 1974, 203).
151 Leppin 2021, 302.

Jahren, falls es sich um Totschlag handelte, [in beiden Fällen freilich nur] nach Ableistung der fälligen Buße. Erkrankt sie jedoch innerhalb dieser festgesetzten Fristen ernstlich, so darf sie [sofort] die Kommunion empfangen."[152]

*c) Öffentliches Auftreten und Wirtschaftsethik*
Zinsgeschäfte sind für Christen verboten (Lact Inst. VI 18,7f.; Epit. 59,2; Conc. Elv. 20), laut Lact Inst. VI 20,16 und Trad. Ap. 16 auch der Militärdienst. Ein grundsätzlicher Pazifismus ist weiterhin nicht feststellbar. Laktanz sieht in der Unterstützung der Armen durch Almosen eine wichtige christliche Verpflichtung (Inst. VI 11,18.28 u. a.).[153]

## 5.5.6 Soteriologie

Die Erlösung ist laut Nicänum ein Gemeinschaftswerk der drei trinitarischen „Personen". Daher seien sie als gleichrangig anzusehen. Als entscheidender Erlösungsakt gilt die vollständige Inkarnation des wahren Gottes (Logos) mit dem wahren Menschen Jesus von Nazareth (Logos-Mensch-Christologie, gegen Doketismus, Modalismus und Arianismus). Dieses Argument setzt sich gegen philosophisch-spekulative Überlegungen durch. Offen bleibt die Frage, wie das Miteinander von göttlicher und menschlicher Natur in Jesus Christus zu denken ist. – Askese gilt weithin als geeigneter menschlicher Beitrag zur Erlösung (→ 5.5.5). Gregor von Nyssa und Hieronymus greifen Origenes' Allversöhnungslehre (→ 4.5.6) auf und führen sie weiter; Augustin lehnt sie ab (→ 6.5.6).

## 5.5.7 Sonstiges: Schriftauslegung

Die Konkurrenz zwischen Alexandrinischer und Antiochenischer Schule setzt sich fort. Antiochener sind Eustathios von Antiochia, Markell von Ankyra, Kyrill von Jerusalem und Diodor von Tarsos. Alexandriner sind Athanasios, Kyrill von Alexandria und Dionys von Alexandria. Deutliche Kritik an der in Alexandria geübten Allegorese üben Basilios von Neocäsarea und Gregor von Nazianz.

---

152 Text aus Ritter 1994, 116.
153 Vgl. Brown 2018, 138.

## 5.6 Schrifttum

*Überblick*: Ins 4. Jh. datieren wichtige christliche und nichtchristliche Geschichtswerke (Euseb, Laktanz, Ammian) sowie grundlegende Schriften der Kirchenväter Athanasios, Hilarius und der drei „großen Kappadokier". Ökumenisch verbindlich sind die Symbole von Nikäa und Konstantinopel; die Kirchenordung der Apostolischen Konstitutionen ist überregional gültig. Meilensteine sind die Übersetzung der Bibel ins Lateinische (*Vulgata*) durch Hieronymus und ins Gotische durch Wulfila. Schrifttum devianter Gruppen tritt markant in den Hintergrund.

### 5.6.1 Historiographische Werke

Das wichtigste christliche Geschichtswerk ist die „Kirchengeschichte" (*Historia Ecclesiae*) Eusebs von Cäsarea (zwischen 290 und 332). Er stellt die Geschichte der Alten Kirche bis 324 dar und bietet eine große Fülle an Informationen zu innerkirchlichen Vorgängen, theologischen Debatten und devianten Gruppen. Sieben Bücher entstehen vor 303, Buch 8 behandelt die Diokletianische Verfolgung, die Bücher 9 und 10 betrachten die Zeit bis 324. Das Werk ist im Rahmen kirchlicher Außendarstellung zu bewerten; die tendenziöse Darstellung dient christlicher Propaganda. – Eusebs „Chronik" (ca. 303) bietet eine Chronologie unterschiedlicher Völker. Seine Konstantin-Biographie (*Vita Constantini*, nach 337) ist eine durchaus parteiliche Lobrede und theologische Würdigung des Kaisers.

Der römische Rhetoriklehrer L. Caecilius Firmianus Lactantius (Laktanz, ca. 250–325) konvertiert kurz vor der Diokletianischen Verfolgung und betreibt apologetische Theologie. In seinen „Göttlichen Unterweisungen" (*Institutiones Divinae*) kritisiert er apologetisch die Philosophie. Im Propagandawerk „Von den Todesarten der Verfolger" (*De mortibus persecutorum*) schildert er Leiden und Tod von zehn römischen Kaisern, die den Christen besonders zugesetzt hatten.

Unter den nichtchristlichen Geschichtsschreibern ragt Ammianus Marcellinus (ca. 330–395) heraus. In seinem Hauptwerk *Res Gestae* (378) beschreibt er die Taten der Kaiser Constantius II., Julian, Valens und Valentinian I. Insgesamt deckt er den Zeitraum von 353–378 (Schlacht bei Adrianopel) ab. Das Werk ist tendenziös. Der Nachruf auf Constantius

II. fällt aus Sicht des Nichtchristen negativ aus, Julian dagegen erscheint in überaus gutem Licht. Gleichwohl ist das Werk für die Kenntnis der römischen Geschichte zu Beginn der Völkerwanderung unverzichtbar. – Kenntnisse über die Vorgänge zur Zeit Kaiser Valens' verdanken wir den „Breviarien" der Hofhistoriker Festus und Eutropios (vor 370).

## 5.6.2 Theologische Hauptschriften

### a) Kirchenväter

Zu den Hauptschriften der Kirchenväter gehören Werke von

- Euseb von Cäsarea: *Praeparatio Evangelica*, eine Apologie in 15 Büchern; *Demonstratio Evangelica*, eine Apologie in 20 Büchern.
- Athanasios: *Apologia Contra Arianos* (Reden gegen die Arianer), eine Dokumentation der Ereignisse von 328-347. Weiter der *Tomus ad Antiochenos* (Lehrschreiben an die Antiochener, 362; → 5.4.4e), die *Vita Antonii* (Biographie des hl. Antonios, 360), die *Epistolae ad Serapionem* (Briefe an Serapion) sowie *De Incarnatione* (trinitätstheologische Hauptschrift über die Inkarnation des Logos; alle Schriften auf Griechisch).
- Basilios d.Gr.: *Patrologia graeca* (18 asketische Schriften), *Adversus Eunomium* (Widerlegung der Anhomöer) und *De Spiritu Sancto* (pneumatologisches Hauptwerk). *Ad Adolescentes* (An die Jugend, 362) reagiert auf das Rhetorenedikt Julians (→ 5.3.1a) und betont den Wert klassischer Bildung.
- Gregor von Nyssa: *Contra Eunomium* (Widerlegung der Anhomöer), zahlreiche Briefe (*Epistolae*) und Reden (*Sermones*) sowie exegetische und dogmatische Untersuchungen.
- Gregor von Nazianz: fünf preisgekrönte theologische Reden über die Trinität (379), zwei Reden „Gegen Julian" sowie zahlreiche Reden und Briefe, stilistisch perfekt, zum Teil in Versform gehalten.
- Hilarius von Poitiers: Zwölf Bücher *De Trinitate*, entstanden im phrygischen Exil zwischen 356 und 359. Das Werk vermittelt zwischen westlichen und östlichen Denkweisen in der Trinitätstheologie.
- Ambrosius von Mailand: Fünf Bücher „Über den Glauben" (*De fide*, 380 ff.), eine Auftragsarbeit für Gratian; sie beweist die Gefährlichkeit der Arianer.

Weiterhin erwähnenswert ist der Traktat „Gegen die Heiden“ (*Adversus Nationes*, ca. 300) des Laktanzlehrers Arnobius. Der Traktat ist eine Entgegnung auf die polemische Schrift „Gegen die Christen“ des Porphyrios (ca. 290; → 4.3.1c).

### b) Konzilsbeschlüsse und anderes

Neben den Symbolen von Nikäa und Konstantinopel (→ 5.4.5a) sind die Apostolischen Konstitutionen (*Constitutiones ecclesiasticae apostolorum*, ca. 380) zu nennen. Sie basieren auf Did (um 100) und syrDid (3. Jh.) und bieten in acht Büchern zahlreiche Ordnungen des Gemeindelebens (Gottesdienst, Kirchenverfassung, Liturgie, Taufe, ethische Fragen u. a.) als Handreichung für Kleriker.[154]

Zwischen 382 und 406 entsteht unter Federführung des Kirchenvaters Hieronymus (347–420) die lateinische Bibelübersetzung *Vulgata*. Ihr kommt bei der Emanzipation des lateinischen Westens von der Ostkirche eine Schlüsselrolle zu. Vorlagen sind die LXX (AT) und die *Vetus Latina* bzw. *Itala* (NT). Daneben kommentiert Hieronymus sämtliche atl. Prophetenbücher und setzt die Chronik Eusebs bis ins Jahr 378 fort. – Ebenfalls ins 4. Jh. datiert die Übersetzung der Bibel ins Gotische durch Bischof Wulfila (vgl. *Codex Argenteus*, 6. Jh., Uppsala).

Zu den Heiligen- und Märtyrerviten der Epoche zählen die *Vita Antonii* des Athanasios und eine Sammlung von Märtyrerviten Eusebs von Cäsarea. Synesios von Kyrene, späterer Bischof von Ptolemais, ist Autor eines Fürstenspiegels (399). Er enthält eine am Hof des Arkadios gehaltene Rede „Über das Königtum“ zur Abwehr germanischer Heerführer wie Gainas (→ 5.1.1c).

## 5.6.3 Texte marginalisierter Gruppen

Die gegen Ende des 4. Jh. entstandene Thomasapokalypse[155] (ApkThom) schildert die kosmischen Katastrophen der Endzeit und den Jüngsten Tag. Der Weltuntergang dauert, analog zur Weltschöpfung, sieben Tage. ApkThom dokumentiert, dass die Parusie-Naherwartung nach 313 keine plausible Begründung für ethisches Verhalten mehr abgibt.[156] – Die Paulu-

154 Siehe auch Hausammann 2001b, 113f.
155 Geigenfeld 2017.
156 Erlemann 1995, 328.

sapokalypse (ApkPaul) transportiert ein chiliastisches Geschichtsbild (→ 5.5.4).

### 5.6.4 Außerchristliche Quellen

Vom römischen Rhetor und Senator und späteren Konvertiten Firmicus Maternus stammt die Schrift „Über den Irrtum der heidnischen Religionen" (lat. *De errore profanarum religionum*; ca. 347–350). Das Werk ist an die Kaiser Constans und Constantius II. adressiert und beleuchtet die religionspolitische Lage.[157] Maternus plädiert für die Zerschlagung der nichtchristlichen Kulte und verweist hierfür auf die Siege der Römer unter christlichem Vorzeichen gegen die Franken (341/342), die Britannier (343) und die Perser (343/344). Kaiser Julian polemisiert gegen die Christen („Gegen die Galiläer", 362/363; → 5.3.1c).

## 5.7 Steckbriefe

### 5.7.1 Euseb von Cäsarea

Euseb von Cäsarea (ca. 264–340) wirkt hauptsächlich in *Caesarea Maritima* vor und nach der Konstantinischen Wende. Er gehört zur origenistischen Mittelpartei, wird 313 Bischof seiner Heimatstadt und sorgt nach der Wende für den Wiederaufbau der palästinisch-syrischen Kirche. Schon vor Nikäa macht er sich zum Fürsprecher des Arios. Er wird 324 auf der Synode von Antiochia mit Arios verurteilt, kann sich jedoch auf dem Konzil von Nikäa 325 rehabilitieren.

Nach Nikäa positioniert sich Euseb gegen Markell von Ankyra und deutet, wie sein Namensvetter Euseb von Nikomedia, *homooúsios* im Sinne von Wesens- und Willenseinheit zwischen Vater und Sohn.[158] Das soll zwischen Arios und den Nikänern vermitteln, was jedoch an Arios' Kompromisslosigkeit scheitert.

Eusebs Hauptwerk ist seine Kirchengeschichte (lat. *Historia ecclesiae*, ca. 290–332; → 5.6.1), der wir unzählige Details über die Geschichte der

157 Bellen 2016, 59.

158 Euseb, *Contra Marcellum* bzw. *De Ecclesiastica theologia* (beide Schriften nach 335 verfasst).

Alten Kirche verdanken. Auch exegetisch ist Euseb aktiv, wobei er sich auf den wörtlichen Textsinn konzentriert und der Allegorese (außer bei bildhaften Texten) skeptisch gegenübersteht. In seiner Konstantinbiographie entwickelt Euseb das Konzept des Cäsaropapismus: Konstantin sei das von Gott auserwählte Haupt von Imperium und Kirche und sorge als Abglanz Gottes für deren Einheit.

### 5.7.2 Arios von Alexandria

Der gebürtige Libyer Arios von Alexandria (ca. 260–336) ist Schüler des Links-Origenisten Lukian († 311/312; → 4.5.2d). Dessen Subordinationslehre spitzt er neuplatonisch zu: Allein Gott sei göttlich zu nennen, der Sohn sei Teil der Schöpfung, wenn auch ihr erster und bedeutsamster. Diese Lehre führt zum Konflikt in Alexandria und 325 zum Konzil von Nikäa (→ 5.4.4c). Arios' wichtigste Fürsprecher sind die beiden Eusebe von Cäsarea und Nikomedia. Trotz deren Unterstützung wird seine Lehre in Nikäa verurteilt; Arios wird verbannt, jedoch bereits ca. 327 rehabilitiert. Da sich Arios aber im Konflikt mit Athanasios kompromisslos zeigt, wird er 333 von Kaiser Konstantin erneut abgesetzt und 335 erneut rehabilitiert. Arios geht als „meistverfluchter Ketzer" in die Kirchengeschichte ein.[159]

### 5.7.3 Athanasios von Alexandria

Neben den drei „großen Kappadokiern" ist Athanasios (ca. 295–373; mit Unterbrechungen Bischof ab 328) der wirkmächtigste Theologe und Kirchenpolitiker des 4. Jh. Ihm ist maßgeblich die Bewahrung des nikänischen Grundgedankens trotz antinikänischer Religionspolitik über fast 50 Jahre zu verdanken. Das theologische Hauptmotiv des Athanasios ist praktisch-kirchlicher Art: Es geht ihm um biblisch-heilsgeschichtliche Erwägungen, die Frage der rechten Anbetung Gottes und die Frage der Erlösung (→ 5.5.2b).

Athanasios macht unter Alexander von Alexandria (313–328) Karriere als Katechet, Diakon und Bischofsberater. Er begleitet Alexander nach Nikäa und folgt ihm 328 als Bischof nach. Seine entschiedene nikänische Haltung führt ihn insgesamt fünfmal ins Exil und wieder zurück in Amt und

159 Ritter 1982, 145.

Würden. Athanasios' Vita spiegelt damit die wechselvolle Religionspolitik des römischen Imperiums wider.

Erstmals muss Athanasios 335 für zwei Jahre nach Trier ins Exil, da er die Rehabilitierung des Arios ablehnt. Die Jahre 339 bis 345 verbringt er auf Betreiben seiner Gegner als Exulant in Rom und Aquileia. Damit wird er unbeabsichtigt zum Brückenbauer zwischen östlicher und westlicher Theologie. Die 340 auf der Synode von Rom beschlossene antiarianische Allianz zwischen Rom und Alexandria kommt maßgeblich durch ihn zustande.

Während der Regentschaft Constantius' II. und Julians profiliert Athanasios, zeitweise im Untergrund lebend, seine Theologie. 362 schließt er auf der Synode von Alexandria eine antiarianische Allianz mit den Homöusianern. Er wird damit Wegbereiter der drei Kappadokier und des Konzils von Konstantinopel. 373 stirbt Athanasios hochbetagt. Er gilt schon zu Lebzeiten als „Säule der Kirche" in einer besonders kritischen Zeit (Greg Naz Or. 21,26).

### 5.7.4 Apollinaris von Laodikea

Apollinaris (ca. 310–392), Sohn eines Grammatiklehrers im syrischen Laodikea (heute Latakia), wird dort Presbyter und 360/361 Bischof seiner Heimatstadt.[160] Seinem Freund Athanasios gewährt er 346 Unterschlupf; hierfür wird er von seinen arianischen Gegnern exkommuniziert. Er gründet in Antiochia eine eigene Gemeinschaft, die 388 mit der antiochenischen Hauptgemeinde fusioniert wird.

Der Nikäner Apollinaris verwaltet nach 373 Athanasios' theologisches Erbe. Sein Hauptthema ist die Inkarnation (→ 5.5.1b). Es geht ihm, wie Athanasios und den Kappadokiern, um die Frage der rechten Anbetung Gottes. Da Christus eine einzige, göttliche Natur besitzt, sei er voll und ganz anbetungswürdig. Für seine Logos-Sarx-Christologie und die Leugnung der wahren menschlichen Natur Christi wird er ab 377 häretisiert. Mit der Rede von der einen göttlichen Natur Jesu Christi ist er der Vorreiter der Monophysiten (→ 6.5.1).

In Sachen Schriftauslegung ist Apollinaris hingegen ein Vorläufer der späteren Antiochenischen Schule, die sich auf den wörtlichen und den moralischen Schriftsinn fokussiert (→ 6.5.7). Von seinen Schriften ist lediglich die „Wissenschaftliche Darlegung der göttlichen Inkarnation nach dem Gleichbild des Menschen" (*Apodeixis*) in Form zahlreicher Zitate bei Gregor

160 Zum Folgenden Mühlenberg 1969 & 2010.

von Nyssa erhalten. Einige seiner Schriften sind unter dem Namen des (Pseudo-)Athanasios überliefert.

### 5.7.5 Eustathios von Antiochia

Eustathios (ca. 285–ca. 337) stammt aus Side in Pamphylien und wird 319/320 Bischof von Beröa (heute Aleppo).[161] 325 macht ihn der nikänische Theologe Ossius von Córdoba zum Bischof von Antiochia. In Nikäa hält Eustathios die Begrüßungsrede an Kaiser Konstantin. Er vertritt eine streng antiarianische Position der „Zweisamkeit Gottes von Vater und Sohn" in einer einzigen Hypostase. Eustathios geht auf Distanz zu Euseb von Cäsarea, den er als arianisch einstuft, und verweigert seinem Namensvetter und Pneumatomachen Eustathios von Sebaste die Aufnahme in den Klerus. Zwischen 326 und 331 wird er aufgrund seines Modalismus vom Kaiser abgesetzt und nach Trajanopolis in Thrakien verbannt. Das löst in Antiochia ein Schisma zwischen Eustathios' Anhängern und Gegnern aus.

Seine zumeist nur fragmentarisch erhaltenen Schriften sind konsequent antiarianisch. Im Gegensatz zu Apollinaris hält Eustathios Jesus Christus für Gott und Mensch zugleich; der Logos habe bei der Inkarnation Wohnung im Menschen Jesus genommen (Joh 1,14), sich mit seiner Seele verbunden, nicht aber mit dem von ihm göttlich inspirierten Menschen Jesus gelitten. Damit bleibt die Göttlichkeit Jesu Christi vage. – Das Schriftverständnis des Eustathios orientiert sich am Literalsinn (Antiochenische Schule).

### 5.7.6 Die drei „großen Kappadokier"

Das befreundete Theologentrio **Basilios d.Gr. von Neocäsarea** (ca. 330–379), sein Bruder **Gregor von Nyssa** (ca. 331–394) und **Gregor von Nazianz** (ca. 329–389) vollenden die nikänische Trinitätslehre.[162] Die Theologen verbindet ihre Herkunft aus Kappadokien, ihre hohe Bildung und ihre asketisch-mönchische Prägung. All das ermöglicht eine nachhaltige Synthese philosophischer und biblisch-heilsgeschichtlicher Grundgedanken zur Trinitätslehre (→ 5.5.2c).

161 Zum Folgenden Lorenz 2010.
162 Vgl. auch Hausammann 2003, 227–255.

Basilios, das „Licht des Erdkreises",[163] studiert in Athen und Konstantinopel Rhetorik, bevor er im Kloster von Annisi Schüler des Eustathios von Sebaste wird. Seine Leitmotive sind christliche Gemeinschaft und Bibelstudium. Er bereist verschiedene Klöster im Osten des Reiches und gründet eine eigene Mönchsgemeinschaft nahe Neocäsarea (heute Kayseri).[164] Um 364 wird er Priester und 370 Bischof von Neocäsarea. Nach der Synode von Alexandria 362 erstellt Basilios eine Pneumatologie, um „Geistbekämpfer" wie seinen früheren Lehrer Eustathios und den Neuarianer Eunomios zu widerlegen. Seine Schriften „Gegen Eunomios" und „Über den Heiligen Geist" festigen das Nicänum und führen es inkl. der umstrittenen Hauptbegriffe *homooúsios*, *hypóstasis* und *ousía* weiter. Basilios stirbt vor dem Konzil 379. Sein Werk wird von den beiden Mitkappadokiern fortgeführt.

Auch Gregor von Nyssa ist philosophisch und theologisch hoch gebildet. 372 wird er Bischof von Nyssa (heute Nevsehir), 380 von Sebaste in Kleinarmenien. Mit der Synthese philosophischer und origenistischer Gedanken gibt er dem Konzil von Konstantinopel entscheidende Impulse. Im Kampf gegen die Neuarianer reflektiert Gregor zentrale Themen und liefert einen beeindruckenden theologischen Gesamtentwurf. Seine Überlegungen zu Zeit und Ewigkeit (vor der Schöpfung gab es keine Zeit!) führen zur Widerlegung des Arios: Der Sohn sei allenfalls logisch, aber nicht zeitlich nachrangig zum Vater; der Unterschied zwischen Vater, Sohn und Geist bestehe einzig und allein in ihrem Verhältnis zueinander. – Im Gegenzug zu Apollinaris vertritt Gregor eine Logos-Mensch-Christologie. Die dadurch ermöglichte Erlösung des gesamten Menschen beschreibt er als Prozess mystischer Annäherung an Gott, an dessen Ende die Vereinigung des Menschen mit Christus und damit die Vergöttlichung steht.

Gregor von Nazianz, Sohn einer wohlhabenden Familie in Arianz (nahe dem heutigen Carbala) studiert wie Basilios in Athen und Alexandria. In Neocäsarea ist er Rhetoriklehrer, bevor er mit Basilios ins Kloster geht. 372 wird er Bischof von Sosima, 380 von Konstantinopel und 381 Leiter des dortigen Konzils. Auch er arbeitet an der Widerlegung von Arianern, Pneumatomachen und Apollinaristen. Neben zahlreichen Reden sind rund 250 Briefe erhalten. Ein Alleinstellungsmerkmal ist die Formulierung seiner Theologie in Versform. – Seine Kerngedanken sind die Nichterkennbarkeit Gottes (*theologia negationis*, gegen Eunomios) und die Trinität als Myste-

---

163 So Theodoret von Kyrrhos (→ 6.6.1).

164 Bellen 2016, 73.

rium, das die menschliche Seele an Gott heranführen soll (Or. 38,7). Klarer als Basilios nennt Gregor den Heiligen Geist „Gott“; sein Spezifikum sei sein Hervorgehen aus Gott (gr. *ekpóreusis*; Or. 39,12; → 5.5.3).

### 5.7.7 Markell von Ankyra

Markell von Ankyra († 374) vertritt mit seinem Schüler Photin von Sirmium (abgesetzt 351) einen gemäßigten Modalismus. Anders als frühere Modalisten spricht Markell nicht von der Identität von Vater und Sohn; am Kreuz sei nicht Gott, sondern das Fleisch Christi gestorben, in das hinein der Logos inkarniert wurde. In Nikäa gehört er, mit Eustathios und Athanasios, zu den entschiedenen Gegnern des Arios und seiner origenistischen Sympathisanten.

Markell führt Tertullians Konzept der „ökonomischen Trinität“ (→ 3.5.2d) fort und sieht in Vater, Sohn und Geist drei konsekutive Erscheinungsweisen des einen Gottes. Am Anfang und am Ende der Heilsgeschichte stehe die Einzigkeit Gottes (1 Kor 15,28). Anders als Tertullian bestimmt er Logos und Geist als unpersönliche Eigenschaften Gottes und spricht daher von einer einzigen göttlichen Hypostase. Markell beruft sich für die untrennbare Einheit von Vater und Sohn (Gottes „Schöpfungsenergie“) auf die synonyme Redeweise vom „Ausgehen des Geistes vom Vater“ (Joh 14,26; 15,26) bzw. „vom Sohn“ (Joh 16,7).[165]

Für diese Auffassung wird Markell 335 auf der Synode von Tarsos verurteilt und verbannt, kehrt aber nach dem Tod Konstantins 337 kurzzeitig nach Ankyra zurück, bevor er von Constantius II. erneut abgesetzt und nach Rom verbannt wird. Mit seinem 340 auf der dortigen Synode präsentierten Credo, das dem Apostolikum ähnelt, erreicht Markell seine Rehabilitierung (bestätigt 342 in Serdika). Die Parteinahme für seinen ähnlich denkenden Schüler Photin ab 345 verhindert, dass er erneut Bischof in Ankyra wird. 381 wird Markell endgültig häretisiert.

---

165 Die Auffassungen Markells sind aus den Schriften Eusebs („Wider Markell“ bzw. „Über die kirchliche Theologie“) bekannt. Die wichtigsten Fragmente sind zitiert bei Ritter 1994, 146–148.

### 5.7.8 Ambrosius von Mailand

Ambrosius (339–397) ist ein bedeutsamer Kirchenpolitiker mit großem Einfluss auf den Kaiser.[166] Als Spross einer römischen Senatsfamilie absolviert er ein Jurastudium, arbeitet ab 365 als Anwalt und wird 372 Präfekt von Ligurien. 374 wird er als bereits als Katechumene aus politischen Gründen zum Bischof von Mailand gewählt. Theologisches Wissen verschafft sich Ambrosius im Bischofsamt. Als Prediger überzeugt er 387 Augustin vom Glauben und tauft ihn (⟶ 6.7.8). Er kämpft bis in den Kaiserhof hinein gegen den Arianismus, verdrängt die Arianer aus Mailand und beruft sich dabei auf seine bischöfliche Amtskompetenz.

Nicht gelingt Ambrosius die Einberufung eines ökumenischen Konzils in Rom in Ergänzung zu Konstantinopel 381. Im Gegenzug verweigern er und Bischof Damasus I. von Rom dem Symbol von Konstantinopel die formale Anerkennung.

383 legt Kaiser Gratian auf sein Drängen den Titel *pontifex maximus* ab und beendet die Unterstützung des alten Staatskults. Ambrosius lässt gegen den Widerstand des Rhetors Symmachus den Victoria-Altar aus dem römischen Senatsgebäude entfernen (⟶ 5.3.1a). Nach dem Tod Gratians avanciert Ambrosius zum Erzieher des minderjährigen Kaisers Valentinian II. (⟶ 5.1.1c). Gegen den Widerstand der Kaisermutter Justina verhindert Ambrosius die Umwidmung einer katholischen Kirche in eine arianische (Mailänder Kirchenstreit, 385).

Ambrosius gewinnt einen Machtkampf mit Kaiser Theodosios I. 386 degradiert er ihn zum einfachen Kirchenmitglied, 388 verhindert er, dass der Kaiser den Bischof von Kallinikon wegen eines Judenpogroms bestraft, und verweist ihn auf seine Fürsorgepflicht dem Christentum gegenüber (⟶ 5.3.4). Als Thedosios 390 in Thessaloniki ein Massaker anrichten lässt, zwingt ihn Ambrosius zur öffentlichen Buße (⟶ 5.3.1a). Seine Autorität erlaubt es ihm, dem Kaiser im Gegenzug einen Dankgottesdienst für den Sieg über Nikomachos zuzubilligen, und er würdigt ihn *post mortem* als *christianissimus imperator* (⟶ 5.2.1).

Gegen östlichen Widerstand unterstützt Ambrosius den römischen Primatsanspruch. Rom sei das „Haupt der römischen Welt“ (gleichrangig mit dem Kaiser) und der römische Primat durch Mt 16,18 vorgegeben.

---

166 Vgl. von Campenhausen 1965, 77–108, und Hausammann 2003, 144–152.

Ambrosius drückt Mailand mit mehreren Basiliken seinen architektonischen Stempel auf. Literarisch hinterlässt er wirkmächtige Schriften wie die erste christliche Ethik (*De officiis ministrorum*) und eine Abhandlung über die Messe als Opfer (*De sacramentis*). Sein wichtigstes Werk sind fünf Bücher „Über den Glauben“ (*De fide*), ein flammendes Plädoyer gegen den Arianismus. In der Ethik vertritt Ambrosius ein patriarchales Rollenbild mit der Inferiorisierung der Frau.

## 5.8 Ergebnis: Impulse und Reaktionen

Der größte Impuls für die Entwicklung der Alten Kirche im 4. Jh. ist die Konstantinische Wende. Sie ist ein Paradigmenwechsel für die Wohlfahrt der Kirche und für theologische Themen und Lösungsansätze. Äußerlich genießt die Kirche ab 313 weitreichende Privilegien und ist von Existenzsorgen frei. Staatliche Vergünstigungen etwa beim Steuerrecht, beim Kirchenbau, die juristische Immunität der Kleriker und der Aufstieg in den Rang *der* staatstragenden Größe schlechthin schaffen einen nie gekannten Entfaltungsspielraum. Gegenläufig dazu werden andere Religionen und Kulte zurückgedrängt; das liegt in der Logik der (alten und neuen) Staatsräson, wonach nur eine einmütige religiöse Kultausübung die staatliche Wohlfahrt gewährleisten kann.

Die Staatsräson ist auch das Motiv für die Klärung theologischer Fragen auf teils reichsweiten Konzilien. Der Kaiser sieht sich als *pontifex maximus* der Kirche und beansprucht theologische und kirchenpolitische Kompetenz. Diese Entwicklung hin zum Cäsaropapismus wird erst gegen Ende des 4. Jh. auf Betreiben Ambrosius’ von Mailand unterbrochen. Bis dahin geht eine uneinheitliche Religionspolitik in Ost- und Westreich mit konkurrierenden theologischen Lehrmeinungen und kirchenpolitischen Konkurrenzen Hand in Hand.

Die apokalyptische Grundstimmung früherer Zeiten weicht einer positiven Bewertung der Gegenwart. Die Endzeitethik tritt zurück; viele andere ethische Themen bleiben ohne neue Impulse. Im langen Ringen um die Trinitätslehre setzt sich die nikänische Richtung durch. Federführend sind Athanasios von Alexandria und die drei „großen Kappadokier“. Mit der Erhebung des Christentums zur Staatsreligion (380) und dem Symbol von Konstantinopel (381) ist die trinitarische Frage entschieden; dasselbe gilt für innerkirchliche Machtfragen. Deviante Lehrmeinungen und nichtchristliche Kulte werden verfolgt bzw. verboten. Das alles beinhaltet Konfliktpotenzial für die nächsten Generationen.

https://narr.kwaest.io/s/1227

# Kapitel 6: Das fünfte Jahrhundert

| Datum | Politische Ereignisse | Alte Kirche | Sonstiges |
|---|---|---|---|
| **395–408** | **Kaiser Arkadios (O)** | 395–430 Augustin Bischof von Hippo | ca. 407 Johannes Chrysostomos † |
| **395–423** | **Kaiser Honorius (W)** | 413–426 Augustin, *De Civitate Dei*<br>422–432 Cölestin I. | 410 Goten plündern Rom; nach 418 Pelagius † |
| **408–450** | **Kaiser Theodosios II. (O)** | 412–444 Kyrill v. Al.<br>428 Nestorios Patriarch von Konst.-opel<br>**431 3. ökum. Konzil von Ephesos**<br>433 „endemische Synode" von Ephesos<br>*446–449 Flavian* von *Konstantinopel* | *425 Ende des jüd. Patriarchats; Verbot der Manichäer*<br>*428* Theodor von Mopsuestia †<br>430 Augustin †<br>*433 Unionsformel*<br>*439 Codex Theodosianus* |
| 438–457 | König Jezdegerd III. von Persien | 440–461 Leo I.<br>*449 Tomus Leonis*<br>*449 „Räubersynode"* | *Juden- u.Christenverfolgung in Persien* |
| **425–455** | **Kaiser Valentinian III. (W)** | 447 Synode von Toledo („*filioque*") | n. 454 Eutyches † |
| **450–457** | **Kaiser Markian (O)** | | 451 Nestorios † |
| 451 | Schlacht gegen Attila auf den Katalaun. Feldern | **451 4. ökum. Konzil von Chalkedon** | |
| **457–474** | **Kaiser Leon I. (O)** | | ab 470 Mönchtum nördl. der Alpen |
| 459–486 | König Peroz v. Persien | | 471 Genozid an Juden in Persien |
| **474–491** | **Kaiser Zenon (O)** | 482 *Henotikon*<br>484–519 Akakianisches Schisma | 474-526 Theoderich d.Gr. König der Westgoten |

| Datum | Politische Ereignisse | Alte Kirche | Sonstiges |
|---|---|---|---|
| 476 | Absetzung von Kaiser Romulus Augustulus durch Odoakar; **Ende Westroms** | 483–492 Felix II. | |
| **491–518** | **Kaiser Anastasios (O)** | | |
| 493–526 | König Theoderich d.Gr. (W) | 493 „Rabenschlacht"<br>498 Schisma in Rom | ca. 500 Ende der jüd. Amoräer |
| | Ausblick: | | |
| **518–527** | **Kaiser Justin I. (O)** | 519 Aufhebung des *Henotikon* | |
| **527–565** | **Kaiser Justinian I. (O)** | 544 Dreikapitelstreit<br>553 5. ökum. Konzil von Konstantinopel | 529 *Codex Iustinianus*<br>Ende der Nestorianer in Ostrom |
| **610–641** | **Kaiser Heraklios (O)** | 633 *Ekthesis*-Dekret | |
| **668–685** | **Kaiser Constantius IV. (O)** | 680 6. ökum. Konzil von Kontantinopel | **Ende der Reichskirche** |

Das 5. Jh. bringt die Teilung des Imperiums und innerkirchliche Spaltungen. Das Jahr 476 markiert das Ende Westroms; die Völkerwanderung verändert die Landkarte nachhaltig. Der Reichsteilung entspricht das Auseinanderdriften von Ost- und Westkirche. Innerlich bringen die Konzilien von Ephesos und Chalkedon die Klärung des christologischen Streits, freilich auf Kosten dauerhafter Schismata. Monophysiten und Nestorianer trennen sich von der Reichskirche. Ihre autokephalen Kirchen gehen dauerhaft verloren. Der römische Papalismus steht symbolisch für die Westkirche, das byzantinische Reichskirchentum für die Ostkirche.

## 6.1 Äußere Entwicklung

Das Imperium wird geteilt, Westrom geht unter (6.1.1). Juden werden zu Staatsfeinden erklärt (6.1.2) und die Kirche spaltet sich über neuen Lehrfragen (6.1.3).

## 6.1.1 Römisches Reich

*Überblick*: 395 wird das Reich geteilt. Westrom gerät in den Sog der Völkerwanderung. Die Westgoten stehen 410 vor Rom, 451 werden die Hunnen mit vereinten Kräften zurückgedrängt. 455 plündern die Vandalen Rom, 476 endet das Weströmische Reich. – Ostrom wird von Ostgoten, Hunnen und Vandalen bestürmt; viele Reichsgebiete gehen verloren, Bürgerkriege kommen hinzu. Kaiser Zenon (474–491) erhält mit Mühe die Einheit des Reiches aufrecht. Zu einer letzten politischen und kulturellen Blüte kommt Ostrom unter Justinian I. (527–565).

Das 5. Jh. beginnt mit Angriffen von Germanen, Goten und Hunnen sowie von Räuberbanden und autonomen Milizen. Regelmäßig betroffen sind die Provinzen südlich der Donau, insbesondere Griechenland und der Balkan.

### a) Der Niedergang Westroms

Stilicho, Heermeister des Westreichs, schlägt 402 die Westgoten unter Alarich und siedelt sie auf dem Balkan an. Ravenna wird neue Kaiserresidenz; Roms Stadtmauern werden massiv verstärkt. 405/406 drängt Stilicho nach Italien einfallende Ostgoten zurück. Ein Jahr später plündern Germanen und Vandalen Gallien, das dauerhaft in Besitz von Burgundern und Goten bleibt. 407 werden die Römer in Britannien von Angeln und Sachsen abgelöst (Beda Venerabilis, H.e. 1,15).

Westrom ist gegen die Angriffe praktisch wehrlos. Viele Bürger fliehen vom Balkan in Richtung Gallien.[1] Nach Stilichos Sturz marschieren Westgoten und Germanen nach Rom und hungern die Stadt aus (408). 410 plündert Westgotenkönig Alarich die Stadt und nimmt Galla Placidia, Schwester des Honorius, als Geisel. Sie wird 414 vom Ostgotenkönig Athaulf geehelicht, der darauf seine Herrschaftsansprüche im Römischen Reich begründet. – 412 verlassen die Westgoten Rom. Sie marodieren durch Gallien und lassen sich schließlich dauerhaft in Spanien nieder. Ab 416 vernichten sie dort ansässige Sueben, Alanen und Vandalen. Die Reste dieser Stämme siedeln unter König Geiserich (428–477) nach Nordafrika über. Die Vandalen ziehen

1 Zum Folgenden Bellen 2016, 198–206.224–230.

anschließend plündernd durch die römische Provinz und belagern 430 Hippo Regius, Amtssitz des Bischofs Augustin. Dieser stirbt noch während der Belagerung. 431 siegen die Vandalen über die Römer. Das ist das Ende der römischen Provinz Nordafrika.

423 wird Ostroms Kaiser Theodosios II. auch Kaiser des Westreichs. 425 setzt er den sechsjährigen Neffen des Honorius, Valentinian III., zum Augustus ein (425–455). Die eigentliche Macht liegt bei dessen Mutter Galla Placidia, die seit der Ermordung Athaulfs (415) wieder in Rom lebt (→ 5.1.1c). Ab ca. 430 suchen die Franken Nordgallien, die Goten Südgallien, die Burgunder Belgien, die Juthungen Rätien sowie Mauren und Vandalen Nordafrika heim. Heermeister Aëtius wird mithilfe der Hunnen Herr der Lage in Gallien (435–437). Er siedelt die besiegten Stämme in Gallien an und integriert sie so. Die Westgoten bleiben unter Theoderich I. gegen die Römer siegreich; 439 schließen die Parteien Frieden.

431 geht Nordafrika an die Vandalen verloren; sie erhalten 435 einen Vertrag zur dauerhaften Ansiedlung im Westen der Provinz; trotzdem erobert Geiserich 439 Karthago, stoppt die Getreideexporte nach Rom und bedroht Sizilien (440); 442 erobert Geiserich das heutige Tunesien; römische Landbesitzer werden enteignet und vertrieben, der Arianismus gegen die katholische Kirche durchgesetzt (→ 5.4.4c). Zum Ausgleich für den Steuerausfall erhöht Valentinian III. die Steuern in den verbliebenen Provinzen. Ravenna wird als Kaiserresidenz ab 438 großzügig ausgebaut, 450 aber zugunsten Roms aufgegeben.

Auf Bitte der Kaiserschwester Honoria zieht Attila mit seinen Hunnen und ostgotischen Verbänden 451 Richtung Gallien. Ihm stellen sich Aëtius, die Westgoten unter Theoderich I. sowie Burgunder, Franken und Bretonen auf den Katalaunischen Feldern (bei Châlons-sur-Marne) entgegen. Insgesamt 165.000 Gefallene, unter ihnen Theoderich I., fordert die Schlacht, welche die Freiheit Galliens und des römischen Westreichs für ein paar Jahre sichert (Jordanes, Get. 41,217). Attila zieht sich in das Gebiet nördlich der Donau zurück. Die Herrschaft über Gallien und Spanien geht *de facto* an die nichtrömischen Stämme über.[2]

---

2 Spanien wird 454 zwischen Römern und Sueben aufgeteilt.

Völkerwanderung im 4./5. Jh.

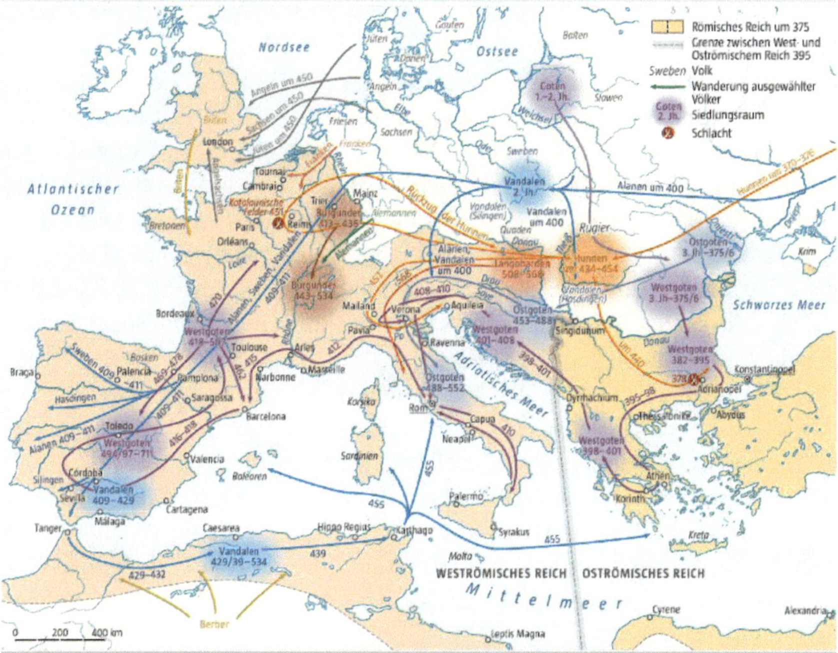




454 lässt Valentinian III. Aëtius hinrichten. Damit verliert Westrom einen wichtigen Stabilitätsfaktor. 455 wird Valentinian Opfer einer Senatsverschwörung. Herbeigerufen durch seine Witwe Eudoxia, erobern und plündern die Vandalen Rom (455). Roms Vertragspartner breiten sich ungehindert aus. Sie besetzen weströmische Territorien in Nordafrika, die Balearen, Sardinien und Korsika (455–457). 467 versenkt Geiserich vor Karthago die gesamte oströmische Flotte mit 1100 Schiffen. Damit gewinnt er Sizilien und die östlichen Mittelmeerküsten. Ein 474 geschlossener Friedensschluss mit Ostroms Kaiser Zenon (474–491) sichert den Vandalen einen eigenständigen Staat in Nordafrika.

Etwa zeitgleich löst Westgotenkönig Eurich (466–484) Gallien südlich der Loire und ganz Spanien aus dem Westreich heraus. Die Römer erkennen dieses „Tolosanische Reich“ *nolens volens* an. Nordgallien fällt an die Merowinger unter Childerich (462) und an die Burgunder unter Chilperich (ab

471); sie tolerieren noch eine Zeitlang die römische Verwaltung.[3] Die Alamannen machen sich dauerhaft im heutigen Elsass und in der Nordschweiz breit (ab 454).

Die eigentlichen Herren in Westrom sind Nichtrömer; sie benutzen die Kaiser als Marionetten.[4] In 20 Jahren wechseln sich zehn Kaiser ab, von denen Ostrom nicht alle anerkennt. Das und militärische Niederlagen gegen Vandalen und Westgoten markieren die schleichende Auflösung Westroms. Mit der Absetzung des Kindkaisers Romulus Augustulus und der Ermordung seines Vaters und Heermeisters Orestes durch unzufriedene Thüringer, Heruler und Skiren unter „König" Odoakar endet das Kaisertum Westroms (476). Die einzige Autorität, die jetzt noch für Kontinuität sorgt, ist der Bischof von Rom als Papst (→ 6.4.1e).

Theoderich d.Gr., 474–526 Westgotenkönig und ab 476 oströmischer Heermeister, zieht 488 gegen Odoakar zu Felde, schlägt ihn entscheidend 489 in Verona und löst ihn, nach langer Belagerung Ravennas („Rabenschlacht"), als „Herrscher über Goten und Römer" ab (493).[5] 497 wird er durch den oströmischen Kaiser Anastasios (491–518) legitimiert und erhält die von Odoakar 476 nach Konstantinopel übersandten kaiserlichen Insignien.

Theoderich erreicht eine friedliche Koexistenz von Römern und Goten in Italien. Er erweckt Rom zu neuer Blüte und lässt antike Bauwerke aufwändig renovieren; das unterstreicht seinen kaiserlichen Anspruch. Mit Germanen und Vandalen strebt er ab 490 durch Heiratspolitik ein strategisches Gleichgewicht an, was jedoch am Eigensinn des Frankenkönigs Chlodwig scheitert.[6] Diese Entwicklungen betreffen freilich das 6. Jh. und sind daher kein Gegenstand dieses Buches.

### b) Die Entwicklung Ostroms

408 stirbt Arkadios. Ihm folgt sein siebenjähriger Sohn Theodosios II. (408–450). Bestrebungen, die Amtsgeschäfte an sich zu ziehen, bezahlt Stilicho 408 mit seiner Hinrichtung durch Honorius. 423 wird Theodosios Kaiser des Gesamtreichs (→ 6.1.1a). 439 erlässt er den *Codex Theodosianus* (→

---

3 Bellen 2016, 256.

4 Großen Einfluss haben Suebenkönig Ricimer als eigentlicher „Kaiser" (455–472), Westgotenkönig Theoderich II. (453–466) und Burgunderkönig Gundobad (472–474) (a. a. O., 247–250).

5 Vgl. die Sage von Dietrich (Theoderich) von Bern (Verona-Berona) (a. a. O., 271–273).

6 A.a.O., 282f.

6.6.4). Ansonsten lebt er als Asket in klosterähnlicher Umgebung und ist Spielball rivalisierender Kräfte am Kaiserhof (Soz H.e. IX 1–3 und Socr H.e. VII 22,17). Theodosios' Stadtmauer hat jedoch Bestand bis zur Eroberung Konstantinopels durch die Türken (1453).

Unter Kaiser Markian (450–457) findet das Konzil von Chalkedon statt (→ 6.1.3a). Westliche Bischöfe bleiben wegen der Hunnengefahr dem Konzil fern. Attila dringt 447 nach Griechenland vor und erzwingt Tributzahlungen des Kaisers. 451 kommt es zur Schlacht auf den Katalaunischen Feldern (→ 6.1.1a).

Leon I. (457–474) lässt sich vom Patriarchen von Konstantinopel krönen (→ 6.3.1a). Unter ihm und Kaiser Zenon (474–491) bedrohen Ostgoten und germanische Stämme (Heruler, Gepiden) den Balkan und Griechenland. Leon ernennt 471 den Ostgoten Strabo zum obersten Heermeister und verpflichtet sich ihm gegenüber zu drastischen Geldleistungen. Strabos Nachfolger Theoderich d.Gr. zieht 488 gegen Odoakar und übernimmt die Herrschaft im Westen (→ 6.1.1a).[7]

### 6.1.2 Judentum

*Überblick*: Der Aufstieg der Kirche zieht die Degradierung und teilweise Entrechtung der Juden nach sich. Die Kirche billigt restriktive Maßnahmen Kaiser Theodosios' II. Das palästinische Patriarchat wird aufgelöst, die Juden werden gesellschaftlich weiter isoliert. Auch in Persien kommt es zu Verfolgungen. Etwa zeitgleich dazu werden Jerusalemer und Babylonischer Talmud fertiggestellt.

Die Isolation der Juden setzt sich im 5. Jh. fort. Das Recht auf freie Religionsausübung bleibt erhalten; zwangschristianisierte Juden dürfen ins Judentum zurückkehren. Honorius erlaubt den Juden den Zutritt zu wissenschaftlichem Studium und juristische Tätigkeiten; anwaltliche Arbeit bleibt, anders als im Osten, erlaubt. Synagogen werden gegen christliche

7 Ausblick: Unter Kaiser Heraklios (610–641) fallen Slawen und Awaren auf dem Balkan ein, Perser erobern Syrien, Palästina und Ägypten und halten sich dort bis 630. Ab 636 besetzen muslimische Araber nach und nach die südöstlichen, monophysitisch geprägten Provinzen (636/637 Fall Antiochias; 638 Eroberung Jerusalems, 640–642 Eroberung Ägyptens).

Übergriffe geschützt. Der Ostgotenkönig Theoderich d.Gr. erkennt die jüdische Zivilgerichtsbarkeit wieder an.[8]

Ostkaiser Theodosios II. setzt die Restriktionen Konstantins fort (438; → 5.1.2; 6.3.1). Er beschränkt den Bau von Synagogen und verbietet die Beschneidung von Christen. Juden, die sich taufen lassen, dürfen nicht enterbt, christliche Sklaven nicht judaisiert werden. 423 verbietet er den Juden die Sklavenhaltung, 439 reichsweit den Militärdienst und die Arbeit als Beamte. Übertretungen kosten das Bürgerrecht. Damit werden die Juden zu Bürgern zweiter Klasse und als Staatsfeinde bzw. Feinde Gottes gelabelt.[9] Die Maßnahmen werden als Konsequenz jüdischer Übergriffe auf Christen gerechtfertigt (→ 6.3.4). 415 verliert Patriarch Gamaliel VI. während jüdisch-christlicher Konflikte in Antiochia und Alexandria seine Privilegien (→ 6.3.1d). Mit seinem Tod 425 endet die Zeit des palästinischen Patriarchats. Die Patriarchensteuer geht an den Staat über.[10] Der Jerusalemer Talmud wird ca. 450 fertiggestellt.

In Persien erleiden Juden eine Verfolgungswelle unter Jezdegerd III. (438–457). Angeblich werden das *sch'ma Jisrael* und die Feier des Sabbats verboten.[11] König Peroz (459–486) lässt die Juden ab 471 genozidal verfolgen. Der Exilarch Huna Mari wird ermordet, jüdische Kinder werden zur persischen Religion zwangsbekehrt. Es kommt zu einem mehrjährigen Aufstand unter Mar-Sutra. Viele Juden wandern nach Indien und auf die arabische Halbinsel aus. Der Lehrbetrieb in Babylon wird stark eingeschränkt. Das motiviert die Sammlung der Lehrinhalte im Babylonischen Talmud, der gegen Ende des 5. Jh. abgeschlossen ist. Mit dem Gelehrten Rabina († um 500) endet die Epoche der Amoräer.

---

8 Zum Folgenden Glatzer 1981, 81–84, ausweislich C. Th. XVI 8,23ff.
9 Bellen 2016, 218f.
10 Dexinger 1988, 348.
11 Glatzer 1981, 92.

## 6.1.3 Christentum

### a) Hauptereignisse und Hintergründe

*Überblick*: Bis 451 dauert der christologische Streit zwischen den Dyophysiten Antiochias und den Monophysiten Alexandrias. Im Symbol von Chalkedon finden die gemäßigten Vertreter beider Seiten zusammen; Nestorianer und Eutychianer werden verurteilt und verlassen die kirchliche Gemeinschaft. Ihre autokephalen Kirchen haben bis heute Bestand. – Nichtrömische Völker kommen im Zuge der Völkerwanderung mehr und mehr unter den Einfluss des Christentums.

#### 1. Von Konstantinopel bis Ephesos

Der christologische Streit entsteht aus der Rivalität zwischen Antiochia und Alexandria (⟶ 6.4.4a). Theodosios II. ruft zur Beilegung des Streits 431 das (3.) ökumenische Konzil von Ephesos ein; die westliche Seite fehlt weitgehend wieder. Das Konzil startet ohne die verspätete antiochenische Delegation. Nestorios wird auf Betreiben Kyrills von Alexandria von den anwesenden Monophysiten abgesetzt. Kyrill agiert als Stellvertreter Cölestins I. von Rom. Eine Diskussion über die strittigen Punkte findet nicht statt. Die verzögert eintreffenden Antiochener unter Theodoret von Kyrrhos verurteilen ihrerseits die Konzilsbeschlüsse und erklären Kyrill und Memnon von Ephesos für abgesetzt. Nestorios kommt bis zu seinem Tod nicht mehr aus seinem oberägyptischen Exil zurück (⟶ 6.7.5).

Um den Streit zu befrieden, lässt Theodosios II. die „Unionsformel" erstellen, der beide Parteien auf der „endemischen Synode" in Ephesos 433 zustimmen:

> „Wir bekennen ... unseren Herrn Jesus Christus, den eingeborenen Sohn Gottes, als vollkommenen Gott und vollkommenen Menschen aus einer Vernunftseele und einem Leib, vor aller Zeit vom Vater seiner Gottheit nach geboren und am Ende der Tage aus der Jungfrau Maria seiner Menschheit nach (geboren), wesenseins mit dem Vater seiner Gottheit nach und als derselbe mit uns wesenseins seiner Menschheit nach; denn zwei Naturen sind hier geeint worden, weswegen wir einen Christus, einen Sohn, einen Herrn bekennen. In diesem Sinne der

Einung ohne Vermischung (gr. *asýnchytos hénosis*) bekennen wir die heilige Jungfrau als Gottesgebärerin (gr. *theotókos*), da ja das Wort Fleisch und Mensch geworden ist und vom Moment seiner Empfängnis an den Tempel mit sich vereint hat, den es aus ihr empfing."[12]

Die Formel begünstigt die Gemäßigten beider Lager. Die Nestorianer spalten sich im Gefolge endgültig von der Reichskirche ab (→ 6.4.4d).

## 2. Von Ephesos bis Chalkedon

In der Folge grenzen sich die Alexandriner von Eutyches ab, der 447 ein radikal monophysitisches Credo am kaiserlichen Hof präsentiert:

„Ich bekenne, dass unser Herr vor der Einung aus zwei Naturen bestand; aber nach der Einung bekenne ich eine einzige Natur."[13]

Die beiden ursprünglichen Naturen wurden, so Eutyches, nach der Inkarnation zulasten der menschlichen Seite fusioniert. In dieser Durchmischung und zugleich Vergöttlichung des menschlichen Anteils sieht Eutyches die entscheidende Erlösungstat Gottes. Für diese Lehre wird er 448 exkommuniziert; das ephesinische Symbol wird noch verstärkt. In diesem Streit agiert Leo I. d.Gr. (440–461) als Schiedsrichter; das stärkt den Primatsanspruch Roms weiter.

Papst Leo bereitet mit einem Lehrschreiben (*Tomus ad Flavianum* bzw. *Tomus Leonis*, 449) den Kompromiss von Chalkedon vor: In der einen Person Jesu Christi seien göttliche und menschliche Natur vereint, aber unterscheidbar; beide stünden in Wechselwirkung zueinander. Diese Formel wird von den Monophysiten Alexandrias verworfen. Dioskur lässt den Kaiser 449 eine Synode in Ephesos zusammenrufen. Auf dieser „Räubersynode" bleibt die antiochenische Seite außen vor, der *Tomus Leonis* wird nicht verlesen. Eutyches wird rehabilitiert, die angeblichen Nestorianer Flavian von Konstantinopel und Theodoret von Kyrrhos verurteilt.

---

12 „Unionsformel" oder auch Ephesinisches Symbol (Text aus Ritter 1982, 252).
13 Akten von Endemusa (Schwartz, ACO II 1,1,143).

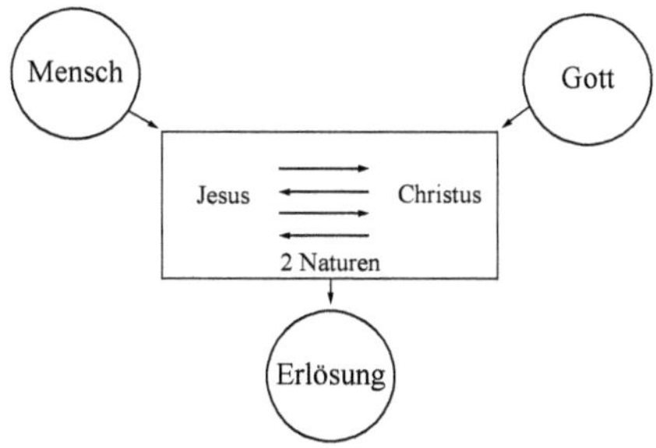


Auf diesen Vorgang hin sowie auf Betreiben des Westkaisers und Papst Leos beruft das Kaiserehepaar Pulcheria und Markian (450–457) 451 ein ökumenisches Konzil im großen Stil (über 600 Teilnehmer; wieder nur wenige aus dem Westreich) nach Chalkedon ein (heute Kadiköy, Stadtteil von Istanbul). Das Konzil bestätigt die Beschlüsse von Nikäa, Konstantinopel und Ephesos und erklärt die Beschlüsse der „Räubersynode" für null und nichtig; Dioskur von Alexandria wird abgesetzt, der *Tomus Leonis* anerkannt. Das Chalkedonense bekennt das wahre Gott- und Menschsein Jesu Christi; Nestorios und Eutyches werden verurteilt. – Außer der christologischen Frage werden auch kirchenpolitische Fragen besprochen und geklärt (weiter → 6.4.5).

### 3. Die weitere Entwicklung

Mit dem Chalkedonense kommt die christologische Frage zu einem ökumenisch verbindlichen Abschluss. Das biblisch-heilsgeschichtliche Denken erhält erneut den Vorzug vor neuplatonischer Spekulation. Außerdem stärkt das Konzil die Machtstellung Roms. Nestorianer und Eutychianer spalten sich endgültig von der Reichskirche ab. Auch gemäßigtere Monophysiten gehen eigene Wege und organisieren sich in autokephalen Kirchen Syriens, Persiens, Palästinas und Ägyptens. Sie haben starken Rückhalt im mystischen Mönchtum. Die muslimische Vorherrschaft in diesen Provinzen ab dem 7. Jh. beendet die Versuche einer kirchlichen Reintegration der Monophysiten. Die zugrundeliegende Frage einer klaren Verhältnisbestimmung von Wesen, Natur und Hypostase Jesu Christi bleibt in Chalkedon ungelöst und beschäftigt die Theologie zwei weitere Jahrhunderte.[14]

## b) Wachstum und Verbreitung

413 werden die Burgunder ins Reichsgebiet integriert (Hauptstadt Worms) und christianisiert (Oros VII 32,13). Eine Generation später demonstriert

---

14 Erlemann 2012, 146–150.

Bischof Anianus (Aignan) von Orléans die militärische Macht der Kirche: Er verteidigt Orléans mit militärischer Macht gegen die Hunnen. – Die Kirche Britanniens verfügt über drei Bistümer (York, Lincoln und London). Ab 432 christianisiert der hl. Patrick die Iren.[15]

### c) Ausblick: Das Ende der Reichskirche

Kaiser Justin I. (518–527) hebt das *Henotikon* auf und beendet damit das Akakianische Schisma (519; ⟶ 6.4.4g). Unter dem Monophysiten Justinian I. (527–565) erlebt Ostrom eine letzte politische und kulturelle Blüte. 529 schließt er die Akademie der Neuplatoniker in Athen (⟶ 6.2.2) und provoziert 544 mit einem Edikt[16] den „Dreikapitelstreit" mit Rom. Rom wertet Justinians Edikt als Affront gegen Chalkedon. Daraufhin beruft Justinian ein (5.) ökumenisches Konzil nach Konstantinopel ein (553). Dieses verunmöglicht die Existenz der Nestorianer in Ostrom. Sie verlagern ihr Glaubensleben nach Syrien und Persien und ziehen als „Thomaschristen" bis nach Indien und China.

Aufgrund politisch zentrifugaler Kräfte lassen sich die Monophysiten nicht mehr mit der Reichskirche vereinigen. Auch das *Ekthesis*-Dekret des Kaisers Heraklios (633) ändert daran nichts mehr. Die Monophysiten gründen autokephale Nationalkirchen wie die Jakobitische Kirche Syriens, die armenische, die koptische und die äthiopische Kirche. Das von Constantius IV. (668–685) einberufene (6.) ökumenische Konzil von Konstantinopel 680/681 besiegelt das Ende der Reichskirche: Die Lösung der offenen Fragen von Chalkedon erreicht die unter muslimischer Herrschaft stehenden Nestorianer und Monophysiten nicht mehr.

## 6.2 Religionsgeschichtlicher Kontext

Nichtchristliche, christlich-gnostische und jüdische Gemeinschaften werden zu verfolgten Minderheiten. Das hat Auswirkungen auf die Verflechtungen der Kirche, die nun auf der Seite des Staates steht, mit ihnen.

---

15 Bellen 2016, 227f.

16 Das „Drei-Kapitel-Edikt" verurteilt Origenes' Allversöhnungslehre, Theodoret von Kyrrhos und den Nestorianer Ibas von Edessa.

### 6.2.1 Römischer Staatskult

Heidnische Kulte sind in der Landbevölkerung noch lange lebendig, auch wenn er offiziell verboten ist. Ansonsten gilt die Gleichung Kirche = neuer Staatskult (→ 6.3.1a). Der weströmische Heermeister Stilicho lässt 408 die nichtchristliche Orakelsammlung der Sibyllinen verbrennen und die Victoria-Statue im römischen Senatsgebäude endgültig abbauen. Nach der Eroberung Roms durch Alarich (410) gewinnen antichristliche Kräfte wieder an Boden (→ 6.3.1b).

### 6.2.2 Philosophie

Athen und Alexandria beherbergen im 5. Jh. bedeutende neuplatonische Akademien. Sie bilden die Lehren Plotins, Porphyrios' und Jamblichos' fort. Ihr Verhältnis zu Staat und Kirche ist ambivalent. In Alexandria kommt es zu Synthesen mit der Theologie (→ 6.3.2).[17] 529 verbietet Kaiser Justinian die „heidnische" neuplatonische Akademie in Athen. Das entzieht der Schule den Boden. Die neuplatonischen Lehrer ziehen sich zeitweise ins Perserreich zurück.

### 6.2.3 Gnostizismus

In Europa hält sich der Manichäismus trotz heftigen Widerstands. Theodosios II. verbietet ihn 425. Von den Vandalen werden die Manichäer ab 440 aus Nordafrika vertrieben, in Rom von Kaiser Valentinian III. und Papst Leo I. verfolgt (C. Th. XVI 5,62). In der Folge verbreiten sie sich jenseits der Reichsgrenzen und dringen bis nach Spanien und China vor. Die manichäischen Bogomilen und Katharer transportieren die gnostischen Ideen weiter. – Die Valentinianer sind noch 692 als Gruppierung bezeugt, spielen aber im 5. Jh. wohl keine Rolle mehr.[18]

---

17 Hager 1994, 344f.
18 Markschies 2002, 498.

## 6.3 Verflechtungen

### 6.3.1 Verhältnis zum Staat

#### a) Römische Religionspolitik

*Überblick*: Im Westen stärkt die enge Kooperation mit dem Staat die Vorrangstellung des Papstes. Im Osten vermitteln die Kaiser mithilfe von Konzilien zwischen theologischen Lehrmeinungen, scheitern aber letztlich an den kompromisslosen Streitparteien. Nichtchristliche Gruppen werden systematisch bekämpft.

**1. Westen: Die Etablierung des Papsttums**

Durch den Zerfall Westroms wächst die Macht der Bischöfe von Rom, der Päpste. Sie stehen in den staatlichen Wirren für Kontinuität und übernehmen ehemals kaiserliche Befugnisse. Der Papst gilt als Bollwerk gegen die andrängenden arianischen Goten. Das stärkt seinen Primatsanspruch, zumal die östlichen Bischöfe mit dem christologischen Streit beschäftigt sind. Die enge Kooperation Papst Leos I. d.Gr. (440–461) mit Valentinian III. führt zum Konzil von Chalkedon (451), zum Vorgehen gegen die Manichäer und zum Verbot für Sklaven, in den Klerus aufzusteigen (452).[19]

476 übernimmt der Papst die Rolle des Fürsorgers für den Staat. Theoderich d.Gr., arianischer „König der Goten und Römer“ (493–526), schlägt mit dem Besuch der Peterskirche in Rom (500) symbolisch eine Brücke zu den Katholiken.[20]

**2. Osten: Vergebliches Ringen um kirchliche Einheit**

Die prochristliche Religionspolitik setzt sich fort. Die Patriarchen von Konstantinopel, Antiochia und Alexandria streiten über die Christologie und die kircheninterne Hierarchie. Theodosios II. ernennt 428 den Syrer Nestorios

19 Bellen 2016, 238f.
20 A.a.O., 279f.

zum Patriarchen von Konstantinopel (→ 6.7.5). Auf dessen Wunsch geht der Kaiser gegen häretische Gruppen aller Couleur vor (Häretikergesetz 428; Socr H.e. VII 294, C. Th. XVI 5,65). Wegen seiner dezidierten Haltung gegen die Verehrung Marias als Gottesmutter (gr. *theotókos*; → 6.5.1) gerät Nestorios in Streit mit dem Kaiserhof und den Bischofskollegen aus Ephesos (Memnon), Alexandria (Kyrill) und Rom (Cölestin).

Theodosios II. beruft zur Stärkung des Nestorios ein (3.) ökumenisches Konzil nach Ephesos ein (431). Als dies scheitert, lässt er die Streithähne verhaften und arbeitet eine „Unionsformel“ aus, die von beiden Seiten anerkannt und unterzeichnet wird (433; → 6.1.3; 6.5.1f). Verlierer des Kompromisses ist Nestorios; er stirbt im oberägyptischen Exil. – 431 erhält die Kirche das Asylrecht zugestanden (C. Th. IX 45,4). Damit übernimmt sie Verantwortung für den sozialen Frieden. Im Sinne der Staatsräson geht Theodosios II. ab 438 gegen häretische, nichtchristliche und jüdische Gruppen vor (→ 6.1.2).

451 lässt das Kaiserehepaar Markian und Pulcheria (450–457) das 4. ökumenische Konzil nach Chalkedon einberufen (→ 6.1.3a). Die Krönung Kaiser Leons I. (457–474) durch den Patriarchen von Konstantinopel symbolisiert die Unterordnung des Kaisers unter Gott und Kirche.

475 vertreibt der Monophysit Basiliskos Kaiser Zenon aus Konstantinopel und unterbricht die dyophysitische Religionspolitik. Er hebt das Chalkedonense auf und stellt Widerstand dagegen unter Strafe. In einem Rundschreiben lässt er den Kurswechsel von ca. 500 monophysitischen Bischöfen bestätigen. Basiliskos scheitert jedoch am Widerstand der Bevölkerung Konstantinopels und ihres Patriarchen Akakios. 476 kehrt Kaiser Zenon zurück, Basiliskos wird zum Tode verurteilt, das Chalkedonense wieder in Kraft gesetzt (→ 6.4.4f).[21]

Reichskirche, Nestorianer und Eutychianer stehen sich unversöhnlich gegenüber. Vermittlungsversuche der Kaiser Zenon (*Henotikon*, 482) und Heraklios (*Ekthesis*, 633) sind erfolglos. Das *Henotikon* soll zwischen Reichskirche und Monophysiten vermitteln, führt stattdessen aber zum einstweiligen „Akakianischen Schisma“ zwischen Rom und Konstantinopel (→ 6.4.4g; 6.1.3c).

21 A.a.O., 265.

### b) Die christliche Einstellung zum Staat

Augustin deutet das römische Imperium als messianisches Reich (Civ. Dei XX). Zugleich erwartet er den globalen Sieg des Gottesreiches am Ende der Zeit (→ 6.7.8). Damit beantwortet er die Theodizeefrage, die nach der Eroberung Roms durch Alarich (410) und der Stärkung antichristlicher Kräfte aufkommt.

### c) Außenwahrnehmung des Christentums

Während sich die Außenwahrnehmung der Kirche seitens des Staates ab 311 zum Guten wendet, bleibt sie bei konkurrierenden und benachteiligten Gruppen tendenziell negativ. Die Kaiser sehen in der Einheit der Kirche die Garantie der staatlichen Wohlfahrt und zeigen dementsprechend Unverständnis für interne und theologische Streitigkeiten. – Aus Sicht der Juden und Manichäer dominieren die Christen die römische Politik und sind Drahtzieher antijüdischer Maßnahmen.[22] Die Juden sympathisieren schon im 4. Jh. mit antichristlichen Kräften wie dem Neuplatoniker Porphyrios und Kaiser Julian. Neuplatonismus und Kirche konkurrieren in der Frage der Kompetenz religiöser Praxis (→ 5.3.2).

### d) Christenverfolgungen

Vereinzelt gibt es pogromartige Übergriffe gegen Christen. 415 gehen alexandrinische Juden gewaltsam gegen Christen vor, motiviert durch die Störung der Sabbatruhe. Bischof Kyrill vertreibt daraufhin die Juden aus der Stadt und zieht ihren Besitz ein (→ 6.3.4).[23] Ab 442 setzt Vandalenkönig Geiserich in Nordafrika den Arianismus durch und verbietet katholische Gottesdienste (→ 6.1.1a). Der Zustand endet erst mit einem Friedensabkommen zwischen Geiserich und Kaiser Zenon (474). Im Perserreich lässt König Jezdegerd III. (438–457) auf Betreiben altpersischer Priester Christen, Manichäer und Juden verfolgen.[24]

---

22 Glatzer 1981, 71ff.

23 Bellen 2016, 219.

24 Glatzer 1981, 92. – Das Motiv der Verfolgung ist die persische Staatsräson.

## 6.3.2 Verhältnis zur Philosophie

Alexandria ist 415 Schauplatz von Konflikten militanter Christen mit Juden und Neuplatonikern. Die Philosophin Hypatia wird von Christen überfallen und getötet. Synesios von Kyrene († nach 412), Schüler Hypatias, ist Neuplatoniker und christlicher Bischof zugleich. Er strebt die Aussöhnung beider Seiten an. Gemäßigte Neuplatoniker wie Ammonios Hermeniou († nach 517) halten sich religiös zurück, um den philosophischen Lehrbetrieb in Alexandria nicht zu gefährden. Er fördert damit gegenseitige Akzeptanz und intellektuellen Austausch. Ambrosius und Augustin sind neuplatonisch beeinflusst. Pseudo-Dionysios Areopagita synthetisiert um 500 Neuplatonismus und christliche Theologie.

Der christologische Streit ist der letzte theologisch-philosophische Diskurs der Alten Kirche. In Chalkedon (451) befreit sich die Theologie von philosophischen Prämissen. Während die östliche Theologie noch länger spekulativ ausgerichtet ist, geht die westliche Theologie andere Wege (vgl. Augustin; ⟶ 6.7.8).

## 6.3.3 Verhältnis zum Gnostizismus

Westkaiser Valentinian III. (425–455) verbietet die Manichäer, Papst Leo I. d.Gr. lässt sie verfolgen (⟶ 6.2.3). Augustin, ehemaliger Hörer der Manichäer, polemisiert in seinen Schriften gegen sie. Der kosmische Dualismus und andere Elemente in Augustins Denken erinnern jedoch an das manichäische Weltbild.[25] – In Persien sind Christen und Manichäer Leidensgenossen in der Verfolgung (⟶ 6.3.1d).

## 6.3.4 Verhältnis zum Judentum

Die Kirche unterbindet staatliches Entgegenkommen gegenüber den Juden[26] und billigt unter Theodosios II. antijüdische Gesetze (⟶ 6.1.2). Militante Konflikte brechen 415 in Antiochia und Alexandria aus. Sie enden mit der Vertreibung der Juden aus Alexandria, der Konfiskation ihres Besitzes

25 Adam 1969 weist auf die Erbsündenlehre, die doppelte Prädestination und das Fegefeuer hin.

26 Zum Folgenden Glatzer 1981, 81–84. Z. B. sollten Juden politisch gleichberechtigt werden.

und mit antijüdischen Gesetzen. Allerdings gebietet Theodosios II. den heftigsten Übergriffen Einhalt:

> „Daß die Sekte der Juden durch kein Gesetz verboten sei, steht hinlänglich fest. Darum hat es uns aufs heftigste erregt, daß ihre Zusammenkünfte an einigen Orten untersagt worden sind. Deine erhabene Größe wird also, nachdem du diese Weisung entgegengenommen, dafür Sorge tragen, daß der Übermut jener Leute, die unter dem Namen der christlichen Religion sich Unerlaubtes herausnehmen und Synagogen zu zerstören und zu plündern wagen, durch angemessene Strenge in Schach gehalten werde."[27]

Leidensgenossen werden Christen, Juden und Manichäer in Persien unter König Jezdegerd III. Dieser betreibt eine altpersische Restaurationspolitik und lässt alle nichtpersischen Religionen verfolgen (→ 6.3.1d).

Christliche Theologen üben sich in antijüdischer Polemik. Hieronymus, Johannes Chrysostomos und Augustin deuten die Katastrophen des Judentums seit dem Jahr 70 als Ausdruck des göttlichen Willens und seiner Vorsehung (Aug Civ. Dei XVIII 45f.). Die Fortexistenz des Judentums begründet sich für Augustin allein in der für die Endzeit vorgesehenen Bekehrung der Juden.[28] Kyrill von Alexandria ist Autor des antijüdischen Pamphlets *Contra Galilaeos* (→ 6.7.3).

## 6.4 Innerkirchliche Entwicklung

### 6.4.1 Organisation

*Überblick*: Die kirchliche Hierarchie erweitert sich um Papst und Patriarchen. Sie haben als „Oberbischöfe" erweiterte Rechtskompetenzen. Die Rolle des Kaisers als *pontifex maximus* ist umstritten; die kirchlich-staatliche Machtfrage bleibt offen. Finanziell ist die Kirche gut gestellt, unterhält einen reichhaltigen Klerus und nimmt soziale Verantwortung wahr. Die reichsweite Vernetzung nimmt mit dem Auseinanderdriften von Ost und

27 C. Th. XVI 8,9 (Text aus Ritter 1994, 189).
28 Glatzer 1981, 76.

West ab. Das Machtgerangel unter den Patriarchaten geht weiter, der römische Primat setzt sich im Westen unter Papst Leo I. durch.

### a) Funktionen und Ämter

Die Hochstufung kirchlicher Zentren zu Patriarchaten bedeutet eine Differenzierung der klerikalen Hierarchie. Die Patriarchen bzw. Metropoliten haben erweiterte Gerichtskompetenz. Zeitgleich beansprucht das Papsttum für sich die höchste Stufe der Hierarchie. Ihm nachgeordnet sind die Patriarchen Konstantinopels, Antiochias, Alexandrias und Jerusalems (→ 5.1.3a; 5.4.1d). Der Kaiser nimmt zum Teil als *pontifex maximus* die höchste kirchliche Autorität für sich in Anspruch (Cäsaropapismus). Dieser Anspruch wird von den Patriarchen bestritten (→ 6.4.1.d.c).

### b) Finanzierung

Die Reichskirche lebt von Steuermitteln und zahlreichen staatlichen Vergünstigungen. Sie unterhält eine stark anwachsende Zahl von Klerikern und betätigt sich in der Armenfürsorge und anderen diakonischen Bereichen. Die üppige Ausstattung belegt die finanzielle Prosperität der Reichskirche. Der Bischof von Orléans kann sogar mit kirchlichen Truppen die Hunnen zurückschlagen (451; → 6.1.3b).

### c) Überregionale Vernetzung

Das konziliare System bewährt sich mit Einschränkungen. Auf den „ökumenischen" Konzilien von Ephesos (431) und Chalkedon (451) sind hauptsächlich östliche Kleriker versammelt. Westliche Bischöfe nehmen die Einladungen aus unterschiedlichen Gründen nicht wahr. Papst Cölestin I. lässt sich in Ephesos von Kyrill von Alexandria vertreten. Gleichwohl funktioniert der Zusammenhalt, wie die Rolle Papst Leos I. rund um das Konzil von Chalkedon zeigt (→ 6.1.3a). Zu den Monophysiten und Nestorianern wird der Kontakt, bedingt durch politische und theologische Faktoren, schwieriger (→ 6.1.3c).

## d) Zentren und Machtverhältnisse

Die Konkurrenz zwischen Konstantinopel, Antiochia, Alexandria und Jerusalem schwelt weiter.[29] Der christologische Streit (→ 6.5.1) ist auch ein kirchenpolitischer Streit um die 381 beschlossene Vorrangstellung Konstantinopels im Osten. Durch Intrigenspiel und Bestechung gelingt es Kyrill von Alexandria, seine Position am kaiserlichen Hof zu stärken und Bischof Nestorios auszubooten (→ 6.1.3a). Chalkedon (451) bestätigt indes die Vorrangstellung Konstantinopels (canon 28; vgl. → 5.4.1d). Papst Leo I. protestiert dagegen unter Hinweis auf die fehlende apostolische Legitimation der Stadt (Ep. 100,3; 105,3). Seine Vermittlerrolle im christologischen Streit stärkt die Autorität des Papsttums.

## e) Entwicklung des römischen Primats

Der römische Primat bleibt umstritten. Das zeigt der Fall des Bischofs Hilarius von Arles (428–449), der weit über die Befugnisse eines Provinzepiskopats hinausstrebt. Papst Leo I. (440–461) zitiert ihn nach Rom, weist seine Ansprüche zurück und lässt über Kaiser Valentinian III. den päpstlichen

29 Karthago, Ephesos und Cäsarea am Meer verlieren an Bedeutung.

Primat für den westlichen Reichsteil 445 per Dekret bestätigen.[30] Leo darf als erster Papst gelten. Er vermittelt im christologischen Streit der Ostkirche, gibt die entscheidenden theologischen Impulse, fährt als Nachfolger des Petrus nach Chalkedon und setzt sich mit seiner dyophysitischen Meinung durch (451). Das „Felsenwort" Mt 16,18f. mit der Übereignung der Binde- und Lösegewalt an Petrus begründen den Primatsanspruch biblisch-theologisch (Leo Ep. 65,2).

Seine exponierte Stellung verschafft Leo eine Schlüsselrolle bei der römischen Gesandtschaft zu Hunnenkönig Attila (452), der aus Respekt vor dem Papst die Stadt Rom bei seinen Feldzügen verschont. Damit steht Leo, wie früher der Kaiser, als Roms Retter da.[31] Die Anerkennung des Primatsanspruchs zeigt sich im Gesuch des oströmischen Kaisers Markian, der Papst möge Fürbitte für ihn und seine Herrschaft leisten (450). – Gleichwohl kann Leo die Rangerhöhung Konstantinopels nicht verhindern (451; ⟶ 6.4.1d). Nicht der Papst, sondern der Patriarch von Konstantinopel krönt 457 Leon I. zum neuen Kaiser Ostroms (⟶ 6.3.1a).

Über 476 hinaus bleibt das Papsttum im Westen die einzige Institution christlich-römischer Tradition. Das stärkt seine Position nachhaltig. 498 kommt es in Rom zu einem Schisma: Symmachus und Laurentius werden zeitgleich zu Päpsten gewählt. Der Vorgang sorgt für Unruhen und hat große Bedeutung für das weitere Verhältnis zu den Monophysiten des Ostens. König Theoderich d.Gr. entscheidet sich für Symmachus, einen Anhänger des Chalkedonense, und fördert damit (unwissentlich?) das weitere Auseinanderdriften von Ost- und Westkirche.[32]

## 6.4.2 Gemeindeleben

*Überblick*: Liturgische Texte werden standardisiert, die Rolle der Laien in Gottesdiensten eingeschränkt. Östliche und westliche Liturgie entwickeln sich auseinander. Taufritus und Bußpraxis werden verfeinert; die Kindertaufe setzt sich durch. Das Abendmahl wird zu einer Exklusiv-

30 Zum Folgenden Bellen 2016, 221-243.

31 455 drängt Leo die Vandalen zum Verzicht auf Mord und Brandstiftung; sie beschränken sich auf die Plünderung Roms. Unter anderem erbeuten sie die 70 n. Chr. aus dem Jerusalemer Tempel geraubten Schätze (a. a. O., 252). Der Begriff „Vandalismus" rührt von diesen Ereignissen her.

32 Bellen 2016, 279.

veranstaltung für würdige Getaufte. Bestattungsliturgie und Heiligenverehrung nehmen neue Formen an.

### a) Gottesdienst und Festzeiten

Das Wachstum der Kirche zwingt zur Teilung von Ortsgemeinden. Die im 4. Jh. einsetzende Übernahme nichtchristlicher Elemente in den christlichen Gottesdienst (geweihtes Salz, Weihrauch, heilige Stätten) setzt sich fort.[33] Die Liturgie nimmt festere Formen an. Die liturgische Rolle der meist ungebildeten Laien wird stark eingeschränkt. Liturgische Texte werden zensiert, um Irrlehren zu verhindern. Gebete, Texte und Gesänge sind noch nicht starr und werden an die Bedürfnisse theologischer *correctness* angepasst, letztlich dann überregional fixiert. Im Westen entwickelt sich die altrömische Liturgie, im Osten die byzantinische. Diese kommt ab dem 6. Jh. zur Vollendung.[34] Die vorösterliche Fastenzeit wird auf 40 Tage ausgedehnt.[35] – Nichtchristliche Feste werden christianisiert (→ 5.4.2a). Das Epiphaniasfest wird im Westen übernommen, das Weihnachtsfest im Osten.

### b) Taufe und Abendmahl

Der enorme Zuwachs an Taufwilligen führt zum Umbau des Katechumenats. Der Abstand zwischen (ungebildeten) Laien und Klerus vergrößert sich.[36] Ambrosius und Augustin fordern eine genaue Prüfung (*Scrutinium*), ob Taufwillige nach Exorzismen wirklich frei von Sünde und Dämonen sind (Ambr Explan. symb. 1; Aug Serm. 216,11). Drei Salbungen begleiten den Taufritus (Ambr Sacr. 2,24; 3,1; vgl. Trad. Ap.). Eine Fußwaschung soll von den Folgen der Erbsünde heilen (Ambr Sacr. 3,4–7). Ambrosius und Johannes Chrysostomos verzichten auf ein öffentliches Sündenbekenntnis (Ambr Sacr. 3,12; Chrys Stat. 22,4). – Die Donatisten praktizieren die Kindertaufe; wer sie Neugeborenen verweigert, wird verurteilt (Konzilien von Karthago 401 und 418). Augustin hält die Kindertaufe durch die Erbsünde für gerechtfertigt, ja für geboten (Bapt. 4,30f.; Nupt.1,22).

---

33 Zum Folgenden Bradshaw 1995, 40f.
34 Jörns/Bieritz 1989, 586.
35 Benrath 1981, 458.
36 Zum Folgenden Bradshaw 1995, 41.

Der Osten versteht das Abendmahl als Erinnerung (Anamnese) an das Selbstopfer Christi (Mops Cat. hom. 15f.).[37] Brot und Wein werden substanziell gewandelt (Mops Cat. hom. 16,12). Christus ist bei der Feier realpräsent (Kyr Alex Adv. Nest. 5,6). Das Abendmahl wird zur elitären Veranstaltung von würdigen Getauften. – Die Symbolik der Eucharistiefeier wird in der Ostkirche in der Folge zulasten des Mahlcharakters ausgebaut.[38] Im Gegenzug betont Augustin den Gemeinschaftsaspekt und den Verkündigungscharakter des Abendmahls.

### c) Bußpraxis und Kirchenzucht

Eine zweite Buße ist für alle Sünden außer der „Sünde gegen den Heiligen Geist" möglich. Eine längere Bußzeit, verknüpft mit mehrwöchigem Fasten, geht einer Rehabilitation des Sünders voraus. Die Wiederaufnahme erfolgt unter erneuter Handauflegung mit Geistempfang (Const. Ap.). Hieraus entwickelt sich die östliche Bußpraxis inkl. verschiedener Bußstufen und Restriktionen.[39]

### d) Bestattung und Heiligenverehrung

Augustin begründet die Notwendigkeit der Bestattung damit, dass der durch Christus erlöste Mensch der Auferstehung entgegengeht (Cur. 18).[40] Die Zeremonie wird liturgisch ausgestaltet (Gebete, Wechselgesänge u. a.; Conf. IX 12). Augustin betont den grundsätzlichen Nutzen von Bittgebeten für die Toten (Cur. 18,22).

Die Heiligenverehrung nimmt neue Formen an. Amulette und Phylakterien kommen in Gebrauch.[41] Die Gräber früherer Märtyrer werden ausfindig gemacht; ihre Reliquien gelten als heilsbringend. So werden 415 die Gebeine des hl. Stephanus nahe Jerusalem entdeckt und für den Reliquienkult zugänglich gemacht.

---

37 Zum Folgenden Kretschmar 1977, 78ff.
38 Kretschmar 1977, 81, unter Hinweis auf Pseudo-Dionys Areopagita.
39 Details bei Benrath 1981, 458.
40 Zum Folgenden Merkel 1980, 743f.
41 Vgl. zum Folgenden Hausberger 1985, 649f.

### 6.4.3 Ortsunabhängige Lebensformen

#### a) Entwicklung des Mönchtums

Einen wichtigen Impuls erhält das Klosterwesen nördlich der Alpen ab ca. 470 durch den hl. Severin. Im Kampf gegen Alamannen und Rugier in der Region von Bayern und Salzburg predigt er ein rigoristisches Christentum mit den Kernelementen Fasten, Beten und Almosen. Er führt die Zehntsteuer für den sozialen Ausgleich ein und gründet Klöster, um die mönchische Lebensform zu etablieren. Mit diesen Maßnahmen gelingen Severin beachtliche soziale und politische Erfolge.[42]

Palästinische Mönche unter dem Mönch Theodosios rebellieren gegen das Chalkedonense und versuchen gewaltsam, den Monophysitismus als einzig wahre Lehre durchzusetzen; Patriarch Juvenal von Jerusalem, ein Dyophysit, wird von den Mönchen vertrieben, Theodosios zum Nachfolger gekürt (452). Erst das Militär stellt die Ordnung wieder her; Theodosios flieht zum Sinai (453).[43] Der Streit um das Chalkedonense eskaliert später in Ägypten. Monophysitische Kopten rebellieren mit Unterstützung zahlloser Klöster gegen Beschlüsse wie das Verbot, Sklaven in den Klerus und in die Klöster aufzunehmen.[44] – In Syrien verbreitet der Asket Symeon Stylites († 459) auf einer Säule lebend ethische Mahnungen und tut Wunder.[45] Der monophysitische Mönch Petrus Fullo setzt 470 den antiochenischen Patriarchen Martyrios so unter Druck, dass er dem Mönch seinen Posten abtritt. Erst nach etwa einem Jahr wird Petrus Fullo abgesetzt und verbannt.

### 6.4.4 Konkurrenzen und Spaltungen

*Überblick*: Das 5. Jh. führt zu den ersten dauerhaften Kirchenspaltungen. Die christologische Frage findet keine allgemein befriedigende Lösung. Chalkedonense und *Henotikon* können die Gräben zwischen Mono- und Dyophysiten nicht überbrücken. Monophysiten, Nestorianer und Eutychianer verweigern sich und wandern aus der Reichskirche aus. –

42 Bellen 2016, 259f.

43 Zum Folgenden Bellen 2016, 263–265.

44 Viele Klöster Ägyptens sind in jener Zeit von ehemaligen Sklaven bevölkert.

45 Hausammann 2003, 212–218.

Donatisten und Pelagianer vertreten deviante Ansichten bezüglich der Bußfrage bzw. der Erbsündenlehre.

## a) Antiochener und Alexandriner

Die östliche Kirche ist weiterhin von der Konkurrenz zwischen Alexandrinischer und Antiochenischer Schule geprägt. Zur Ersteren gehören Isidor von Pelusium (ca. 360–nach 431) sowie die Bischöfe Theophilos (385–412), Kyrill (412–444) und Dioskur (444–451).[46] Sie lehren den mehrfachen Schriftsinn und Allegorese. Zur Antiochenischen Schule zählen Diodor von Tarsos († vor 394; als nestorianisch häretisiert 499), sein Schüler Theodor von Mopsuestia (ca. 352–428, seit 392 Bischof und 553 häretisiert) und dessen Schüler Theodoret von Kyrrhos († 460). Sie betonen den wörtlichen und moralischen Sinn der Bibeltexte (→ 5.5.7).[47] Christologisch sind die Alexandriner Monophysiten, die Antiochener Dyophysiten (→ 6.5.1). Die Nestorianer sind radikale Dyophysiten, die Eutychianer radikale Monophysiten. Gemäßigte Kräfte beider Lager verständigen sich 451 auf das Chalkedonense; Nestorianer und Eutychianer werden häretisiert (→ 6.1.3a).

## b) Donatisten

Der Donatismus (→ 5.4.4b), um 400 in Nordafrika etwa gleich stark wie die Reichskirche, gerät im Gefolge der Säuberungsmaßnahmen des Honorius erneut in den Fokus. Augustin (→ 6.7.8) strebt eine Wiedervereinigung an, scheitert aber 411 am Widerstand der 279 donatistischen Bischöfe. Daraufhin verbietet Honorius den Donatisten Wiedertaufe und Gottesdienste; Zuwiderhandlungen führen zum Verlust des Bürgerrechts (C. Th. XVI 5,52). Während des Vandaleneinfalls (ab 429) kommt es zu neuen Konflikten zwischen Katholiken und Donatisten in Nordafrika. Von den Ereignissen berichtet Augustin (Serm 344f.; → 6.7.8).

46 Sie setzen die exegetische Tradition der Kirchenväter Klemens, Origenes und Athanasios fort.

47 Sie stehen in der Tradition des Eustathios von Antiochia und der origenistischen Mittelpartei.

### c) Pelagianer

Der konvertierte Britannier Pelagius (ca. 350–420), ein Asket, verbreitet ab ca. 390 in Rom seine Lehre. Er sieht den Menschen als zur Tugend und zur Vollkommenheit fähig. Das widerspricht der Erbsündenlehre Augustins (vgl. Röm 5,12). Mit der Ablehnung der Kindertaufe provoziert Pelagius Augustin zum Widerspruch („Über die Natur und die Gnade", 415). Ab ca. 411 lehrt Pelagius in Jerusalem. 417 schließt Innozenz von Rom die Pelagianer aus der Kirche aus.[48] 418 werden sie von Honorius aus Rom vertrieben. Pelagius stirbt nach 418; seine Lehre existiert weiter. 429 bekämpft Germanus von Auxerre Pelagianer in Britannien.[49]

### d) Nestorianer

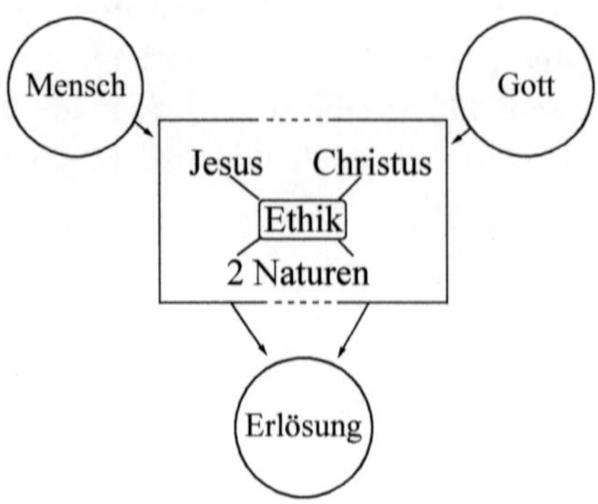


Nestorianer denken radikal dyophysitisch: In Jesus Christus koexistierten göttliche und menschliche Natur, ohne sich zu vermischen, ohne *communicatio idiomatum* (Wechselwirkung). Das sichert das Axiom der Leidensunfähigkeit Gottes: Nicht Gott, sondern ein Mensch (Jesus) starb auf Golgatha! Jesu Gehorsam gilt als entscheidende Heilstat. Maria war nicht „Gottesgebärerin" (gr. *theotókos*), allenfalls „Christusgebärerin" (gr. *christotókos*). Die Nestorianer wandern nach 451 aus dem Reichsgebiet aus und spalten sich von der Reichskirche ab. Nestorianische Kirchen gibt es bis heute in Nahost (→ 6.1.3c).

48 Bellen 2016, 207f.
49 A.a.O., 228.

## e) Eutychianer

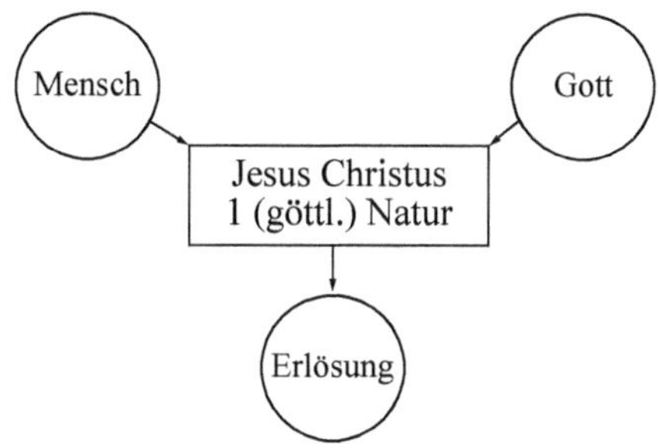


Die radikal-monophysitischen Eutychianer propagieren eine einzige (göttliche) Natur Jesu Christi, fusioniert bei der Inkarnation, in deren Folge die menschliche Seite vergöttlicht worden sei. Eine Unterscheidung zweier Naturen sei unmöglich; Jesus Christus sei wahrer Gott und als solcher anzubeten, Maria sei als „Gottesgebärerin" (*theotókos*) zu verehren. Diese Position wird ebenfalls in Chalkedon verurteilt. Auch die Eutychianer verlassen die Reichskirche und gründen in den Randprovinzen des Römischen Reiches autokephale Kirchen.

## f) Kopten und andere Monophysiten

In Alexandria rebellieren monophysitische Kopten unter Timotheos gegen das Chalkedonense (457). Der dyophysitische Patriarch Proterios wird ermordet. Timotheos erklärt sich zu seinem Nachfolger und besetzt sämtliche Bischofsitze Ägyptens monophysitisch.[50] 460 wird Timotheos auf Betreiben des Papstes (Leo) von Kaiser Leon I. abgesetzt und ins Exil geschickt. 476 nimmt er auf Geheiß des monophysitischen Usurpators Basiliskos den Bischofsstuhl Alexandrias wieder ein. Das kurze Intermezzo endet mit der Absetzung des Basiliskos (⟶ 6.3.1a).

## g) Akakianisches Schisma

Ein Versuch Kaiser Zenons, zwischen den verfeindeten Kirchenparteien zu vermitteln, löst 484 das Akakianische Schisma zwischen Rom und Konstantinopel aus (⟶ 6.3.1a). Akakios von Konstantinopel (471–489) formuliert im *Henotikon* die gemeinsame Grundlage von Dyo- und Monophysiten unter Ausschluss des Chalkedonense. Zenon dekretiert das Papier, das im Osten Zuspruch, in Rom jedoch heftige Ablehnung erfährt. 484, während Odoakers Herrschaft in Italien, erklärt Papst Felix II. (483-492) die Kirchengemein-

50 Bellen 2016, 263f.

schaft mit Ostrom für beendet. Erst die Aufhebung des *Henotikon* durch Kaiser Justin I. beendet das Schisma (519). Die folgende Wiederannäherung der Reichsteile drängt die Monophysiten weiter aus der Reichskirche.

## 6.4.5 Bekenntnisbildung

Das Chalkedonense gießt die altkirchliche Christologie in ein ökumenisch verbindliches Symbol. Kern ist das Bekenntnis zu Christus als wahrem Menschen und wahrem Gott zugleich sowie zum immerwährenden Austausch zwischen den beiden Naturen Christi (lat. *communicatio idiomatum*). Eutychianer und Nestorianer werden zugunsten eines gemäßigten Dyophysitismus häretisiert.

> „In der Nachfolge der heiligen Väter lehren wir also alle übereinstimmend, daß unser Herr Christus als ein und derselbe Sohn zu bekennen sei, derselbe vollkommen in der Gottheit, derselbe auch vollkommen in der Menschheit, derselbe wahrhaft Gott und wahrhaft Mensch aus Vernunftseele und Leib, mit dem Vater wesenseins der Gottheit nach und als derselbe mit uns wesenseins der Menschheit nach, in allem uns ähnlich, ausgenommen der Sünde, vor den Zeiten aus dem Vater geboren der Gottheit nach, am Ende der Tage aber als derselbe um unseret- und um unseres Heiles willen aus der Jungfrau Maria, der Gottesgebärerin, geboren, der Menschheit nach, als ein und derselbe Christus, Sohn, eingeborener Herr, *in* zwei Naturen unvermischt, unverwandelt, ungetrennt, ungesondert erkennbar, wobei jedoch die Unterschiedenheit der Naturen um der Einung willen keineswegs aufgehoben wird, sondern die Eigentümlichkeit (gr. *idiótes*) einer jeden Natur gewahrt bleibt und sich zu einer Person (gr. *prósopon*) und zu einer Hypostase verbindet, nicht als in zwei Personen geteilt oder getrennt, sondern als ein und derselbe eingeborene Sohn, Gott, Logos, der Herr Jesus Christus, wie vorzeiten die Propheten von ihm kündeten und (danach) er selbst, Jesus Christus, uns unterwies und das Symbol unserer Väter [es] uns überliefert hat."[51]

Die Synode von Toledo billigt 447 ein Symbol, das das Herausgehen des Heiligen Geistes nicht nur aus dem Vater, sondern auch aus dem Sohn (lat. *filioque*) enthält (→ 6.5.3). Das ergänzt das Nicäno-Constantinopolitanum für die Westkirche.

51 Text aus Ritter 1982, 264f.

### 6.4.6 Genderaspekte

Patriarchale Sexualmoral und Rollenverteilung zwischen den Geschlechtern setzen sich fort. Augustin und Ambrosius stellen Eva und Maria antitypisch gegeneinander (Beginn der Sünde *vs.* Beginn der Gnade). Diakoninnen gibt es weiterhin; sie rekrutieren sich jedoch mehr und mehr aus Frauenklöstern.[52]

## 6.5 Theologische Themen

Dominantes Thema ist die Christologie. Die Pneumatologie dreht sich um die Frage des *Filioque.* In Eschatologie, Trinitätslehre, Soteriologie und Ethik setzt die westliche Theologie (Ambrosius, Augustin) neue Akzente.

### 6.5.1 Christologie

*Überblick*: Die Frage nach dem Verhältnis der beiden Naturen Jesu Christi werden über Chalkedon hinaus kontrovers diskutiert. Das Chalkedonense betont die Gleichrangigkeit, Untrennbarkeit und Unterscheidbarkeit der Naturen sowie ihre gegenseitige Wechselwirkung. Extrempositionen werden häretisiert. Die heilsgeschichtliche Argumentation setzt sich gegen die philosophische durch.

Die Leitfragen im christologischen Streit lauten: Was passierte bei der Inkarnation? Wie verhalten sich göttliche und menschliche Natur in Jesus Christus? Wer oder was ist eigentlich am Kreuz gestorben? Welcher Teil bzw. welcher Akt ist für die Erlösung entscheidend? Und: Wie sind Jesus Christus und Maria angemessen zu verehren? Das NT gibt auf diese Fragen keine eindeutige Antwort.[53]

52 Ludolphy 1983, 437.

53 Vgl. das Jesusbild der synoptischen Evangelien (tendenzielle Betonung des Menschseins Jesu) gegenüber dem joh. Jesusbild (tendenzielle Betonung des Gottseins Jesu). Joh 1,14 („Und das Wort wurde Fleisch“) ist im Sinne einer Logos-Sarx- wie auch einer Logos-Mensch-Christologie deutbar. Phil 2,6–11 lässt offen, ob an eine reale oder eine scheinbare Menschwerdung Christi zu denken ist („er wurde wie ein Mensch“, „nahm Knechtsgestalt an“) (→ 2.5.1).

### a) Was passierte bei der Inkarnation?

Im Hintergrund der Frage steht der Anspruch philosophischer Gottesaxiome: 1) Gott ist eine streng transzendente Größe; 2) Gott ist unveränderlich; 3) Gott kann sich nicht mit Materie bzw. einem Menschen vereinen oder gar vermischen; 4) Gott ist unvergänglich und leidensunfähig. Im Rahmen dieser Axiomatik erscheint die Rede von einer „Inkarnation" Gottes bzw. seines Logos-Christus im Menschen Jesus von Nazareth widersinnig. Ebenso erscheint der Gedanke an eine Teilhabe Gottes oder seines Logos am Tod Jesu widersinnig (Kaiser Julian C. Gal. u. a.).

Die Theologie des 5. Jh. entwickelt mehrere Denkmodelle: *Erstens*, der Logos Gottes verband sich mit dem Menschen Jesus so, dass eine einzige, neue Natur bzw. Hypostase entstand: Jesus Christus (substanzielle Einung; Monophysitismus, Alexandrinische Schule); *zweitens*, der Logos Gottes inkarnierte sich so in Jesus, dass göttliche und menschliche Natur vereinigt wurden, aber unterscheidbar blieben (willentliche Einung bzw. Einwohnung; Dyophysitismus, Antiochenische Schule).[54] Dieses Modell betont das Axiom der Unveränderlichkeit Gottes.

### b) Wie verhalten sich die beiden Naturen in Christus?

Bei dieser Frage reicht die Palette denkbarer Modelle von Fusion im Sinne völliger Nichtunterscheidbarkeit bzw. totaler Vermischung (Vermischungs- oder Fusionschristologie, Eutyches) bis hin zur friedlichen Koexistenz der Naturen bei bleibendem Getrenntsein (Trennungschristologie, Nestorios). In diesen beiden Modellen kommt es zwischen den Naturen zu keiner Wechselwirkung (lat. *communicatio idiomatum*). Das unterscheidet sie von den Modellen der gemäßigten Dyo- und Monophysiten. Diese betonen die Unterscheidbarkeit der Naturen, legen jedoch unterschiedliche Akzente: die Monophysiten auf die substanzielle Einheit der Naturen, die Dyophysiten auf deren Unterscheidbarkeit.

54 Mops Cat. 8,10: Der Mensch Jesus hat Gott in sich getragen. – Diodor von Tarsos beruft sich auf Phil 2,6–11: Gott wurde *wie* ein Mensch, *wie* ein Knecht, blieb aber unverändert Gott („Wider die Synusiasten" fr. 14).

### c) Wer oder was ist eigentlich am Kreuz gestorben?

Die Monophysiten vermeiden den Patripassianismus der Modalisten (→ 3.4.4c): Nur der Logos, nicht Gott selbst habe sich inkarniert. Außerdem sei am Kreuz nicht Gott, sondern der Logos (mit-)gestorben (gegen das Apathieaxiom). – Für Dyophysiten starb am Kreuz nur der menschliche Anteil Jesu Christi; der göttliche sei dagegen unvergänglich und leidensunfähig (Mops Adv. Apoll. III fr. 4).

### d) Was genau bewirkt die Erlösung?

Hier lauten die Optionen: *Erstens*, die Einung der beiden Naturen; *zweitens*, der Gehorsam des Menschen Jesus; *drittens*, die Auferstehung Christi. Für Monophysiten ist entscheidend die von Gott selbst initiierte Inkarnation mit der Einung der göttlichen und menschlichen Natur; sie ermöglichte den Heilstod Jesu und die Auferstehung Christi („Soteriologie von oben"). Für Dyophysiten sind entscheidend die Rettung der Seele Jesu als Ort der Sündenverfallenheit des Menschen (Mops Comm. Joh. 6 u. a.), Jesu Gehorsam bis zum Tod bzw. die heilvolle Kooperation von Gott und Mensch in Jesus Christus („Soteriologie von unten").

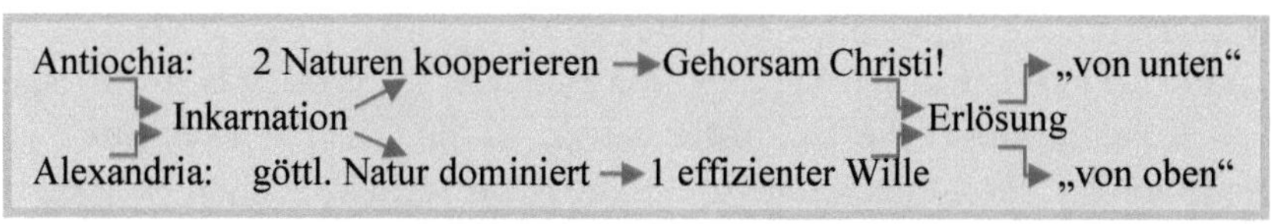


### e) Wer oder was ist zu verehren?

Diese praktisch-theologische Frage ist ein wichtiges Movens des christologischen Streits. Ist Jesus Christus in vollem Umfang zu verehren oder nur ein Teil von ihm? Welche Lobpreisformeln sind angemessen? Ist Maria „Gottesgebärerin" (gr. *theotókos*) oder „Menschen- bzw. Christusgebärerin" (gr. *christotókos*)? Monophysiten sehen in Jesus Christus eine eigene, einzigartige göttliche Hypostase, die als solche voll und ganz, mitsamt Maria als Gottesgebärerin, zu verehren sei. Dyophysiten sehen in Maria keine Gottesgebärerin und beten sie daher auch nicht an. Der Monophysit Theodor von Mopsuestia versucht den Ausgleich:

„[...] Wenn man aber fragt: ‚Ist Maria Menschen- oder Gottgebärerin?', so sei unsererseits erwidert: ‚Beides trifft zu!' Das eine ist sie der Natur der Sache nach, das andere beziehungsweise. Menschengebärerin ist sie von Natur, weil der, der im Schoße Mariens war, ein Mensch war und so auch daraus hervorging. Gottgebärerin aber ist sie, weil Gott in dem [von ihr] geborenen Menschen war: nicht in ihm seiner Natur nach eingeschlossen, wohl aber in ihm wesend seinem willentlichen Verhalten nach."[55]

## f) Der Kompromiss von Ephesos und Chalkedon

Der christologische Streit wird in Chalkedon 451 heilsgeschichtlich-biblisch gelöst: Entscheidend sei die Erlösung des ganzen Menschen durch Gottes Heilsinitiative. Dementsprechend sei weder an der wahren Menschwerdung des Logos Gottes noch an der Göttlichkeit Jesu Christi zu zweifeln. Die „Unionsformel" von Ephesos 433 (→ 6.1.3a) unterstützt die Grundgedanken: *Erstens*, Jesus Christus sei „wesenseins mit uns der Menschheit nach"; *zweitens*, die Inkarnation führte zur „unvermischten Einung zweier Naturen"; *drittens*; Maria ist Gottesgebärerin. Damit ist die nestorianische Trennungschristologie vom Tisch. Die Monophysiten akzeptieren die Rede von zwei Naturen, die Dyophysiten erkennen die Rede von der Einheit der beiden Naturen und den Theotokos-Titel an.

Auf der „endemischen Synode" von Ephesos 433 spitzt Bischof Flavian von Konstantinopel die Unionsformel zu. Er hält an der Rede der zwei Naturen fest, betont aber gleichzeitig die hypostatische Einheit der Person Jesu Christi:

„Wir bekennen, dass Christus nach der Fleischwerdung *aus* (bzw. *in*) zwei Naturen besteht, indem wir ihn in einer Hypostase und einer Person (gr. *prósopon*) als einen Christus, einen Sohn, einen Herrn bekennen."[56]

Chalkedon bestätigt die Ergebnisse. Unter maßgeblicher Formulierungshilfe Kyrills von Alexandria und Papst Leos I. kommt das bis heute gültige, ökumenische Chalkedonense zustande (→ 6.4.5).[57] Die Formulierung, Jesus Christus bestehe „*in* zwei Naturen" statt „*aus* zwei Naturen" ist gegen

55 Mops Incarn. XV (Text aus Ritter 1994, 195). Vgl. zur Gegenposition → 6.7.5.
56 Schwartz, ACO II 1,1,114.
57 Papst Leo zeichnet vor allem für die Formulierung „[...] sondern die Eigentümlichkeit einer jeden Natur gewahrt bleibt und sich zu einer Person verbindet" verantwortlich. Dies ist ein wichtiges Korrektiv zu den ansonsten von Kyrill geprägten Formulierungen.

Eutyches' Fusionschristologie gerichtet. Der Theotokos-Titel für Maria wird ökumenisch anerkannt.

[*Nestorios*: Trennung d. Naturen, keine *comm. idiom.*, Maria *Christo*tokos]
2-Naturen-Lehre (Antiochia) → [Ephesos/Chalkedon: M. = *Theo*tokos,
1-Naturen-Lehre (Alexandria) → unvermischte Einung, *comm. idiom.*
[*Eutyches*: Fusion d. Naturen → 1 göttliche Natur Christi, M. = *Theo*tokos]

### g) Fazit: Wahrer Mensch und wahrer Gott zugleich

Im Ringen um eine theologisch und philosophisch befriedigende Erklärung der Formel „Jesus (der) Christus" gewinnt am Ende die biblisch-heilsgeschichtliche Perspektive. Um das Erlösungswerk in Menschwerdung, Tod und Auferstehung Jesu Christi vollumfänglich abbilden zu können, werden philosophische Gottesaxiome aufgebrochen. Dies markiert, nach den trinitätstheologischen Beschlüssen von Nikäa und Konstantinopel, die zunehmende Emanzipation der Theologie von der Philosophie. Am Ende steht die Absage an christologische Halbheiten und das Bekenntnis zu Jesus Christus als „wahrem Mensch" und „wahrem Gott" zugleich. Der wahre Gott wurde wahrer Mensch: Dieses Paradox bildet den christlichen Erlösungsglauben besser ab, als es philosophische Formulierungen je könnten.

## 6.5.2 Trinitätstheologie

Augustin von Hippo gibt der Trinitätslehre neue Impulse: An die Stelle platonisch-ontologischer Spekulation tritt bei ihm die aristotelische Dimension liebender Relation.[58] Die Liebe sei auch im menschlichen Bereich trinitarisch strukturiert. Der Liebende, das Geliebte und die Liebe als einigendes Band entsprechen der göttlichen Trinität, so Augustin. Der Heilige Geist entstamme aus Vater und Sohn gleichermaßen und umspanne sie als liebendes Band. Damit begründet Augustin das *Filioque* trinitätstheologisch; der Heilige Geist sei aus Vater und Sohn gleichermaßen als einigendes Band entstanden (Trin. 15,45–47). Die Schöpfung sei von Spuren der göttlichen Trinität (lat. *vestigia trinitatis*) durchzogen. Das befähige den menschlichen Geist zur Gotteserkenntnis. Der Paradigmenwechsel von platonischen zu

58 Zum Folgenden Drecoll 2011, 121–162; Rosenau 1998, 10.

aristotelischen Kategorien bestimmt bis heute die Trinitätstheologie. Die Personalität der trinitarischen Figuren tritt in den Hintergrund.

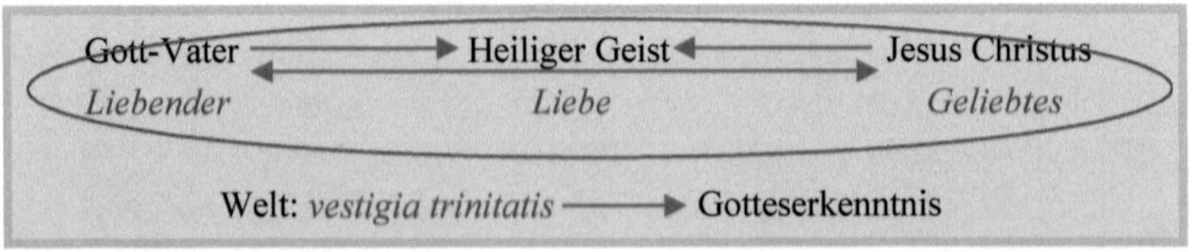


## 6.5.3 Pneumatologie

Das 5. Jh. kreist pneumatologisch um die Frage, ob der Heilige Geist allein aus Gott-Vater (Joh 14,26; 15,26) oder auch aus dem Sohn stamme (Joh 16,7). Während die Ostkirche das Hervorgehen (gr. *ekpóreusis*) des Geistes allein aus dem Vater akzeptiert, versieht die Westkirche den dritten Glaubensartikel mit dem Zusatz „und aus dem Sohn" (lat. *filioque*). Sinn des Zusatzes ist es, jegliche Andeutung einer Subordination des Geistes zu vermeiden. Da der Zusatz im Nicänum fehlt, ist er für die Ostkirche nicht zulässig. – Augustin (Trin. 15,29) etabliert das *Filioque* im Westen. Die Synode von Toledo (447) modifiziert ein früheres Symbol von Toledo (400) folgendermaßen:

> „[...] spiritum quoque Paracletum esse, qui nec Pater sit ipse, nec Filius, sed a Patre *filioque* (aus dem Vater und dem Sohn) procedens. Est ergo ingenitus Pater, genitus Filius, non genitus Paracletus, sed a Patre *filioque* procedens."

Ab dem 8. Jh. wird das *Filioque* zum Unterscheidungsmerkmal von Ost- und Westkirche. Die Debatten führen 1054 schließlich zum „Großen Abendländischen Schisma" zwischen katholischer und orthodoxer Kirche.

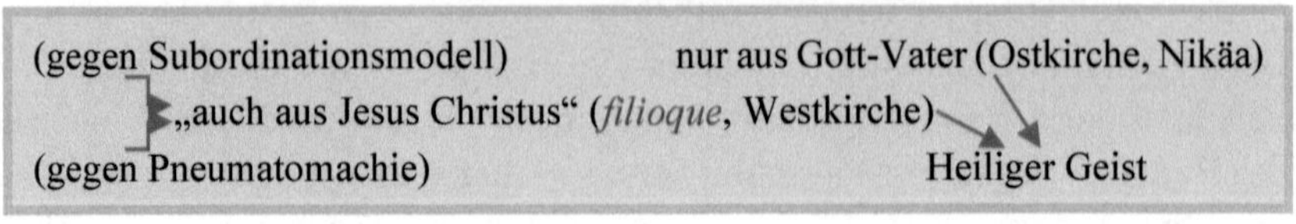

### 6.5.4 Eschatologie

Euseb von Cäsarea beurteilt den Römischen Staat ab der Konstantinischen Wende als innerweltlichen Beginn des Gottesreiches. Im Gegenzug unterscheidet Augustin weltliches und göttliches Reich voneinander (Zwei-Reiche-Lehre). Die biblische Rede vom Millennium (Offb 20,1–10) deutet er allegorisch auf die Zeit *vor* der Parusie Christi (Amillenarismus; Civ. Dei XX 9). Das Endgericht überführe die beiden Reiche in das ewige Reich der Hölle (lat. *civitas mortalis*) und in das ewige Reich des Himmels (lat. *civitas immortalis*). – Spuren apokalyptischen Denkens finden sich in EvNik und PsApkJoh (→ 6.6.3).

### 6.5.5 Ethik

Johannes Chrysostomos predigt zu Beginn des 5. Jh. Askese, Zucht und Ertüchtigung als Zeichen echter Jüngerschaft (Stat. 5,14).[59] Leidensbereitschaft und Martyrium seien Wege zur Seligkeit. Die Ehe beurteilt Johannes positiv, zieht ihr aber die Jungfräulichkeit als Vorwegnahme des Lebens als Engel vor (Virg. 5,6.10f.). Doch hält er den Zölibat nicht für alle Menschen geeignet. Die Liebe sei die höchste Tugend; nur die Liebe könne den Menschen verändern (Hom. in 1 Cor. 33,1.8). Der Mensch habe einen freien Willen (Hom. in Rom. 13,2) und sei autonom; er könne nur sich selbst schaden. – Johannes predigt freiwilligen Verzicht und Armenfürsorge. Er akzeptiert grundsätzlich die Sklaverei, fordert aber einen ethisch maßvollen Umgang mit den Sklaven.

Ambrosius v. Mailand prangert den Lebensstil der Reichen an und fordert ihr Engagement für die Armen ein.[60] Besitzverzicht und Almosengeben gelten als Eintrittskarte in den Himmel.[61]

Augustin warnt vor den Gefahren des Reichtums (in Ps. 132,4), vor allem aber des Hochmuts und der Habgier (Serm. 37,4).[62] Er stellt die Ethik unter das Vorzeichen der Gottes- und Nächstenliebe (lat. *caritas*). Das natürliche, durch Gott bekräftigte Gesetz erkennen alle Menschen dank ihres Geistes, so Augustin. Gut ist demnach alles, was der *caritas* dient (Civ. Dei IV 21).

---

59 Zum Folgenden Osborn 1982, 470–473. – In der Sexualethik folgen Ambrosius und Augustin dem patriarchalen Denken ihrer Vorgänger (→ 6.4.6).

60 Brown 2018, 141.

61 A.a.O., 149, unter Hinweis auf die Sarkophag-Inschrift des Hilarius v. Arles („Er erkaufte sich den Himmel mit irdischen Gaben").

62 Ausführlich dazu a. a. O., 513–520.

Die Nachahmung Christi sei die höchste Frucht der Liebe (Serm. 304,2). Das führt zur Askese als Lebensideal (vgl. Civ. Dei X 6); zölibatäres Leben stehe über dem Sakrament der Ehe. Für mönchische Existenz formuliert Augustin den Leitspruch „Bete und arbeite!" (lat. *ora et labora*). Demut sei die christliche Grundhaltung (Ep. 118,12; vgl. Phil 2,6–11). Das ganze Leben soll ein Gottesdienst sein, ausgerichtet auf das Gebot der Liebe. Ausdruck höchster Gottesliebe sei das Martyrium. – Augustin denkt grundsätzlich pazifistisch (Civ. Dei IV 3; XIX 12–14), entwickelt aber angesichts militärischer Bedrohungen die Lehre vom gerechten (Verteidigungs-)Krieg (Civ. Dei XIX 7):

> „[...] der Weise führt ja nur gerechte Kriege. Als wenn er nicht, falls er seines Menschentums nicht vergessen hat, erst recht bedauern müßte, daß für ihn eine Nötigung zu gerechten Kriegen besteht; denn wären sie nicht gerecht, so brauchte er sie ja nicht führen, und der Weise hätte sonach überhaupt keine Kriege. Denn nur die Ungerechtigkeit der Gegenpartei nötigt dem Weisen gerechte Kriege auf [...]."[63]

Soldaten, die auf Befehl töten, seien unschuldig (C. Faust. 74f.). Augustin rechtfertigt damit nicht nur Kriege gegen äußere Feinde des Reiches, sondern auch, im Sinne der Staatsräson, Kriege gegen Häretiker.

### 6.5.6 Soteriologie

Die Christologie des 5. Jh. sieht in der Inkarnation das entscheidende Heilsereignis (→ 6.5.1). Dyophysiten betonen den menschlichen Anteil Jesu Christi am Erlösungsgeschehen („Erlösung von unten"). Monophysiten stellen Gottes Heilsinitiative in den Vordergrund („Erlösung von oben").

Augustin vertritt die Lehre der doppelten Vorherbestimmung (Prädestination) des Menschen zum ewigen Leben bzw. zur Verdammnis und verneint den freien Willen. Das heißt, der Mensch kann von sich aus nichts zu seiner Erlösung beitragen (Gnadenlehre). Erlösung sei nur durch unverdiente Gnade möglich. Über diese Lehre kommt es zum Bruch mit den Pelagianern (→ 6.4.4c). Augustins Erbsündenlehre impliziert, dass die Menschen nur als Erlöste in der Nachfolge Christi den Willen Gottes erfüllen können. Das läuternde Fegefeuer betreffe alle Menschen fast zwangsläufig. Kirche sei

---

63 Zitiert nach BKV online (https://bkv.unifr.ch/de/works/cpl-313/versions/zweiundzwanzig-bucher-uber-den-gottesstaat-bkv/divisions/578; zuletzt aufgerufen 12.5.2023).

demgemäß eine Gemeinschaft von Sündern, nicht der Heiligen (gegen den Donatismus; → 6.4.4b).

Als Konsequenz aus dem Gesagten lehnt Augustin die Allversöhnungslehre des Origenes dezidiert ab (→ 4.5.6). Auf dem 5. ökumenischen Konzil von Konstantinopel (553) wird Origenes' Lehre häretisiert. Die Lehre Augustins ist hingegen für die westliche Theologie bis hin zu den Reformatoren prägend.

### 6.5.7 Sonstiges: Schriftauslegung

Johannes Cassian (ca. 360–435) baut die alexandrinische Lehre vom mehrfachen Schriftsinn zur Lehre vom vierfachen Schriftsinn aus (wörtlicher, typologisch-dogmatischer, tropologisch-moralischer und anagogisch-eschatologischer Sinn; Coll. 14,8). Die Lehre lebt bis heute im Katholizismus fort.[64] – Die Antiochenische Schule wird fortgeführt von Johannes Chrysostomos, Theodor von Mopsuestia, Nestorios, Ibas von Edessa, Theodoret von Kyrrhos und anderen.

## 6.6 Schrifttum

*Überblick*: Das 5. Jh ist eine Zeit großer literarischer Produktion: Mehrere historische Werke sowie herausragende Texte westlicher und östlicher Kirchenväter entstehen. Konzilsakten bereichern das Wissen über wichtige Synoden; mit dem *Athanasianum* entsteht ein wirkmächtiges Credo. Apokryphen entstehen kaum noch, dafür die beiden Talmudim und der juristische *Codex Theodosianus.*

### 6.6.1 Historiographische Werke

Mehrere christliche und nichtchristliche Geschichtsschreiber sind dem 5. Jh. zuzuordnen: Paulus Orosius (ca. 385–420) ist in Nordafrika Schüler des Augustin, kämpft gegen Priscillianismus (→ 5.3.1a) und Pelagius. Aus Palästina bringt er die Gebeine des hl. Stephanus nach Spanien. Auf

64 Libreria Editrice Vaticana 1997, 109–119.

Anregung Augustins verfasst er 416–418 seine sieben Bände umfassende *Historia adversus paganos* („Geschichte gegen die Heiden").[65] Unter dem Eindruck des Goteneinfalls 410 beweist Orosius apologetisch die Wahrheit der christlichen Lehre, ohne die die Entwicklung der Weltgeschichte einen deutlich schlimmeren Verlauf genommen hätte. So aber erscheine sie als Heilsgeschichte und rechtfertige das römische Imperium aus dem Ratschluss Gottes (vgl. Augustin). Das Werk setzt zeitgenössische Kritik an der Kirche und ihrer Lehre voraus. Es schildert sämtliche bekannte Katastrophen der Weltgeschichte ab der Gründung Roms bis in seine Zeit.

Sokrates Scholastikos (ca. 380–440) schreibt eine siebenbändige Kirchengeschichte (*Ekklesiastiké Historía*) als Fortsetzung des Euseb'schen Werkes. Die sieben Bücher sind sieben oströmischen Kaisern und deren Amtszeiten im 4. und 5. Jh. zugeordnet. Sokrates rezipiert zahlreiche Quellen und gilt als zuverlässig.

Der Antiochener Theodoret von Kyrrhos (393–460) schreibt eine Kirchengeschichte (*Historia ecclesiae*) in fünf Büchern, ebenfalls eine Fortsetzung des Euseb'schen Werkes. Sie behandelt die Zeit ab ca. 300 bis zum Ausbruch des Nestorianischen Streits. Das Werk enthält viele Details z. B. zum Arianischen Streit.

Sozomenos († um 450) verfasst um 440 im Auftrag Theodosios' II. eine Kirchengeschichte (*Historia ecclesiastica*) in neun Büchern über die Zeit von 324–439. Er verwendet Theodoret und Sokrates u. a. – Der Nichtchrist Zosimos schreibt um 500 seine „Neue Geschichte" (*História néa*). In ihr übt er Kritik an den christlichen Kaisern Gratian und Theodosios I.[66] Das Werk behandelt in sechs Büchern die Geschichte vom Trojanischen Krieg bis kurz vor dem Einfall der Goten 410. Das Werk setzt eine antichristliche Leserschaft im 5. Jh. voraus.

Priskos von Panion (ca. 410–nach 472) ist Verfasser eines achtbändigen Werks zur byzantinischen Geschichte (*História Byzantiaké*). Es beschreibt die Periode des Hunnenkönigs Attila bis Kaiser Zenon (433–474). Priskos ist 449 Mitglied einer Gesandtschaft an den Hof Attilas[67] und vermittelt aus erster Hand Informationen über die dortigen Zustände und Vorgänge. Priskos schreibt als Nichtchrist ohne theologische Deutung der Geschehnisse.

---

65 Bellen 2016, 127.198.

66 Hausammann 2001b, 273.

67 Bellen 2016, 225.

Der gebürtige Syrer Johannes Malalas (ca. 490–570) verfasst eine christliche Weltchronik in 18 Büchern ab den biblischen Anfängen bis zu seiner Gegenwart. Historische und mythische Berichte laufen ineinander; Quellenangaben fehlen weitgehend oder sind unsicher. Die historische Aussagekraft ist dadurch auf Informationen zum 5.–6. Jh. beschränkt.

Der englische Bendiktinermönch Beda Venerabilis (672–735) unterrichtet über die Geschichte des englischen Christentums (*Historia ecclesiastica gentis Anglorum*, 735). Dem Politiker und Schriftsteller Cassiodor (485–580) verdanken wir Kenntnisse über die gotische Geschichte. Seine zwölfbändige *Historia Gothorum* ist verloren, dient aber als Grundlage der *Getica* des Jordanes († nach 552).

## 6.6.2 Theologische Hauptschriften

### a) Kirchenväter

- Johannes Chrysostomos verdanken wir Predigten (Homilien) zum *Corpus Paulinum* und zu den Evangelien, Traktate zu theologischen Themen und mehr als 200 Briefe. Chrysostomos ist auch Autor der „Göttlichen (Chrysostomos-)Liturgie" der Ostkirche.
- Theodor von Mopsuestia gilt als bedeutendster Vertreter der Antiochenischen Exegetenschule.[68] Die meisten Schriften sind aufgrund seiner Häretisierung verloren. Kommentare zu biblischen Büchern und Predigten wie der Johanneskommentar (Comm. Ioh.), katechetische Homilien (Cat. hom.) und Theodors dogmatisches Hauptwerk „Über die Trinität, gegen die Apollinaristen und Anhomöer" (Adv. Apoll.) sind auszugsweise erhalten.
- Zu den Hauptwerken Augustins zählen sein dogmatisches Hauptwerk „Über die Trinität" (*De Trinitate*, 15 Bände), seine autobiographischen Bekenntnisse (*Confessiones*) und die 22 Bücher über den „Gottesstaat" (*De Civitate Dei*, 413-426) – sein Spätwerk über eschatologische und andere Themen.
- Hieronymus deutet in seinem Danielkommentar Dan 2,40 auf den Untergang Roms (407/408). Der Dichter Prudentius (348–nach 405) legt mit *Contra Symmachum* (403) eine gegen die nichtchristliche Opposition im

68 Zum Folgenden Bruns 2002.

Senat gerichtete Apologie der Kirche als immer schon staatstragender Macht vor.[69]

- Papst Leo I. hat sich mit seinem *Tomus Leonis* (auch: *Tomus ad Flavianum* → 6.7.7) verdient gemacht.

### b) Konzilsbeschlüsse und anderes

Die Symbole von Ephesos 431 und Chalkedon sind die wichtigsten Texte in dieser Kategorie (→ 6.4.5). Die *Acta Conciliorum Oecumenicorum*, Tom. I, Vol.1–5, bieten eine detaillierte Dokumentation des Konzils von Ephesos.[70] Das *Athanasianum* oder *Symbolum Quicumque*[71] wird Athanasius zugeschrieben und ist ein seit dem 7. Jh. in der Westkirche verbreitetes Credo. Autorschaft, Datierung und Lokalisierung sind unsicher.[72] Die antinestorianische und antiarianische Ausrichtung spricht für eine Entstehung um 500. Es enthält das *Filioque* (§ 23; → 6.5.3). In 42 Thesen entfaltet es zuerst das Wesen des trinitarischen Gottes und die innertrinitarischen Verhältnisse. Der zweite Teil handelt von Inkarnation, Auferstehung und Endgericht. Ein Teil über den Geist fehlt. Das Credo ist komplex formuliert und eignet sich nur für einen akademischen, nicht aber für einen liturgischen Gebrauch.

## 6.6.3 Texte marginalisierter Gruppen

Die Pseudo-Johannesapokalypse (PsJohApk) stellt die Frage nach dem Wann und Wie der Parusie, was für jene Epoche erstaunlich ist. Die Zeit des Antichrists werde von Gott verkürzt, um das Heil der Christen nicht zu gefährden.[73] Das Nikodemosevangelium (EvNik) bezeugt eine endzeitliche Grundstimmung und rechnet mit 500 Jahren bis zur Parusie ab dem Christusgeschehen. Das spricht für seine Datierung gegen Ende des 5. Jh., kurz vor Ablauf der genannten Frist.[74]

---

69 Bellen 2016, 173f.
70 Schwartz, ACO (vgl. Bellen 2016, 218).
71 Lat. für „Wer immer [selig werden] will“. Das sind die ersten beiden Wörter des Symbols.
72 Collins 1979, 328.
73 Erlemann 1995, 328f.
74 A.a.O., 322f. Anders datiert Hartenstein 2013, 785, EvNik an den Anfang des 4. Jh.

### 6.6.4 Außerchristliche Quellen

Im 5. Jh. werden der Jerusalemer und der Babylonische Talmud vollendet (→ 6.1.2).[75] Theodosios II. dekretiert 439 den *Codex Theodosianus*, eine Rechtssammlung von über 3000 Kaiserkonstitutionen in 16 Büchern.[76] Der Kodex stellt die Rechtsprechung des Gesamtimperiums auf eine verbindliche und einheitliche Grundlage. Er wird 529 durch den *Codex Iustinianus* abgelöst (→ 6.1.1b).

## 6.7 Steckbriefe

### 6.7.1 Johannes Chrysostomos

Johannes Chrysostomos (wörtlich „Goldmund", ca. 345–407), ein talentierter Prediger, ist ab 398 Bischof von Konstantinopel und steht dem Kaiserhof nahe.[77] Seine Predigten polarisieren; er verscherzt sich damit viele Sympathien unter den Gemeinden und am Kaiserhof. – Johannes lehrt die Eucharistie als Wiederholung des Kreuzestodes Christi. Sein asketischer Rigorismus bringt ihm viele Feinde unter Klerikern und Bischofskollegen ein. Johannes mischt sich in die inneren Angelegenheiten Alexandrias ein, wodurch er sich den Hass des Bischofs Theophilos von Alexandria (385-412) zuzieht. Theophilos und zahlreiche Bischöfe erwirken 403 die Absetzung und Verbannung des Johannes. Bei seinem Auszug aus Konstantinopel brennt die Hagia Sophia nieder.[78] 407 stirbt er auf dem Weg ins Exil in Pontos. 438 wird er in Konstantinopel beigesetzt, 1204 werden seine Reliquien nach Rom überführt und dort endgültig beigesetzt. – Literarisch hinterlässt Johannes zahlreiche Homilien zu den Paulusbriefen und zu den Evangelien. Die sogenannte „Chrysostomos-Liturgie" fußt auf der Gedankenwelt des Predigers.

75 Dexinger 1988, 349.
76 Bellen 2016, 212.
77 Vgl. ausführlich von Campenhausen 1967, 137–152, und Hausammann 2003, 310–330.
78 Bellen 2016, 185f.

### 6.7.2 Theodor von Mopsuestia

Theodor von Mopsuestia (ca. 352–428), Kind reicher Eltern in Antiochia, wird nach seiner Taufe im Asketerion[79] Schüler Diodors von Tarsos. Befreundet ist er mit Johannes Chrysostomos, Basilios von Neocäsarea, Gregor von Nazianz und Kyrill von Alexandria. 392 wird er Bischof von Mopsuestia in Kilikien (heute Yakapinar in der Südtürkei).

In der Bibelauslegung und der Christologie zeigt er sich als herausragender Vertreter der Antiochenischen Schule (→ 6.5.7). Von seinen Schriften sind diverse Bibelkommentare und Homilien erhalten. Theodor ist Jungnikäner und Dyophysit (→ 6.5.1). In der Inkarnation, so Theodor, offenbarte sich Gott der Menschheit und ermöglichte der menschlichen Natur Jesu Christi, sündlos zu leben. Zwischen Gott und Fleisch vermittelte der Geist. So wahrt Theodor die Axiome der Leidensunfähigkeit und der Unveränderlichkeit Gottes.

Theodor stirbt 428 hochgeachtet in Mopsuestia. Gleichwohl wird er posthum (553) als angeblicher Nestorianer häretisiert; viele seiner Schriften werden vernichtet. Seine Liturgie wird von den Nestorianern teilweise übernommen.

### 6.7.3 Kyrill von Alexandria

Die christologische Gegenposition zu Theodor vertritt Kyrill von Alexandria (375–444).[80] 412 wird er Nachfolger seines Onkels Theophilos als Bischof von Alexandria. Kyrill ist ein umstrittener Charakter, der seine Macht mit teils brutalen Mitteln über die Grenzen Alexandrias hinaus erweitert. Gegen Polytheisten, Novatianer und alexandrinische Juden ergreift er drastische Maßnahmen (415; → 6.3.4).

Als Monophysit erkennt Kyrill in der physisch-substanziellen (gr. *kat' hypóstasin*) Einung der göttlichen und menschlichen Natur das eigentliche Heilsereignis (Ep. ad Nest. 2; 4,3). Gott, so Kyrill, wurde wahrer Mensch und blieb dabei vollumfänglich Gott.[81] Dementsprechend sei Maria als

---

79 Das Asketerion ist eine kommunitäre Schule, aus der die Antiochenische Schule hervorgeht.

80 Zum Folgenden von Campenhausen 1967, 153–164.

81 Kyr Alex Apol. c. Theod 5 (ausweislich Joh 10,30; 14,9). Kyrill sieht in den Auskünften der Evangelien stets ein und dieselbe Person (gr. *prósopon*), als „eine einzige, Fleisch gewordene Hypostase des Logos", adressiert (Ep. ad Nest. 3,17,8, unter Aufnahme einer Formulierung von Apollinaris; ausführliches Zitat bei Ritter 1982, 244f.).

Gottesgebärerin (gr. *theotókos*) zu verehren. Ab 429 adressiert Kyrill mehrere Schreiben an Nestorios zur Verurteilung seiner dogmatischen Irrtümer. Sein Gutachten über Nestorios bewirkt, dass Cölestin I. von Rom (422–432) die Antiochener zur Distanznahme von Nestorios bringt. Kyrill lässt den Kaiser das ökumenische Konzil von Ephesos einberufen (431). Den dortigen Lehrkompromiss zugunsten der Monophysiten erkauft er möglicherweise durch massive Bestechungsgelder.[82] Kyrill stirbt vor dem Konzil von Chalkedon. – Erhalten sind Kyrills Bücher „Gegen die Juden" (lat. *Contra Galilaeos*) und „Gegen Julian" (lat. *Contra Julianum*), eine posthume Replik auf Kaiser Julians Christenpolemik, in 19 Bänden (zehn davon sind erhalten).

## 6.7.4 Eutyches

Der alexandrinische Presbyter und Klostervorsteher Eutyches (ca. 378–nach 454) ist das monophysitische Pendant zu Nestorios. Die „Unionsformel" von Ephesos 431 lehnt er als Verrat am Monophysitismus ab. 447 wird Eutyches am Kaiserhof mit einem eigenen Glaubensbekenntnis vorstellig (→ 6.1.3a). Radikaler als Kyrill spricht Eutyches von substanzieller Vermischung bzw. Fusion der beiden Naturen. Die menschliche Natur sei dabei vollständig von der göttlichen aufgesogen worden. Von einer Wesensgleichheit (gr. *homoousía*) Christi mit den Menschen könne keine Rede sein. Christus war demzufolge nicht „wahrer Mensch", sein Leib nur scheinbar ein menschlicher Leib. Damit stellt er sich gegen die Symbole von Konstantinopel (381) und von Ephesos (431). Sein Motiv ist primär liturgisch-doxologisch: Anzubeten sei der eine Christus, der durch und durch göttlich ist.

Bischof Flavian von Konstantinopel (→ 6.7.6) exkommuniziert Eutyches auf der Synode von Konstantinopel 448, Dioskur von Alexandria rehabilitiert ihn 449 auf der „Räubersynode" von Ephesos. Das Konzil von Chalkedon 451 bestätigt das Urteil von 448; Eutyches muss ins Exil und stirbt dort nach 454. Die Eutychianer gründen in Ägypten und Palästina eigenständige Gemeinden.

---

82 Clauss 2015, 435 ff.; laut Ritter 1982, 252, bezieht sich die Bestechung auf die nachfolgende Freilassung Kyrills aus dem Gefängnis (dort mit Quellenangaben).

### 6.7.5 Nestorios

Der Ostsyrer Nestorios (nach 381–ca. 451), Mitglied der Antiochenischen Schule, wird 428 von Theodosios II. zum Bischof von Konstantinopel ernannt. Das provoziert den erbitterten Widerstand Kyrills von Alexandria. Als entschiedener Dyophysit lehnt Nestorios den *Theotókos*-Titel für Maria zugunsten des Titels *Christotókos* (Christusgebärerin) ab. Maria habe nur den Menschen geboren, Gott habe keine Mutter. Sokrates Scholastikos zitiert ihn wie folgt:

> „Maria sei ein menschliches Wesen, Gott aber könne nicht von einem solchen geboren worden sein" (H.e. VII 32,1f.; vgl. zur Gegenposition → 6.5.1e).[83]

Die Vorstellung einer physisch-substanziellen Einung der Naturen Christi lehnt Nestorios radikal ab; in Christus koexistierten beide Naturen in liebender Eintracht, mehr nicht (keine *communicatio idiomatum*). Mit dieser Trennungschristologie bedient Nestorios das Apathie-Axiom: Nicht etwa der Gott-Logos litt am Kreuz, sondern der Mensch Jesus! Genau darin sieht Nestorios das eigentliche Heilsereignis. Nestorios' Lehre ist in seinem 12. Vortrag zusammengefasst:

> „Die Einheit der Naturen ist nicht getrennt, sondern die *ousíai* [i.e. Wesenheiten] derer, die geeint sind, sind getrennt ... Christus ist unteilbar in dem Christussein, er ist aber doppelt in dem Gott- und Menschsein; er ist einfach in der Sohnschaft, in dem [aber], welcher angezogen hat, und in dem, welcher angezogen ist, doppelt. In dem *prósopon* des Sohnes ist er ein einziger, aber wie mit zwei Augen, geschieden in den Naturen der Menschheit und Gottheit. Denn wir kennen nicht zwei Christi oder zwei Söhne und Eingeborene und Herren, nicht einen anderen und einen anderen Sohn, ... sondern einen und denselben, der erblickt worden ist in geschaffener und ungeschaffener Natur ..."[84]

Kyrill von Alexandria geht gegen Nestorios und seine Lehre vor. Auf Intervention Cölestins I. von Rom distanzieren sich die Antiochener von Nestorios; die Alexandriner erklären ihn in Ephesos für abgesetzt (431). Nestorios wird 435 exkommuniziert und nach Oberägypten verbannt, wo er stirbt. Seine Schriften werden 448 verbrannt. Nestorios erscheint im Nachhinein als Bauernopfer im antiochenisch-alexandrinischen Konflikt.

---

83 Text aus Bellen 2016, 215.

84 Text aus Ritter 1994, 217.

– Die Verurteilung wird 451 in Chalkedon bestätigt, woraufhin sich die Nestorianer von der Reichskirche abspalten und autokephale Kirchen in Persien, Assyrien und in Fernost gründen.

### 6.7.6 Flavian von Konstantinopel

Flavian († 449) ist ab 446 Bischof von Konstantinopel und dort Spielball rivalisierender kaiserlicher Fraktionen. Auf seine Initiative wird Eutyches 448 verurteilt. Eine grundsätzliche Verurteilung des Monophysitismus, geplant für eine Synode zu Ephesos 449 („Räubersynode"), wird von den Monophysiten unter Vorsitz Dioskurs von Alexandria torpediert. Flavian wird abgesetzt und stirbt an den Folgen von Folterungen; 451 wird er in Chalkedon zum Märtyrer erklärt. – Flavians Beitrag zur christologischen Debatte spiegelt sich in seinem Credo (→ 6.5.1f). Seine Synthese aus dyophysitischen und monophysitischen Lehrinhalten bereitet das Chalkedonense vor (→ 6.4.5).

### 6.7.7 Leo I. d.Gr.

Leo I. d.Gr. (400–461) darf als erster Papst gelten. Unter Cölestin I. und Sixtus III. ist er Diakon und Bischofsberater. In seine Amtszeit fallen das Konzil von Chalkedon und dessen Vorgeschichte. Im christologischen Streit nimmt Leo die Schiedsrichterrolle ein; das stärkt seinen Primatsanspruch (→ 6.4.1e). Valentinian III. bestätigt diesen 445 und 451 ausdrücklich, gegen die Ansprüche Konstantinopels, Antiochias und Alexandrias. 452 stellt sich Leo den Hunnen unter Attila entgegen und verhindert deren Einmarsch in Rom. 455 wirkt er mäßigend auf den Rom-Eroberer Geiserich und seine Vandalen ein.

Im Vorfeld Chalkedons unterstützt Leo I. den Antiochener Flavian. Die Einheit der Person Christi, die Unterscheidbarkeit der beiden Naturen in ihm und die *communicatio idiomatum* sind Kernelemente des von Flavian und Leo vorbereiteten Symbols von Chalkedon. Mit einem Brief an Flavian zur „Räubersynode" 449 (*Tomus ad Flavianum* bzw. *Tomus Leonis*) unterstützt er die Dyophysiten. Der Brief kommt wegen der Tumulte in Ephesos nicht zur Verlesung; erst in Chalkedon wird er öffentlich und erfährt breite Zustimmung. – Von Leo sind dogmatische Schriften und kirchengeschichtlich aufschlussreiche Briefe (eine Hauptquelle der Kenntnis des Konzils von Chalkedon und seiner Begleitumstände) erhalten.

### 6.7.8 Augustin von Hippo

Aurelius Augustinus von Hippo (354–430) markiert in mehrfacher Hinsicht eine kirchengeschichtliche Zäsur.[85] Er wirkt in Karthago, Rom und Mailand als Rhetor und wird für ca. zehn Jahre Hörer der Manichäer (→ 5.3.3). Dann tritt er, beeinflusst von Ambrosius von Mailand, 387 zum Christentum über und lässt sich taufen.[86] 395 wird er Bischof von Hippo Regius (heute nahe Annaba in Algerien) und bleibt es bis zu seinem Tod 430. Trinitätstheologisch vollzieht Augustin einen Paradigmenwechsel: Nicht neuplatonische Spekulation über Gottes Wesen, sondern die aristotelische Kategorie der liebenden Beziehung lenkt sein Denken (→ 6.5.2). – Weitere theologische Themen Augustins sind das Donatistische Schisma (→ 6.4.4b), Erbsündenlehre, Eschatologie, Soteriologie und Sexuallehre (→ 6.5.5).

Augustin stirbt 430 während der Belagerung von Hippo Regius durch die Vandalen (→ 6.1.1a). Er wird erst in Sardinien, dann in Pavia beigesetzt.[87] Er ist Autor exegetischer, dogmatischer und homiletischer Schriften (→ 6.6.2a).

## 6.8 Ergebnis: Impulse und Reaktionen

Äußere Impulse für die Kirchengeschichte des 5. Jh. sind Bedrohungen wie der Goteneinfall 410, die Schlacht auf den Katalaunischen Feldern 451 und das Ende Westroms 476. Diese Traumata stellen die staatstragende Rolle der Kirche infrage, sie werfen die Theodizeefrage und die Frage eines gerechten Krieges auf (Augustin, Civ. Dei). Im Osten stehen die ersten 50 Jahre unter dem Vorzeichen des christologischen Streits. Gewinner sind gemäßigte Dyophysiten, Verlierer sind Monophysiten, Eutychianer und Nestorianer. Sie spalten sich von der Reichskirche ab. Das Chalkedonense markiert die endgültige Emanzipation der christlichen Theologie von philosophischer Spekulation mit ihrer Axiomatik.

Hauptprofiteur der äußeren und inneren Entwicklungen ist das Papsttum: Papst Leo I. d.Gr. vermittelt im christologischen Streit und drückt dem Chalkedonense seinen Stempel auf. Seine Nachfolger können sich in den Wirren um 476 als Bewahrer der christlich-römischen Tradition präsentieren. Die

85 Zum Folgenden von Campenhausen 1965, 151–222, Hausammann 2003, 357–441, und Brown 2018, 255–287.477–542.

86 Zu Ambrosius vgl. ausführlich Brown 2018, 199–235.

87 Bellen 2016, 231.

Bischöfe weisen den Machtanspruch des Kaisers (Cäsaropapismus) zurück; die Machtfrage bleibt jedoch ungeklärt. Aus Sicht devianter Gruppen und anderer Religionen hat die Kirche den Nimbus einer inquisitorischen, den Staat dominierenden Institution.

Die politische Entwicklung geht Hand in Hand mit dem Auseinanderdriften von Ost- und Westkirche, sowohl organisatorisch (Konkurrenz Rom – Konstantinopel) als auch theologisch (östlich-neuplatonische Theologie und Chrysostomos-Liturgie *vs.* westlich-aristotelische Theologie und altrömische Liturgie). Über den Zusatz des *Filioque* zum Nicäno-Constantinopolitanum kommt es 1054 zum Großen Abendländischen Schisma zwischen Katholiken und Orthodoxen. – Über die Goten und Vandalen entwickelt sich zeitweise der Arianismus zur Konkurrenz der Reichskirche.

https://narr.kwaest.io/s/1228

# 7 Bilanz und kritischer Ausblick

Über fünf Jahrhunderte betrachtet, ist eine erstaunliche Entwicklung zu erkennen: Aus einer devianten innerjüdischen Gruppierung entwickelt sich das Christentum zu einer selbstbewussten, staatstragenden Religionsgemeinschaft, allen Verfolgungen und Repressalien zum Trotz. Diese „Karriere“ der Alten Kirche hat viele Ursachen, die sich in folgende zwölf Thesen zusammenfassen lassen:[1]

1. Die junge christliche Religionsgemeinschaft übersteigt schon früh die Grenzen des Judentums und öffnet sich dem weltanschaulichen Dialog.
2. Das Griechische, später das Lateinische als *lingua franca* sowie die Verkehrs- und Kommunikationsinfrastruktur der Römer erleichtern die Mission.
3. Die christlich-monotheistische Lehre mit ihrer Hoffnung auf Totenauferstehung, jenseitige Vergeltung und ewiges Leben fasziniert die Menschen. Attraktiv wirken auch die Nivellierung sozialer Differenzen (Gal 3,28), die Hochschätzung von Frauen und Kindern, das charismatische Element mit Wundertätigkeit und Prophetie sowie der asketische Grundzug der christlichen Ethik.
4. Die Festigkeit im Glauben während Verfolgungswellen, insbesondere die Standhaftigkeit der christlichen Märtyrer, beeindruckt viele Menschen und überzeugt sie von der Glaubwürdigkeit der christlichen Lehre.
5. Der einladende und vorbildliche Charakter christlicher Gemeinden, der Eindruck ihrer sittlichen und spirituellen Überlegenheit sowie eine niederschwellige Taufpraxis (Haustaufen, wenig Restriktionen für bestimmte Gruppen) tragen ebenfalls zum schnellen Erfolg bei.
6. Intellektuell gelingt es dem Christentum, die eigene Glaubenslehre unter den bestehenden Weltanschauungen zu etablieren (Apologetik, Altersbeweis etc.).
7. Innovativ ist die Freiheit des Christentums von Tempel- und Opferriten. Zur lokalen Ungebundenheit kommen eine funktionierende Armenfürsorge sowie Aufstiegschancen für Menschen niederer Herkunft inkl. Sklaven.

---

1 Vgl. Gottlieb 1991, 50; Schnelle 2019, 570–572; Leppin 2021, 436–442.

8. Die Kirche ist reichsweit vernetzt, straff organisiert und, was theologische Problemlösungen anbelangt, pragmatisch genug, um den Herausforderungen der Zeit gerecht zu werden.
9. Der Kanon heiliger Schriften ist eine verlässliche, ökumenisch verbindliche Grundlage christlicher Lehre. Die Verbindung von Orthodoxie und Orthopraxie und die inhärente Herrscherkritik sorgen ebenfalls für Sympathie.
10. Die christliche Theologie erweist sich als anschlussfähig an unterschiedliche philosophische und ethisch-moralische Sinnkonzepte und verbindet sie mit der dem Christentum eigenen Erlösungs- und Gotteslehre.[2]
11. Die Pluralität christlicher Lebensformen und ethischer Haltungen bietet unterschiedlichen gesellschaftlichen Gruppen Raum und Identifikationsmöglichkeiten. Die Pluriformität christlicher Lebensformen erhöht die Widerstandskraft gegenüber gesellschaftlicher Polemik und staatlichen Restriktionsmaßnahmen.[3]
12. Die Geschichte der Alten Kirche bezeugt einen Glauben und eine Lehre mit hoher gesellschaftlicher und religiöser Innovations- und Transformationskraft. Das ist für unzählige Menschen attraktiv, glaubwürdig und überzeugend, schenkt ihnen Hoffnung für ein besseres Leben schon jetzt und im Jenseits und transportiert die Vision einer besseren, gerechten und friedlichen Welt.

Am Ende ist die Kehrseite der Medaille zu benennen: Der Aufstieg der Alten Kirche geht auf Kosten vieler devianter innerchristlicher Gruppierungen. Ihre Meinungen werden zurückgewiesen, ihre Lebensformen abgelehnt, ihre Literatur unterdrückt bzw. vernichtet. Und er geht auf Kosten anderer Religionen wie Judentum und Gnostizismus, die ab der Konstantinischen Wende unter teils genozidalen Verfolgungen zu leiden haben – oft unter Billigung der Reichskirche. Und der Aufstieg geht auf Kosten der Frauen, denen bis heute der Zugang zu klerikalen Ämtern in der Katholischen Kirche versagt ist; die kirchliche (nicht die christliche!) Inferiorisierung der Frauen wirkt sich außerdem und ebenfalls bis heute im sozialen und politischen Wertesystem aus. Die Stimmen all dieser Verlierer des Aufstiegs der Alten Kirche in Erinnerung zu bringen, ist dem Autor ein besonderes Anliegen

2 Dazu Zitat Leppin 2021, 438: „Der Zwang zur Reflexivität, dem Christen von Anfang an ausgesetzt waren, wurde damit noch stärker und zugleich eine Grundlage einer bemerkenswert vielseitigen und anspruchsvollen Theologie."

3 Mit Leppin 2021, 441.

(vgl. dazu die jeweiligen Unterkapitel 3 (*Verflechtungen*) und die Abschnitte 4.6 (*Genderaspekte*).

# Serviceteil

## S 1 Abkürzungen

Die Abkürzungen der biblischen Bücher und der Apokryphen richten sich nach den Loccumer Richtlinien (Schwertner, Siegfried M. [1992]: *Internationales Abkürzungsverzeichnis für Theologie und Grenzgebiete [IATG]*). 2. Auflage Berlin). Abkürzungen für apokryphe und gnostische Literatur sind im Textstellenverzeichnis (S 4) notiert. Patristische Werke werden nach der Zusammenstellung von https://de.wikipedia.org/wiki/Liste_der_Abk%C3%BCrzungen_antiker_Autoren_und_Werktitel/C (zuletzt aufgerufen 5.4.2023) abgekürzt. – Weitere Abkürzungen sind:

aram.: aramäisch
AT: Altes Testament
atl.: alttestamentlich
bab.: babylonisch
bBM: Traktat Baba Mezia (bab. Talmud)
Bell.: Flavius Josephus, Jüdischer Krieg
bJoma: Traktat Joma (bab. Talmud)
BKV: Bibliothek der Kirchenväter
bBM: Traktat Baba Mezia (bab. Talmud)
bNid: Traktat Nidda (bab. Talmud)
bSanh: Traktat Sanhedrin (bab. Talmud)
DtJes: Deuterojesaja (Jes 40-55)
engl.: englisch
f./ff.: plus ein / mehrere weiter(e) Vers(e)
gr.: griechisch
hebr.: hebräisch
Hg./Hgg.: Herausgeber (einer oder mehrere)
hl.: heilig
joh.: johanneisch
JohEv: Johannesevangelium
jüd.: jüdisch
lat.: lateinisch
lk.: lukanisch
LkEv: Lukasevangelium
LXX: Septuaginta
mk.: markinisch
MkEv: Markusevangelium
mt.: matthäisch
MtEv: Matthäusevangelium
NT: Neues Testament
ntl.: neutestamentlich
pln.: paulinisch
R.: Rabbi
röm.: römisch
par(r.): plus eine / mehrere Parallelüberlieferungen
Past: Pastoralbriefe (1/2 Tim, Tit)
sc.: *scilicet* (alt.) = das heißt
Sifr Dtn: Midrasch Sifre zu Dtn
vs.: *versus* (lat.: gegen)

## S 2 Glossar

Im Glossar gelistet sind nur Begriffe, die zur (theologischen) Fachsprache zählen, sowie fremdsprachliche Ausdrücke. Querverweise (→) zeigen an, wo sich eine nähere Beschreibung oder Definition des Begriffs findet.

Adoptianismus: Vorstellung von der Adoption des Menschen Jesus durch Gott. Auch: dynamistischer → Monarchianismus. → *3.4.4b; 4.4.4c.*

Äon (gr.): (unendlich lange) Weltzeit.

Allegorese (allegorisch): Auslegungsverfahren, das einen Text als Allegorie liest und deutet.

Anhomöer: Nachnikänisch-trinitarische Richtung. Bestreiter der Wesensgleichheit zwischen Vater und Sohn. Auch: → Eunomianer, Heterousiasten.

anthropomorph (gr.): menschengestaltig.

Apokalyptik (apokalyptisch) (gr.): Antike Weltanschauung, rechnet mit dem baldigen Weltende und der Rettung der Frommen durch Gott. Oft mit Visionen zu Endzeit und Jenseits verbunden. → *2.2.4a.*

Apokryphen (apokryph) (gr.): ‚geheime', nichtkanonische Schriften am Rande der Bibel. → *1.6.6.*

Apologie, Apologetik, (apologetisch) (gr.): Verteidigung, Rechtfertigung.

Arianismus: Häretische Strömung im 4. Jh.; benannt nach Arios, Presbyter in Alexandria. Hauptlehre: Jesus Christus war Teil der Schöpfung. → *5.4.4c.*

autokephal: (von Rom usw.) unabhängig, mit eigener Leitung.

*basileía (tou theoú)* (gr.): Gottesreich, Gottesherrschaft. → *3.6.2b.*

*birkát ha-minním* (hebr.): „Ketzersegen" im jüdischen 18-Bittengebet gegen nichtjüdische und deviante jüdische Gruppen.

*boundary marker* (engl.): Grenzmarke, Abgrenzungszeichen.

Cäsaropapismus: Kaiserliche Herrschaft über die Kirche.

Charisma (charismatisch) (gr.): wörtl. Gnadengabe; Geistesgabe.

Chiliasmus (chiliastisch) (gr.): Tausendjähriges Reich. Auch → Millenarismus.

Christologie (christologisch): Lehre von Jesus Christus → Abschnitte *X.5.1.*

*communicatio idiomatum* (lat.): Austausch der Eigenheiten; Interaktion zwischen menschlicher und göttlicher „Natur" in Jesus Christus.

*conditio sine qua non* (lat.): unabdingbare Voraussetzung.

*confessores*: (lat.) Bekenner (des Glaubens).

Credo (lat.): wörtl. ‚ich glaube'; Glaubensbekenntnis (synonym: Symbol).

*damnatio memoriae* (lat.): Verurteilung, aus der Erinnerung gelöscht zu werden.

*de facto* (lat.): bezeichnet einen tatsächlichen Ist-Zustand (vgl. *de iure*).
*de iure* (lat.): von Rechts wegen, bezeichnet einen Soll-Zustand (vgl. *de facto*).
Degeneration (degenerativ): Entwicklung zum Schlechteren hin.
Deismus: Theologische Richtung, die in Gott ausschließlich den *Ursprung* alles Seienden ansieht.
Determinismus (deterministisch): Vorab-Festlegung (von Ereignissen).
Diadochen(reiche): Hellenist. Nachfolgereiche Alexanders d.Gr. → *2.1.1a.*
Diakonat: Diakonenamt.
*do ut des* (lat.): „ich gebe, damit du gibst" als ethisch-religiöse Grundhaltung.
Doketismus: Gnostische Lehre, wonach Gott nur zum Schein Mensch wurde und Jesus Christus nur zum Schein am Kreuz starb.
Dominat: Bezeichnung des spätantiken römischen Kaisertums ab Diokletian, in dem der Kaiser als vom Senat unabhängiger *dominus* (Herr) regiert.
*dominus et deus noster* (lat.): Anrede als ‚unser Herr und unser Gott'.
Drei-Hypostasen-Christologie: Vorstellung, dass Vater, Sohn und Geist drei relativ unabhängige Wesenheiten (Hypostasen) darstellen. Gegensatz zum → Monarchianismus; oft gekoppelt mit der Lehre von der → Subordination von Sohn und Geist unter den Vater. → *4.5.2c.d.*
Dualismus (dualistisch): Gegeneinander zweier Prinzipien wie Gut und Böse, Gott und Satan.
Dyophysitismus: Lehre der westlichen Kirchen, wonach in Jesus Christus göttliche und menschliche Natur nebeneinander (unverbunden / ungetrennt) existieren. Vgl. auch: Logos-Mensch-Christologie. → *4.5.1b; 5.4.4a; 5.5.1c; 6.4.4a.d.*

Einnaturenlehre → Monophysitismus.
Ekklesiologie (ekklesiologisch): Lehre von der Gemeinde bzw. Kirche → *1.6.4.*
epigraphisch: antike Inschriften betreffend.
Epiphanie (gr.): Erscheinung Gottes.
Episkopat: Bischofsamt; bischöfliche Verfassung.
Eschatologie (eschatologisch): Lehre von der Endzeit → Abschnitte *X.5.4.*
Esoterik (esoterisch) (gr.): exklusive Geheimlehre, Insiderwissen.
Etymologie (etymologisch): Ursprung einer Wortbedeutung.
Eunomianer → Anhomöer.
Eutychianismus: Lehre, wonach göttliche und menschliche Natur in Jesus Christus ununterscheidbar vermischt sind. Extremer → Monophysitismus. → *6.4.4e.*
evolutionistisch: sich aufwärts entwickelnd.
*ex eventu* (lat.): im Nachhinein.

*ex opere operato* (lat.): Wirksamkeit einzig durch den Vollzug einer Handlung unabhängig von der Einstellung der handelnden oder empfangenden Person.
Exorzismus: Dämonenaustreibung.
*expressis verbis* (lat.): ausdrücklich.

*fiscus Iudaicus* (lat.): Judensteuer.

Gnosis/Gnostizismus → *2.2.3; 3.2.3.*
Gottesfürchtige → *2.2.4d.*
Häresie: von gr. *haíresis* (Partei, Schule); Irrlehre, Sonderlehre, Abspaltung.
*halachá (pl. halachót)* (hebr.): mündliche, nach-atl. Auslegung der Mosetora.
Hellenismus (hellenistisch): vom gr. Denken beeinflusste Kulturepoche, ca. 3. Jh. v. Chr. – 3. Jh. n. Chr. → *1.6.1.*
Hermeneutik (hermeneutisch): Lehre von der Übersetzung, Anwendung oder Aktualisierung von Texten.
Heterousiasten → Anhomöer.
*homooúsios* (gr.): wesens-gleich, wesens-identisch; wesens-ähnlich.
*homoioúsios (homöusios)* (gr.): wesensähnlich (arianische Präzisierung von *homoo-úsios*).
Hypostase (gr.): Wesenheit, Substanz; auch Person (lat. *substantia*).

*imitatio Christi* (lat.): Nachahmung Jesu Christi.
Inkarnation: Fleischwerdung (Gottes).
Inkommensurabilität: Nichtverrechenbarkeit.

Kirchenvater: Prägender theologischer Vordenker der Alten Kirche.
Kosmogonie: Lehre von der Weltentstehung.
Kosmologie (kosmologisch): Lehre von der Welt; Weltbild.

*lapsi* (lat.): Gefallene, vom Glauben Abgefallene.
Leidensparänese: tröstend-mahnende Deutung von Leiden.
*lingua franca* (lat.): allgemeine Verkehrssprache.
*lógos* (gr.): Wort, Vernunft.
Logoschristologie: Lehre von der präexistenten Schöpfungsmittlerschaft Jesu Christi. → *3.5.1.*
Logos-Mensch-Christologie: Lehre, wonach sich Gottes Logos bei der Menschwerdung mit dem gesamten Menschen (Fleisch, Geist und Seele) verband.
Logos-Sarx-Christologie: Lehre, wonach sich Gottes Logos bei der Menschwedung lediglich mit dem Fleisch (gr. *sárx*) des Menschen Jesus verband.

Märtyrer (Martyrium): von gr. *martýs* (Zeuge): Blutzeuge.

Metropolit → Patriarch.
*militia Christi* (lat.): Heer, Soldaten Christi; Metapher für die Gemeinde.
Millennium (Millenarismus): von. lat. *mille, annus*; Vorstellung eines tausendjährigen messianischen Reiches.
Modalismus: Lehre, wonach die trinitarischen „Personen" lediglich Facetten des einen Gottes sind. Auch: Sabellianismus. → *3.4.4c; 4.4.4d.*
*modus vivendi* (lat.): Art und Weise des Zusammenlebens; Arrangement.
Monarchianismus: von gr. *monarchía* – Herrschaft eines Einzigen. Streng monotheistische Richtung der Trinitätslehre. 2 Richtungen: → modalistischer M. und → dynamistischer M. (= → Adoptianismus). → *3.4.4b.c; 4.4.4c.d; 5.5.2a.*
*mónas* (gr.): Einheit (Gottes).
Monepiskopat: Kirchenverfassung mit einem einzigen Bischof an der Spitze.
monistisch: aus einer einzigen Ursache abgeleitet.
Monolatrie: Eingott-Kult, Anbetung nur eines einzigen Gottes.
Monophysitismus: Lehre der östlichen Kirche, wonach zwischen menschlicher und göttlicher Natur in Jesus Christus nicht zu unterscheiden ist („Fusion" unter Ausschaltung der menschlichen Seele). Vgl. auch → Eutychianismus und Logos-Sarx-Christologie. → *4.5.1b; 5.4.4a; 5.5.1b; 6.4.4a.e.f.*
Monotheismus: (gr.) Ein-Gott-Glaube.
Mystik (mystisch): auf Vereinigung mit Gott ausgerichte Religiosität.

Nestorianismus: Lehre, wonach göttliche und menschliche Natur in Jesus Christus getrennt sind. Extremer → Dyophysitismus. → *6.4.4d.*
*nolens, volens* (lat.): wohl oder übel.
*nomen ipsum* (lat.): der Name, die Bezeichnung an sich.
*non salus extra ecclesiam* (lat.): kein Heil außerhalb der Kirche!

ökonomische Trinität: Lehre, wonach der ursprünglich und eigentlich eine Gott sich zeitweilig und vorübergehend in drei Personen aufgespaltet hat. → *3.5.2d; 5.5.2b.*
ökumenisch: Alle christlichen Konfessionen betreffend bzw. vereinend.
*ousía* (gr.): Wesen, Sein.

pagan: nichtjüdisch, heidnisch, polytheistisch.
Paränese → Leidensparänese.
Parusie(-verzögerung): Wiederkunft (Christi); lat. *adventus.*
*passim (lat.): fortlaufend.*
Patriarch: Oberbischof.
Patripassianismus: (Irr-)Lehre, wonach Gott-Vater selbst am Kreuz gelitten habe und gestorben sei. Gilt als Vorwurf an → Monophysiten und → Modalisten.

*Pax Romana* (lat.): Römischer Friede als Bezeichnung der Augusteischen Epoche.
*per definitionem* (lat.): gemäß der Definition.
*per se* (lat.): aus sich heraus, für sich allein.
Perikope: abgrenzbarer Sinnabschnitt der Bibel.
Pharisäer → *2.2.4d.*
Phylakterion (gr.): kleines Behältnis für Reliquien.
Pneumatologie: Lehre vom Heiligen Geist → Abschnitte *X.5.3.*
Pönitenten: Christen im Bußstand.
Pointe: Zielgedanke.
*pontifex maximus* (lat.): wörtlich: größter Brückenbauer; Funktion des Kaisers als oberster Priester des römischen Staatskults.
*post mortem (lat.): nach dem Tod.*
postconversional (lat.): nach der Bekehrung bzw. Taufe.
Präexistenz: Lehre von der Existenz Jesu Christi bereits ab bzw. vor der Schöpfung.
Presbyterat: Ältestenamt; Verfassung mit einem Presbyterium an der Spitze.
Primatsanspruch: Anspruch einer vorrangigen Stellung des römischen Bischofs.
Prinzipat: Römische Herrschaftsform mit einem *princeps* (Fürst, eigentlich „Erster unter Vielen“) an der Spitze. Der Prinzipat wird ab Diokletian vom spätantiken → Dominat abgelöst.
*pro mora finis* (lat.): (Gebet) zur Verzögerung des (Welt-)Endes.

*redivivus* (lat.): wiedergeboren, auferstanden.
*regula fidei* (lat.): Glaubensformel, Bekenntnisformel.
*religio licita* (lat.): anerkannte bzw. erlaubte Religion.
*res publica* (lat.): Republik.
revelatorisch: auf Sichtbarwerdung ausgerichtet.
revolutionistisch: auf Umsturz ausgerichtet.

Sabellianismus → Modalismus.
Sadduzäer → *2.2.4d.*
*sárx* (gr.): Fleisch.
*sch'ma Jisrael* (hebr.): *„Höre, Israel!“* (Dtn 6,4f.). Jüdisches Kernbekenntnis.
Schöpfungs-Logos (gr.): Schöpfungs-Wort (Gottes).
Semantik: Lehre von den Wortbedeutungen.
Soteriologie (soteriologisch): Lehre von der Erlösung → Abschnitte *X.5.6.*
Staatsräson: Doktrin von der Wohlfahrt des Staates und ihren Bedingungen.
*status confessionis* (lat.): unveränderliche Bekenntnisgrundlage.
Subordination: Lehre von der Unterordnung des Sohnes und des Geistes unter den Vater; oft verbunden mit Drei-Hypostasen-Lehre. → *4.5.2c.d.*

*substantia* (lat.): Substanz, = gr. *ousía.*
Symbol ⟶ Credo.
synoptische Evangelien (Synoptiker): Mk-, Mt- und LkEv.

*tertium genus* (lat.): drittes Geschlecht (d. h. Christen neben Juden und Römern).
Theodizeefrage: Frage nach Gottes Gerechtigkeit und Allmacht angesichts von Leid ⟶ *4.3.5.*
*theologia negativa* (lat.): Beschränkung von Aussagen über Gott auf Negationen.
Theo-Logie: Lehre von Gott, Gottesbild.
*traditores* (lat.): Auslieferer (heiliger Schriften).
Transzendenz (transzendent): Jenseitigkeit; Gegenbegriff: Immanenz.
Trias: Dreiheit.
Trinität (lat.): Dreieinigkeit. ⟶ Abschnitte *X.5.2.*
Tritheismus: Drei-Gott-Glaube. Vorwurf an die Vertreter der ⟶ Drei-Hyostasen-Lehre. ⟶ *4.5.2c.d; 5.5.2a.*

*ultima ratio* (lat.): letztes Mittel, letzte Möglichkeit.

*via negationis* (lat.): Weg der Negation; vgl. ⟶ *theologia negationis.*

Zweinaturenlehre ⟶ Dyophysitismus.

## S 3 Synoden, Konzilien und Dekrete

48/49 Apostelkonvent: Aufteilung der Missionsaufgaben; Auflagen für die beschneidungsfreie Mission unter Nichtjuden (→ 2.1.3a)

49 ♛ Claudiusedikt: Verbannung der Juden aus Rom (→ 2.1.1e; 2.1.2e; 2.1.3a.b; 2.3.1c.d)

54 ♛ Aufhebung des Claudiusedikts durch Kaiser Nero (→ 2.1.1e)

ca. 170 Kleinasien: Antimontanistische Synode (→ 3.4.4a)

202 ♛ Edikt des Kaisers Septimius Severus gegen Juden und Christen (→ 3.1.1; 3.6.2b; 4.1.1a; 4.3.1a.d; 4.3.4)

249 ♛ Allgemeines Opferedikt des Kaisers Decius (→ 4.3.1a.d)

256 Konzil v. Karthago: Verurteilung der „Ketzertaufe" (→ 4.1.3a)

257 ♛ Verfolgungen unter Kaiser Valerian (→ 4.3.1d)

260 ♛ Aufhebung der Edikte Kaiser Valerians (→ 4.3.1d)

268 Synode v. Antiochia: Verurteilung Pauls von Samosata (→ 4.4.4c)

ca. 300 Konzil v. Elvira: Abgrenzungsmaßnahmen gegenüber Nichtchristen; ethische und liturgische Fragen (→ 5.3.1b; 5.4.2b)

303 ♛ Verfolgung durch Kaiser Diokletian (4.1.3b; 4.3.1a.c.d)

311 ♛ Toleranzedikt v. Nikomedia (Kaiser Galerius): Ende der Verfolgungen; das Christentum wird *religio licita* (→ 5.1.3a; 5.3.1a.c.d)

313 ♛ Edikt v. Mailand (Kaiser Konstantin d.Gr.): Das Christentum wird anerkannte Religion, erhält volle Religionsfreiheit (→ 5.1.2; 5.1.3a; 5.3.1a; 5.3.4; 5.4.1b; 5.5.4)

314 Konzil v. Arles: Verurteilung des Donatus (→ 5.4.4b)

324 Synode v. Antiochia: Verurteilung Eusebs v. Cäsarea (→ 5.7.1)

325 **1. ökum. Konzil v. Nikäa**: Verurteilung des Arios; Nicänum; Festlegung eines einheitlichen Ostertermins (→ 5.1.1a; 5.1.3a; 5.1.3b; 5.4.1a.c; 5.4.4c; 5.5.2a; 5.7.1; 5.7.2)

335 Synode v. Tarsos: Verurteilung Markells v. Ankyra, des Athanasios, des Eustathios v. Antiochia u. a. (→ 5.3.1a; 5.7.7)

335 Konzil v. Jerusalem: Rehabilitation des Arios (→ 5.3.1a)

340 Synode v. Rom: antiarianische Allianz; Rehabilitierung Markells v. Ankyra (→ 5.3.1a; 5.7.3; 5.7.7)

341 Kirchweihsynode v. Antiochia: „2. Antiochenische Formel“ (→ 5.1.3a)

342 ökum. Konzil v. Serdika: Versuch der Klärung des Arian. Streits; gegenseitige Verurteilung der Streitparteien (→ 5.1.3a; 5.3.1a; 5.4.2c)

348 Konzil v. Karthago: Verurteilung des Donatismus (→ 5.4.4b)

355 Konzil v. Mailand: erneute Absetzung des Athanasios (→ 5.3.1a; 5.4.1e)

360 Konzil v. Konstantinopel: Dekretierung der „Sirmischen Formeln“ (→ 5.1.3a; 5.3.1a; 5.5.2b)

361 ♛ Restitutionsedikt Kaiser Julians: Wiederherstellung des Staatskults (→ 5.3.1a.d)

362 ♛ Rhetorenedikt Kaiser Julians: Berufsverbot für christliche Rhetoren (→ 5.3.1a; 5.6.2a)

362 Synode v. Alexandria: Formung d. antiarianischen Koalition; Beschluss gegen die Pneumatomachen (→ 5.1.3a; 5.5.3; 5.7.6)

363 Konzil v. Laodikea: „Kanon“ heiliger Schriften des Alten und Neuen Testaments (→ 5.4.5b)

380 ♛ Dekret *Cunctos Populos* (Kaiser Theodosios I.): Die Nikänische Kirche wird Reichskirche; Verbot des Manichäismus (→ 5.1.2; 5.1.3a; 5.3.1a; 5.3.3; 5.5.4)

381 **2. ökum. Konzil v. Konstantinopel**: Bestätigung und Erweiterung des Nicänum; Verurteilung des Arianismus; Nicäno-Constantinopolitanum; Anpassung der Diözesanordnung; Bestätigung des Edikts *Cunctos Populos* (→ 5.1.3a; 5.3.1a; 5.4.1d.e; 5.4.4d.e; 5.5.2d; 5.7.3; 5.7.6)

382 *Decretum Gelasianum*: vorläufiger Abschluss des Kanons (→ 5.4.1d; 5.4.5b)

393 Synode v. Hippo Regius: vorläufiger Abschluss des Kanons (→ 5.4.5b)

401 Konzil v. Karthago: Donatisten zur Kindertaufe (→ 6.4.2b)

418 Konzil v. Karthago: Bestätigung der Beschlüsse von 401 (→ 6.4.2b)

431 **3. ökum. Konzil v. Ephesos**: Versuch der Beilegung des christologischen Streits; Absetzung des Nestorios; gegenseitige Verurteilung der Parteien (→ 6.1.3a; 6.3.1a; 6.4.1c; 6.6.2b; 6.7.3)

433 „Endemische Synode“ v. Ephesos: Unionsformel zur Befriedung des christologischen Streits (→ 6.1.3a; 6.5.1f)

439 ♛ Dekretierung des *Codex Theodosianus* (Kaiser Theodosios II.) (→ 6.6.4)

447 Synode v. Toledo: Ergänzung des Credos um das *Filioque* (→ 6.4.5; 6.5.3)

448 Synode v. Konstantinopel: Verurteilung des Eutyches (→ 6.7.4)

449 „Räubersynode“ v. Ephesos: Rehabilitierung des Eutyches; Verurteilung Flavians v. Konstantinopel und Theodorets v. Kyrrhos (→ 6.1.3a; 6.7.6; 6.7.7)

451 **4. ökum. Konzil v. Chalkedon**: Christologische Frage; *Tomus ad Flavianum*; Verurteilung des Eutyches; Chalkedonense; ökum. Geltung des Nicäno-Constantinopolitanum (→ 5.5.2d; 6.1.1b; 6.3.1a; 6.4.1c; 6.6.2b; 6.7.4; 6.7.7)

482 ♛ Dekret *Henotikon* (Kaiser Zenon): Versuch des Ausgleichs zwischen Mono- und Dyophysiten (→ 6.4.4g)

519 ♛ Aufhebung des *Henotikon* (Kaiser Justin I.) (→ 6.4.4g)

544 ♛ Edikt Kaiser Justinians: Auslöser des „Dreikapitelstreits" (→ 6.1.3c)

553 5. ökum. Konzil v. Konstantinopel: faktisches Verbot der Nestorianer; Verurteilung der Lehre des Origenes (→ 6.1.3c; 6.5.6)

633 ♛ Dekret *Ekthesis* (Kaiser Heraklios): Versuch eines Ausgleichs mit den Monophysiten (→ 6.1.3c)

680 6. ökum. Konzil v. Konstantinopel: Versuch der Klärung offener Fragen zum Chalkedonense; Ende der Reichskirche (6.1.3c)

## S 4 Schlagwörter (in Auswahl)

*Anmerkung*: Schlagwort- und Textstellenregister verweisen nicht auf Seitenzahlen, sondern auf Textabschnitte. Zentrale Abschnitte und wörtliche Zitierungen sind durch Fettdruck hervorgehoben. „X" verweist auf wiederkehrende Abschnitte in den Kapiteln 2–6 bzw. 3–6.

# S 5 Textstellen (in Auswahl)

Bei Dreifachüberlieferungen (‚parr.') wird vorzugsweise auf die mk. Variante referenziert. Zitation im Text ist durch Fettdruck markiert.

## Altes Testament

### 1. Mose (Gen)
1f.: *2.5.3*
3: *2.1.3a; 2.2.4a; 3.4.6*
6,1-4: *2.2.4a*
9,1-13: *2.1.3a*
14: *2.5.1b*

### 2. Mose (Ex)
12: *2.5.1b*
19,4-8: *2.2.4a*
24: *2.5.1b*
36,25: *4.1.3a*

### 3. Mose (Lev)
16: *2.2.4c; 2.5.1b*
17f.: *2.1.3a*
25: *2.2.4a*

### 4. Mose (Num):
*3.1.2; 4.1.3a*

### 5. Mose (Dtn)
6,4f.: *2.2.4a*
7,1.6-8; 14,2: *2.2.4a*
16,1-17: *2.2.4c*
30,15f.: *2.2.4a*

### Josua (Jos)
21,43: *2.2.4a*

### Ruth:
*2.1.2b*

### 1. Könige (1 Kön)
1 Kön 4,2: *2.2.4d*
1 Kön 8,12ff: *2.2.4a*
1 Kön 18: *2.5.1b*
1 Kön 22,19: *2.2.4a*

### 1./2. Chronik (1/2 Chr)
1 Chr 5,27-41: *2.2.4d*
2 Chr 18,18: *2.2.4a*

### Esra (Esr)
3-9: *2.1.2b*

### Nehemia (Neh)
Neh 8-10.13: *2.1.2b+d*
Neh 9,26: *2.5.1b*
Neh 11,1.18: *2.2.4a*

### Hiob (Hi)
1f.: *2.2.4a*

### Psalter (Ps)
2,6: *2.2.4a*
22: *2.5.1b*
46,5: *2.2.4a*

### Sprüche (Spr):
*2.2.4a; 4.1.3a*

### Prediger (Pred)
1,2; 8.14: *2.2.4a*

## Atl. Apokryphen



## Frühjüd. Schriften

**Weitere jüdische Texte:**



## Neues Testament

**Matthäus (MtEv):**

## Markus (MkEv):



## Lukas (LkEv):

**Johannes (JohEv):**



**Ap.-geschichte (Apg):**

## Römerbrief (Röm):



## 1. Korintherbrief (1 Kor):

### 2. Korintherbrief (2 Kor):



### Galaterbrief (Gal):



### Epheserbrief (Eph):



### Philipperbrief (Phil):



### Kolosserbrief (Kol):



### 1. Thessal.-brief (1 Thess):



### 2. Thessal.-brief (2 Thess):



### 1. Timotheusbrief (1 Tim):

## Ntl. Apokryphen



## Gnostische Texte

## Apostolische Väter

## Apologeten

## Kirchenväter

### Basilios v. Neocäsarea (Basil)



### Beda Venerabilis:



### Cyprian v. Karthago (Cypr):



### Diodor v. Tarsos:



### Epiphanios v. Salamis (Epiph):



### Euseb v. Cäsarea (Eus):

### Theodor v. Mopsuestia (Mops):



### Theodoret v. Kyrrhos (Theodt):



## Weitere christl. Texte

## Nichtchristl. Texte:

# S 6 Namensregister

Namen mit ♛ weisen auf einen weltlichen Herrscher hin. „SWR“ verweist auf das Schlagwortregister (S 4).

# S 7 Literaturangaben

## 1. Primärliteratur, Textausgaben

Berger, Klaus/Colpe, Carsten (1987): *Religionsgeschichtliches Textbuch zum Neuen Testament. Texte zum Neuen Testament* (NTD Textreihe Bd. 1). Göttingen.

Berger, Klaus/Nord, Christiane (2021): *Das Neue Testament und frühchristliche Schriften übersetzt und kommentiert* (1. Auflage 2005). Frankfurt am Main/Leipzig.

Fiedrowicz, Michael (2004): *Christen und Heiden. Quellentexte zu ihrer Auseinandersetzung in der Antike.* Darmstadt.

Foerster, Werner (Hg., 1971): *Die Gnosis* (3 Bde.). Zürich/Stuttgart.

Haenchen, Ernst (1976): *Das Evangelium nach Thomas, in: Kurt Aland (Hg.), Synopsis Quattuor Evangeliorum.* 12. Auflage Stuttgart, S. 517-530.

Hennecke, Edgar/Schneemelcher, Wilhelm (1968): *Neutestamentliche Apokryphen.* 2 Bde., 4. Auflage Tübingen.

Kaiser, Ursula Ulrike/Bethge, Hans-Gebhardt (Hgg., 2013): *Nag Hammadi Deutsch. Studienausgabe.* 3. Auflage Berlin.

Libreria Editrice Vaticana (Hg.) (1997): *Katechismus der Katholischen Kirche.* Vatikanstadt.

Lietzmann, Hans (1904): *Apollinaris von Laodicea und seine Schule.* Tübingen.

Lona, Horacio E. (2005): *Die „Wahre Lehre" des Kelsos* (KfA Erg.1). Freiburg/Br.

Lüdemann, Gerd / Janssen, Martina (1997): *Bibel der Häretiker. Die gnostischen Schriften aus Nag Hammadi.* Stuttgart.

Markschies, Christoph/Schröter, Jens (Hgg., 2012): *Antike christliche Apokryphen in deutscher Übersetzung: I. Band in zwei Teilbänden: Evangelien und Verwandtes.* Tübingen.

Ritter, Adolf Martin (1994): *Alte Kirche. Kirchen- und Theologiegeschichte in Quellen. Ein Arbeitsbuch.* 6. Auflage (1. Auflage 1977). Neukirchen-Vluyn.

Robinson, James M. (Hg., 1972–84): *The Facsimile Edition of the Nag Hammadi Codices* (12 Bde.). Leiden.

Schneemelcher, Wilhelm (Hg., 1978/89): *Neutestamentliche Apokryphen in deutscher Übersetzung* (2 Bde.). 5. Auflage Tübingen.

Schwartz, Eduard u. a. (Hgg.) (1914 ff.): *Acta Conciliorum Oecumenicorum (ACO).* Berlin / New York.

Wengst, Klaus (1984): *Schriften des Urchristentums. 2. Teil (Didache [Apostellehre], Barnabasbrief, Zweiter Klemensbrief, Schrift an Diognet.* Darmstadt.

## 2. Sekundärliteratur

Adam, Alfred (1969): *Texte zum Manichäismus.* 2. Auflage Berlin.

Alkier, Stefan (1993): *Urchristentum. Zur Geschichte und Theologie einer exegetischen Disziplin* (BHTh 82). Tübingen.

Ders. (2010): *Art. Frühkatholizismus*, in: WiBiLex online-pdf auf https://www.bibelwissenschaft.de/wibilex/das-bibellexikon/lexikon/sachwort/anzeigen/details/fruehkatholizismus/ch/fc808a6484101b21c29cf6ecd483919f/ (zuletzt aufgerufen 21.2.2023).

Albrecht, Ruth (1986): *Das Leben der heiligen Makrina auf dem Hintergund der Thekla-Traditionen. Studien zu den ursprüngen des weiblichen Mönchtums im 4. Jahrhundert in Kleinasien.* Göttingen.

Bellen, Heinz (2010): *Die Kaiserzeit von Augustus bis Diocletian. Grundzüge der römischen Geschichte.* 2. Auflage Darmstadt.

Ders. (2016): *Die Spätantike von Constantin bis Justinian. Grundzüge der römischen Geschichte.* 2. Auflage Darmstadt.

Benrath, Gustav Adolf (1981): *Art. Buße V (Historisch)* (TRE 7), S. 452–473.

Berger, Klaus (1989): *Art. Kirche II (Neues Testament)* (TRE 18), S. 201–218.

Ders. (1995): *Theologiegeschichte des Urchristentums.* 2. Auflage Tübingen/Basel.

Berger, Klaus/McLachlan Wilson, Robert (1984): *Art. Gnosis/Gnostizismus* (TRE 13), S. 519–550.

Berner, Ulrich (2004): *Moderner und antiker Religionsbegriff* (NTAK 1), Neukirchen-Vluyn, S. 13–22.

Betz, Hans Dieter (1986): *Art. Hellenismus (TRE 15)*, S. 19–35.

Bradshaw, Paul Frederick (1995): *Art. Gottesdienst V (Alte Kirche)* (TRE 14), S. 39–42).

Brown, Peter (2018): *Der Schatz im Himmel. Der Aufstieg des Christentums und der Untergang des Römisches Reiches.* 2. Auflage Stuttgart.

Bruns, Peter (2002): *Art. Theodor von Mopsuestia* (TRE 33), S. 240–246.

Clauss, Manfred (2015): *Ein neuer Gott für die alte Welt. Die Geschichte des frühen Christentums.* Berlin.

Collins, Roger J.H. (1979): *Art. Athanasisches Symbol* (TRE 4), S. 328–333.

Colpe, Carsten (1981): *Art. Gnosis II* (RAC 11), S. 537–659.

Claußen, Carsten (2005): *Art. Die jüdische Synagoge* (NTAK Bd. 3). Neukirchen-Vluyn, S. 200-210.

Dexinger, Ferdinand (1983): *Art. Frau III (Judentum)* (TRE 11), S. 424-431.

Ders. (1988): *Art. Judentum* (TRE 17), S. 331–377.

Dochhorn, Jan (2011): *Zu den religionsgeschichtlichen Voraussetzungen trinitarischer Gottesvorstellungen im frühen Christentum und in der Religion Israels, in: Volker H. Drecoll (Hg.), Trinität.* Tübingen, S. 11–79.

Döpp, Heinz-Martin (2005): *Art. Der Jerusalemer Tempel* (NTAK 3). Neukirchen-Vluyn, S. 187–200.

Drecoll, Volker Henning (2011): *Entwicklungen und Positionen in der Geschichte des Christentums, in: Ders. (Hg.), Trinität.* Tübingen, S. 81–162.

Droysen, Johann Gustav (1998): *Geschichte des Hellenismus I–III* (1. Auflage 1836–1843). Darmstadt.

Dünzl, Franz (2002): *Gregor von Nyssa. Mystik und Gottesliebe, in: Wilhelm Geerlings (Hg.), Theologen der christlichen Antike. Eine Einführung.* Darmstadt, S. 98–113.

Erlemann, Kurt (1992): *Der Geist als ‚arrabon' (2Kor 5,5) im Kontext der paulinischen Eschatologie"* (ZNW 83), S. 202–223.

Ders. (1995): *Naherwartung und Parusieverzögerung im Neuen Testament. Ein Beitrag zur Frage religiöser Zeiterfahrung* (TANZ 17). Tübingen.

Ders. (1996a): *Endzeiterwartungen im frühen Christentum* (UTB 1937), Tübingen.

Ders. (1996b): *Papyrus Egerton 2: ‚missing link' zwischen synoptischer und johanneischer Tradition* (NTS 420), S. 12–34.

Ders. (1998a): *Die Datierung des ersten Klemensbriefes. Anfragen an eine Communis Opinio* (NTS 44), S. 591–607.

Ders. (1998b): *Alt und neu bei Paulus und im Hebräerbrief. Frühchristliche Standortbestimmung im Vergleich"* (ThZ 54), S. 345–367.

Ders. (1999): *I Joh und der jüdisch-christliche Trennungsprozess* (ThZ 55), S. 285–302.

Ders. (2001): *„Anfänge, die das Ganze verbürgen". Überlegungen zu einer frühchristlichen Metapherngruppe* (THZ 57), S. 60-86.

Ders. (2005): *Art. Propheten und Messiasse* (NTAK 3). Neukirchen-Vluyn, S. 40–44.

Ders. (2010): *Unfassbar? Der Heilige Geist im Neuen Testament.* Neukirchen-Vluyn.

Ders. (2011): *Jesus der Christus: Provokation des Glaubens.* Neukirchen-Vluyn.

Ders. (2012): *Trinität. Eine faszinierende Geschichte.* Neukirchen-Vluyn.

Ders. (2014): *Vision oder Illusion? Zukunftshoffnungen im Neuen Testament.* Neukirchen-Vluyn.

Ders. (2020): *Gleichnisse. Theorie – Auslegung – Didaktik* (UTB 5494). Tübingen/Basel.

Ders. (2021): *Wunder. Theorie – Auslegung – Didaktik* (UTB 5657). Tübingen/Basel.

Faßbeck, Gabriele (2005): *Art. Die Essener und die Schriftfunde von Qumran* (NTAK 3). Neukirchen-Vluyn, S. 36–40.

Feldtkeller, Andreas (2011): *Religionswissenschaftliche Perspektiven zur Trinitätslehre, in: Volker H. Drecoll (Hg.), Trinität.* Tübingen, S. 221–243.

FRANK, Karl Suso (1993): *Grundzüge der Geschichte der Alten Kirche.* 3. Auflage Darmstadt.

FRENSCHKOWSKI, Marco (2013), *Art. Nero,* (RAC 25), SP. 839–878.

GEERLINGS, Wilhelm (Hg., 2002): *Theologen der christlichen Antike. Eine Einführung.* Darmstadt.

GEIGENFELD, Matthias (2017), *Art. Apokalypse des Thomas* (WiBiLEX), https://www.bibelwissenschaft.de/wibilex/das-bibellexikon/lexikon/sachwort/anzeigen/details/apokalypse-des-thomas/ch/5ef8d97ef962232ee234fa5af25a9e18/ (letzter Aufruf 29.3.2023)

GLATZER, Nahum Norbert (1981): *Geschichte der talmudischen Zeit* (1. Auflage 1937). Neukirchen-Vluyn.

GOTTLIEB, Gunther (1991): *Christentum und Kirche in den ersten drei Jahrhunderten.* Heidelberg.

GOTTLIEB, Gunther (2016), *Art. Pontifex Maximus* (RAC 27), Sp. 1204–1213.

GRESCHAT, Katharina (2006): *Die Entstehung des neutestamentlichen Kanons. Fragestellungen und Themen der neueren Forschung* (Verkündigung und Forschung 51/1), S. 56–63.

GRILLMEIER, Alois (2013): *Art. Adoptianismus,* in: Lexikon der Kirchengeschichte. Darmstadt, S. 33–35.

GÜLZOW, Henneke (1974): *Soziale Gegebenheiten der altkirchlichen Mission, in: Heinzgünter Frohnes, Uwe W. Knorr (Hgg.), Kirchengeschichte als Missionsgeschichte (Bd. 1): Die Alte Kirche.* München, S. 189–226.

HAGER, Fritz-Peter (1994): *Art. Neuplatonismus* (TRE 24), S. 341–363.

HANSON, Richard P. C. (1978): *Art. Amt/Ämter/Amtsverständnis V (Alte Kirche)* (TRE 2), S. 533–552.

HARTENSTEIN, Judith (2013): *Die Wundererzählungen in den apokryphen Evangelien. Hinführung, in: Ruben Zimmermann (Hg.), Kompendium der frühchristlichen Wundererzählungen, Band 1: Die Wunder Jesu.* Gütersloh, S. 781–788.

HAUSAMMANN, Susanne (2001a): *Alte Kirche. Zur Geschichte und Theologie in den ersten vier Jahrhunderten, Band 1: Frühchristliche Schriftsteller. „Apostolische Väter", Häresien, Apologeten.* Neukirchen-Vluyn.

DIES. (2001b): *Alte Kirche. Zur Geschichte und Theologie in den ersten vier Jahrhunderten, Band 2: Verfolgungs- und Wendezeit in der Kirche. Gemeindeleben in der Zeit der Christenverfolgungen und Konstantinische Wende.* Neukirchen-Vluyn.

DIES. (2003): *Alte Kirche. Zur Geschichte und Theologie in den ersten vier Jahrhunderten, Band 3: Gottes Dreiheit – des Menschen Freiheit. Trinitätslehre, Anfänge des Mönchtums, Augustin und Augustinismus.* Neukirchen-Vluyn.

Hausberger, Karl (1985): *Art. Heilige/Heiligenverehrung III (Anfänge der christlichen Heiligenverehrung)* (TRE 14), S. 646–651.

Hauschild, Wolf-Dieter (1984): *Art. Geist/Heiliger Geist/Geistesgaben IV* (TRE 12). Berlin/New York, S. 196–217.

Heiligenthal, Roman (2005a): *Art. Pharisäer/Zeloten/Sikarier* (NTAK 3). Neukirchen-Vluyn, S. 26–34.

Ders. (2005b): *Art. Sadduzäer* (NTAK 3). Neukirchen-Vluyn, S. 34–36.

Ders./von Dobbeler, Axel (2001): *Menschen um Jesus. Lebensbilder aus neutestamentlicher Zeit.* Darmstadt.

Heitmüller, Wilhelm (1911): *Taufe und Abendmahl im Urchristentum.* Tübingen.

Hengel, Martin (1969): *Judentum und Hellenismus* (WUNT 10). 2. Auflage Tübingen.

Ders. (2008): *Die vier Evangelien und das eine Evangelium von Jesus Christus Studien zu ihrer Sammlung und Entstehung.* Tübingen.

Herrmann-Otto, Elisabeth (2005): *Art. Oberschicht und Unterschicht* (NTAK Bd. 2). Neukirchen-Vluyn, S. 86–90.

Janßen, Martina (2003): *Kanon und Gnosis – Überlegungen zur „Bibel der Häretiker“.* Tübingen/Basel, S. 39–49.

Jörns, Klaus Peter / Bieritz, Karl-Heinrich (1989): *Art. Kirchenjahr* (TRE 18), S. 575–599.

Johne, Klaus Peter / Hartmann, Udo (2008): *Krise und Transformation des Reiches im 3. Jahrhundert, in: Klaus-Peter Johne (Hg.), Die Zeit der Soldatenkaiser. Krise und Transformation des Römischen Reiches im 3. Jahrhundert n. Chr. (235–284), Band 2,* Berlin. 1025–1053.

Kahl, Werner (2019): *Q als Fiktion. Zur Plausibilität und Bedeutung des synoptischen Integrationsmodells* (ZNT 43/44), S. 137–169.

Karrer, Martin (1990): *Das urchristliche Ältestenamt* (NT 32), S. 152–188.

Kertelge, Karl (1972): *Gemeinde und Amt im Neuen Testament.* München.

Kinzig, Wolfram (1991): *Novitas Christiana. Die Idee des Fortschritts in der Alten Kirche bis Eusebios* (Habil. Maschinenschrift), 2 Teile. Heidelberg.

Klauck, Hans-Josef (1995/1996): *Die religiöse Umwelt des Urchristentums, 2 Bde.* Stuttgart u.a.

Klein, Günter (1961): *Die zwölf Apostel. Ursprung und Gehalt einer Idee.* Göttingen.

Klinghardt, Matthias (2003): *Die Veröffentlichung der christlichen Bibel und der Kanon* (ZNT 12). Tübingen/Basel, S. 59–64.

Kolb, Anne (2005): *Art. Landtransport* (NTAK Bd. 2), Neukirchen-Vluyn, S. 206–208.

Kongregation für die Glaubenslehre (2000): *Erklärung Dominus Iesus über die Einzigartigkeit und die Heilsuniversalität Jesu Christi und der Kirche.* Rom.

Kraft, Heinrich (1991): *Einführung in die Patrologie.* Darmstadt.

Kretschmar, Georg (1977): *Art. Abendmahl III/1 (Alte Kirche)* (TRE 1), S. 58–89.

Kreuzer, Johann (2005): *Art. Zeit- und Geschichtsbild* (NTAK 3). Neukirchen-Vluyn, S. 79-87.

Lampe, Peter (1989): *Die stadtrömischen Christen in den ersten beiden Jahrhunderten. Untersuchungen zur Sozialgeschichte* (WUNT 2/18), 2. Auflage Tübingen.

Leisegang, Hans (1985): *Die Gnosis* (1924). 5. Auflage Stuttgart.

Leppin, Hartmut (2021): *Die frühen Christen. Von den Anfängen bis Konstantin.* 3. Auflage München.

Löhr, Hermut (2003): *Der Kanon in der Bibliothek* (ZNT 12), Tübingen/Basel, S. 18-26.

Loisy, Alfred (1904): *L'Évangile et l'Église.* 3. Auflage Bellevue.

ders. (1904): *Evangelium und Kirche. Autorisierte Übersetzung nach der zweiten vermehrten, bisher unveröffentlichten Auflage des Originals von Johanna Grière-Becker.* Kirchheim, München.

Lorenz, Rudolf (2010): *Art. Eustathios von Antiochien* (TRE online). Berlin/New York (https://www.degruyter.com/database/TRE/entry/tre.10_543_38/html (letzter Zugriff 15. 6.2022).

Ludolphy, Ingetraut (1983): *Art. Frau VI Alte Kirche und Mittelalter* (TRE 11), S. 436–441.

Marcovich, Misroslav (1986): *Art. Hippolyt von Rom* (TRE 15). Berlin/New York, S. 381–387.

Markschies, Christoph (1998): *„... et tamen non tres Dii, sed unus Deus ...". Zum Stand der Erforschung der altkirchlichen Trinitätstheologie, in: Wilfried Härle und Reiner Preul (Hgg.), Trinität.* Marburg, S. 155–179.

Ders. (2002): *Art. Valentin/Valentinianer* (TRE 34), S. 495–500.

Ders. (2010): *Die Gnosis.* 3. Auflage München.

Méhat, André (1981): *Art. Clemens von Alexandrien* (TRE 8), S. 101–113.

Ders. (2012): *Haupteinleitung*, in: Ders./Schröter, Jens, Antike christliche Apokryphen in deutscher Übersetzung: I. Band in zwei Teilbänden: Evangelien und Verwandtes. Tübingen, S. 1–180.

Merkel, Friedemann (1980): *Art. Bestattung IV (Historisch)* (TRE 5), S. 743–749.

Metzger, Bruce M. (1993): *Der Kanon des Neuen Testaments.* Düsseldorf.

Molthagen, Joachim (1975): *Der römische Staat und die Christen im zweiten und dritten Jahrhundert.* Göttingen.

Mühlenberg, Ekkehard (1969): *Apollinaris von Laodicea.* Göttingen.

Ders. (1980): *Art. Basilides* (TRE 5), S. 296–301.

Ders. (2010): *Art. Apollinaris von Laodicea* (TRE online). Berlin/New York (https://www.degruyter.com/database/TRE/entry/tre.03_362_26/html).

Neander, August (1829): *Allgemeine Geschichte der christlichen Religion und Kirche. 2. Band, 1. Abteilung Zweite Periode der christlichen Kirchengeschichte. Von dem Ende der diocletianischen Verfolgung bis zu dem römischen Bischof Gregor dem Grossen, oder vom Jahre 312 bis zum Jahre 590.* Hamburg 1829.

Nicklas, Tobias (2023): *Neutestamentlicher Kanon und christliche Apokryphen. Trends, Themen und Thesen* (ZNT 51), S. 5–25.

Öhler, Markus (2018): *Geschichte des frühen Christentums* (utb 4737). Göttingen.

Oeming, Manfred (2003): *Das Hervorwachsen des Verbindlichen aus der Geschichte des Gottesvolkes. Grundzüge einer prozessual-soziologischen Kanon-Theorie* (ZNT 12). Tübingen/Basel, S. 52–58.

Osborn, Eric (1982): *Art. Ethik V (Alte Kirche)* (TRE 10), S. 463–473.

Overbeck, Franz (1963): *Christentum und Kultur. Gedanken und Anmerkungen zur modernen Theologie* (Hg. A. Bernoulli), Orig. Basel 1919, Nachdruck Darmstadt.

Pauli, Judith (2002): *Basilios, Theologe des Heiligen Geistes, in: Wilhelm Geerlings (Hg.), Theologen der christlichen Antike. Eine Einführung.* Darmstadt, S. 67–80.

Pawlikowski, John T. OSM (1988): *Art. Judentum und Christentum* (TRE 17), S. 386–403.

Petracca, Vincenzo (2003): *Die Macht des Geldes* (TANZ 39). Tübingen/Basel.

Ders. (1986): *Die Apostelgeschichte (Apg 1–12)* (EKK V/1). Neukirchen-Vluyn.

Plepelits, Karl (1999): *Art. Theodosios I. d. Gr.* (Lexikon der christlichen Antike. Darmstadt, S. 359.

Ringeling, Hermann (1983): *Art. Frau IV (Neues Testament)* (TRE 11), S. 431–436.

Ritter, A. Martin (1982): *Dogma und Lehre in der Alten Kirche, in: Carl Andresen (Hg.), Handbuch der Dogmen- und Theologiegeschichte Bd. 1: Die Lehrentwicklung im Rahmen der Katholizität.* Göttingen, S. 99–283.

Roloff, Jürgen (1988): *Der erste Brief an Timotheos* (EKK XV). Neukirchen-Vluyn.

Ders. (1993): *Die Kirche im Neuen Testament* (NTD Erg.-Band 10). Göttingen.

Rosenau, Hartmut (1998): *Trinität – Zur Einführung, in: Wilfried Härle und Reiner Preul (Hgg.), Trinität.* Marburg, S. 1–13.

Ders. (2005): *Art. Hellenistisch-römische Philosophie (NTAK Bd. 3).* Neukirchen-Vluyn, S. 1–20.

Rothschild, Clare C. / Thompson, Jeremy C. (2023): *Honig vermischt mit Galle. Neue Fragen zu Form, Datierung und problematischen Passagen im Muratoischen Fragment* (ZNT 51), S. 81–92.

Rudolph, Kurt (1994): *Die Gnosis. Wesen und Geschichte einer antiken Religion* (UTB 1577). 3. Auflage Göttingen.

Ders. (Hg., 1975): *Gnosis und Gnostizismus* (WdF 262). Darmstadt.

SAUNDERS, Ross (1999): *Die Frauen im Neuen Testament. Zwischen Glaube und Auflehnung*. Darmstadt.
SCHÄFERDIEK, Knut (1978): *Art. Amt/Ämter/Amtsverständnis V.4 (Alte Kirche, Ausblick)* (TRE 2), S. 552.
SCHIMANOWSKI, Gottfried (2005): *Art. Alexandria* (NTAK Bd. 2). Neukirchen-Vluyn, S. 127–132.
SCHNEEMELCHER, Wilhelm (1980): *Art. Bibel III: Die Entstehung des Kanons des Neuen Testaments und der christlichen Bibel* (TRE 6), S. 22–48.
SCHNEIDER, Wolfgang Christian (2005): *Art. Herrscherverehrung und Kaiserkult* (NTAK 3), S. 210–217.
SCHNELLE, Udo (2019): *Die ersten 100 Jahre des Christentums* (utb 4411). 3. Auflage Göttingen.
SCHÖLLGEN, Georg (2013): *Art. Montanismus,* in: Lexikon der Kirchengeschichte. Darmstadt, S. 1117–1121.
SPITTLER, Janet E. (2023): *Apokryphe Apostelerzählungen und ihre Funktion in der Geschichte des Christentums. Von den Rändern ins Zentrum* (ZNT 51), S. 55–77.
STEGEMANN, Ekkehard W. / STEGEMANN, Wolfgang (1997): *Urchristliche Sozialgeschichte. Die Anfänge im Judentum und die Christusgemeinden in der mediterranen Welt.* 2. Auflage Stuttgart u.a.
THEIẞEN, Gerd (1989): *Lokalkolorit und Zeitgeschichte in den Evangelien. Ein Beitrag zur Geschichte der synoptischen Tradition* (NTOA 8), Göttingen.
DERS. (1991): *Soziologie der Jesusbewegung. Ein Beitrag zur Entstehungsgeschichte des Urchristentums* (6. Auflage; 1. Auflage 1977). München.
DERS./MERZ, Annette (2001): *Der historische Jesus. Ein Lehrbuch* (3. Auflage). Göttingen.
VERHEYDEN, Joseph (2023): *Das Muratorische Fragment. Eine Stimme von der anderen Seite* (ZNT 51), S. 93–106.
v. CAMPENHAUSEN, Hans (1963): *Kirchliches Amt und geistliche Vollmacht in den ersten drei Jahrhunderten* (BHTh 14). 2. Auflage Tübingen.
DERS. (1965): *Lateinische Kirchenväter.* 2. Auflage Stuttgart.
DERS. (1967): *Griechische Kirchenväter.* 4. Auflage Stuttgart.
DERS. (1968): *Die Entstehung der christlichen Bibel.* Tübingen.
v. HARNACK, Adolf (1924): *Die Mission und Asubreitung des Christentums in den ersten drei Jahrhunderten.* 4. Auflage Leipzig.
VOUGA, François (1994): *Geschichte des frühen Christentums* (UTB 1733). Tübingen.
WANDER, Bernd (1994): *Trennungsprozesse zwischen Frühem Christentum und Judentum im 1. Jahrhundert n. Chr. Datierbare Abfolgen zwischen der Hinrichtung Jesu und der Zerstörung des Jerusalemer Tempels* (TANZ 16). Tübingen/Basel.

DERS. (2005): *Art. Gottesfürchtige und Proselyten* (NTAK 3). Neukirchen-Vluyn, S. 50–52.

WINTERLING, Aloys (2007): *Caligula. Eine Biografie.* 2. Auflage München.

WISCHMEYER, Wolfgang (1992): *Von Golgatha zum Ponte Molle. Studien zur Sozialgeschichte der Kirche im dritten Jahrhundert.* Göttingen.

YARNOLD, Edward J. (2001): *Art. Taufe II (Alte Kirche)* (TRE 32), S. 674–696.

ZANGENBERG, Jürgen (2005): *Art. Die Samaritaner* (NTAK 3). Neukirchen-Vluyn, S. 47–50.

# S 8 Karten, Grafiken und Stammbäume

1. (1.6.3a) Karte: Das Römische Reich in neutestamentlicher Zeit (Quelle: Schnelle 2019, S. 83).
2. (2.1.1b) Karte: Die Diadochenreiche (Quelle: Der große Ploetz Atlas zur Weltgeschichte. Göttingen 2009, S. 34 [DVD]).
3. (2.1.1d) Karte: Das Römische Reich bei Tode Cäsars (Quelle: Der große Ploetz Atlas zur Weltgeschichte. Göttingen 2009, S. 41 [DVD]).
4. (2.1.1e) Stammbaum: Die julisch-claudische Dynastie (Quelle: Der große Ploetz. Die Enzyklopädie der Weltgeschichte. 35. Auflage Göttingen 2008, S. 264).
5. (2.1.2e) Karte: Palästina um Christi Geburt (Quelle: Der große Ploetz Atlas zur Weltgeschichte. Göttingen 2009 [DVD]).
6. (2.1.3b) Karten: Die 1., 2. und 3. Missionsreise des Paulus (Quelle: Schnelle 2019, S. 216, 241, 252).
7. (3.1.1) Karte: Das Römische Reich in der Kaiserzeit (Quelle: Der große Ploetz Atlas zur Weltgeschichte. Göttingen 2009, S. 44 [DVD]).
8. (3.4.4b) Grafik: Adoptianismus (Quelle: Erlemann 2012, S. 65).
9. (3.4.4c) Grafik: Modalismus (Quelle: Erlemann 2012, S. 65).
10. (3.5.2d) Grafik: Tertullians ökonomische Trinität (Quelle: Erlemann 2012, S. 66).
11. (4.5.2c) Grafik: Das Trinitätsmodell des Origenes (Quelle: Erlemann 2012, S. 65).
12. (5.1.1b) Stammbaum: Die Dynastie Konstantins d.Gr. (Quelle: Der große Ploetz. Die Enzyklopädie der Weltgeschichte. 35. Auflage Göttingen 2008, S. 279)
13. (5.1.1c) Karte: Das Römische Reich um 395 (Quelle: Der große Ploetz Atlas zur Weltgeschichte. Göttingen 2009, S. 45 [DVD]).
14. (5.1.3a) Grafik: Das Trinitätsmodell von Nikäa (Quelle: Erlemann 2012, S. 66).
15. (5.1.3a) Grafik: Das Trinitätsmodell von Konstantinopel (Quelle: Erlemann 2012, S. 66).
16. (5.5.1b) Grafik: Logos-Sarx-Christologie des Apollinaris (Quelle: Erlemann 2012, S. 67).
17. (5.5.1c) Grafik: Logos-Mensch-Christologie des Kappadokier (Quelle: Erlemann 2012, S. 67).
18. (5.5.2a) Grafik: Das Modell des Arios (Quelle: Erlemann 2012, S. 66).
19. (6.1.1a) Karte: Die Völkerwanderung im 5./6. Jh. (Quelle: Der große Ploetz Atlas zur Weltgeschichte. Göttingen 2009, S. 50 [DVD]).
20. (6.1.3a) Grafik: Das christologische Modell des Chalkedonense (Quelle: Erlemann 2012, S. 68).
21. (6.4.1d) Karte: Die kirchliche Organisation Mitte des 5. Jh. (Quelle: Der große Ploetz Atlas zur Weltgeschichte. Göttingen 2009, S. 51 [DVD]).